一生读书计划

文学书架

/ **一生读书计划** READING PLAN /

总主编　潞潞　凯琳

编　著　潞潞　韩沛奇　张霞

编　委　潞潞　凯琳　孙俊峰　孙铭洽　雨辰
骆冰兰　韩沛奇　张霞　张璇　张芳莲
张小军　董娟　董霞　董树萍　陈继东
范永慧　李彦琪　李红旻　李春花　李奇
刘新华　刘一豪　刘颖　刘明星　刘芳
钱芳　苏婧　何欢　韩炜　梁小龙
高燕　杜萌　郭立君　翟惟一　赵春梅
杜洋　付磊　杨俊志　杨毅　杨扬
杨好　杨秀萍　王春香　王春梅　仝十一妹

山西出版传媒集团　山西教育出版社

图书在版编目（CIP）数据

文学书架/潞潞，韩沛奇，张霞编著．—太原：山西教育出版社，2011．9
（一生读书计划/潞潞，凯琳主编）
ISBN 978-7-5440-4840-8

Ⅰ．①文… Ⅱ．①潞… ②韩… ③张… Ⅲ．①文学-推荐书目-世界
Ⅳ．①Z835

中国版本图书馆 CIP 数据核字（2011）第 079568 号

文学书架
WEN XUE SHU JIA

出版策划 孙 铁
责任编辑 魏雪萍
助理编辑 樊丽娜
复　　审 邓吉忠
终　　审 张沛泓
装帧设计 王春声 刘志斌
印装监制 贾永胜

出版发行 山西出版传媒集团·山西教育出版社
（太原市水西门街馒头巷 7 号 电话：0351-4035711 邮编：030002）
印　　装 山西新华印业有限公司
开　　本 890×1240 1/32
印　　张 18.5
字　　数 489 千字
版　　次 2011 年 9 月第 1 版 2011 年 9 月山西第 1 次印刷
印　　数 1—5000 册
书　　号 ISBN 978-7-5440-4840-8
定　　价 37.00 元

[总序

阅读，一种可能的生活?

▒潞潞

四年前，这套书的策划者孙轶女士跟我探讨是否有这种可能，像搞一个图书超市或图书馆那样，里面分门别类摆放着若干书架，读者可以根据自己的需求想看什么看什么，广告语似乎可以是：只要抽出你想看的，其余由我们来做。当然这是戏说，后来的广告语那要精彩得多。

开始，我觉得这个想法有点像读书指南，好像别人有搞过的。但是孙女士坚持她的想法，且让我听来和以往那些读书指南很是不同，尤其她把这套丛书命名为“一生读书计划”，不仅仅是读书，还涉及人生、涉及人的一生该如何度过。这可不是一个读书范畴的问题了。

想想，人生和读书还真是一个越来越掰不开的事儿。现代人如果从七岁读书算起，这是晚的，许多孩子两三岁读书都不稀奇。幼儿园、小学、中学、大学、硕士、博士、博士后，成人教育，个人爱好，一直到七老八十老眼昏花、皓首穷经、手不释卷，人之一生何其短暂，而读书生涯又何其漫长。说一生读书，一点都不夸张，孙女士要把一生读书做个规划，不是件容易的事。

转眼间，这套丛书已然堂皇矗之，付梓而出。对此让人不禁肃然起敬。当初孙女士热情邀请我做主编，我很是惶然，因为我只是个褊狭的读者，最多能在有限范围内说点话。好在有诸位学者和专家的参与，他们以专业眼光和判断力遴选出各类佳作，毫不吝惜贡献出自己的学识和睿见。

这是一个庞大的工程，大致分为两大系列，纵向看有“小学生书架”“中学生书架”“大学生书架”“女性书架”等，横向看有“经济书架”“国学书架”“法律书架”“文学书架”等，且可以一直繁衍下去。其纵横交错，编织细密，既像一张大网，把茫茫书海里有价值的真金白银捞取上来，又像一张巨细无遗的地图，古今中外、东西南北无不覆盖，给读书人以路标和方向，亦使胃口不同的读者拥有了可选择的佳肴。

中国古代有成语曰：“汗牛充栋”“学富五车”，以谓书之多，其实就是一堆刻了字的竹片儿，放到现在，大概连一个小芯片也存不满。多即是少，少即是多，少有少的难处，多有多的麻烦。“文化大革命”期间书遭劫难，我曾连夜手抄一本借来的诗集，不知东方之既白。现在多少人却在书市中四顾茫然，面对滚滚书海不知所措。套用莎士比亚的话，选择，还是选择，是个问题。

我是一个褊狭的读者，谁都可能是褊狭的读者，这是人的个性使然。书也有书的个性。把这么多的个性统一起来，然后各取所需其乐融融，难于蜀道之难。比如有人喜欢“经典”、有人为了“实用”、有人贪图“好看”，怎样在三者上找到平衡点，始终让编者们颇费踟蹰。有本书给了编者很好的启示，这本书叫《苏菲的世界》，你可以说它是小说，也可以说是哲学。人们想象中，哲学该是多么枯燥乏味，许多读者为此却步。但这本书里，从古希腊哲学到西方的中世纪、文艺复兴、浪漫主义、弗洛伊德等等，都通过一个小女孩爱丽丝漫游仙境般的故事娓娓道来。作者乔斯坦·贾德是挪威一个高中哲学教师，大概他对中学生讲授哲学之难有深切体会，所以写出这样一部融艺术与哲学、通俗与深奥为一体的书来，他也因此成为一位知名作家。此书自1986年出版以来，销量达几百万册，成为全世界的畅销书。

比如，在“文学书架”里，人们耳熟能详的《红楼梦》等未选入，而入选了一些不那么艰深、名气也不够大的书，它们可能是一般读者更感兴趣的。按照法国符号学家罗兰·巴特的观点，供市场消费的通俗小说应该排除文学之列，我个人同意罗兰·巴特的说法，但在编这本书的过程中，我还是赞同那种更宽泛的做法，即很多通俗小说之类也摆进了文学书架。我们最终还是要相信读者，经典不会因为通俗而消失，阳春白雪和市场并非不能共存。

我的一位朋友曾在文章里问：阅读是一种生活吗？他说不知道。其实很多人愿意在书斋里度过一生，只是没有这种幸运而已。阿根廷作家博尔赫斯八岁时写出第一篇神话故事，此后一生都在读书和写书中度过，当他成为国家图书馆馆长时已经双目失明，这是他的宿命。尽管如此，他仍然继续买书，充实他的私人书架。他甚至断言：世界就是一本书。

我个人觉得，阅读起码是一种生活方式。人生虽然短暂，但消磨起来，也有许多空虚，读书不失为一种好的选择。再者，中国人一向注重传统，书本中尽是前人的经验和智慧；中国人注重人际关系，读书恰恰可以调整和疏离过于亲密和庸俗的人际来往；中国人向往城市化和现代化，岂不知在行囊里夹带一本书正是一个现代人和都市人所必备的。读书往小里说是一种个人生活方式，但连锁起来就可能成为一个民族的生活方式，而且可能内化为民族性格和精神。

阅读为什么不能成为一种生活呢？虽然它可能是奢侈的。

2011 年 8 月

前言 | PREFACE

文学诞生于黑暗原始的远古时期。人类的祖先面对着神秘而可怕的大自然和艰苦的生存环境，一边歌唱一边劳作狩猎，将自己的福祉寄托于神明，于是便产生了神话传说和歌谣。它们经过人的口头代代流传，经过漫长的时间，产生了文字，才得以被记录下来。随着人类文明的进步，文学也在不断地发展。由最初的记录事件、祭祀礼神慢慢演变到怡情颂志、丰富生活内涵。自此，文学除了拥有功利的实用价值之外，还被赋予了内在的超功利因素——精神价值，这也是文学延续至今仍然生生不息的原因所在。

精神是人内在的一种意向性存在，是人的理性与感性诸多心理因素的有机统一，是人不断超越自我、完善自我的一种心理活动过程。因而，精神的价值不同于物质的价值，它是本体的、不断超越自我的。文学艺术的创造活动是文学艺术家的精神活动，文学作品属于人类的精神产品，文学艺术的接受与鉴赏也属于精神领域的活动，所以，文学艺术的精神性价值是其自身最为基本的价值所在。

数千年来，优秀的文学作品伴随人类成长，于苍茫中给予先辈们勇气和慰藉。当现代科技的发达可以使人轻而易举地到达遥远异乡，或是在图片和媒体中身临其境，文学不再是体验世界各地环境的唯一手段，但仍凭借其直抵灵魂深处的震撼力让人无法割舍，甚至爱得更深。在当今纷繁复杂的社会中，人们比以往任何时期都需要这一方港湾来休憩、净涤、放逐心灵。小说的曲折和奇诡、散文的形式和结构、诗歌的音韵和情思、杂文的犀利和深沉，都深深地吸引着读者在文学的海洋里徜徉流连。

本书撷取人类文学之精萃、世界文苑之英华，上溯至公元前数世纪的寓言故事，下沿于当今社会的热点问题；向西巡礼到希腊爱琴海边，向东眺望于东瀛日本列岛；既有彪炳古今的文坛巨匠，又有英气勃发的后起之秀；将各种文学体裁汇于一册，用简洁的语言、扼要的概括，把文学之林中的必读经典一一立鉴，为读者提供了打开文学大门的钥匙和探索文学宝库的地图。

目录 | CONTENT

小说

_外国

散文、杂文与随笔

_外国

_中国

诗歌

童话

中国古典文学

小说

XIAO SHUO

外国
中国

《纳尔齐斯与歌尔德蒙》

〔德〕赫尔曼·黑塞　著

在精神和感官两个领域里挖掘探索，无畏而诚实地剖析生存的两极。

推荐版本：上海译文出版社（2007 年）　杨武能译

关于作者

赫尔曼·黑塞（1877—1962），德国作家，46 岁时加入瑞士籍。他是一位浪漫、漂泊、隐逸的诗人，是 1946 年的诺贝尔文学奖得主，是“德国浪漫派最后的一个骑士”。

赫尔曼·黑塞出身于牧师家庭，受到家庭的影响，黑塞最初就读于神学校。很快，黑塞无法适应神学校的生活，随即退学。他曾在书店工作，工作之余阅读了大量西方名著，发表了少量小说和诗歌。

在书店当伙计时，黑塞发表了第一篇长篇小说《彼得·卡门青特》。当时的文坛以民族主义、沙文主义为主导，叔本华和尼采成为新的偶像，作家们以追逐新奇来标榜自己的作品。《彼得·卡门青特》这部清新脱俗、田园牧歌式的浪漫主义作品，一掌击醒了杂芜横生的文学界，使得黑塞一炮走红。小说讲述了瑞士中部山区一个农夫的儿子，向往文明的城市生活，他进城念完大学，涉足上流社会，终因不能适应都市里资本主义的物质和精神生活，于是“力求从世界和社会返归自然”。有评论者认为，作品中这位农夫的儿子，也正是初涉文坛的年轻的黑塞的写照。

第一次世界大战后，黑塞的创作发生了明显的变化。他将注意力转移到尼采哲学，求助于印度佛教和中国的老庄哲学，并对荣格的精神分析产生了浓厚的兴趣。他试图从宗教、哲学和心理学方面探索人类精神解放的途径。这时期的长篇小说有《克努尔普》《德米安》《席特哈尔塔》《荒原狼》和《纳尔齐斯与歌尔德蒙》等。这些书深受西方读者的喜爱，得到极高的评价，其中《荒原狼》曾轰动欧美，被托马斯·曼誉为德国的《尤利西斯》。其后的十年中，黑塞为社会的前途陷入深深的忧虑之中，他始终把目光停留在哲学世界中，以期寻找哲学中的理想世界，并据此创作了《东方之行》《玻璃球游戏》等作品。黑塞热爱大自然，厌倦都市文明，作品多采用象征手法，文笔优美细腻；由于受精神分析影响，他的作品着重在精神领域里进行挖掘探索，无畏而诚实地剖析内心，因此他的小说具有心理的深度。

1946 年，黑塞获得了诺贝尔文学奖。早在 1931 年，黑塞就曾获得诺贝尔文学奖的提名，但因当时瑞典学院的常任秘书并不满意黑塞的作品而落选。1940 年，新上任的瑞典学院常任秘书和他的前任截然相反，对黑塞的作品非常推崇。他甚至认为黑塞的作品是现代德语文学中“唯一十全十美的东西”。黑塞最终于 1946 年获得诺贝尔文学奖，与他的推崇不无关系。瑞典学院褒奖他为：“由于他的富于灵感的作品具有遒劲的气势和洞察力，也为崇高的人道主义理想和高尚风格提供一个范例。”

20 世纪 60 年代起，黑塞逐渐取代了海明威的美国文坛霸主地位，成为美国大众的偶像。他的作品深入人心，无论是离经叛道的年轻人还是过着“橡皮人”生活的中年人，都能在黑塞的作品中找到属于自己的坐标。不仅在西方，黑塞在东方读者中也具有相当的影响力，日本读者称他是“追求真理的英雄与先驱者”。

1962 年，黑塞逝世，但他的精神魅力并没有逝去。黑塞的作品迄今已被译成 53 种语言，有 742 种译本，仅在印度，《席特哈尔塔》就被译成了 12 种方言。

荐读理由

《纳尔齐斯与歌尔德蒙》是黑塞在第一次世界大战后转型期的作品。一战时，黑塞的生活发生了重要的转折。黑塞坚定不移地相信善良终究会主导世界，但是冷酷无情的战争逆转了他的观点。战争击碎了黑塞的田园梦想，加上家庭关系的破裂，使得黑塞初次体验了失望与幻灭的痛苦。这一时期，黑塞的作品一改此前那种富于柔和旋律的风格，而充满了心灵分裂的苦恼与迷茫、彷徨的气息。《纳尔齐斯与歌尔德蒙》便是这一时期的作品。

本书向读者展示了两名少年的成长。

纳尔齐斯与歌尔德蒙是两名少年。纳尔齐斯年长一点，是修道院里虔诚的苦修者，是潜心钻研的神学家。他几乎没有离开过修道院，在基督信仰的支撑下过着单纯而充实的生活。歌尔德蒙则年少丧母，被父亲送进修道院。他天资聪颖，相貌俊美，接受纳尔齐斯的启迪，并与之结下了深厚的友谊。然而，歌尔德蒙生命里那激荡的活力无法被纳入修道院静谧的生活轨道。歌尔德蒙逃出了修道院，成了一个放荡不羁的流浪者。他放纵自己的情欲，不断地与女人们狂欢，他狂喜地与他人打斗，甚至还杀死了一个人。后来，歌尔德蒙遇到了一位雕塑大师并成为其最杰出的弟子。大师准备把自己的技能传给他，他却出人意料地拒绝了，因为他不愿在同一个地方停留下来。他又开始新一轮的流浪，直到因为勾引伯爵夫人而面临被绞死的命运。这时，已经当上修道院院长的纳尔齐斯出现了，他让歌尔德蒙获得了赦免，因为他相信："一个负有崇高使命的人，即使在生活狂热的混沌中沉溺得很深，浑身糊满血污尘垢，也不会变得渺小和卑劣，泯灭心中的神性；他即使无数次迷途在深沉的黑暗中，灵魂的圣殿里的神火仍然不会熄灭，他仍然不会丧失创造力。"歌尔德蒙开始在修道院专心从事雕塑艺术。不久他再次外出游乐，途中染上重病，回到修道院。纳尔齐斯在他临终前表示了对他的友爱，使他怀着幸福死去。

纳尔齐斯是一个纯粹精神的代表，崇尚理智，克制一切欲望，终身奉献于宗教事业，是一个生活于知识中的人物；而歌尔德蒙继承了母亲热情的血统，是一个感情丰富的人，由于爱欲的觉醒而走向广大的世界，经历了半辈子的浪荡生涯后，最终回到修道院献身于美的艺术。

《纳尔齐斯与歌尔德蒙》始写于1928年，至1930年完稿。根据黑塞的理解，人的存在可归为精神和感官两个部分，精神代表理性、道德和内心的宁静；感官则代表着放纵、热烈和无常的生活。纳尔齐斯和歌尔德蒙恰恰反映了人的这两种生活态度的两极。纳尔齐斯称自己为思想家，他学识广博，洞察世事，在不断与自己内心的斗争中获得宁静；作为纳尔齐斯的对立面，歌尔德蒙成为一个艺术家，他纯真热情，积极地投身生活，在流浪漫游中，饱尝了人间的欢乐与痛苦。他一直在寻找深藏在内心深处的母亲形象，并试图通过艺术将其表现出来。

黑塞以象征手法写出精神和感觉、艺术家与哲学家如何相互启发、互相补充。这一对相辅相成的人物融合为一体，完成了黑塞的理想形象，以致后来有些评论家称赏这部小说为“融合了知识和爱情的魅力的浮士德变奏曲”。歌尔德蒙是一位唯美主义者，认为神秘是梦与最高艺术品的共同特色，要把这种神秘变成话语，需要调和生与死、慈善与冷酷、生存与毁灭。歌尔德蒙信奉艺术的永恒性，艺术作品是永存的，百年后还会在静静的圣堂里发光，因为那不是血和肉，而是精神。纳尔齐斯则信奉哲学和宗教，是亚里士多德和圣·托马斯的学生，一个思想家和禁欲主义者。纳尔齐斯的艺术理论基于人必须首先教育自己成为和谐完善的人，才能创造出不朽的作品，因为纳尔齐斯眼中的世界并非“由表象所形成”，而是“由概念所构成”的。这两种艺术观点都为黑塞所认同，也表现在他的其他作品中，在《纳尔齐斯与歌尔德蒙》中最为集中。

本书在艺术手法上融汇了黑塞早、中、晚期的特点，是作者中、后期交替时期的重要著作。

先睹为快

玛利亚布隆修道院的大门前，有一个由成对的小圆柱支撑着的拱顶；拱顶外边，紧靠着大路，耸立着一株栗子树——一位孤孤单单的南国之子，气质高贵，树干粗壮，是很多年以前一位罗马的朝圣者带到这里来的；它那圆形的树冠，柔软地伸展到大路上空，微风吹来，便婆娑地摇曳抖动。春天，周围一片绿色，连修道院内的核桃树都已经长出淡红色的嫩叶，这株栗子树却仍然是光秃秃的；到夜晚最短的夏天，它才从一簇簇树叶中开出泛着淡青色微光的、形状与众不同的花朵，散发出一股股酸涩的闷香；十月里，水果和葡萄已经收完，秋风才从那渐渐变黄了的树冠中把那些带刺的果实摇落。出生在意大利邻近地区的副院长格雷戈尔便用自己房中的壁炉烤食这些果实，修道院中的男孩子们便为争夺它们而扭滚在一起，可是它们并非每年都能成熟。这树冠在修道院入口处上空奇特而多情地拂动着，宛如一位来自异地的思想细腻而微感寒栗的客人；在它和大门口那些修长的成对的小圆石柱之间，在它和拱窗上那些石头雕饰、壁架和立柱之间，存在着某种神秘的亲缘关系，同样受到意大利人和拉丁文学者的喜爱，但却让本地居民视为异己。

在这株来自异国的树下，已经走过好几代的修道院学生。他们腋下夹着习字板，一边走，一边谈笑嬉闹，争论不休，而随着季节的变化，有时赤着脚，有时穿着鞋，有时嘴上叼着一枝花，有时口里咬着一枚核桃，有时手中拿着一只雪球。新的学生不断到来，隔几年就换一批面孔，但大多数彼此却是相像的，都是些金黄色的小卷毛儿。有的毕业后留下来，先当试修士，再当修士，削了发，穿上修士衣，系上带子，研读经典，指点学生，直到老，直到死。另一些学习期满就由父母领走，回到骑士的城堡，回到商人和手工业者的家中，奔向世界，享乐的享乐，干活的干活，偶尔回修道院来做客，后来成了家，又送自己的小儿子来当神父们的学生，并且仰头向这株栗子树瞥上一眼，脸上带着微笑，心中充满感慨，最后又各自归去。在修道院那一间间的卧室里和大厅中，在那端庄的圆拱窗和红石凿成的笔直的成对圆柱之间，总有人在生活、教授、钻研、管理、统治；在这儿曾从事各种各样的艺术和科学，并且代代相传，有虔诚的和世俗的，有光明的和阴暗的。也编写和诠释书籍，想出种种体系，搜集古人的著述，临摹名画的真迹，培养民众的信仰，嘲笑民众的信仰。博学与虔诚，单纯与狡诈，福音的智慧与希腊人的智慧，圣迹与邪术，在这儿统统得到一定的施展，适得其所；这儿既可隐居和苦修，又可进行社交和享乐；至于是前者占上风或是后者大行其道，都取决于当时的院长是个怎样的人以及时代的潮流如何。这座修道院之所以出名和朝拜者不断，有一阵子是因为它有一些驱魔师和能识别精怪的修士，有一阵子是因为它有美妙的音乐，有一阵子是因为它的某个神父妙手回春，能治百病，有一阵子又因为它的梭子鱼汤和鹿肝包子可口得很，总之，它在每个时代都总有所长。而且，在它众多的修士和学生中间，在这些虔诚，或者冷淡，或者吃斋，或者肥胖的人中间，在这些留在修道院中生活一辈子的人中间，任何时候总有那么一个两个特殊人物，大家要么爱他，要么怕他，他显得出类拔萃，叫大家久久惦念，虽然同时代的其他人早已被遗忘。

延展阅读

《荒原狼》

这是作者的另一部精品。

本书是一部充满了狂暴幻想、具有表现主义色彩的小说。小说的主人公哈勒尔是个正直的作家，他鄙视现代社会生活方式，常常闭门不出，令人窒息的空气使他陷于精神分裂的境地。一天他偶尔读到一本《评荒原狼》的小书，顿觉大梦初醒，认为自己就是一个“人性”和“狼性”并存的荒原狼。之后他应邀参加聚会，发现与会者都有狭隘的民族主义观点，而他的反战言论遭到斥责，更觉自己孤独。回家时他遇到酒吧女郎赫米纳，获得肉欲欢乐。经赫米纳介绍他又结识了音乐人帕布洛和一位名叫玛丽亚的姑娘，他在音乐和感官享受中忘却了一切烦恼和忧虑。但当他看到赫米纳和帕布洛亲近时，便“狼性”大发，出于嫉妒将赫米纳杀死。

黑塞在小说中大量运用了梦幻形式，把第一次世界大战之后的一个中年欧洲知识分子的内心世界淋漓尽致地展示出来，使其成为20世纪西方小说的经典之作。

《香水——一个谋杀犯的故事》

〔德〕帕·聚斯金德 著

一部奇异的被侮辱与被损害、被拯救亦被毁灭的故事。

推荐版本：上海译文出版社（2003 年） 李清华译

关于作者

2006 年，由德国著名作家帕·聚斯金德的作品《香水》改编的同名电影在全球上映，并立即引起轰动。这是聚斯金德的作品第一次被改编成电影。这部电影因高达 5000 万欧元的预算而跻身德国有史以来最昂贵电影行列。影片的导演和拍摄水平也堪称一流，是德国电影业近年制作的最好作品，赢得了广大《香水》粉丝的认可。

其实，20 多年前，一些制片商就看中了聚斯金德的《香水》并竞相争购其电影版权，但聚斯金德本人自始至终都无比固执地认定：全世界够格执导其《香水》的唯有一人，那就是大名鼎鼎的悬念电影大师斯坦利·库布里克！但他不知道的是，斯坦利·库布里克早将该作品定性为“一部无法被搬上大银幕的小说”。因为作者在小说中使用了极尽华丽的文字，栩栩如生地描绘了一个充满各种气味的世界，比如他形容巴黎充斥着各种味道时说：“大街上粪便的臭味、庭院里的尿味、楼梯间腐木和老鼠尿的臭味、厨房里烂菜和肥肉的味道；潮湿的客厅里积尘的臭味、卧室里油腻床单和潮湿的羽毛被褥的味道，还有尿壶散发出的令人痛苦的‘芳香’……”这样的描写着实令无数的导演和编剧们无从下手。就这样，隐居德国乡下的天才作家聚斯金德一直将《香水》的电影改编权保留给同样隐居在英国乡下的天才导演库布里克，这是持续了十多年的等待，一切以库布里克在1999年的猝然辞世作为终了。几年后，锲而不舍的制片商艾钦格终于以1000万欧元（约合1250万美元）的天价买下了《香水》的电影版权，在德国文化部的力荐下，聚斯金德也勉强接受了由《罗拉快跑》的导演汤姆·蒂克威作为该片导演。据说，《香水》改编时，编剧和剧组都曾登门请教，不过，他们照例是被脾气古怪的聚斯金德赶出了门。

聚斯金德1949年出生在德国南部巴伐利亚州的施塔恩贝格湖畔，早年学过钢琴，后又攻读历史，曾做过西门子公司的文秘，在酒吧舞厅里打过工，甚至还当过乒乓球陪练。他一度靠给电视台写剧本为生。命运的转折是从他创作的第一部个人作品开始的。他发表的处女作是剧本《低音提琴》。该剧于1981年9月在慕尼黑首次演出，后来许多剧院纷纷上演，其间被译成英语、法语、芬兰语、瑞典语、希伯来语、荷兰语和意大利语，成为欧洲话剧舞台上长盛不衰的经典剧目，为聚斯金德在文坛上赢得了声誉。

1984年，聚斯金德完成了他的第一部小说《香水》。这本以嗅觉为主题的长篇小说，在德国刚出版便卖出40万册，并连续9年登上德国《明镜周刊》畅销书排行榜，更风靡全世界，被翻译成42种语言版本，全球销量已逾1500万册，迄今仍是最畅销的文学作品之一！《香水》让聚斯金德迅速成为整个欧洲文坛的新贵和巨富。继《香水》之后，聚斯金德用古典主义的笔调创作了中篇小说《鸽子》。小说描写巴黎某家银行一个看门人单调枯燥的生活，1987年初第一版销量即达10万册。

聚斯金德生性腼腆，不爱张扬，平日深居简出，行迹难觅。与同时代的德国作家相比，聚斯金德文学创作的产量并不高，他的一部作品问世后，自己便远离媒体的喧嚣，下一本书总要等上好几年才会露脸，而且不鸣则已，一鸣惊人。他因此被戏称为全欧“写得最少、挣得最多的人”。他的作品篇幅不大，但其丰富、奇特的想象力，深邃的思想含义，耐人寻味的故事情节和精湛的文笔，却给人留下了极为深刻的印象。迄今为止，聚斯金德的文学创作均远离鸿篇巨制和重大题材，而总是把视点放在那些没有社会地位的小人物身上，对他们的喜怒哀乐和酸甜苦辣给予了深切的同情。聚斯金德借助对这些人物命运的描写，展示了后工业社会中人们普遍存在的困惑、恐惧、沮丧、不安、无奈，及其悲观的内心世界和荒诞反常、难以理喻的怪异行为，从而成为德国后现代主义的代表作家之一。

聚斯金德的最新作品为1995年发表的短篇小说集《棋戏》。这位文坛怪才的作品虽然不多，但已足以让他成为耀眼的风格作家，同时也是蕴涵古典精神的叙述高手。

荐读理由

作为聚斯金德第一部小说，也是使他誉满全球的巅峰之作，《香水》以其独特的叙述风格和内容，一问世便迷倒众多读者。有人说《香水》是一本用鼻子来读的书，它充满气味国度独有的神秘色彩，是香水世界的传奇。故事的主人公是法国18世纪的一个怪才，他一生下来就被母亲撂在臭鱼摊旁的烂鱼肚肠垃圾堆里，但是他顽强地活了下来，虽然他是以母亲的死换来活的机会；母亲死后他被送到育婴所，所里的其他小孩多次欲置他于死地，而他却坚韧地活了下来；随后他不停地遭到疾病的折磨、命运的摧残……可他就像作者说的那样“像只扁虱那样易于满足，它安静地停在树上，靠着它在几年前所获得的一小滴血维持生活”，顽强而孤单地活着。

上帝在给他关了这么多的门、设了这么多的槛后，依然给他留下一扇窗——他拥有全世界最敏感的鼻子和最优秀的记忆力。在别人眼中没有感觉、没有生命的气味，他却用鼻子视为珍宝，甚至在学习说话时，学到的词也是从气味开始。他对气味的敏感犹如妈妈对孩子的敏感，千里之遥、细微之处都会有心灵感应，在他的世界里，气味是鲜活的，充满生命活力。

为此，他拥有了一辈子唯一的愿望——掌握生产香水的技术，使自己成为香水王国的王。为完成这一伟大的愿望，他依靠上天赋予自己独特的鼻子努力工作，不计回报；能吃得下人间任何苦难，能吞得下人间任何侮辱的泪水，甚至于为此他杀死了26个漂亮的少女成了杀人犯——犯下人类社会所不能救赎的滔天罪恶。

作者在挥洒无与伦比的想象力上，悉心设置了引人入胜的情节，为我们打开一个亦真亦幻的境界之门，让我们领略到香水国度的美丽和独特——像原子能一样有力量，给我们心灵的震撼：用眼睛看到一片蔚蓝的天空，用鼻子发现另一片气味的天空，可以成为灵魂记忆里的香。

先睹为快

格雷诺耶此刻在敞开的车门口站了几分钟，一动也不动。他身旁的那个随从已经跪了下来，而且一直向下作出完全拜倒的姿势，这种姿势只有在东方的苏丹和阿拉之前才经常见到。即使作出这样的姿势，他还是颤抖着，摇晃着，恨不得继续把身体趴下，使自己平躺到地上，钻进地里，直至到达地下。由于这种高尚的忠诚，他真想使自己沉到世界的另一头。卫队军官和警察局长两人都是刚强的男子汉，他们的任务是现在把罪犯带到行刑台上交给刽子手，可他们再也无法完成协调的动作。他们哭泣着，把自己的帽子脱下来，再戴上，又把它们扔到地上，两人拥抱起来，再分开，无聊地在空中挥动着胳臂，绞着自己的手，抽搐着，犹如舞蹈病发作的人在做鬼脸。离得远的绅士们行为失去控制，激动万分。每个人都放任自己内心的欲望。女士们在看到格雷诺耶时把双手叉在怀里，幸福地叹息；另一些女士由于渴望追求这美丽的少年——她们觉得他就是这样——而不声不响地晕倒。先生们一个劲儿地从他们的座位上跳起来，坐下，再跳起来，呼哧呼哧地喘着气，手握着剑柄，仿佛要把剑抽出来。他们抽出剑，又把剑推回去，以致剑鞘发出响声；另一些先生默不作声地眼睛望着天空，两手痉挛地祷告；高贵的主教上身向前摇动，仿佛他要恶心呕吐似的，他的额头撞到膝盖上，直到他那顶绿色帽子从头上滚下来；这时他并不觉得难受，而是平生第一次沉醉在宗教的狂热中，因为在万民的眼前，一种奇迹发生了，因为至高无上的上帝已经在阻拦刽子手，他把世人认定为杀人犯的人宣告为天使。这种情况竟然发生在18世纪！上帝多么伟大呀！而主教本身多么渺小，多么微不足道，他念着革出教门令，自己却不相信，只是为了安慰人民！啊，多么狂妄，多么信心不足！如今上帝创造了奇迹！啊，作为主教受到上帝如此惩罚，这是多么美妙的屈辱，多么甜蜜的可耻，多么仁慈！

街垒那边的人们在这时越来越不知羞耻，他们陶醉于格雷诺耶的出现所引起的令人毛骨悚然的感觉之中。谁开始看到他只觉察到害羞和感动，此时却充满着赤裸激情的贪欲；起初只是赞叹和追求，此刻却是极度兴奋。所有人都认为那个穿着蓝色外衣的男子是他们所能想象的最美丽、最迷人和最完美的人：修女们觉得他是救世主的化身，魔王的信徒把他看成是冥界的放射光芒之神，开明人士认为他是最高的主宰，少女们相信他就是童话中的王子，而男人们以为他就是自己的理想的映象。所有人都感到自己最敏感的部位已经被他识破，被他抓住，他击中了他们的爱的洞底。情况正是，仿佛这个男人有一万只手，仿佛他把自己的手放在周围万人当中每个人的下身，用每个人——不管是男人还是女人——在其最隐秘的幻想中最强烈要求的每一种方式，亲热地抚摸着下身。

其结果是，处决那个时代的最可恶的罪犯的计划变成了盛大的酒神节，其盛况是自从公元前二世纪以来世上绝无仅有的：品行端庄的妇女们撕开自己的胸衣，在歇斯底里的叫喊声中裸露她们的乳房，裙子向上提起，倒在地上。男人们带着迷惘的目光，跌跌撞撞地在躺着裸露肉体的地面上行走。他们用颤抖的手指把他们像被无形的霜冻僵的生殖器从裤子里掏出来，唉声叹气地倒向某处，以极为罕见的姿势和配对方式交情，老头和少女、雇工和律师夫人、学徒和修女、耶稣会会员和共济会女会员，情况乱七八糟，空气中弥漫着沉重的情欲的甜蜜气味，充满着一万个兽人高声的叫喊、嘟囔和叹息，简直和地狱一样。

延展阅读

《鸽子》

这是作者的另一部精品。

该书的发表，奠定了聚斯金德在德语作坛上引人注目的地位。在作品中，作家充分发挥了自己细腻入微的心理描写技巧，把巴黎一家银行门卫诺埃尔的意识流动和内心独白栩栩如生地呈现在人们眼前——忠于职守、老实巴交的诺埃尔，三十年如一日地蜗居在自己的小屋里，过着平淡孤寂、与世无争的生活。然而一天早晨，一只突然出现在门口的鸽子却让他惊慌失措，六神无主。于是，往日的平静全被打破，包括衣、食、住、行和本职工作在内的所有的生活细节均受到干扰，主人公的精神世界濒临崩溃的边缘。这一切莫名其妙的混乱，直到那只带来不祥之兆的鸽子悄然离去时才随之平息，一切又复归原样。

《一个陌生女人的来信》

〔奥地利〕茨威格 著

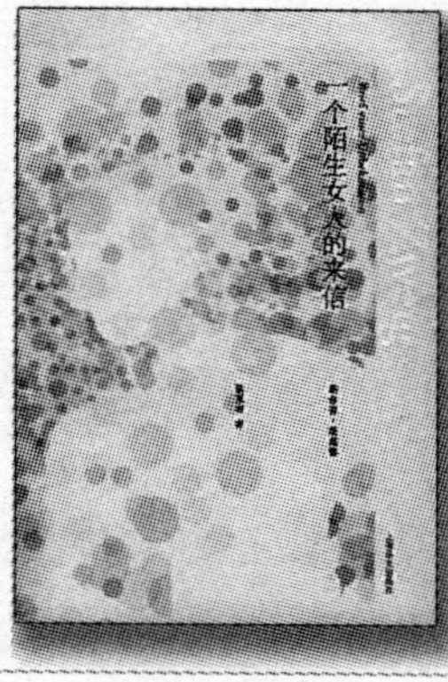

一个陌生的女人写下的一封凄婉动人的长信，揭示了绝望的爱情以及深沉的奉献。

推荐版本：

- ●译林出版社（1998 年） 高中甫、韩耀成译
- ●上海译文出版社（2007 年） 张玉书译

关于作者

20 世纪 20 年代，有一位“以德语创作赢得了不让于英、法语作品的广泛声誉”的奥地利作家，他善于运用各种体裁作文，写过诗、小说、戏剧、文论、传记，还从事过文学翻译，其中最被人称道的是传记和小说。这位作家就是茨威格，他于 1881 年 12 月 28 日出生在奥匈帝国首都维也纳一个犹太富商家里。由于他自幼受到良好的教育和资产阶级上流社会的文艺熏陶，所以 16 岁便在维也纳《社会》杂志上发表诗作。1899 年中学毕业后入维也纳大学攻读德国和法国文学，接触了托尔斯泰和陀思妥耶夫斯基的作品，研究和翻译过法国波德莱尔和魏尔伦、比利时凡尔哈伦的诗歌。1903 年获博士学位。

他早期的诗集《银弦集》和《早年的花环》、小说集《埃利卡·艾瓦尔德之恋》等，受当时盛行的印象主义和象征主义的影响，缺乏内容和新意。后来，他有意识地深入社会底层，了解一些遭人唾弃的卑贱者的生活经历和内心世界，因而从 1907 年到第一次世界大战期间，在创作上渐趋成熟。除了《泰西特斯》《海滨之屋》和《化身戏

子》等剧本外，他还发表了小说集《最初的经历》，由有声望的莱比锡岛屿出版社出版。

此后，他写了众多传记和中短篇小说，著名的有《三大师》《同魔鬼作斗争》《自画像的名手》《精神疗法》《心的焦躁》《恐惧》《马来狂人》《一个陌生女人的来信》《一个女人一生中的24小时》《月光胡同》《看不见的珍藏》等。

茨威格所有作品的基调是现实主义的，而他最擅长的是细腻的心理描写，因此在小说中他着重选取资产阶级社会中妇女的不幸遭遇的题材，揭露“文明人”圈子的生活空虚和道德败坏，谴责对女性的不尊重和对人的善良品质的残害，赞美同情、了解、仁爱和宽恕，揭示个人心灵中种种抽象的美德，甚至让已经堕落的人身上闪耀出道义的火花，以此来改进资本主义社会的道德观念和人们的精神面貌。

可惜，就是这样一位怀着善良胸襟，梦想着伟大、美好未来的作家也难逃法西斯的魔爪，在1942年2月23日，愤于法西斯在家乡的恶劣统治和对现实世界的绝望，他和妻子在巴西服毒自杀。去世之前，他完成了《昨日的世界——一个欧洲人的回忆》，这不仅是他一生的历史，也是他那一代人的历史，是对昨日的世界，亦即对在第二次世界大战中沉沦的资产阶级世界的回忆。

荐读理由

《一个陌生女人的来信》是茨威格从心理角度再现人物性格和生活遭遇的代表作之一，讲述的是一个陌生的女人，在她生命的最后时刻，饱蘸着一生的痴情，写下了一封凄婉动人的长信，向一位著名的作家袒露了自己绝望的爱慕之情。小说以一名女子最痛苦的经历，写出了爱的深沉与奉献。高尔基曾由衷地赞赏这篇小说“真是一篇惊人的杰作”。

如此这般，一个女人暗恋了一个男人一生，和他几度春风，生下一子。但直到女人死亡，男人却依旧不知道她的名字，甚至在记忆中也并无痕迹。女人细腻的情感用一种介于“我”和“上帝”之间的口吻得到表现，如果说女人一生的行为是“我”的热切和“我”的悲喜，当她开始写这封信的时候，上帝也介入了进来——女人毫不费力地穿透了男人的光圈，了解了这个男人心底的自私与灰暗。这种不停的迷恋和反省构成了奇异的吸引力，女人的形象如同扑火的飞蛾一样具有祭祀的象征意义。

确切地说，这更像是一种祭祀。祭祀是一种绝对的力量——祭品是由人奉献给神的食物，作为有产者们制定的规则催生出贫穷和丑恶，那丑恶被他们所鄙夷，也被他们自身所容纳。祭祀在某种程度上也成为一种控诉——只有神开始丑恶的时候，人们才会对祭品寄予同情。一个陌生女人的来信，就成为一个群体对整个社会的控诉，他们无力去反抗祭祀的命运，只能以祭品的资格去爱神或者憎恨神。

因此，这本书与其说是驳斥了一个上层社会的黑暗，不如说它在很大程度上满足了男人的心理需求，一个默默守候、不求回报的女人对一个男人来说何尝不是一种梦呢？对于那个时代的女性来说，一个陌生女人的姿态不也是被压抑女性的自白吗？如同本书是一出悲剧一样，生活的本质从不是哲学家构想的那样。

纵然结尾处男人流露出了忏悔，但更大程度上是男人对于自身骄傲的提炼罢了，这种忏悔只是满足男性读者心灵的崇高意识——无论是怎么样的人，做什么样的事情，总希望能够从罪恶中解脱出来，于是有了忏悔，倘若有人给予他们不通过忏悔而达到崇高的办法，想必也是一种幸福吧。

伟大的作家是不用我们费心去驳斥或者歌颂，他只需要说出真相而一切的关键都会体现。《一个陌生女人的来信》中男人、女人的故事现在还在不同的地方以不同的方式上演，所有关于祭祀诅咒的意象都出自我们的想象。所以，当你打开这本书，你将看到自己，看到人生。

同样，这部具有迷迭香味的著作也被电影导演们早已相中。1948年，美国导演马克斯·奥菲尔斯就拍了同名电影，并由琼·芳登担任女主角。2004年，美女导演徐静蕾执导同名电影，并在剧中担任女主角，而这部电影也在第二十五届金鸡奖上荣获最佳摄影、最佳美术奖，同年，在西班牙圣塞巴斯蒂安电影节上获得最佳导演奖和金贝克奖。

先睹为快

她闷闷不乐地在屋里乱转。狭窄的闺房里塞满了东西，从最劣等的破烂货到最精致的艺术品，应有尽有，毫无选择，趣味低下。她在这里感到极不舒服，更有那二十种不同的香水混杂的气味和刺鼻的烟味，屋里每样东西都沾上了这种气味。这一切第一次使她如此厌恶，甚至那些黄皮装帧的普雷沃的小说集今天对她也失去了魅力，因为她总是一个劲地想着普拉特尔公园，想着她的普拉特尔和欢乐草场上的赛马。

这一切全都落空了，仅仅因为她没有漂亮的礼服。这真叫人伤心落泪。她靠在圈手椅里，心灰意懒，又想昏昏睡去，以此消磨这整个下午的时光。可是这法子不灵，眼皮合上，又老是一个劲地硬要张开，想看亮光。

她走到窗前，俯瞰那被太阳晒得发亮的格拉本街的人行道和那上面行色匆匆的过往行人。天空澄碧如洗，空气和煦宜人，她想投身旷野的渴望越来越强烈，越来越迫切，不觉心急如焚。突然，她闪过一个念头，独自一人到普拉特尔公园去，既然她坐不上饰满鲜花的彩车，至少也得看看彩车，她可不能不去普拉特尔。这样，她就不必身穿高贵的礼服，穿一身朴素的衣服甚至更好。因为这样一来，别人就认不出她了。

有了这个念头，她很快就下定了决心。她打开衣柜，挑选衣裙。

满眼都是鲜亮刺目、花里胡哨、大红大绿的颜色，看得人眼花缭乱。她挑来挑去，丝绸在她手中沙沙作响，她真不知道挑哪件才好，因为她所有的礼服几乎都有一个明确的意图，就是引人注目，而这正是她今天想竭力避免的。找了半天，终于有一抹天真而愉快的微笑突然浮现在她的脸上。在柜子的一角，她发现了一身简朴的、近乎寒酸的衣衫，满是灰尘，压得很皱。引她微笑的不光是她发现的这身衣服，还有这件纪念品勾起的栩栩如生的往事。她想起那一天，她穿着这身衣服和她的情人一起离家出走，想起她和情人一起享受的许多幸福，然后又想起她以幸福为代价换来华裳丽服的日子，先是充当一位伯爵的情妇，继而变成另外一个人的情妇，接着成为其他许多人的情妇……

她不知道自己干吗还留着这身衣服。但是这身衣服现在还在，她很高兴。她换上这身衣服，在笨重的威尼斯大镜子前左右顾盼，不禁对自己的模样感到好笑，她看上去规规矩矩，像一个市民家的姑娘，天真烂漫，像甘泪卿似的纯洁无瑕……

到处乱抓乱摸了一阵，她也找到了与衣衫配套的帽子，然后笑吟吟地冲着镜子看了一眼，只见镜子里有个市民家的少女，穿着星期日的盛装，同样笑吟吟地向她还礼。于是她出发了。

她唇边挂着微笑走到街上。起先，她感到每个人想必都会觉察到，她其实并不是她装扮出来的那种人。但是，那在正午的骄阳暴晒下从她身边匆匆走过的稀疏的行人，绝大多数都没有时间去打量她。慢慢地，她自己真的进入了角色，一路遐想，沿着红塔大街走了下去。这里，一切都在阳光的沐浴下熠熠生辉。星期日的气氛从身着盛装、心情欢快的人们身上传给了动物和其他东西，一切的一切都闪闪发亮，光彩夺目，向她欢呼，向她致意。她目不暇接地注视着五彩缤纷热闹非常的人来人往，这种场面其实她从来也没见识过，她只顾傻瞧傻看，差点儿撞上一辆马车，这时她不禁自语：

“简直像个乡下姑娘。”

于是她稍微收敛一些。当她走到普拉特尔大街的时候，突然看到她的一位爱慕者乘着时髦的马车和她擦身而过，距离近得她都可以扯到他的耳朵，她还真恨不得去扯一下他的耳朵呢。这时候，她又忘乎所以起来。可是那位爱慕者摆出一副高贵的样子，懒洋洋地把身体往后靠着，竟然没有注意到她。于是她扬声大笑，笑得那位爱慕者回过头来。要不是她飞快地用手绢遮住脸，真说不定会被那人一眼认出。

延展阅读

作者还有下列精品：

《看不见的珍藏》

这部短篇小说直接真实地反映了奥地利在一战之后世界经济危机的影响下产生的通货膨胀带给老百姓的灾难性后果。茨威格形象地描述了一位双目失明的老收藏家如何以莫大的热情向一位艺术鉴赏家介绍他手中的一件件以毕生激情收集起来的艺术珍品。而实际上他的家人在通货膨胀期间为了维持生计早已变卖了这些艺术品。老人手中拿着的只是一张张白纸。读者一方面被老人对艺术的执著的追求所感动，同时也深深体会到了现实的冷酷及这位老人的家庭实际的凄苦和说不尽的酸楚。

《象棋的故事》

这是茨威格生前发表的最后一部中篇小说。小说表面上讲述了一条从纽约开往南美的轮船上一位业余国际象棋手击败了国际象棋世界冠军的故事，实际上讲述了纳粹法西斯对人心灵的折磨及摧残。作为人文主义者的茨威格借这篇小说表达了他对纳粹法西斯的痛恨。他以这种文学形式的抵抗加入了世界反法西斯同盟的行列。可惜他本人没有看到法西斯最后的崩溃。由于对时局的绝望，他和他的夫人在1942年获悉新加坡陷落后在巴西服毒自尽。然而《象棋的故事》作为反法西斯的重要作品却不断受到后人的传诵。

《一个女人一生中的24小时》

一个有两个女儿的少妇突然和一个陌生人私奔，引起群众的争论，主角一直为那少妇辩护，认为大家不该谴责这个无辜的少妇。然后一个严谨的英国老太太找主角讲述她年轻时越轨的故事，当时她的儿子们都已经长大，当了兵，她流窜到东南亚，发现一个赌输了钱想自杀的年轻人，出于好心就救了他，她试图通过自己来拯救这位沉迷于赌博的年轻人，甚至动了放弃一切与他远走高飞的念头。但是最后还是失败了。年轻人为了赌博最终放弃了自己的生命。

《不能承受的生命之轻》

〔捷克〕米兰·昆德拉　著

一部交织着政治与哲思，混杂着爱情与肉欲的充满智慧的作品。

推荐版本：

●上海译文出版社（2003 年）　许钧译

●作家出版社（1987 年）　韩少功、韩刚译

关于作者

1968 年初，捷克斯洛伐克共产党中央发起了布拉格之春改革，有脱离苏联控制的倾向。当时的苏联以“社会主义国家主权有限论”为借口，于当年 8 月派坦克和军队进入布拉格，阻止了捷克斯洛伐克背离苏联路线的改革进程。这就是震惊世界的“布拉格之春”事件。此事件发生后，著名作家米兰·昆德拉因发表不同政见而遭到迫害，被迫于 1975 年移居法国，后获得法国国籍——不过，在中国出版的昆德拉的作品在封面及版权页均标明他是捷克作家。

无论对 1989 年前的捷克斯洛伐克，还是此后的捷克，昆德拉的政治面貌都是个复杂的问题。昆德拉生于 1929 年，19 岁时加入捷克共产党，两年后即因“反党行为”被开除。1956 年他二度入党，但 1970 年再遭开除。西方评论界认为昆德拉为异见者，他是在以小说反抗当时的制度，但昆德拉本人不愿意承认这一外界强加的身份，尤其反对西方对其作品简单的政治解读。1985 年，他在最后一次接受记者采访时宣称：“当文化被简化为政治，其阐释便完全成了政治化的，以至于最

终无人能理解政治，因为纯粹的政治思想根本解释不了政治现实。”

昆德拉有着深厚的文学功底。童年时代，他便学过作曲，受过良好的音乐熏陶和教育。少年时代，开始广泛阅读世界文艺名著。青年时代，写过诗和剧本，画过画，搞过音乐并从事过电影教学。1967年，他的第一部长篇小说《玩笑》在捷克出版，获得巨大成功，连出三版，每次都在几天内售罄，作者在捷克文坛上的重要地位从此确定。但好景不长，1968年，苏联入侵捷克后，《玩笑》被列为禁书。在此情形下，昆德拉偕妻子于1975年离开捷克，来到法国。移居法国后，他很快便成为法国读者最喜爱的外国作家之一。他的绝大多数作品，都是首先在法国走红，然后才引起世界文坛的瞩目。他曾多次获得国际文学奖，并多次被提名为诺贝尔文学奖的候选人。

尽管昆德拉很早就以小说《玩笑》享誉捷克文坛，但给他带来世界声誉的却是《不能承受的生命之轻》。该小说是昆德拉1975年流亡法国后用捷克语创作的，1984年以法文版首发，并逐渐在世界范围内广泛传播。由于当时的政治原因，在作家的祖国捷克，小说只能以手抄本或复印版的方式流传。2006年10月，距离法文版首发22年之后，捷克语版的《不能承受的生命之轻》终于回到捷克，正式出版发行，一上市便登上图书畅销榜头把交椅，并荣获2007年捷克的国家文学奖。

昆德拉善于以反讽手法，用幽默的语调描绘人类境况。他的作品表面轻松，实质沉重，充满了人生智慧。他的主要作品包括长篇小说《玩笑》《生活在别处》《告别圆舞曲》《笑忘录》《不能承受的生命之轻》和《不朽》，以及短篇小说集《好笑的爱》，原作以捷克文写成。其后的长篇小说《慢》《身份》和《无知》，原作以法文写成。除小说外，昆德拉还出版过三本论述小说艺术的文集，其中《小说的艺术》以及《被背叛的遗嘱》在世界各地流传甚广。

昆德拉对外界误读自己的作品痛恨已久，特别是那些偏向“情色”的误读。好莱坞根据《不能承受的生命之轻》改编的《布拉格之恋》，被不少影迷视为经典之作，但昆德拉并不买账，他认为编剧只浅薄地强调了“情色”成分，而把他所想表达的生命主题踢到一边。昆德拉曾多次公开表示自己对这部电影的不满，甚至不高兴别人把他的作品与电影相提并论。因为对误读的反感，昆德拉对各种译本都非常慎重。他甚至和译文社约定，每个译者如果对他的文字有疑问，都可以随时与他联系讨论。但是，昆德拉不允许在译本中出现任何形式的前言和后记，因为外界的评论，无论褒贬，都难以取得作家本人的认同。

昆德拉现隐居于巴黎，他讨厌记者，极少接受任何媒体采访。

荐读理由

《不能承受的生命之轻》又译为《生命中不能承受之轻》，曾被《纽约时报》评论为20世纪最重要的经典之作，也是米兰·昆德拉最负盛名的作品，集中体现了昆德拉的才情。他以一个哲人的睿智将人类的生存情景提升到形而上学的高度加以考虑、审查和描述，由此成功地把握了政治与性爱两个敏感领域，并初步形成了“幽默”与“复调”的小说风格。

小说主要描写了托马斯与特丽莎、萨宾娜之间的感情生活。男主人公托马斯是一个外科医生，因为婚姻失败，既渴望女人又畏惧女人，因此发展出一套外遇守则来应付他众多的情妇。有一天他爱上一个餐厅的女侍——特丽莎，他对她的爱违反了他制定的原则，甚至娶她为妻，但是他灵肉分离的想法丝毫没有改变，依然游移在情妇之间，这对全心爱他的特丽莎来说无疑是一种伤害。所以，特丽莎经常猜忌，怀有恐怖想象，时时会在极度不安的梦魇中醒来。

而这时德国政治正处于动乱不安时期，于是托马斯在苏黎世一位权威医生的邀请下，与特丽莎决定到苏黎世生活。但是面对陌生环境的不安与丈夫仍然与情妇私通的情况，特丽莎决定离开苏黎世，回到祖国。可是命运却让托马斯决定回去找她，此后两人再也没有分离。

他们知道彼此是生命中甜美的负担，结局却是死于一场车祸。

萨宾娜是一个画家，曾经是托马斯的情妇之一，也是特丽莎妒忌的对象。萨宾娜一生不断选择背叛，选择让自己的人生没有责任而轻盈地生活。她讨厌忠诚与任何讨好大众的媚俗行为，但是这样的背叛让她感到自己的人生存在于虚无当中。

虽然说小说是以三个不同类型人的感情纠葛为内容，但绝不是一个男人和两个女人的三角性爱故事，而是一部哲理小说。小说从“永恒轮回”的讨论开始，随着故事情节的发展把读者带入一系列问题的思考中，比如：轻与重、灵与肉……它带领着我们思考——什么才是人类不能承受的生命之轻？可谓意蕴深远，既包含被政治化的社会内涵揭示，又包含对人性的考察、个人命运在特定历史与政治语境下的呈现以及对两性关系本质上的探索等。不仅有隐喻式的哲学思考，也有悲欢离合的生命历程展现。

《时代杂志》曾这样评论这部小说：“成功地展现出胜于嘲讽的智慧与超越绝望的希望!”同时《华盛顿邮报·图书世界》也评论：“《不能承受的生命之轻》是一部爱情故事，也是一本概念小说……机智、诱人、严肃……充满情感，对于性爱与政治之间巧妙的交互作用有极为娴熟的叙述。”《华尔街日报》更是一语中的：“一部眼界开阔又复杂细致的作品，交织着政治与哲思、肉欲和灵性、趣味和深度……当今写作男女之间多样关系的作者中，没有人比得上昆德拉的智慧观察。”由此，我们也不难想象为什么这部小说一经出版，就掀起狂热的“昆德拉”浪潮。

先睹为快

这顶礼帽是萨宾娜生命乐曲中的一个动机，一次又一次地重现，每次都有不同的意义，而所有的意义都像水通过河床一样从帽子上消失了。我们也许能称它为赫拉克利特河床（“你不能两次掉入同一条河流”）：这顶帽子是一条河床，每一次萨宾娜走过都看到另一条河流，语义的河流；每一次，同一事物都展示出新的含义，尽管原有意义会与之反响共鸣（像回声，像回声的反复激荡），与新的含义混为一体。每一次新的经验都会产生共鸣，增添着浑然回声的和谐。托马斯与萨宾娜在苏黎世的旅馆里被这顶帽子的出现所感动，做爱时几乎含着热泪，其原因就是这黑色的精灵不仅仅是他们性爱游戏的遗存，而且是一种纪念物，使他们想起萨宾娜的父亲，还有她那位生活在没有飞机与汽车时代的祖父。现在，我们站在这个角度，也许比较能理解萨宾娜与弗兰茨之间的那道深渊了：他热切地听了她的故事，而她也热切地听了他的故事。但是，尽管他们都明白对方言词的逻辑意义，但不能听到从它们身上淌过的语义之河的窃窃细语。所以，当她戴着这顶礼帽出现在他面前，弗兰茨感到不舒服，好像什么人用他不懂的语言在对他讲话；既不是猥亵，也不是伤感，仅仅是一种不能理解的手势。他不舒服是因为它太缺乏含义。

延展阅读

作者还有下列精品：

《玩笑》

本书是昆德拉于1960年发表的成名作，此后，他先后六次获得国际大奖，在世界范围内引起了震撼，阿拉贡称之为“本世纪最伟大的小说家”，《华盛顿邮报》称之为“欧美最杰出的和最为有趣的小说家之一”。这部小说讲述了青年知识分子路德维克因为与女友开了个玩笑，被朋友泽马内克陷害，送入苦役营。归来后他为了报复泽马内克设计勾引其妻海伦娜。计划成功后，他才发现：泽马内克早想抛弃妻子，他的报复成了一个毫无作用的“玩笑”。昆德拉本人对这部作品的评价是:“受到乌托邦声音的迷惑，他们拼命挤进天堂的大门，但当大门在身后砰然关上时，他们却发现自己是在地狱里。这样的时刻使我感到，历史总是喜欢开怀大笑的。”

《笑忘录》

1979 年在法国出版，荣获法国文坛最高荣誉之一的“梅第奇大奖”。作品以 1968 年苏联军队入侵捷克斯洛伐克为时代背景，描写了捷克不同阶层知识分子的多舛命运。在创作手法上，作者试图打通小说、哲学、政治议论以及自传之间的隔膜关系，用罕见的政治正确的角度，探讨人生、音乐、性、哲学、文学和政治等重大话题，用笔诙谐独到，常常使阅读者在沉重的阅读中邂逅绝妙的幽默趣事，以致忍俊不禁，此生不读便是遗憾。

《生活在别处》

本书是一个年轻艺术家的肖像画。昆德拉以其独到的笔触塑造出雅罗米尔这样一个形象，描绘了这个年轻诗人充满激情而又短暂的一生，具有“发展小说”的许多特点。用作者自己的话说，这部小说是“对我所称之为抒情态度的一个分析”。正是在这样的创作意图下，这部书最初曾被题名为《抒情时代》。作者所要表现和所要探究的是人的心灵所具有的激情，它的产生和它的结果。因而这本书又是一本现代心理小说，表现了一个诗人的艺术感觉的成长。书中每一章节的名称都展示了诗人生命历程的一个阶段。为了潜入到人物意识中最隐秘的角落，作者采用了客观意识流的叙述方式：时间与空间交织（不同时期、不同地点所发生的事常常出现在同一段叙述中），现实与梦幻交织（第二章《泽维尔》完全是一个梦套一个梦），情节的跌宕，思考的猝然与不连贯，故意模糊主语的陈述，这些都使此书更接近于诗歌而不是小说。因此，这部书也被认为是多种语体及文学表达方式根源探究的著作，很多学者在这部著作里找到关于文学的不同起源及前途。

《苏菲的世界》

〔挪威〕乔斯坦·贾德 著

由小说形式撰写的一部深入浅出的人类哲学史。

推荐版本：作家出版社（1999 年） 萧宝森译

关于作者

2007 年 10 月，《苏菲的世界》作者、挪威著名作家乔斯坦·贾德来华访问，并在书店签名售书，慕名而来的许多大学生表示，早在中学甚至小学时期，他们就读过《苏菲的世界》。

乔斯坦·贾德，1952 年生于挪威首都奥斯陆。父亲是一所学校的校长，母亲是一位教师。他在大学读的是哲学、文学与神学，毕业后担任高中哲学老师多年。他自 1986 年出版第一部作品《贾德的 20 堂课》（又名《贾德谈人生》）以来，已成为挪威具有世界影响的文坛旗手，也是挪威继 1990 年获得诺贝尔文学奖的作家汉姆之后最成功的本土作家。他于 1991 年发表的《苏菲的世界》，长期雄踞挪威、丹麦、瑞典和德国等国家畅销书排行榜第一名。由一个毫无知名度的北欧高中教师所创作的这本西方哲学史普及读物，打破了学术话题不受欢迎的传统，让哲学走出阴暗的象牙塔，成为该书最热门的卖点。目前该书已被翻译成 40 多种语言，全球销售量超过 3 亿册，并获得多项国际大奖。

乔斯坦·贾德擅长以对话形式述说故事，能将深奥的哲学理论以简洁、明快的笔调融入小说情境。他的作品动人心弦，启发无数读者对人的生命、人在历史中的定位以及浩瀚宇宙的探讨。除为广大读者熟知的《苏菲的世界》外，他还创作了《青蛙城堡》《纸牌的秘密》《我从外星来》《玛雅》《马戏团的女儿》《橘子少女》等大量脍炙人口的作品。

荐读理由

“一本关于哲学史的小说”是《苏菲的世界》一书的副标题，直接点出了这本书的要点。这是一本小书，但也是一本有系统的、涵盖各哲学思潮的“素食大杂烩”。随着小说人物在哲学传统中寻求谜团的解答，读者也跟着温习了一遍西方哲学史。

本书的主人公是一个 14 岁的女孩苏菲。苏菲某天放学回家，收到了一封神秘的信——“你是谁？世界从哪里来？”从这一天开始，苏菲不断接到一些极不寻常的来信，世界像谜团一般在她眼底展开。在一位神秘导师的指引下，苏菲开始思索从古希腊到康德，从祁克果到弗洛伊德等各位大师所思考的根本问题。她运用少女天生的悟性与后天知识，企图解开这些谜团。然而，事实真相远比她所想的更怪异、更离奇……书中所有情节都围绕着苏菲展开，因童稚的好奇心而引出一个又一个哲学题目，作者利用女孩特有的细腻阐发哲学思辨和逻辑推演的细微和博大，尽可能多地运用打比方、录像片、画图画等方法，使深刻的哲学命题浅显化、生动化。

书中以讲故事的方式介绍了一个又一个哲学家。哲学家们往往确实具有不同于他人的非凡的人生，他们的生活经历不会像侠客那样惊险离奇，不会像军事家那样波澜壮阔，不会像才子佳人那样情意绵绵，会给你留下深深的思考和悠远的回味，哲人的人生往往就是故事。这样讲故事正是在向读者进行立体多维的哲学“灌输”，这种“灌输”的效果显然要比在哲学课堂上从概念到概念的“填鸭教学”好得多，哲学知识会有声有色地流入读者的心田。

这本书的成功之处在于把深奥的哲学理论通俗化，一位评论家称："这是一个将学术作品通俗化的杰出范例——对于未曾修习哲学概论者而言，本书是最佳的入门读物；对于修过此门课程但已忘却大半的人而言，本书有助于他们重新温习……"作者是教师出身，对青少年的心理特征和接受能力十分了解，知道学生爱看什么样的书，而且他的哲学知识丰富，文学功底深厚，写出来的东西自然会满足青少年读者的胃口。这部书的读者群其实是十分广泛的，虽然是给学生们写的，但成年人看后也会很快喜欢上它。

一本《苏菲的世界》，就是一部深入浅出的人类哲学史。读完这本书，当你把一个又一个哲学家和他们的故事及理论连接起来时，就会发现西方哲学史已经变成一条河，源远流长，曲折蜿蜒，静静流淌，而且清澈得一眼就可见底，最终唤醒读者内心深处对生命的感悟和对人生终极意义的关怀与思考……

先睹为快

苏菲放学回家了。有一段路她和乔安同行，她们谈着有关机器人的问题。乔安认为人的脑子就像一部很先进的电脑，这点苏菲并不太赞同。她想：人应该不只是一台机器吧？

她们走到超市那儿就分手了。苏菲住在市郊，那一带面积辽阔，花木扶疏。苏菲家位于外围，走到学校的距离是乔安家的一倍，附近除了她家的园子之外，没有其他住家，因此看起来她们仿佛住在世界尽头似的。再过去，就是森林了。

苏菲转了个弯，走到首蓿巷路上。路尽头有一个急转弯，人们称之为"船长弯"。除了周六、周日的时候，人们很少打这儿经过。

正是五月初的时节。有些人家的园子里，水仙花已经一丛丛开满了果树的四周，赤杨树也已经长出了嫩绿的叶子。

每年到这个时节，万物总是充满了生机。这岂不是一件奇妙的事吗？当天气变暖，积雪融尽时，千千万万的花草树木便陡地自荒枯的大地上生长起来了。这是什么力量造成的呢？

苏菲打开花园的门时，看了看信箱。里面通常有许多垃圾邮件和一些写给她妈妈的大信封。她总是把它们堆在厨房的桌子上，然后走上楼到房间做功课。

偶尔，也会有一些银行寄给她爸爸的信。不过，苏菲的爸爸跟别人不太一样。他是一艘大油轮的船长，几乎一年到头都在外面。难得有几个星期在家时，他会上上下下细心打点，为苏菲母女俩把房子整理得漂亮舒适。不过，当他出海后却显得离他们遥远无比。

今天，信箱里却只有一封信，而且是写给苏菲的。信封上写着："苜蓿路三号，苏菲收。"只此而已，没有写寄信人的名字，也没贴邮票。

苏菲随手把门带上后，便拆开了信封。里面只有一小张约莫跟信封一样大小的纸，上面写着：

你是谁？

除此之外，什么也没有。没有问候的话，也没有回信地址，只有这三个手写的字，后面是一个大大的问号。

苏菲再看看信封。没错，信是写给她的。但又是谁把它放在信箱里的呢？

延展阅读

作者还有下列精品：

《纸牌的秘密》

小男孩汉斯·汤玛士的解谜之旅。故事叙述汉斯与父亲从挪威出发，开始了一段穿越欧洲大陆的旅程，前往希腊找寻离家多年、要去追寻自我的母亲。途中，汉斯得到一本神秘的小圆面包书，说的是一名水手遭遇海难流落到奇异之岛后，他每天把玩的一副纸牌幻化成鲜活的人物的故事。而汉斯必须解开两百年前的沉船之谜，才能知道母亲失踪之谜。全书分成52章，结构有如一副纸牌，每一章由一张纸牌代表，虚实交错，纸牌中的丑角更扮演关键角色。故事中另有故事，融童话与家庭史于一体。直到故事结尾，整副重新洗过的牌才完整地摊在读者眼前。

1990年《纸牌的秘密》获得“挪威儿童及青少年评论协会奖”和“文化科学事务部文学奖”，并当选为该年度儿童及青少年最佳读物。

《喂，有人在吗?》

一艘太空船穿越广袤的银河，向着一颗蓝蓝绿绿的星球——地球前进。来自艾尔乔星的男孩米加打开舱门，对着夜空大喊：“喂，有人在吗?”

这个故事是长大后的小男孩乔金写的一封信，也是他对自己和外星人米加的一段奇遇的深情回忆。

《玛雅》

乔斯坦·贾德1999年创作的作品，据称是他耗费心血最多的一本小说，构思六年才完成。该书同样是本哲学小说，与《苏菲的世界》关注哲学史不同的是，《玛雅》是从生物学和哲学的角度来探讨人生的意义，故事以一个带有悬疑色彩的爱情故事，阐述了生命、爱、永恒等深刻命题，并涉及当今世界广泛关注的环保问题。这部作品目前被翻译成25种语言，销往近40个国家。

《傲慢与偏见》

〔英〕简·奥斯汀　著

英国乡村的田园风光，喜剧性的生活场景，人性中的自私、愚蠢、势利和盲目自信……

推荐版本：

- ●人民文学出版社（1993 年）　张玲、张扬译
- ●内蒙古人民出版社（2008 年）　刘慧菊译

关于作者

2000 年，BBC 做了一个“千年作家评选”活动，结果紧随莎士比亚之后，排名第二的就是简·奥斯汀（1775—1817），而且，她是前十位里唯一的女性作家，是介于新古典主义和浪漫运动的抒情主义之间的“小幅画家”和“家庭小说家”，被众多文学评论家认为可以和莎士比亚在不朽性方面相提并论。

奥斯汀出生在乡村小镇斯蒂文顿，父亲是当地教区牧师。她没有上过正规学校，但受到较好的家庭教育，主要教材就是父亲的文学藏书。但是因为奥斯汀一家爱读流行小说，而且多半是庸俗的消遣品，所以，奥斯汀少女时期的习作就是对这类流行小说的滑稽模仿，从而形成她作品中嘲讽的基调。在 20 岁左右，她开始正式写作，并于 1811 年出版了她的处女作《理智与情感》，随后又接连发表了《傲慢与偏见》《曼斯菲尔德庄园》和《爱玛》，在她去世后的第二年，《诺桑觉寺》和《劝导》也出版。

她的这些作品在那个充斥着“感伤小说”和“哥特小说”的年

代，一反常规地去展现当时尚未受到资本主义工业革命冲击的英国乡村中产阶级的日常生活和田园风光。她善于通过喜剧性的场面嘲讽人们的愚蠢、自私、势利和盲目自信等可鄙可笑的弱点，而这一表现体裁也使英国小说更臻完美，所以说她的小说是最具经典意义的小说一点儿也不为过，而她也被20世纪的文学评论家们和文学史家们公认为真正伟大的英国小说家。比如英国著名文学家和评论家基布尔就曾说“简·奥斯汀是一位喜剧艺术家”，并认为她“在纯粹喜剧艺术方面仅次于莎士比亚”。而英国19世纪著名史学家、诗人和政论家托马斯·马科莱则称她为“写散文的莎士比亚”。

荐读理由

《傲慢与偏见》是奥斯汀最早完成的作品，是她所有作品中最优秀的一部、最具影响力的一部，也是评论家们认为最具奥斯汀风格的一部。这部作品以日常生活为素材，一反当时社会上流行的感伤小说的内容和矫揉造作的写作方法，生动地反映了18世纪末到19世纪初处于保守和闭塞状态下的英国乡镇生活和世态人情。这部社会风情画式的小说不仅在当时吸引着广大的读者，时至今日，仍给读者以独特的艺术享受。根据书本改编而成的电影在全球播映。

奥斯汀在这部小说中通过贝纳特五个女儿对待终身大事的不同处理方式，形象地表现出乡镇中产阶级家庭出身的少女对婚姻爱情问题的不同态度，从而反映了作者本人的婚姻观：为了财产、金钱和地位而结婚是错误的，而结婚不考虑上述因素也是愚蠢的。因此，她既反对为金钱而结婚，也反对把婚姻当儿戏。她强调理想婚姻的重要性，并把男女双方感情作为缔结理想婚姻的基石。

书中的女主人公伊丽莎白出身于小地主家庭，为富豪子弟达西所热爱。达西不顾门第和财富的差距，向她求婚，却遭到拒绝。伊丽莎白对他的误会和偏见是一个原因，但主要的是她讨厌他的傲慢。因为达西的这种傲慢实际上是地位差异的反映，只要存在这种傲慢，他与伊丽莎白之间就不可能有共同的思想感情，也不可能有理想的婚姻。以后伊丽莎白亲眼观察了达西的为人处世和一系列所作所为，特别是看到他改变了过去那种骄傲自负的神态，消除了对他的误会和偏见，从而与他缔结了美满姻缘。伊丽莎白对达西先后两次求婚的不同态度，实际上反映了女性对人格独立和平等权利的追求。这是伊丽莎白这一人物形象的进步意义。

从小说看，伊丽莎白聪敏机智，有胆识，有远见，有很强的自尊心，并善于思考问题。就当时一个待嫁闺中的小姐来讲，是难能可贵的。也正是由于这种品质，才使她在爱情问题上有主见，并促使她与达西组成美满的家庭。

除伊丽莎白外，书中还写了其他几个姐妹和女友的婚事，这些都是陪衬，用来与女主人公理想的婚姻相对照。如夏洛特和柯林斯尽管婚后过着舒适的物质生活，但他们之间没有爱情，这种婚姻实际上是掩盖在华丽外衣下的社会悲剧。

虽然这部小说题材比较狭窄，故事相当平淡，但是善于在日常平凡事物中塑造鲜明人物形象的奥斯汀，把每个人物都描绘得活灵活现，不论是伊丽莎白、达西那种作者认为值得肯定的人物，还是威肯、柯林斯这类遭到讽刺挖苦的对象，都写得真实动人。同时，奥斯汀很讲究在对话艺术上的幽默性、讽刺性，常以风趣诙谐的语言来烘托人物的性格特征。这种艺术创新使她的作品具有自己的特色，也使得众多读者对《傲慢与偏见》痴情不移。

先睹为快

请宾雷先生吃饭的请帖很快就发出去了。贝纳特太太决定做几个拿手好菜，好显示一下自己持家的本领。但事情太不巧了，宾雷先生的回信让整个宴请的事情只好推迟了。原来，他已经定好第二天到城里去，所以难以接受他们的一番盛情。贝纳特太太极其不安，她无法想象宾雷先生刚来赫特福德郡又要进城，到底有什么重要的事情。她开始担心了：难道他经常这样不住地跑来跑去，根本就不在奈瑟费尔德庄园里安安定定地住下来？多亏卢卡斯太太的一些话稍稍减除了她的一些忧虑。卢卡斯太太告诉她，他到伦敦去只是想请一些人前来参加舞会。很快就有消息纷纷传出，说是宾雷先生将会带着十二位女士和七位先生前来参加舞会。姑娘们一听到要来这么多女客，非常担心。舞会开始的前一天，又听到他只带来六位女士——他的五个姐妹和一个表姐妹，这个消息才让姑娘们放下了心。后来宾雷先生一队人进入舞厅的时候，总共只有五个人——宾雷先生本人，他的两个姐妹，姐夫，还有另外一个年轻人。

宾雷先生仪表堂堂，很有绅士气派。他面带笑容，举止大方而又得体，没有一点儿故意做作的习气。他的两个姐妹全都是优雅的女性，态度非常大方。他姐夫赫斯特先生看起来只像个一般的绅士，但是他那个朋友达西先生马上就引起了所有人的注意。他个子高大，眉目清秀，气度不凡。他进场没有五分钟，全舞厅就纷纷传说，他一年的进款是一万英镑。男士们全都赞赏他外表出众，女士们都说他要比宾雷先生俊美潇洒得多。几乎有半个晚上，大伙儿都用爱慕的眼光望着他，最后人们才发现他的一言一行讨人嫌惹人厌，使他那盛极一时的场面黯然失色。原来，客人们都发现他自以为是，看不起人，高攀不上。就凭着他满脸自命清高、使人厌恶的表情，他无论如何都不如他的朋友宾雷先生，就算他在德贝郡有大量的钱财，都不管用。

宾雷先生很快就熟悉了舞厅里所有的重要人物。他生气勃勃，为人潇洒，每一场舞曲都要跳。不过使他觉得恼怒的是，舞会散场散得太早了。然后他提到他自己将在奈瑟费尔德花园举行一次舞会。他看起来这样可爱，当然使别人对他产生了好感。他和他的朋友是多么鲜明的一个对比啊！达西先生只和赫斯特太太跳了一次舞，和宾雷小姐跳了一次舞，以后就在室内来回走，有时找和他一起来的人谈谈，其他人给他介绍别的小姐和他跳舞，他怎么都不愿意。大伙儿都断然地说他是世上最骄傲、最使人厌烦的人，希望他下次别来参加舞会。其中对他反感最强烈的是贝纳特太太，她不喜欢他的整个举止，而且这样的厌烦愈来愈强烈，后来竟然变成了一种奇怪的气愤，这是因为他得罪了她的一个女儿。

延展阅读

作者还有下列精品：

《理智与情感》

本书虽是奥斯汀的处女作，但体现出来的写作技巧已经相当熟练。故事集中表现了“理智”与“情感”的矛盾冲突。以玛丽安为代表的人物是理智不足而感情有余；以约翰·达什伍德夫妇为代表的人物是理智有余而感情不足；而以威洛比为代表的人物在感情上又是十分虚伪，表面上似乎很有情感，实际上却冷漠无情，自私透顶。作者在故事里对珍重感情的人报以赞扬，尽管对这些人在理智上的欠缺也不时加以讽刺，然而对缺少感情仅有理智或是在感情上虚伪的人，却表现出了鄙夷的态度。作者最终赞赏的是女主人公埃莉诺，因为她既重感情又有理智，表现了作者在这个问题上的理想，即人不能没有感情，但感情应受理智的制约。

《爱玛》

本书是奥斯汀作品中艺术上思想上最成熟的一部。小说主人公爱玛是个美丽聪明的地主小姐，喜欢与人做媒。她在无聊之中把邻近的一个孤女哈丽埃特置于自己的保护之下，主观臆想地安排她的恋爱。哈丽埃特很随和地一次又一次“爱”上了爱玛给她选择的“求婚者”。最后在爱玛的不负责的怂恿下，竟自以为“爱”上了本地最大的地主兼地方官奈特利先生，这时爱玛才猛然发现原来自己是爱奈特利先生的，最后两人都找到了与自己相匹配的伴侣。作者在小说中，把爱情、婚姻与财产、社会地位联系起来，书中还穿插了美丽优雅的简费尔法克斯和爱玛的家庭女教师泰勒小姐的继子、富家子弟弗兰克·丘吉尔的婚恋故事。小说现实主义成分增多，戏剧成分减少，结构精微巧妙，喜剧气氛弥漫全书，趣味横生。

《劝导》

这是作者最后一部完整的小说，比以前的作品写得更有思想和感情深度，被许多评论家视为奥斯汀最好的作品。书中作者以幽默和讽刺的笔调对中产阶级的虚伪和势利进行了鞭挞。如果说奥斯汀在《理智与情感》中强调理智应该战胜情感，认为只有在这种情况下人们才能获得幸福，那么，在她这最后一部小说中，奥斯汀却用较长的篇幅描述了“谨慎”给女主人公带来的多年的痛苦。《劝导》肯定人物性格从谨慎到浪漫的演变，无疑反映了作者本人创作思想的变化，这也是对当时传统观念的一种挑战。本书结构严谨，笔法细腻，小说中有许多细节描写，乍看平淡无奇，可是细细体会，却感到余味无穷。人们常把奥斯汀的小说比作“二寸牙雕”，经过此般精雕细琢的《劝导》，完全当得起这一美称。

《大卫·科波菲尔》

［英］狄更斯　著

通过小人物的善良、温情和道德的光辉来映衬资产阶级的罪恶和冰冷残酷的社会制度。

推荐版本：人民文学出版社（2003 年）　庄绎传译

关于作者

英国批判现实主义作家狄更斯（1812—1870），出生在英国南部朴次茅斯的波特西地区一个贫寒的小职员家庭里。父亲是海军会计处的小职员，因无法清偿债务而被投进债务监狱。这时刚满 10 岁的狄更斯不得不挑起全家生活重担，幼年时期就承担繁重的家务。在皮鞋油作坊当学徒时曾被雇主放在橱窗里当众表演操作，作为广告任人围观，在他心上留下了难以弥合的伤痕，从而产生了对不幸的儿童深厚的同情，这一点在其作品中多有体现。他没有上过几年学，凭借着勤奋的自学，他先后担任律师事务所的缮写员和报社记者，通过这些途径广泛了解了社会生活和政治活动中的弊端。他把描写对象锁定在社会中下层的小人物，塑造的人物形象个性鲜明，具有浓厚的浪漫现实主义色彩。

狄更斯在英国小说史上是一位举足轻重的人物，他对整个维多利亚时期的小说创作产生了重要影响，今天仍有很多人将他视为 19 世纪英国最伟大的小说家。《剑桥英国文学史》对他的评价是："狄更斯和莎士比亚一同是英国最具代表性的作家，像莎士比亚一样，狄更斯已征服了世界。”狄更斯生活在英国脱离封建社会、向资本主义工业大生产过渡的变革之际，其创作分为前后两个时期。

在他创作的初期，先是为伦敦的《晨报》等报纸撰写特写，主要内容为表现伦敦市区及周边的民俗风物、日常生活和人生情怀的喜怒哀乐。这些特写在1836年结集出版，名为《特写集》。次年，狄更斯的长篇小说《匹克威克外传》开始在报纸上连载。这是一部有着流浪汉小说风格的作品，作者通过描写匹克威克和他的朋友们的游历，暴露了其时英国社会的黑暗，描绘了作者心目中民风纯朴的已逝的那个美好的英国，体现出他反抗封建主义统治和资本主义压迫的斗争精神与积极昂扬的乐观主义精神。作者还批判了英国的各项体制：议会、立法、司法等。《匹克威克外传》是狄更斯现实主义小说创作的首部优秀作品，发出了作者在英国文坛上的第一声响亮的宣告。

1848年至1861年是狄更斯创作的成熟繁盛期。由于英、法大革命运动的失败，资本主义社会统治得到加强，资产阶级的势力不断扩大，而狄更斯对社会的认识随着底层民众生活的日益艰苦也在不断深化，他这一时期的作品反映的社会生活也更加广阔。在黑暗苦难的社会中，他试图通过描写小人物的善良、温情，通过宣扬道德感化的力量来照亮前路，给人以勇气和鼓舞。创作初期的乐观主义精神已被更加激烈的苦闷心情和愤慨所代替。这一时期的代表作品有《大卫·科波菲尔》《董贝父子》《艰难时世》《荒凉山庄》《双城记》《小杜丽》《远大前程》等。这些作品的内涵不断深化，体现出作者对社会苦难根源的探索，他的艺术表现手法也更加纯熟巧妙。狄更斯经常运用微妙的细节描写来表达人物，并着力通过小人物的善良、温情和道德的光辉来映衬资产阶级的罪恶和冰冷残酷的社会制度。

纵观狄更斯写作的一生，他的作品广泛而深刻地描写了社会大变革时期的英国民众生活，鲜明而生动地刻画了各阶层的代表人物，并从人道主义出发对各种丑恶的社会现象进行揭露批判。但狄更斯也有其局限性，他虽然看到了社会的不公，却不能从本质上去认识它，更找不出正确的解决途径，而是把改造现实的希望寄托在善良人性的作用上，宣扬以道德为中心的忍让宽恕和阶级调和思想，对劳动人民的反抗斗争抱行动上支持而道德上否定的矛盾态度，是一种软弱的空想主义。在艺术上，他以让人忍俊不禁的幽默、细致入微的分析、细节描写以及浪漫主义与现实主义的有机结合而为人所赞赏。然而不可否认的一点是，狄更斯的行文有些冗长拖沓，但终究瑕不掩瑜，他无愧为英国最伟大的作家之一。

荐读理由

《大卫·科波菲尔》是狄更斯的代表作，在 1849 年至 1850 年间分 20 个章节逐月发表。出版 150 多年来，这部作品在全世界盛行不衰，深受世界文坛和广大读者的重视和欢迎。早在 1908 年，著名翻译家林纾和魏易就以《块肉余生记》为题，把它译介给中国读者，成为最早传入我国的西欧古典名著之一。小说采用第一人称的叙事视角，讲述了主人公科波菲尔坎坷的生活经历，在很多方面都融入了作者自己的影子，可谓是一部半自传式的作品。狄更斯借助大卫自身的历史和经验，回顾和总结了自己的人生道路，用书中人物之口表达自己的人生态度、道德理想。作品中充实饱满、丰富多彩的生活画面，具有鲜明深刻的时代特点。

大卫·科波菲尔还没出生时父亲就已经去世，继父对他和母亲施以虐待，不久后母亲去世，科波菲尔成为孤儿。他投奔到贝西姨婆家里，在她的抚养下开始新的生活。科波菲尔在奋斗之路上经受了许多磨难，饱尝人生辛酸。终于在善良的人们的多方帮助下，经过自身不屈不挠的拼搏，他取得了事业上的成功，成为一名专业作家，同时也获得了美好的爱情和幸福的家庭。

小说的一大主题就是批判了资本主义社会的拜金行为，赤裸裸地展现出金钱对婚姻、家庭和社会的腐蚀作用。小说中一系列悲剧的形成都是金钱导致的。摩德斯通骗娶大卫的母亲是觊觎她的财产；爱米丽的私奔是经受不起金钱的诱惑；威克菲尔一家的痛苦、海穆的绝望，无一不是金钱造成的恶果。而卑鄙小人希普也是在金钱诱惑下一步步堕落的，最后落得终身监禁的可耻下场。狄更斯正是从人道主义的思想出发，暴露了金钱的罪恶，从而揭开“维多利亚盛世”的美丽帷幕，显现出隐藏其后的社会真相。

在人物的塑造上，大卫·科波菲尔无疑倾注了作者的全部心血，更融合着狄更斯自己的经历。幼年的狄更斯曾在鞋油公司打工，幼年的科波菲尔则在酒类批发店里做苦力，他们都有着一样的苦痛来源。科波菲尔担任报馆访员，以至日后成为专业作家的甘苦，也正是狄更斯本人的体验。正因如此，在作品的自序中，狄更斯才满怀深情地说：“对于我的想象所产生的每一个孩子，我是一个溺爱的父母，我在内心的最深处，有一个得宠的孩子，他的名字就是大卫·科波菲尔。”经历了酸甜苦辣后终获幸福的科波菲尔，靠的是他真诚、善良的品性，积极乐观的心态，以及对待他人时纯洁美好的心灵。这也是狄更斯的资产阶级人道主义理想的直接表现。因为狄更斯近乎执拗地推崇这种人道主义理想，所以小说以善有善报、恶有恶报的大团圆结尾收场。这种因果报应的美好结局，一方面可以让读者心中充满快乐，但另一方面，毕竟因果报应的事情在现实中并不能轻易地实现，这样的结局容易使受压迫阶级得到空想的安慰而消磨了抗争的斗志。

先睹为快

于是，在上床前，我坐在卧室里给她写信。我告诉她我已见过他了，他求我告诉她我在本书适当之处已写过的那番话。我忠实地复述，就算我有权利夸大，我也不需要夸大。那一番话那么真挚和善良，不需要我或任何人予以润色修饰。我把信放在外面，准备一早就送出；还附了一行给皮果提先生，请他把信转交给她；这以后我就去睡了，时值破晓。

可是我一直到太阳出来才睡着，所以一直很累很无力。第二天我一直躺到很迟，精神很差。我姨奶奶悄悄来到床前把我惊醒。我在睡着时也感觉到她在我身边，相信我们大家都会有这种感觉。

“特洛，我亲爱的，”我睁开眼时，她说道，“我正犹豫不决，是不是该把你叫醒。皮果提先生来了，要他上来吗？”

我答应说要，不一会儿他就上来了。

“卫少爷，”我们握过手后，他说道，“我把你的信交给了爱米丽，少爷，她就写了这个；并求我请你看看。如果你认为这中间没什么不妥的，就请你转交。”

“你看过了吗？”我说道。

他悲伤地点点头。我打开信，看到：

“我已得到你的口信。哦，我能怎么写才能感谢你对我的那仁慈而纯洁的善心呢？我把那些话牢记在心，至死不忘。那些话是些很锋利的刺，不过也是极度的安慰。

我为那些话祷告，哦，我祷告得很多。当我知道你是怎样，舅舅是怎样，我觉得上帝也是怎样的，我可以向他哭诉。永别了。现在，我亲爱的，我的朋友，在这个世界上，我们永别了。在另一个世界上，如果我得到赦免，我可以成为一个小孩去你那里。无限感激，无限祝福。祝你永远平安。”

这就是那封泪痕斑斑的信。

“我可以告诉她，说你认为没有不妥，答应替她转交吗，卫少爷？”我看完后，皮果提先生说道。

“没问题，”我说道，“不过，我想——”

“哦，卫少爷?”

“我想，”我说道，“我要再去雅茅斯。在你们船开以前，我还有足够的时间来回一趟。我一直挂念着怀着孤独寂寞之心的他；这一次我把她亲笔写的信交到他手上，然后你可以在出发前告诉她，他已收到信了，这会对他们双方都是一桩善举。我郑重地接受了他的委托，亲爱的好人，我要做得越周到越好。这段路于我不算什么。我心里很躁郁，活动活动要好些。今天晚上我就动身。”

虽然他一个劲想劝阻我，但我明白他也同意我那么做，我也知道，就算我的想法本来不坚定，现在也坚定了。他在我请求下，去售票处为我在邮车上订了个座位。那天晚上，我坐上车，走上我曾怀着无限沉浮之感来往于其间的那条大路。

“你不觉得，”在离开伦敦后的第一个站上，我问那个车夫道，“天色很特别吗？我不记得我见过这种天色呢。”

“我也不记得——没像这样的。”他回答道，“那是风呀，先生，我想，海上就要出事了。”

那疾驰的云一片暗黑色，像是染上了从湿柴上冒出的烟的那种杂乱颜色一样，它在空中起伏翻腾成令人心惊的一堆，高得叫人以为那云堆的高度比从天上穿到地下最深的洞底还要大；月亮像发了疯一样，什么也不顾地要从那云堆钻过去，仿佛受于自然规律可惊的变化也让她迷了路，迷了心智。风已经刮了整整一天；而那时风声仍很大，仍在刮。又过了两小时后，风更猛更厉，天色更阴暗了。

延展阅读

《双城记》

这是作者的另一部精品。

作者完成于1895年的长篇小说《双城记》以法国大革命为背景，

以巴黎和伦敦作为故事的发生地，通过生动的情节描写，预示着革命不可避免地必将到来。故事主要讲的是法国贵族厄弗里蒙地侯爵兄弟为了霸占一名农妇，几乎虐杀这个农妇全家。医生曼内特写信向朝廷告发此事，却反被侯爵兄弟关进巴士底狱达 18 年之久。获释后，神智失常的医生被女儿露西接回伦敦。露西有两个追求者达尔内和卡尔顿，她嫁给了达尔内。达尔内为厄弗里蒙地家族的成员，法国大革命中，达尔内被捕，被革命法庭判处死刑。露西带着父亲和女儿一起去巴黎营救未果，深爱着露西的卡尔顿冒名顶替，救出达尔内。医生一家在希望中返回英国。

《月亮和六便士》

〔英〕威廉·萨默赛特·毛姆　著

寻求那些淳朴、敦厚的人的爱情，他们的愚昧远比我们的知识更为可贵。

推荐版本：上海译文出版社（2006 年）　傅惟慈译

关于作者

威廉·萨默赛特·毛姆（1874—1965），英国小说家、戏剧家。毛姆出生于巴黎。和其他孩子不同，毛姆的童年在他幼小的心灵中留下难以磨灭的痛苦回忆。毛姆不满 10 岁时，父母相继去世，毛姆由伯父亨利·毛姆抚养。亨利·毛姆是肯特郡惠特斯泰勃镇的教区牧师，为人自私、贪吝，对待侄子冷漠而近于粗暴。毛姆自幼身材矮小，严重口吃，进入公学后经常受到同学们的嘲笑和老师的羞辱。毛姆的童年是黑暗不幸的，他的性格也因此变得敏感、孤僻。

1892 年，毛姆没有按照伯父的意愿进入牛津大学攻读神学，而是去德国海德堡大学学习了一年，随后返回伦敦，先后在会计事务所和医院实习。这期间的经历对毛姆影响深远。他先是接触到德国哲学史家昆诺·费希尔的哲学思想和以易卜生为代表的新戏剧潮流，在掌握理论的前提下重返社会。在会计事务所和医院里，毛姆看到了底层人民被命运无情抛弃的痛苦，看到了社会带给人的束缚和控制。毛姆曾说："这段经历对我很宝贵。对一位作家来说，我不知道还有什么比从医数年更好的锻炼了。”基于这段经历，毛姆写就了他的第一篇小说《兰贝斯的丽莎》。随后，他彻底放弃了医学，转而投向文学创作。

毛姆起初的小说之路并不顺畅。他的小说作品并不卖座，没有一部能够“使泰晤士河起火”。于是，毛姆转向戏剧创作。这一时期也是毛姆戏剧创作的高峰期，他先后创作了《弗雷德里克夫人》《杰克·斯特洛》《朵特夫人》《珀涅罗珀》《探索者》《第十个人》《跻身上流社会的人们》《史密斯》等大量作品，揭露了上层社会表面繁荣，实则虚伪空洞、尔虞我诈的社会现实。毛姆的戏剧作品情节紧凑曲折，人物形象鲜明突出。伦敦大小剧院争相上映他的作品。这种空前的盛况，据说只有著名剧作家萧伯纳才能与之比肩。

毛姆并不满足于戏剧上的成就。于其内心而言，他真正向往的是用小说来表达内心的痛苦。童年的黑暗、少年的辛酸、不幸的回忆不停地折磨着毛姆的内心。他决定暂时停止戏剧创作，潜心写作酝酿已久的小说作品《人生的枷锁》。这部自传体小说是毛姆毕生经历的缩影，出版后获得了社会的认可。

不久后，第一次世界大战爆发，毛姆在比利时火线救护伤员，后加入英国情报部门工作。他将这段经历写进了间谍小说《埃申登》中。1920年，他游历中国，并作《中国见闻录》。1928年毛姆定居在地中海之滨的里维埃拉，直至1940年纳粹入侵时才被迫离去。

两次大战的间隙期间，是毛姆创作精力最旺盛的时期。这一时期的重要小说有：反映现代西方文明束缚、扼杀艺术家个性及创作的《月亮和六便士》；刻画当时文坛上可笑可鄙的现象的《寻欢作乐》；以及以大英帝国东方殖民地为背景、充满异国情调的短篇集《叶之震颤》等。短篇小说在毛姆的创作活动中占有重要位置。他的短篇小说风格接近莫泊桑，结构严谨，起承转落自然，语言简洁，叙述娓娓动听。作家竭力避免在作品中发表议论，而是通过巧妙的艺术处理，让人物在情节展开过程中显示其内在的性格。其他突出的作品还有《像从前那样的杂拌》《一打短篇》《别墅里红运高照之人》《纯属私事》

《黎明前的时分》《不可征服的人》等等。

1944 年，毛姆在美国发表长篇小说《刀锋》。小说出版后，反响强烈，特别受到当时置身于二战战火的英、美现役军人的欢迎。创作于 1948 年的《卡塔丽娜》是毛姆最后一部小说作品。

毛姆的晚年不再进行小说创作，仅限于整理旧闻和写作回忆录、文艺评论。英国牛津大学和法国图鲁兹大学分别授予他颇为显赫的“荣誉团骑士”称号。1954 年 1 月 25 日，英国著名的嘉里克文学俱乐部特地设宴庆贺他的八十寿辰；在英国文学史上受到这种礼遇的，只有狄更斯、萨克雷、特罗洛普三位作家。1961 年，他的母校，德国海德堡大学，授予他名誉校董称号。

1965 年 12 月 15 日，毛姆在法国里维埃拉去世，享年 91 岁。骨灰安葬在坎特伯雷皇家公学内。毛姆过世后，耶鲁大学建立了档案馆以资纪念。

荐读理由

《月亮和六便士》是英国小说家威廉·萨默赛特·毛姆的三大长篇力作之一，成书于 1919 年。有研究称本书的主人公原型就是法国后印象派画家高更。

本书的书名取自毛姆与一位朋友的谈话。六便士是当时英国货币的最小单位，有个朋友跟毛姆开玩笑说，人们在仰望月亮时常常忘了脚下的六便士。月亮代表高高在上的理想，六便士则是现实的、金钱社会的代表。月亮和六便士组成的二元对立，加深了小说作品中的冲突。

本书以第一人称的叙述展开，讲述了“我”的所见所闻。

“我”是一个年轻的作家，结识了查理斯·思特里克兰德一家。查理斯·思特里克兰德先生看上去有些乏味，但举止得体，事业有成，是个成功的证券经纪人；妻子温和优雅，招人喜爱，他们还有两个健康活泼的孩子，是一个令人羡慕的家庭。但是，这种状况没有维持多久。一年夏天，丈夫查理斯·思特里克兰德不辞而别去了巴黎。思特里克兰德太太错愕极了，她托“我”去巴黎把她的丈夫找回来。

当“我”到巴黎找到斯特里克兰德先生时，情况却和我们想象的完全不同：他并没有带着一个年轻漂亮的女人，住在高级旅馆里花天酒地；而是住在一座破烂、肮脏、挤得转不过身来的小楼里，他对“我”说，促使他弃家而去的是画画。“我必须画画儿，”思特里克兰德先生一再地重复这句话，“我由不了我自己。一个人跌进水里，他游泳游得好不好是无关紧要的，反正他得挣扎出去，不然就得淹死。”

五年之后，“我”迁往巴黎居住，经朋友戴尔克·施特略夫的介绍，再次见到了思特里克兰德。施特略夫是个对艺术有敏锐鉴赏力的人，他对思特里克兰德给予了高度评价，说他是个“伟大的画家”，“有天才”，对他极为欣赏。而此时的他穷困破落，连饭也吃不饱，但他一直没有停止过自己的绘画活动。

思特里克兰德有一次得了重病，施特略夫说服妻子把他接到自己家里来照顾。病好后的思特里克兰德就不走了，他霸占了施特略夫的画室，以勃朗什为模特作画，时间久了，勃朗什爱上了他，无奈的施特略夫让出了自己的家。而事实上，思特里克兰德对勃朗什并无爱意，他觉得，“爱情是生活中无足轻重的一部分，我只懂得情欲。这是正常的、健康的。爱情是一种疾病。女人是我享乐的工具”。

在这段时间思特里克兰德表现了非凡的绘画才能，他的绘画天才为全世界所承认，同时他也变得越来越冷酷无情。

一天，思特里克兰德决定舍弃文明生活，来到了南太平洋群岛的塔希提岛。思特里克兰德和岛上的土著姑娘爱塔结了婚，生了孩子。在这里，他创作了使他名垂画史的作品。这三年成了他一生中最幸福快乐的时光，充沛的创作欲望驱使他不停地作画，不停地创造美。

但好景不长，思特里克兰德得了非常严重的麻风病，无法治愈，直到他身体渐渐腐烂，宁静地告别了这个世界。爱塔一直陪伴在他身边，爱塔遵照他的遗愿，把他埋葬在芒果树底下，然后把他那幅未完的画铲掉。

“我”终于理解了思特里克兰德，他是用图像把他所看见的世界、所理解的生活表现出来了。他在绘画中找到了心灵的平静，病魔似乎也在这种平静中变得无所谓，他是为绘画而生，当他的绘画完成，他的生命也将随之而去，他的灵魂也在绘画中得到了安息。

先睹为快

我们每个人生在世界上都是孤独的。每个人都被囚禁在一座铁塔里，只能靠一些符号同别人传达自己的思想；而这些符号并没有共同的价值，因此它们的意义是模糊的、不确定的。我们非常可怜地想把自己心中的财富传送给别人，但是他们却没有接受这些财富的能力。因此我们只能孤独地行走，尽管身体互相依傍，却并不在一起，既不了解别的人，也不能为别人所了解。

同情体贴本是一种很难得的本领，但是却常常被那些知道自己有这种本领的人滥用了。他们一看到自己的朋友有什么不幸就恶狠狠地扑到人们身上，把自己的全部才能施展出来，这就未免太可怕了。同情心应该像一口油井一样喷薄自出；惯爱表同情的人让它纵情奔放，反而使那些受难者非常困窘。

施特略夫现在遍体鳞伤，他的思想又让他回去寻找慈母的温情慰抚。多少年来他忍受的揶揄嘲笑现在好像已经把他压倒，勃朗什对他的背叛给他带来了最后一次打击，使他失去了以笑脸承受讥嘲的韧性。他不能再同那些嘲笑他的人一起放声大笑了。他已经成了一个摈弃于社会之外的人。他对我讲他在一所整洁有序的砖房子里消磨掉的童年。他的母亲生性爱好整洁，厨房收拾得干干净净，锃光瓦亮，简直是个奇迹。锅碗瓢盆都放得有条不紊，任何地方也找不出一星灰尘。说实在的，他母亲爱好清洁简直有些过头了。我仿佛看到了一个干净利落的小老太太，生着红里透白的面颊，从早到晚手脚不停闲，终生劬劳，把屋子收拾得井井有条，一尘不染。施特略夫的父亲是个瘦削的老人，因为终生劳动，两手骨节扭结，不言不语，诚实耿直。晚饭后他大声读着报纸，妻子和女儿（现在已经嫁给一个小渔船船长了）珍惜时间，埋头做针线活。文明日新月异，这个小城却好像被抛在后面，永远也不会发生什么事情，如此年复一年，直到死亡最后来临，像个老友似的给那些勤苦劳动一生的人带来永久的安息。

“我父亲希望我像他一样做个木匠。我们家五代人都是干的这个行业，总是父一代子一代地传下去。也许这就是生活的智慧——永远踩着父亲的脚印走下去，既不左顾也不右盼。小的时候我对别人说我要同隔壁一家做马具人家的女儿结婚。她是一个蓝眼睛的小女孩，亚麻色的头发梳着一根小辫。要是同这个人结了婚，她也会把我的家收拾得井井有条，还会给我生个孩子接替我的行业。”

施特略夫轻轻叹了一口气，沉默了一会儿。他的思想萦回在可能发生的这些图景上，他自动放弃的这种安全稳定的生活使他无限眷恋。

“世界是无情的、残酷的。我们生到人世间没有人知道为了什么，我们死后没有人知道到何处去。我们必须自甘卑屈。我们必须看到冷清寂寥的美妙。在生活中我们一定不要出风头、露头角，惹起命运对我们注目。让我们去寻求那些淳朴、敦厚的人的爱情吧。他们的愚昧远比我们的知识更为可贵。让我们保持着沉默，满足于自己小小的天地，像他们一样平易温顺吧。这就是生活的智慧。”

延展阅读

《人生的枷锁》

该书是毛姆的自传体代表作。小说主人公菲利普·凯里自幼父母双亡，不幸又先天残疾，在冷漠而陌生的环境中度过了童年，性格因此孤僻而敏感。在寄宿学校度过的岁月让他饱受了不合理的学校制度的摧残，而当他走入社会后，又在爱情上经历了伤痛。在坎坷的人生道路上，他每跨一步，都要付出艰辛，但思想和个性都独立不羁的凯里，一直努力挣脱宗教和小市民意识这两条禁锢自己精神的桎梏，力图在混沌纷扰的生活漩流中，寻求人生的真谛。

书中主人公菲利普·凯里童年和青年时期的辛酸遭遇，大多取材于作家本人早年的生活经历，但作家打破了事实的拘束，虚构了某些重大情节，塑造了菲利普·凯里这一人物形象。小说通过描写主人公的曲折遭遇，揭露了社会从精神到物质上对人的折磨和奴役。这部小说自出版以来，始终未绝版，至今广为世界各国读者所传诵。

《一九八四》

〔英〕乔治·奥威尔　著

以寓言的形式描绘人类在极权统治下的生存状态，警醒世人提防这种预想中的黑暗成为现实。

推荐版本：上海译文出版社（2009 年）　董乐山译

关于作者

乔治·奥威尔（1903—1950），英国人，本名埃里克·亚瑟·布莱尔。他自幼天资聪颖，11 岁时就在报纸上发表了一篇诗作《醒来吧，英格兰的小伙子们》。14 岁又考入著名的伊顿公学，并获取了奖学金。

1936 年 7 月，西班牙内战爆发，奥威尔与新婚的妻子一同奔赴西班牙，投身于保卫共和政府的光荣战斗。奥威尔在前线担任少尉，喉部曾经受过重伤。他为记述西班牙内战而写的《向加泰罗尼亚致敬》一书，后来成为关于这场内战的一个权威性文献。

1945 年，著名的政治寓言小说《动物庄园》出版。1949 年，《一九八四》问世，在全球产生深远影响。作品入选多国中学生必读书目，被翻译成 62 种文字，总销量超过 5000 万册。

他为后人留下了大量的作品，仅以《动物庄园》和《一九八四》而言，他的影响已经不可估量。以至于为了指代某些奥威尔所描述过的社会现象，现代英语中还专门有一个词叫“奥威尔现象”。

荐读理由

只能用两个词来形容奥威尔：一是“圣徒”，指这个人；一是“先知”，因为他写出了《动物庄园》和《一九八四》。

——著名学者止庵

《一九八四》是一部伟大的作品，展现出不可磨灭的才华，令其他同类作品无法望其项背。对时代来说，它又如剧毒药瓶上的醒目标签。

——《纽约先驱论坛报》

《一九八四》是一部杰出的政治寓言小说，也是一部幻想小说。作品刻画了人类在极权主义社会的生存状态，有若一个永不褪色的警示标签，警醒世人提防这种预想中的黑暗成为现实。历经几十年，其生命力益显强大，被誉为20世纪影响最为深远的文学经典之一。

《一九八四》创作于1948年，这个篇名暗示出了它的某种预言性，它讲述的正是一个关于人类未来的故事：世界为三个超级大国所瓜分，统治者将国家永远保持在战争状态。主人公温斯顿生活的“大洋国”里，隐藏身份的思想警察无处不在，可视听两用的大屏幕监控电视无孔不入，每个人的一言一行都时时刻刻处于被监视之中，他们的思想自由被剥夺，从肉体到精神都习惯了被奴役的状态，所有的感情就是对唯一的领袖人物“老大哥”的敬仰与爱。心存良知的温斯顿，试图以写日记和寻求爱欲的方式进行无声的反抗，却终究被彻底击垮，背叛了自己的良心、尊严、爱和信念。

故事生动细腻地展示了恐怖的极权统治。1948年，二战结束已近三年，世界恢复了和平，可奥威尔却将它设想得如此黑暗，阅读其中的一些细节至今让人感到寒栗。《一九八四》出版后，有那么十来年，一些西方人确实被这部小说搞得寝食不安，惶惶不可终日，足见这部小说在西方产生的政治和心理影响是不小的。

很显然，奥威尔这部小说首先是影射斯大林领导下的苏联，但又不仅限于此。他在谈到《一九八四》的创作意图时，说道："我这个近作的意图不是攻击社会主义和英国工党，而是揭示一种高度集中的经济制度所可能导致的恶果。我并不认为我所描绘的社会一定会到来，但我认为类似的情况可能发生。"

事实上，书中所描述的许多相似的情景已经发生。比如，20 世纪 50 年代，美国的麦卡锡主义者在没有任何确凿证据的情况下大肆逮捕迫害共产党员、激进分子和其他许多无辜的人们，造成人人自危的局面。而借助于高科技对个人隐私和自由的侵犯也屡见不鲜，如借助于监控器来监视人们的生活和隐私等。奥威尔笔下所描述的政治独裁和所有罪恶似乎正在现实中出现。

作为一部伟大的传世之作，《一九八四》堪称世界文坛讽喻小说的不朽高峰和里程碑式力作，值得每一位读者去阅读、去收藏。

先睹为快

即使从紧闭的窗子望出去，外边的世界仍然是冰冷的。街道上，碎纸片和尘沙随风卷起，翻滚成无数的大小旋涡。艳阳高照，天边一抹蓝，但除了无所不在的彩照外，再也看不到什么颜色。黑髭大脸在每一个要塞角落瞪眼望着你。温斯顿对面房子的前面就有一张：老大哥在看管着你。那双黑眼睛目光如电，直照他心底。街道上有一张彩照的一边脱落下来，随风舞荡，照片下面的两个字，"英社"——英国社会主义——也因此时隐时现。远处有一架直升机时而在人家的屋顶掠过，像一只大头苍蝇，盘旋一下后又窜出去。这是巡逻警察的直升机，从人家的窗子窥看里面动静。巡逻警察没有什么可怕的，思想警察才要命。

温斯顿背后那个电幕声音还是喋喋不休地在报告生铁生产数字和第九个三年计划的超额完成。电幕能放能收，不管你在房内说话的声音压得多么低，这机器还是一样收听得到的。而只要你站着或坐的地方对着电幕的视野，那么你的一切举动和言语尽收老大哥眼底。当然，你无法知道他哪一分钟在看管你。思想警察究竟在哪个时候，或者用什么法子去收听哪一个人的活动，你只好自己猜猜看。说不定他们每一分钟都监视着你。总之，他们哪个时候心血来潮，哪个时候就能接近你。你活着就得作这么一个假设：你的一言一语，都被人听见，而除非在黑暗的地方，你的一举一动在别人眼中一览无遗。起先这不过是心理上的一种戒备，慢慢就变成一种本能了。

温斯顿背对着电幕，这样较为安全些，虽然他也知道一个人的背部有时也会泄露秘密的。离胜利大楼一公里，就是他办公的地方——真理部，一座屹立于四周灰暗环境中的白色大厦。这儿就是"第一号航道"的大城伦敦了，"第一号航道"可是大洋邦第三个人口密集的省份，温斯顿想着，感觉有点反胃。他尽力思索，想找回一些儿时的记忆，对比一下究竟伦敦以前是否是这个样子。……可是不管他怎样集中精神去追索，童年的记忆仅是一片空白，好像以前发生过的事，既无什么背景，也不大明其所以。

真理部大厦，或者用大洋邦新语说，"迷理大厦"，那是一所在视线以内与其他景物截然不同的建筑物。白混凝土金字塔式的楼宇，高达三百多米，一层绕一层地指向苍天。从温斯顿站立的地方，可以遥望到三句精工刻出来的党的口号：

战争是和平

自由是奴役

无知是力量

延展阅读

《动物庄园》

这是作者的另一部精品。

该书是一部政治寓言小说，矛头直指当时的苏联神话。1936年，作为志愿者，奥威尔偕妻奔赴西班牙战场，在阿拉贡前线，法西斯的枪弹射伤了他的喉咙。在与俄国同志并肩作战期间，他目睹了苏共清洗“托派”、株连无辜的残酷，开始反思这个曾给予他激情的红色政体。“我从西班牙回来后，一直想通过一个故事来揭露苏联神话……直到有天，我见一个男孩鞭打一匹拉车的马……这使我想起，若这些动物知道自己的力量，人类就无法控制它们……我开始用动物的观点来分析这个世界及其面临的问题。”（《动物庄园》序）

历史，以悲剧开始，以闹剧收场。面对《动物庄园》，你实在想笑，可又笑不出。它是喜剧下的悲剧，笑声中的眼泪。就像世上的某些药丸，糖衣之下，埋藏巨大的苦和痛、罪与毒、梦魇和耻辱。

《河湾》

〔英〕奈保尔　著

以文学媒介形象地表现了在全球化背景下个人与民族的生存状态。

推荐版本：译林出版社（2002 年）　方柏林译

关于作者

奈保尔是印度裔英籍作家，1932 年出生于加勒比地区特立尼达岛。他的祖父 1880 年作为契约劳工从印度漂洋过海在特立尼达的农场做工，他的父亲凭自学得到了特立尼达英语报纸《卫报》记者的工作，于是举家从农村搬移到特立尼达的首府西班牙港生活。奈保尔的父亲喜爱英国文学几乎到了痴迷的程度，读小说读到精彩处就要念给幼年的奈保尔听，与他一同欣赏。根据奈保尔的回忆，他 12 岁之前就已经记得英国文学中很多片断，它们主要来自莎士比亚、狄更斯、乔治·艾略特和查尔斯·金斯利。而他当时对故乡印度的印象也完全来自英国作家小说中所描写的情景，因此他从小就以英国人的视角来看待印度、认识印度。

在父亲的感染下奈保尔从小立志做作家，1957 年发表了第一部小说《神秘的按摩师》。其后发表了多部短篇小说集和长篇小说，主要有《米格尔大街》《斯通先生和骑士伴侣》《印度：受伤的文明》《河湾》《在一个自由国家里》《印度：百万叛变的今天》《世界上的道路》《半生》《魔钟》。他凭借着大量的阅读与努力创作，以独特的流亡视角和文化融合背景建立起自己独有的文学风格，他在写作生涯中获得了大量荣誉，如英国最负声望的布克奖、毛姆小说奖、莱思纪念奖、霍桑登奖等。1990年，奈保尔被英国女王封为爵士，1993年，获第一届大卫·柯恩英国文学奖，该奖旨在表扬“尚在人世的英国作家一生的成就”，2001年，终获诺贝尔文学奖。

奈保尔在西方享有盛誉，他和拉什迪、石黑一雄并称“英国移民文学三雄”。作品主要写印度、非洲、加勒比地区人的生存状况，表现了后殖民时代的世态人心。和他作品所反映的内容一样，奈保尔的文学成就正来自于他始终是一个漂泊在异乡的“外来者”，在精神上的无所依靠给了他源源不断的创作激情。奈保尔不拘于现有的写作模式，他将现实与虚构有机地结合在一起。他的许多作品让人们很难区分是虚构小说还是纪实小说。他的叙述技巧极为卓越，擅长捕捉典型的事物，并通过隐喻、对比和反讽等手段加强关联，从而揭示事物的象征意义。而这些事物的组合往往构成了有机的象征世界，从而形成整体的象征意义。因此，在奈保尔的作品中，任何一个象征既不是随意的，也不是孤立的，这种整体的象征意义是为奈保尔的社会批评和文化批评服务的。

奈保尔也是一个极具正义性的作家，他虽然有印度血统，却是英国文化的坚定捍卫者。他对伊斯兰世界乃至整个第三世界的尖锐批评，招致了被批评者和西方左翼知识分子的猛烈回击。奈保尔认为，第三世界国家对西方殖民主义的谴责无助于改变他们的生存现实，因为他们当下面对的是“元首与人民”“血与土地”的重重纠葛，是专制的肆虐和人心的败坏。无论怎样，在全球化和移民浪潮席卷整个世界的今天，个人与民族的生存状态困扰着人们，而奈保尔以文学媒介形象地表现了这种状态，同时也丰富了后殖民理论。他以超乎常人的敏锐，把沉思和眷顾注入笔下每一个流亡者的个体生命之中。在他的叙述中读者才如此感同身受地意识到发生在边缘世界里的剧变与创伤，才如此深刻地体会到流亡者的孤独与寂寞。

荐读理由

《河湾》是奈保尔 1979 年发表的一部力作，入选 20 世纪百部最佳英语小说行列，诺贝尔文学奖对奈保尔的评价中特别强调了奈保尔的创作“促使我们注意到那一段被压抑的历史存在”，而《河湾》便是对那段历史的文学化展现，揭示了生活在不可扭转的历史潮流中的个人和民族的生存状态，尤其展示了生活在河湾地区的一群形形色色流亡者的生存的困境和心灵上的困惑。作者通过象征的整体性内涵对后殖民社会的政治和文化进行批评，而读者也可以通过对这些象征意义的领悟，更好地理解奈保尔式的社会文化批评。

小说讲述的是非洲某新独立国家的一个河湾小镇，其真实背景是 20 世纪 70 至 90 年代蒙博托统治下的刚果（金）。随着国家的独立，这个小镇也随之摆脱了原来的殖民地身份，然而在非洲人自己管理的初期却不断发生着动乱。始终未在小镇上露面的那个大人物一面派军队平定全国的叛乱，一面为“公民们”建立起新的崇拜——他把自己的肖像挂到全国各地，挂进丛林的村落和小镇的每个店铺，把自己的演讲编成语录式的小册子在全国发行，还把自己母亲的雕像建立在全国各地的公共场所供公民瞻仰。不久，大人物为了改变国家的落后状况，在全国各地大搞修建，于是小镇上出现了投资巨大的新城区。大人物本想把它用作展现非洲现代化的模范农场，但建好后却一直闲置，外国政府捐赠的机器已开始生锈，周围长满了野草，默默昭示着国家动荡无望的未来。最后，小说的主人公，到河湾小镇来寻梦的印度裔青年萨姆林只好坐着汽船离开，身后是白茫茫的一片。

奈保尔擅长借助象征使作品中事物的所指内容尽量扩大，使事物的内涵得到充分彰显。“河湾”就是一处充满象征意味的地方，在小说中，作者大量使用了隐喻、对比和反讽的写作手法，以凸显其象征意味。于是小小的河湾变成了非洲，甚至成为整个后殖民社会或第三世界的缩影。河湾中的每一个人物，通过他们的身世和各种联系成为一类人、一种生活，甚至一种文明的象征。奈保尔以他丰富的人生阅历和对后殖民社会的敏锐洞察力精心构建了这样一个真实场景，向我们展示处在后殖民社会境况下不同文化背景生命个体所面临的生存困境，正如文中人物反复提到的："我们已经没有选择的余地"，"大家都知道自己失去了可以回的地方"。从这个层面上我们可以看出作者的独辟蹊径，他不像西方作家或那些来自前殖民地而生活在宗主国的作家那样主要展示第三世界的生命个体处在宗主国或发达国家国度中所面临的生存困境和失去故乡的痛苦，而是以一个小镇表现出整个非洲的历史命运和流亡者的生存困境。奈保尔以其真诚而深刻的想象、凭借他对英语语言及传统的熟稔，用细腻的笔触刻画了这些处在两种或多种文化夹缝中流亡者生存的困境。从另外一个更广阔的层面上讲，《河湾》所描绘的这些主人公是处在现代自由状态社会下生命个体的象征 。

先睹为快

扎贝斯是文盲。她把复杂的采购清单都记在脑子里，她也记得住上次采购的价格。她从来不赊账，她讨厌赊账。每次买东西她都从小手提包里掏钱出来，现货付款。每次进城她都带着个小手提包。所有的商贩都知道她的手提包。她不是对银行不信任，而是根本不了解。

我和她谈话总是用那种南腔北调的方言，我告诉她："有一天，扎贝斯，有人会把你的包抢走。你这样带着钱到处跑不安全啊。"

"到了发生这种事情的时候，我就会知道该呆在家里，萨林姆爷。"

这种思维很奇怪，不过她本来就是个思维奇怪的女人。

"爷"是"老爷"的简称。她叫我"老爷"是因为我是外国人，是从大老远的海岸过来的，而且说英语。还有，叫做老爷是为了把我和其他的外国居民区分开来，她叫他们先生。当然，这都是大人物到来之前的事情，他一来，就把我们统统变成了市民，开始还没问题，不过后来，他要使得我们全在这里落户的假象让老百姓搞不明白了，害怕了。然后出现了比大人物更厉害的偶像，他们决定把这一切都做个了断，一切恢复原状。

扎贝斯的村子离这里只有六十英里左右，不过离大马路有一些距离，离主河道也有几里路。不管从水路还是陆路都不好走，得花上两天时间，如果在雨季从陆路走，甚至要三天时间。一开始，扎贝斯总是从陆路过来，和女仆一起跋山涉水，赶到大路，等着马车、卡车或者大巴车。后来汽船恢复航行了，扎贝斯就从水路走，但这也好不到哪里去。

延展阅读

《米格尔街》

这是作者的另一部精品。

本书由 17 篇相对独立、又彼此关联的短篇小说组成，是奈保尔的处女作。米格尔街毗邻西班牙港，1938 年奈保尔 6 岁时，全家从特立尼达的乡村迁居至此。那里的人们挣扎在社会底层勉强生活，谁也没饿着肚子，但也都过得不幸福。小说以童年的“我”为叙述者，“我”从仰视的角度观察街坊邻里，轻易相信他们编织的生活谎言，并与他们共同去追求那本不存在的美好生活。《米格尔街》着力于叙事，而较少评论，那里的故事饱含着奈保尔的童年记忆，是这位诺贝尔文学奖得主写作的起点。其深刻细致的描写与浓浓的悲悯之心给人留下了深刻的印象，而幽默的笔调也轻松地表达出难以言表的内涵。

《小王子》

〔法〕圣埃克絮佩里　著

——什么是爱？什么是美？在这里会找到答案。

推荐版本：

- ●上海译文出版社（2007 年）　周克希译
- ●人民文学出版社（2003 年）　马振聘译

关于作者

法国有位作家，他给全世界的成年人写了一部童话《小王子》，又以童话的方式离开人们的视线，他就是圣埃克絮佩里（1900—1944），他一生喜欢冒险和自由，是利用飞机将邮件传递到高山和沙漠的先锋。1944 年，他在一次飞行任务中失踪，成为法国文学史上最神秘的一个传奇。

除了飞行，用写作探索灵魂深处的寂寞是他的另一终生所爱。他的《夜航》《人的大地》初次出现时，那些雄奇壮丽的情景，使读者感到耳目一新，惊心动魄。他是一个从航空探索人生与文明的作家；他不满足于只描写孤悬于满天乱云之中，遂与高山、海洋和风暴作生死角逐。他的《小王子》就是他在与自然风暴一次次的搏击中孕育而成。

1935 年，圣埃克絮佩里在前往莫斯科途中的火车上，在宵灯下看到一个睡梦中的孩子，他可爱的脸蛋使他想到每个孩子都应该是童年莫扎特、传奇中的王子！同年 12 月，他和一名机械师试图创造巴黎—

西贡直飞记录，却在离开地面200公里的沙漠上空迷失方向，当他正俯身在机翼下寻找幽灵般的目标时撞上了一个斜坡，于是他们在死亡线上挣扎了三天，幸遇一个阿拉伯牧民才救了他们，而正是这两件事直接促成了《小王子》的诞生。

在《小王子》中作者还写了一段优美而忧伤的爱情，就是小王子离开了自己星球上的那朵美丽而骄傲的玫瑰花，让它独自抵挡风雨，独自成长。虽然，在自己的旅途上，小王子也曾向人诉说过他对那朵玫瑰的怀念，但他并没有回到那朵孤独的玫瑰身边。

虽然这部童话不长，但可以真正称得上是经典之作。它告诉我们，对于所爱的东西，必须付出耐性，而时间就是用来训练我们耐性的。生活中有些最最美好的东西，往往是肉眼所看不到的，而要用我们的心去体会。这样的哲理在故事中比比皆是。假如你在童年时代读过这样的故事，等你长大后再读一遍仔细回味，感受也许会更深。

到目前为止，《小王子》这篇20世纪流传最广的童话，从1943年发表以来，已被译成100多种文字，销售量高达3000余万册，还被拍成电影，搬上舞台，灌成唱片，做成CD盘。也因为有如此大的影响力，在圣埃克絮佩里逝世50周年之际，法国政府把他的肖像印在50法郎的票面上。

荐读理由

《小王子》是译本最多的法国文学名著。作者在献辞里写道：“献给莱昂·韦尔特，请孩子们原谅，我把这本书献给了一个大人。我这样做有三个重要的理由，其一是：这个大人是我在人世间最要好的朋友；其二是：这个大人什么都能明白，就连那些给孩子们写的书都能看懂；其三是：这个大人居住在法国，在那里他饥寒交迫，急需得到安慰。如果所有这些理由仍嫌不足的话，那么我愿把这本书献给长成了大人的从前那个孩子。所有的大人原先都是孩子（但他们中只有少数人记得这一点）。所以，我把我的献词改为：献给小男孩时的莱昂·韦尔特。”

在这部童话小说里，圣埃克絮佩里通过一颗小星球上的一个小王子旅行宇宙的经历，表达了对人类“童年”消逝的无限感叹。小王子在旅途中到过六个星球，看到了世间百态，形形色色的人在物欲横流的社会里迷失着本性，权利、虚荣、贪婪、懦弱滋生在人们的心里。“人们一点想象力都没有。他们只是重复别人对他们说的话……”“只有用心才能看得清实质性的东西，用眼睛是看不见的。”“人们是从来也不会满意自己所在的地方的。”“你这里的人在同一个花园中种植着五千朵玫瑰。可是，他们却不能从中找到自己所要寻找的东西……”“然而，他们所寻找的东西却是可以从一朵玫瑰花或一点儿水中找到的……”

在小王子奇特的话语和思维中，人们所有衡量事物的尺度都走样了：火山，我们觉得是很大的，可是在小王子的星球上，捅火山就像捅炉子，其中一座活火山还能用来做早点。如果在小王子的 B612 号小行星上暂住，就会搞乱我们所有的时间观念，小王子只要把椅子挪动挪动，每天就能看到 43 次晚霞。但是我们却每天被世俗的事弄得晕头转向，难道这仅仅是因为任何事物都是相对的吗？

在同样的世界里，死亡意味着什么呢？我们害怕死亡，害怕自己已有的财产丢失，害怕没有人会再记得起我们。但是对于小王子来说，死亡仅仅意味着抛弃遗骸、抛弃外表，向着一颗星星，向着爱情，向着自己的使命升去。所以，在“我”遇到小王子后，通过对他秘密身世的一步步探寻，知道了这个世界上隐藏的种种丑恶，也悟到了美好地追求真挚友谊、博大情怀的理想境界，也是每一个世俗的凡人需要达到的境界。

先睹为快

小王子就拍起巴掌来了。爱虚荣的人抬起帽子，谦逊地致意。“这比访问那个国王好玩多了，”小王子心想。他又拍起巴掌来了。爱虚荣的人就又抬起帽子致意。这样玩了五分钟，小王子觉得太单调，他都玩累了：“要想叫这顶帽子掉下来，该怎么做呢？”可是爱虚荣的人没听见他的话。爱虚荣的人只听得见颂扬的话。“你真的很崇拜我吗？”他问小王子。“崇拜是什么意思？”“崇拜的意思就是，承认我是这个星球上最英俊、最摩登、最富有、最有学问的人。”“可是这个星球上只有你一个人呀！”“帮帮忙。你只管崇拜我就是了！”“我崇拜你？”小王子说着，微微耸了耸肩膀，“可是你要这个干什么呢？”说着，小王子就走开了。

“这些大人真的很怪哟，”一路上，他这么对自己说。“再见了……”他说。“再见，”狐狸说，“我告诉你那个秘密，它很简单：只有用心才能看见。本质的东西用眼是看不见的。”“本质的东西用眼是看不见的，”小王子重复了一遍，他要记住这句话。“正是你为你的玫瑰花费的时光，才使你的玫瑰变得如此重要。”“正是我为我的玫瑰花费的时光，才使我的玫瑰变得如此重要，”小王子说，他要记住这句话。“人们已经忘记了这个道理，”狐狸说，“但你不该忘记它。对你驯养过的东西，你永远负有责任。你必须对你的玫瑰负责……”“我必须对我的玫瑰负责……”小王子重复一遍，他要记住这句话。

“你好，”小王子说。“你好，”扳道工说。“你在这儿做什么？”小王子问。“我在分送旅客，一千人一拨，”扳道工说。“我发送运载旅客的列车，一会儿往右，一会儿往左。”说着，一列灯火通明的快车，像打雷似的轰鸣着驶过，震得扳道房直打颤。“他们好匆忙，”小王子说，“他们去找什么呢？”“开火车的人自己也不知道，”

扳道工说。说话间，又一列灯火通明的快车，朝相反的方向轰鸣而去。“他们已经回来了?”小王子问。“不是刚才的那列，”扳道工说。“这是对开列车。”“他们对原来的地方不满意吗?”“人们对自己的地方从来不会满意，”扳道工说。第三列灯火通明的快车轰鸣着驶过。“他们是去追赶第一批旅客吗?”小王子问。“他们没追赶谁，”扳道工说，“他们在里面睡觉，或者打哈欠。只有孩子把鼻子贴在窗上看外面。”“只有孩子知道自己在找什么，”小王子说，“他们在一个布娃娃身上花了好些时间，她对他们来说就成了很重要的东西。要是有人夺走他们的布娃娃，他们会哭的……”“他们真幸运。”扳道工说。

延展阅读

《夜航·人类的大地》

这是圣埃克絮佩里的一部航天式小说，讲的是三架邮政飞机同时从巴拉圭向布宜诺斯艾利斯飞来，负责整个航线的里维埃在机场紧张地指挥。由法比安驾驶的飞机途中遇到特大暴风雨，被旋风刮到大西洋上空，最后汽油耗尽。读者在阅读时会感到自己随同飞行员在天马背上，穿越雪虐风饕的高峰、汹涌澎湃的涡流、瞬息万变的天空，绝望地在银河中寻找地球。纪德为这部书写了一篇出色的序言，称作者在一个犬儒主义盛行的时代，提出“人的幸福不在于自由，而在于对一个责任的承担”，生命的价值则是在创造性行动中转换成其他形式的存在，这点看法很值得他为之感谢。

《东方奇观》

〔法〕玛格丽特·尤瑟纳尔　著

今与古、此与彼、我与他、灵与肉、具体与抽象的对话。

推荐版本：漓江出版社（1986 年）　刘君强、老高放译

关于作者

玛格丽特·尤瑟纳尔（1903—1987），真名玛格丽特·德·凯扬古尔。法国诗人、小说家、戏剧家和翻译家。

1903 年，尤瑟纳尔生于布鲁塞尔，父亲为法国人，母亲为比利时人。她出生后仅 10 天，母亲便不幸去世。玛格丽特从小受到父亲的加倍疼爱，在法国北部、南部和巴黎度过了优裕的童年和少年时代。从童年时代起，尤瑟纳尔就跟随热衷于冒险和旅行的父亲在欧洲各地游历，她和父亲两人还常常一起高声朗读但丁、莎士比亚、拉辛等古典诗人的作品。她只受过很少的正规教育，得到数位女管家的呵护和家庭教师的悉心指导。

无论在写作和生活中，尤瑟纳尔都是一个独特的存在。她的校长曾经这样回忆她："她行为怪异。她彬彬有礼，但是无人可影响她的决定。你瞧得见，她最大的愿望，就是赶紧上完课赶紧走。她对学校生活不感兴趣，人们试图了解她，无人成功。形象上，她令人起敬。她永远笔直，永远穿长裙，永远端正，像个中世纪的女人。对她的生活，

我们一无所知。我们不明白她为什么住得那么远（离学校100多公里）。她对工作十分严肃，但从不与我们探讨教学。她的思想在别处。她其实是个看不见的存在。她经常泡图书馆。晚上她在小房子里工作，没人打搅她，没人想过要去打搅她。尤其当她开始写那本书以后。我们都感觉到那是她最重要的事情。学校反对麦卡锡主义的活动，她也不参与，但是大家都知道，她肯定是自由思想者，她尊重宽容。只不过，她的大脑完全属于公元二世纪，我们没想过要去拉她参与什么事情。”

尤瑟纳尔用法语写作，写作初始就显示出了极高的天赋。她于1921年出版第一部诗集，重新诠释了古希腊神话，使它们与现实世界发生联系。其后，她又创作了《亚历克西斯，或者一个徒劳挣扎的故事》等作品。1934年，尤瑟纳尔遇到了与她同龄的美国女子格雷斯·弗里克。这次相识对尤瑟纳尔的一生至关重要，其后40年里，格雷斯成了尤瑟纳尔的生活伴侣及其作品主要的英译者。

1951年，尤瑟纳尔出版了她最重要的小说作品《哈德里安回忆录》。这本小说是一个虚构的罗马皇帝的自传，以一封写给他收养的孙子、未来的皇位继承人马克·奥里略的书信形式出现。尤瑟纳尔的小说通常被称为“历史小说”。尤瑟纳尔坚信，历史是一所“获得自由的学堂”，是对人类进行哲理思考的跳板。因此，她特别青睐历史，她的虚构作品漫游于古代、文艺复兴时期以及20世纪初的广大空间；若用现代的文论言语表达，尤瑟纳尔的全部作品都是互文性的杰作，充满着今与古、此与彼、我与他、灵与肉、具体与抽象的对话。

在毕生的写作中，尤瑟纳尔只有一个真正的愿望和一个真正的意图：通过写作成为一个对人类有用的人，让自己的作品帮助人们，就像它们帮助自己那样，更好地对自由进行思考。

1980年，尤瑟纳尔被选入法兰西学院，成为法兰西学院300多年历史上的第一位女院士，法国历史上第一位“绿袍加身”的女性不朽者。

一位尤瑟纳尔的学生这样回忆她：“她像一个权威的男性，有一种自然而然就高高在上的方式。她像男人一样吸引我。我到现在都不能想象她烤面包或者拿吹风机吹头发的样子。我甚至猜她一天天用的都是中世纪的器具。我们都听说她跟一个女人生活，但谁也不敢跟她提这个事。我想她肯定没有孩子，也从没想过做母亲。她在我记忆中，就是一个石头刻出来的人。这种人不在现实之中，不在时间之中，因此也永远不会死。”

荐读理由

尤瑟纳尔曾说：“有些书，不到40岁，不要妄想去写它。年岁不足，就不能理解存在，不能理解人与人之间、时代与时代之间自然存在的界线，不能理解无限差别的个体……经过这许多年，我终于能够把握皇帝与我之间的距离。”而这“许多年”的积蓄，化成了尤瑟纳尔的不朽作品《东方奇观》。

《东方奇观》于1938年写成，是一部描写远东以及希腊和巴尔干岛的小说集。《东方奇观》的每篇作品都颇具特色。她的笔下不仅有希腊的故事，南斯拉夫、阿尔巴尼亚的传说，而且还出现了中国、印度与日本的题材。尤瑟纳尔并不是同许多西方人那样以涉猎的眼光看待东方，而是以研究与思考的态度对待东方，因而她的《东方奇观》有着盎然的思想情感和隽永的东方哲理。尤瑟纳尔的广博与大气由此可见一斑，她的兴趣范围不局限于西方文明而是整个人类文化。因此，对于西方来说，这一幅巨型东方全景图是极富异域情调和神秘色彩的风情画；对于东方世界来说，这样一部作品使得东方人产生了亲切感；而对于尤瑟纳尔自己来说，《东方传奇》凝聚了这位女院士卓越的智慧与想象。

在这部描绘东方世界的小说集里，开卷第一篇写中国画家的《王佛脱险记》。小说中，中国画家王佛和他神奇的画作构成了一个令人神往的世界。画中的宁静的大海水竟然漫出“皇宫的玉石地面”；画扁舟，扁舟便翩翩而来，还伴随着“有节奏的游荡声，急速轻快，有如鸟儿鼓翅”。令人惊讶的是“扁舟在画家的笔下逐渐变大……占据整幅画的全部近景”，“桨声越来越近，慢慢地响彻整个大殿”，“画家王佛和他的徒弟林一起乘上这叶扁舟，消失在刚刚由他自己制作的蓝天般的海洋里”。在尤瑟纳尔笔下，中国画气韵生动的意境和栩栩如生的艺术魅力表现得如此美妙真切，难怪法兰西学院接纳尤瑟纳尔典礼上的演说词中高度评价这篇小说，称赞作者在这篇描绘中国画家的故事中创造了“唯一能够表现人世间神奇事物的现实”。

除此之外，《东方奇观》中还收录了《马尔戈的微笑》《死者的奶汁》《暮年之恋》《海仙女的恋人》《燕子圣母院》《寡妇阿芙罗狄西亚》《被砍头的女神迦利》《马尔戈之死》《科尔内柳斯·贝格的悲哀》。

先睹为快

海港里尘土飞扬，赤日炎炎，臭气熏天。他赤脚站在一家小咖啡馆门口的帐篷底下，这里摆着一些椅子，上面躺着几个为躲避烈日而来的顾客，不过这顶薄薄的帐篷怎能抵挡得住灼人的暑气呢？他穿着一条勉强齐踝的棕红色破裤子。他的双脚非同一般：尖尖的小骨，高高的脚跟，长长的脚掌上结满了老茧但又伤痕斑斑，灵活而敏感的脚趾。这双脚属于那种因长期接触空气和大地而变得灵巧的脚，属于那种因长期接触粗糙的岩石而变得坚硬的脚，从这种脚上看得出地中海国家的人们即使在穿着衣服的时候也仍然在一定程度上保留着人类在赤身露体阶段的那种悠然自得的样子。这双脚轻捷伶俐，完全不同于北方人那种套在大皮鞋里的笨拙而沉重的脚……他那件褪了色的蓝衬衣同在强光里显得苍白的夏空有着协调一致的色调。他的双肩及肩胛骨从衣服上的口子里裸露出来，活像是憔悴的岩石。他那略略偏长的双耳斜长在头颅的两边，就像是古代的那种双耳尖底瓮上的两个把手。不容置疑，在他那张消瘦苍白而又毫无表情的面孔上依然保留着某些美雅的痕迹，就像是一尊被埋在不毛之地里的古塑像的残骸露出地面的部分。他那不惜任何猜疑的双眼好像是病兽的眼睛，深深地隐藏在长长的睫毛后面，这些睫毛几乎同长在骡子眼皮周围的睫毛一般长。他的右手直直地向前伸着，这执拗而令人作呕的动作使人想起博物馆里的那些古老的偶像，它们的动作总是使人觉得它们在祈求参观者的欣赏。他的嘴大张着，露出两排亮闪闪的牙齿，嘴里还不时发出一阵含糊不清的叫声。

“他是聋哑人吗?”

——“他不聋。”

让·德梅特利亚迪斯是海岛上几家大肥皂厂的厂主。他趁傻子把注意力转离周围的一切，两眼茫然凝视着大海的工夫，将一枚德拉克马丢在了光滑的地面上。虽然地面上的一层薄薄的沙子将银币轻微的响声吞没了一半，但那乞丐还是听到了这声音。他贪婪地将小银币捡起，然后又继续站在那里，两眼凝视着前方，嘴里呻吟着，就像是一只停在码头边上的海鸥。

“他不聋，”让·德梅特利亚迪斯重复着这句话，一边放下手里的那半杯稠腻的黑酒滓。“提起他变成哑巴和傻子的原因，连我都羡慕他了。我是个通情达理的人，而且又很有钱，但是在我的生活道路上却经常只有烦恼和空虚。这位帕内吉约迪斯（他就叫这个名字）是因为在18岁上遇见了裸体的海仙女才变成哑巴的。”

帕内吉约迪斯听到有人提他的名字，一丝腼腆的微笑浮现在他的嘴唇上。帕内吉约迪斯隐隐约约地把德梅特利亚迪斯看作自己的保护人，不过他好像并没有听懂这位大人物刚才说的那些话的意思，只是说话的口吻——而不是那些话本身的含义——打动了他。他感到心满意足，因为他知道人们此刻正在谈论他，这时候他也许有再次得到施舍的希望。于是他悄悄地把手向前伸去，这胆怯的动作使人想到这样一只狗：它用前爪轻轻挠着主人的膝盖，为的是叫主人别忘了喂它点食。

延展阅读

《火：一弹解千愁》

这是作者的另一部精品。

该书由尤瑟纳尔根据一位朋友向她讲述的一个真实故事写成。小说以波罗的海战争和反对布尔什维克的斗争为背景，主要描写三个人物——埃里克、康拉德和索菲之间的情感纠葛。埃里克不喜欢女人；如果说他并非谁也不喜欢的话，他只喜欢康拉德。而康拉德的妹妹索菲却疯狂地爱上了埃里克，但这是不可能实现的爱情。不过面对索菲的爱情，埃里克又不是全然无动于衷。索菲和埃里克相互追逐又相互逃避，随后，他们卷入了错综复杂的政治冲突中。当他们再次见面时，索菲属于“另一边”，她被俘并被判处死刑。最后，索菲要求由埃里克执行枪决，给她“慈悲的一击”。这部作品中又出现了尤瑟纳尔一直关注并感兴趣的男性同性恋题材，而作品中的三角关系与尤瑟纳尔的个人经历有关，尤瑟纳尔的个人记忆是创作的来源之一。

《鼠疫》

〔法〕阿尔贝·加缪　著

一个天性美好的人，一粒灵魂纯正的种子，日日夜夜受困于令人窒息的菌尘中，他将如何选择生命姿态？如何保证人性的正常不被篡改和扭曲？不被周遭强大的恶所吞没？

推荐版本：译林出版社（2003 年）　顾方济、徐志仁译

关于作者

1960 年 1 月 4 日，法国著名存在主义作家阿尔贝·加缪（1913—1960）在巴黎遭遇车祸而意外死亡。而此时他仅有 47 岁，正处于创造力旺盛的年龄段。他的英年早逝给世人留下了永远的遗憾和无穷的遐想。

这个噩耗成为当天欧美各大报纸的醒目标题，甚至是头版头条。20 世纪伟大作家、时任法国文化部长的马尔罗对他作出这样的评价："20 多年来，加缪的作品始终与追求正义紧密相连。"曾经和加缪是知交好友后来又与他决裂的萨特，也表示了沉痛的哀悼："他在本世纪顶住了历史潮流，独自继承着源远流长的醒世文学，他怀着顽强、严格、纯洁、肃穆、热情的人道主义，向当今时代的种种粗俗丑陋发起了胜负难卜的宣战。"

1913 年，加缪在阿尔及利亚的蒙多维出生，不满一岁时就失去了父亲，有着西班牙血统的母亲独立抚养他长大。在贫困的阿拉伯居民中生活的成长经历，使得加缪始终对他们的处境怀有深切的同情。他在阿尔及尔大学攻读哲学时，因肺病不得不中途辍学。加缪曾经和一些志同道合的朋友组织过一个"劳动剧团"，剧团因一出反映矿工罢工

而被镇压的戏剧，受到殖民当局的处分，最终解散。他转而为当地报纸撰稿，后来还到阿尔及利亚的奥兰开始正式的新闻事业。1934 年，他成为一名共产党员，一年后脱党。

二战期间，加缪不顾复发的肺病，参加了在巴黎的抵抗运动，撰写文章反抗法西斯暴政统治，主编地下报纸《战斗报》。他的代表作品——小说《局外人》、哲学论文集《西西弗的神话》也在这个时期出世。中篇小说《局外人》于 1942 年出版，获得了成功。当年发表的《西西弗的神话》，也产生了巨大的反响。

战争结束后，他主要从事戏剧活动与写作，也担负着长期为巴黎大出版商米歇尔·伽里玛挑选文艺作品的任务。1947 年，加缪的另一部代表作《鼠疫》出版，获得了法国批评奖，使他在西方当代文学史上的重要地位得到进一步确立。

20 世纪 50 年代之前，加缪一直被当做存在主义者。1951 年，他发表了论著《反抗者》，与曾经的好友、存在主义哲学家萨特展开了一场长达一年之久的论战，轰动西方思想界与文艺界。此时人们才明白，加缪是荒诞哲学及其文学的代表人物。

1957 年，他被授予诺贝尔文学奖，获奖理由是他“作为一个艺术家和道德家，通过一个存在主义者对世界荒诞性的透视，形象地体现了现代人的道德良知，戏剧性地表现了自由、正义和死亡等有关人类存在的最基本的问题”。加缪的创作生涯虽然短暂，但他的哲学思想及文学作品对荒诞派戏剧和新小说影响很大，优雅的笔调、传统的风格以及深刻的思想使他成为当代西方文学史上的经典作家。

荐读理由

一个天性美好的人，一粒灵魂纯正的种子，日日夜夜受困于令人窒息的菌尘中，他将如何选择生命姿态？如何保证人性的正常不被篡改和扭曲？不被周遭强大的恶所吞没？

逃走是简易快捷的方法，也是一条消极而危险的道路，因为随时有被瘟神从后面追上并杀死的可能。且逃走本身是可耻的，它意味着“存在”的缺席，意味着把配属给自己的那份苦难留给了同胞，由此而生的自鄙与罪恶感足以将一个稍有尊严的人杀死。正确的选择是：留下来，抗争，至最后。

面对法西斯瘟疫的肆虐，加缪的立场正是坚守与反抗。他参加法国的地下抵抗组织和各种人权活动，领导《共和国晚报》《战斗报》，既反对纳粹主义，痛斥政治暴力，又谴责不负责的虚无论调。他高呼：“第一件事是不要绝望，不要听信那些人胡说世界末日！”“让我们宣誓在最不高贵的任务中完成最高贵的行动！”不仅如此，他还在小说《鼠疫》中，为主人公——里厄医生及其朋友选择了这一平凡的“高贵”。

20 世纪 40 年代的某一天，灾难直扑向了一个叫“奥兰”的平庸小城。一场“格杀毋论”的鼠疫猛然爆发。在一个叫“里厄”的医生带领下，人与死神惊心动魄的搏斗开始了。

混乱、恐惧、绝望、本能、奔逃、待毙、求饶、祷告……人性的复杂与多元、信仰的正与反、灵魂的红与黑、意志的刚与弱、卑鄙与高尚、龌龊与健正、狭私与美德……皆敞露无遗：科塔尔的商业投机和受虐狂心理，使他为鼠疫的到来欢呼雀跃；以神父巴纳鲁为代表的祈祷派，主张对灾难逆来顺受，把瘟疫视作对人类应有的惩罚，最终自己竟送了命；民间知识分子塔鲁，他对道德良心的苦苦追寻，对人类命运的忧患与同情，对罪恶的痛恨，使其一开始就投身于抗争，成为医生最亲密的助手和兄弟，并在鼠疫即将溃败的黎明献出了生命……

小说的主人公里厄，是一个率先发起保卫生命、保卫城市运动的医生，一个有着强烈公共职责和义务感的人道主义者。他不仅医术高超，也是这座城市里对一切事物感觉最正常和最清醒的人。他临危不惧，始终按自己的信仰和原则来行事。他知道为了生活必须战斗，必须为不死的精神而战，为共同体的命运和荣誉而战——即使在最亲密的战友塔鲁倒下时，他也毫不怀疑和动摇。这信仰是生命的天赐，是地中海的波涛和阳光、是深情的母亲和妻子用爱教会他的。他不膜拜上帝，他相信天地间唯一的救赎就是自救，唯一的支柱就是人的意志脊梁。

良知、责任、尊严、理性、果决、正常的知觉——正是这些材料和元素，雕塑了一群叫“里厄”的头颅。正是医生、职员、记者这些默默无闻的小人物，以自己结实的生命分量、以情义丰满的血肉之躯筑就了奥兰的精神城墙。

然而，关于“鼠疫”是否真的已经夭逝，小说在逼近尾声时已作预言：鼠疫过后，还有鼠疫。奥兰亦非奥兰，实乃整个地球村。正是从这一意义上，我们认定加缪和他的作品不会过时，只要世上还有荒谬，还有现实的或潜在的“鼠疫”危险，我们就需要加缪和他的精神、他的医学方法、他的里厄和塔鲁们在场。

先睹为快

从这时起，鼠疫可说已与我们人人有关了。在此以前，尽管这些不平常的事件使本城居民感到意外和忧虑，但每个人都能够各就各位照常办理自己的事情，而且看样子这种情况一定会持续下去。但是一旦城市封闭，他们就发觉大家，包括作者在内，都是一锅煮，只有想法适应这种环境。情况就是这样，一种与心上人离别那样的个人感情就在开始几个星期中一变而为全城人共有的感情，而且还夹杂着一种恐怖之感，这就成了这种长期流放的生活所带来的最大的痛苦。

封城的最突出的后果之一，是人们突然面临事先毫无思想准备的分离。有些母子、有些夫妇和情侣在几天前分手时还只作了暂时离别的打算，他们在车站的月台上说了两三句叮咛的话后拥抱道别，满怀着人类愚蠢的信心，以为过几天或至多过几个星期肯定又能见面，亲人的别离对他们的日常事务几乎没有什么影响，可是突然一下子，他们发现自己已陷于远离亲人、无依无靠、既不能重逢又不能通信的绝境。因为在省府禁令发布之前几小时，实际上封城已经开始，而且任何特殊情况均不在考虑之列。我们可以说，疫病无情袭击的第一个结果是迫使市民们要像没有个人感情一样地行事。在法令实施那天的头几个钟头里，要求解决问题的人群拥向省府，有的打电话，有的亲自去向官员们申诉情况。情况都同样地值得关心，但又都同样地不可能考虑。说真的，需要经过许多天我们才意识到我们是处在毫无协商余地的情况中。“通融”“照顾”“破格”等词都已失去了意义。

甚至连通信这样能使人稍感安慰的事也不许可。因为一方面，城市与外界的一切正常交通联系已全部断绝；另一方面当局又下令禁止同外界通信，以免信件传带病菌。开始时还有些幸运者向城门把关的守卫人员说情，征得他们的同意后把信件传递了出去。这还是在正式宣布发生鼠疫后的开始几天，那时守卫人员被同情心所打动也是自然的事。但是，过了一段时间，这些守卫充分认识到了事态的严重性，不肯再承担这种谁也无法估量其后果的责任。最初还允许同别的城市用长途电话通讯，但结果公用电话处拥挤得水泄不通，所有线路全部忙得不可开交，以致有几天全部停止通话。而后又严格加以限制，只有在诸如死亡、出生和结婚等所谓紧急情况下才可通话。剩下的唯一途径是电报。向来以心灵、感情和肉体联系着的亲人和情侣，现在只能从一封用大写字母书写的十来个字的电报里去重温旧梦。然而由于事实上电报中所能运用的字眼很快被用尽了，人们长时期的共同生活或悲怆的情绪只能匆促简短地概括在定期交换的几句现成的套语里，例如：“我好想你。疼你。”等等。

延展阅读

《局外人》

这是作者的另一部精品。

本书以“零度”视角，客观记叙了小职员默而索在平庸的生活中糊里糊涂犯下一条命案，被法庭判处死刑的荒诞故事。这部小说仅有五六万字，但却在当代文学史上具有举足轻重的地位。对一切都无动于衷的主人公形象代表了一种普遍的存在，体现了存在主义哲学关于“荒谬”的观念：由于人与世界分离，世界对于人来说毫无意义，而人对世界也是无能为力的。

《情人》

〔法〕玛格丽特·杜拉斯　著

作者用极端而惨痛的语言表现出人性中某些最根本、最隐秘的特质，悲怆而低沉。

推荐版本：上海译文出版社（2004 年）　王道乾译

关于作者

玛格丽特·杜拉斯（1914—1996），生于 1914 年，一直到 18 岁，她才离开印度殖民地回到法国。那段殖民地的生活，造就了后来的杜拉斯。

玛格丽特在大学里学过数学、法律和政治学，毕业后曾在法国政府殖民地部当秘书直到 1941 年。1943 年，她把自己的姓改成了父亲故乡一条小河的名字——杜拉斯。后来杜拉斯成为一名抵抗运动的战士并加入法国共产党；1955 年被共产党开除党籍，但她始终认为自己是一名共产党员。1996 年 3 月 3 日，具有世界影响力的法国当代女作家玛格丽特·杜拉斯走完了 82 年的生命旅程。

杜拉斯以 1950 年出版的自传体小说《抵挡太平洋的堤坝》在文坛成名，1984 年她的《情人》获得法国龚古尔文学奖。杜拉斯说："有时，我重新读自己的书，不禁落泪。我问自己这究竟怎么回事，我是怎么写出来的，怎么能这样美呢？"她并未夸大其词。她的书有一种特质：无须打量标题，随便翻开某一页，或任由风吹到哪一页，你都会津津有味地看下去。她的风格虽然几乎一生未变，但不意味着她在重复，如她所说："真正的做爱并不重复，而是唯一的恋人、唯一的欲望中发现那陌生的、无法替代的新鲜东西。"她写的每一段、每一句，都有完整的全局性含义，都含告别的意味。其语句有一种巨大的浓缩性和放射性，像铀。

在戏剧和电影方面，杜拉斯同样很有成就，在1965、1968和1984年分别出版了三部戏剧集，1983年时还获得了法兰西学院的戏剧大奖。她是法国重要的电影流派"左岸派"的成员，不仅写出了出色的电影剧本如《广岛之恋》（1960）、《长别离》（1961）等等，而且还亲自担任导演。从1974年执导优秀影片《印度之歌》开始，她每年都会有一两部作品，而且有不少获得了国际大奖。

杜拉斯的一生，如同她创作的小说故事一般曲折精彩。这个故事充斥着闷热、暴风骤雨、酒精和不安烦躁、沟通和无语、闪电般的爱情等等。她生前最后一部作品的名字似乎一语破的——《这是全部》。

荐读理由

玛格丽特·杜拉斯从十几岁便开始写作，但直到法国著名导演让·雅克·阿诺成功地将她的自传体小说《情人》拍成电影，她才在七十高龄时赢得了应有的声誉。中国读者也正是从《情人》这部电影开始熟悉她。

潮热的印度支那，20世纪30年代的湄公河，一个15岁法国少女邂逅了一位华人富家子，他们之间一场醉生梦死的情欲纠缠，却成了一生刻骨铭心的念念不忘——"我喜欢你年轻时的美丽，但我更爱你现在这饱经沧桑的容颜。"这句名言现在已是如雷贯耳。暮年的她以那种看透红尘、从容淡定的语调将年少时的那一场暧昧春梦娓娓道来，在记忆的版图上，那个皮肤白皙的中国男子渐渐凸显出来……

70 岁的女作家饱含激情地记述了 15 岁时在印度支那湄公河的渡船上与中国情人相识相爱的那段经历。由于时间的积累、记忆的尘封以及作家俯瞰历史的洞察力，这激情被表现得充满张力：

“即使到了八十岁，我也还能爱。”

一个男人朝一个女人走去，一点一滴靠近，贴紧，挣扎，再靠近，消逝，邂逅……这是缠绕其一生的图景。爱和被爱，永不退休。

这段无望而美丽的爱情还与殖民地家族创业失败的背景、对母亲与兄弟的爱与恨、青春的希望与绝望等等交织在一起。她用极端而惨痛的语言表现出人性中某些最根本、最隐秘的特质，悲怆而低沉。她太熟悉词了，像熟悉肚子里的蛔虫，清楚它们暗地里喜欢做什么，谁渴望与谁在一起。她对每句话的使命都非常敏感。她总能让一句话把该负担的含义全部担起来，即使偶有闪失，后面的句子也总能及时补上，就像一块石头不是一块石头，而是一座矿。

人们总是评价杜拉斯懂得欲望，诠释了爱情。她只写熟悉的东西，甚至只写自己。陌生、邂逅、身体、对视、害怕、房间、迷乱、性爱、睡眠、永诀……是杜拉斯小说的主打元素。她的文字永远飘散着一股感官气息，一股对肌肤的信任和渴望，仿佛身体在练习绽放，哆嗦着，勇敢地绽放……但那些东西之于读者，会觉得正是自己，她说出了每个浑然不觉的我们。正如有评论说：她会把最内行的读者带到失去平静的地步。

先睹为快

我已经老了，有一天，在一处公共场所的大厅里，有一个男人向我走来。他主动介绍自己，他对我说：“我认识你，永远记得你。那时候，你还很年轻，人人都说你美，现在，我是特为来告诉你，对我来说，我觉得现在你比年轻的时候更美，那时你是年轻女人，与你那时的面貌相比，我更爱你现在备受摧残的面容。”

这个形象，我是时常想到的，这个形象，只有我一个人能看到，这个形象，我却从来不曾说起。它就在那里，在无声无息之中，永远使人为之惊叹。在所有的形象之中，只有它让我感到自悦自喜，只有在它那里，我才认识自己，感到心醉神迷。

太晚了，太晚了，在我这一生中，这未免来得太早，也过于匆匆。才十八岁，就已经是太迟了。在十八岁和二十五岁之间，我原来的面貌早已不知去向。我在十八岁的时候就变老了。我不知道是不是所有的人都这样，我从来不曾问过什么人。好像有谁对我讲过时间转瞬即逝，在一生最年轻的岁月、最可赞叹的年华，在这样的时候，那时间来去匆匆，有时会突然让你感到震惊。衰老的过程是冷酷无情的。我眼看着衰老在我颜面上步步紧逼，一点点侵蚀，我的面容各有关部位也发生了变化，两眼变得越来越大，目光变得凄切无神，嘴变得更加固定僵化，额上刻满了深深的裂痕。我倒并没有被这一切吓倒，相反，我注意看那衰老如何在我的颜面上肆虐践踏，就好像我很有兴趣读一本书一样。我没有搞错，我知道；我知道衰老有一天也会减缓下来，按它通常的步伐徐徐前进。在我十七岁回到法国时认识我的人，两年后在我十九岁又见到我，一定会大为惊奇。这样的面貌，虽然已经成了新的模样，但我毕竟还是把它保持下来了。它毕竟曾经是我的面貌。它已经变老了，肯定是老了，不过，比起它本来应该变成的样子，相对来说，毕竟也没有变得老到那种地步。我的面容已经被深深的干枯的皱纹撕得四分五裂，皮肤也支离破碎了。它不像某些娟秀纤细的容颜那样，从此便告毁去，它原有轮廓依然存在，不过，实质已经被摧毁了。我的容颜是被摧毁了。

战后许多年过去了，经历几次结婚，生孩子，离婚，还要写书，这时他带着他的女人来到巴黎。他给她打来电话。是我。她一听那声音，就听出是他。他说：我仅仅想听听你的声音。她说：是我，你好。他是胆怯的，仍然和过去一样，胆小害怕。突然间，他的声音打颤了。听到这颤抖的声音，她猛然在那语音中听出那种中国口音。他知道她已经在写作，他曾经在西贡见到她的母亲，从她那里知道她在写作。对于小哥哥，既为他，也为她，他深感悲戚。后来他不知和她再说什么了。后来，他把这意思也对她讲了。他对她说，和过去一样，他依然爱她，他根本不能不爱她，他说他爱她将一直爱到他死。

延展阅读

《外面的世界》

随笔集《外面的世界》辑录了杜拉斯从 1962 年到 1993 年写作的报刊稿件、序言、信件、随笔等等。这些文字有些已刊登过，也有些从未公开发表。与杜拉斯小说的自传性和内心话相比，这些文字是玛格丽特·杜拉斯为外部世界所写，内容包括政治、绘画、电影、书籍等等，它们补充了杜拉斯的小说作品，让我们看到了杜拉斯对这个世界的独特观照。也许杜拉斯写下某些文字的时候只是源于短暂的心情，从未想过要去发表它，因此后人把这些文字重新集结成书的时候，这些文字的光彩因为题材的众多和内容随意坦率而绚丽多姿。

《情人杜拉斯》

杜拉斯以小说《情人》获得了极大的名声，但她在生活中的情人与她演绎的爱情故事比她的小说更传奇、更有戏剧性。在她为数不少的情人当中，扬·安德烈亚非常特别。1980 年扬·安德烈亚在杜拉斯精疲力竭、孤单寂寞时闯入了她的生活。她投身写作以后，一直很勤奁，1950 年后差不多每一年都有作品，虽然在法国文坛小有名气，但是欣赏她的人很少。他们相遇时他 27 岁，而她已是 65 岁的老人了。他爱杜拉斯，爱杜拉斯这个名字、杜拉斯的文字、杜拉斯的作品。他爱的只有杜拉斯，读的也只有杜拉斯。他来到她的那个套间，一呆就是十几年，再也没有离开过。

1983 年，杜拉斯在医院昏迷不醒，谁都以为她这下出不来了，那时安德烈亚发表了这部《情人杜拉斯》。他曾是杜拉斯晚年小说中的人物，现在换他来写杜拉斯。安德烈亚并非想要暴露杜拉斯的隐私，但他写的杜拉斯在我们看来仍那么神奇，杜拉斯的作品和生活有无数谜题，安德烈亚也许能提供解密的钥匙，尽管不是万能的钥匙。本书更类似一部意识流小说、一部动人的抒情散文，安德烈亚打乱了时空，将回忆、插叙、倒叙混在一起，用爱情将它们联系起来。当然，他也叙述和回忆了不少惊世骇俗的故事、情节和细节。熟悉杜拉斯的人还能从书中读出浓浓的“杜拉斯风格”，从语言、语气到结构、句法……

《卡拉马佐夫兄弟》

〔俄〕陀思妥耶夫斯基　著

以无限爱心刻画出被上帝抛弃的人，他发现了人本身的尊贵。

推荐版本：人民文学出版社（2004 年）　耿济之译

关于作者

费奥多尔·米哈伊洛维奇·陀思妥耶夫斯基（1821—1881），19世纪群星灿烂的俄国文坛上一颗耀眼的明星，他和托尔斯泰、屠格涅夫并称为俄罗斯文学“三巨头”，是俄国文学的卓越代表。

陀思妥耶夫斯基出生于莫斯科。他的家庭并不富裕，父亲工作于莫斯科一家穷人医院。家中七个嗷嗷待哺的孩子和父亲的酗酒更加重了这个家庭的负担。穷人医院地处莫斯科的荒郊野外，犯人公墓、精神病院和孤儿院都与之为伴。陀思妥耶夫斯基从小在这样的环境中长大，他对穷人怀有深深的怜悯之情。

关于陀思妥耶夫斯基和父亲的关系，历来有不同的说法。坊间流传，陀思妥耶夫斯基的父亲在家中十分粗暴，他要求自己的孩子在他上班回来打盹时轮流替他驱赶苍蝇，而且必须保持绝对安静。持有这部分观点的人认为，《卡拉马佐夫兄弟》中的父亲的原型——“邪恶而感情脆弱的小丑”老卡拉马佐夫——就是作者本人的父亲。而为陀思妥耶夫斯基写传记的作家 Joseph Frank 却认为事实并非如此，父子间的信件包括他们自己的言论都表明父子间的关系十分和谐。

1837 年，陀思妥耶夫斯基的母亲死于肺结核。两年后父亲也去世，相传是被愤怒的农奴溺死。陀思妥耶夫斯基的童年过早地结束，他和兄弟二人不得不被送入彼得堡军事工程学校。然而自 9 岁开始就伴随着陀思妥耶夫斯基的癫痫病并没有随童年一同远去，它伴随了陀思妥耶夫斯基的一生。

在彼得堡军事工程学校期间，陀思妥耶夫斯基主修数学。但他对自然科学并无好感，而是广泛阅读了莎士比亚、帕斯卡尔、维克多·雨果的文学作品。直至 1842 年他退役之前，陀思妥耶夫斯基在闲暇时依然不离文学创作，他先后完成了两部浪漫主义剧作，翻译了巴尔扎克的小说《欧也妮·葛朗台》。但这些努力都没有得到人们的关注。1842 年，陀思妥耶夫斯基决定退役，全心全意地投入到文学创作中去。

不久后，陀思妥耶夫斯基结识了涅克拉索夫，在涅克拉索夫的鼓励下，他于 1845 年出版了自己的处女作《穷人》。据说任杂志社主编的涅克拉索夫在读完小说后兴奋地冲进俄罗斯文学评论家别林斯基的办公室，大叫："又一个果戈里出现了！"别林斯基更称陀思妥耶夫斯基为"俄罗斯文学的天才"。《穷人》的单行本在一年后正式出版，陀思妥耶夫斯基也在 24 岁时成为文学界的名人。但是不久之后由于文学上的分歧，陀思妥耶夫斯基与涅克拉索夫、别林斯基决裂。

1847 年，陀思妥耶夫斯基参加了彼得堡拉舍夫斯基小组的革命活动，加入了空想社会主义的群体。两年后因涉嫌反对沙皇的改革活动被捕，被流放到西伯利亚。这是他一生的转折点，也是他文学创作的转折点。在西伯利亚的十年中，陀思妥耶夫斯基一方面身体虚弱，癫痫症频繁发作；一方面也空闲出了大量时间留给写作。也是在这一时段，他遇到了第一任妻子玛丽亚·季米特里耶夫娜·伊萨耶娃。

1854 年，陀思妥耶夫斯基刑满释放；1858 年晋升为少尉；1860 年重新返回彼得堡。他发表了前后期的过渡作品《被侮辱与被损害的》。这部长篇既有前期的对社会苦难人民的描写，又带有后期的宗教与哲学探讨。尽管解除了流放身份，陀思妥耶夫斯基命运中的悲剧却没有结束。他的兄长和妻子相继去世，他背上了沉重的经济负担，濒临破产。为了偿还债务，他不得不逃到欧洲，并且答应出版商的要求，在半年内写出一部长篇小说以取得预付款。当时的陀思妥耶夫斯基正在写《罪与罚》。

1866 年，《罪与罚》出版。这部作品成了陀思妥耶夫斯基最受欢迎的作品之一，也成了世界推理小说的鼻祖。事实上，陀思妥耶夫斯基的许多作品都是先发表于报章文艺副刊，受到俄国人普遍欢迎，再于出版社出版。陀思妥耶夫斯基经朋友介绍结识了速记学校的女学生安娜。两人合作完成《赌徒》，不久后二人结婚。

结婚后的陀思妥耶夫斯基生活趋于稳定。在妻子安娜的支持下，他先后完成了《白痴》《群魔》《卡拉马佐夫兄弟》等重要作品。

1881 年，当陀思妥耶夫斯基准备写作《卡拉马佐夫兄弟》第二部时，一天他的笔筒掉到地上，滚到柜子底下，他在搬柜子过程中用力过大，结果导致血管破裂，当天去世。

陀思妥耶夫斯基被称为俄国文学史上最复杂、最矛盾的作家之一。正如评论所说，“托尔斯泰代表了俄罗斯文学的广度，陀思妥耶夫斯基则代表了俄罗斯文学的深度”。西方文艺界对他给予了极高的评价。无产阶级革命文学的奠基人高尔基就说过他是“最伟大的天才”，“就艺术表现力而言，他的才华恐怕只有莎士比亚堪与媲美”。村上春树则说：“陀思妥耶夫斯基以无限爱心刻画出被上帝抛弃的人，在创造上帝的人被上帝所抛弃这种绝对凄惨的自相矛盾之中，他发现了人本身的尊贵。”

荐读理由

《卡拉马佐夫兄弟》是一部充满现代元素的悲剧，曾被西格蒙德·弗洛伊德称为“史上最伟大的小说”。

《卡拉马佐夫兄弟》被誉为是作者哲学思考的总结。有作家点评："陀思妥耶夫斯基一生执著于研讨人与上帝的关系，经常摆荡于天堂与地狱之间，穿梭于神性与魔性的两极，直到他年届六十，终于写下《卡拉马佐夫兄弟》，在人类精神领域中，树立了一座高峰。"

全书以"弑父"的情节贯穿始终。小说一开始就写出了为调解长子德米特里争夺生母的遗产，让素不相识的卡拉马佐夫一家人走到一起。在卡拉马佐夫家庭中，只有小儿子阿廖沙是作者笔下的理想人物，其余的三个儿子都与弑父情节密切相关。长子德米特里为了钱财和一个风骚的女人格鲁申卡而与老卡拉马佐夫势不两立。次子伊凡因为爱上哥哥抛弃的卡捷琳娜，希望哥哥把父亲击败，而自己就能得到卡捷琳娜。而私生子斯麦尔佳科夫为了复仇与夺财，亲手杀了老卡拉马佐夫。故事中的兄弟不但不为举止荒唐的父亲赎罪以求得重生，反而串通一气对父亲的死推波助澜。

宗教与哲学虽深刻影响着陀思妥耶夫斯基自己以及他笔下人物的命运，然而一个更大的悲剧却彻底改变了小说的命运。1878 年 5 月，陀思妥耶夫斯基年仅 3 岁的儿子阿瘳沙离开了人世，这也打断了小说的进度。陀思妥耶夫斯基遭受了空前巨大的打击，因为他儿子正是死于家族遗传的癫痫病。他将对于儿子离世的悲伤写在小说中，将阿瘳沙这个与儿子同名的人物设置为贯穿始末的英雄并赋予他所有为自己敬仰与寻求的美德。这份心痛也被糅合进了小说中退伍上尉斯涅吉辽夫与他的儿子伊柳沙的故事中。

小说运用了多种写作技巧，语言风格缜密凌厉，也构成小说的一大特色。陀思妥耶夫斯基善于描写人物心理细微的变化，甚至能够细致再现变态心理的滋生漫延。小说中的主人公都处于畸形的家庭关系之间：父子之间互相仇视、兄嫂乱伦、家庭成员冷漠不仁。畸形的关系孕育出畸形的人格，隐藏了俄国残酷农奴制的崩溃与资本主义的乘虚而入给人民带来的黑暗环境。俄国的发展方向是何处？人们怎样应对一个手足无措的时代？面对无法解答的问题，"卡拉马佐夫气质"悄悄滋生于俄国家庭之中。

陀思妥耶夫斯基是一名虔诚的基督教徒，他猛烈抨击资本主义，同情人民大众的苦难，但坚决反对任何形式的暴力；他认为俄国唯一的出路在于宗教，在于使人们恢复对宗教的信仰，按基督的教导去生活，去忍耐、宽容，自觉自愿地受苦受难以获得道德上的“新生”，鼓吹爱“能征服整个世界”。这一基督教人道主义思想反映在他的几乎全部重要作品中。关于全书的主题，陀思妥耶夫斯基于 1869 年在一封信中明确写道：“将贯穿全书的主要问题——它使我自觉不自觉地苦恼了一辈子——是上帝的存在问题。”

先睹为快

神父和师傅们，教士是什么？在现在的文明世界里，有些人已经在以嘲笑的口吻说这两个字，另有一些人则简直把它当作骂人的话，而且越来越多。唉，的确，教士阶层里的确是有许多游手好闲、贪吃好色的人和流氓无赖。俗世里有学问的人指着他们说：“你们是懒汉和社会上的废物，你们靠别人的劳力生活，你们是些不知耻的乞丐。”然而在教士阶层里却也有许多驯良、温顺的人，他们渴求隐修，渴望热诚地独自潜心祈祷。对于这类人，人们就不大加以注意，甚至还故意一字不提，而且也一定会感到奇怪，如果我说，也许就靠着这类渴求隐修祈祷的温顺的人，俄罗斯有朝一日还会得到拯救！因为他们确乎“每年每月，每日每时”在潜心提高自己的修养。眼前，他们维护着那些最早的神父、使徒和殉难者们所维护的上帝的真理的纯洁性，庄严而纯正地保存着基督的形象，以备一旦需要，就把它显示在尘世的动荡不定的信念之前。这是一种伟大的思想。这颗明星将要从东方升起来。

这就是我对于教士的想法，难道说这种想法是不切实际、傲慢不逊的吗？你们看一看那些凡夫俗子和凌驾于上帝的子民之上的人吧，他们不是把上帝的面貌和他的真理都给歪曲了吗？他们有科学，但是科学里所有的仅只是感官所及的东西。至于精神世界，人的更高尚的那一半，人们却竟带着胜利甚至仇恨的心情把它完全摒弃、赶走了。世界宣告了自由，特别是在最近时代，但是在他们的自由里我们看到了什么呢？只有奴役和自杀。因为世界说："你有了需要，就应该让它满足，因为你跟富贵的人们有同等的权利。你不必怕满足需要，甚至应该使需要不断增长。"这就是目前世界的新信条。这就是他们所认为的自由。但是这种使需要不断增长的权利会产生什么后果呢？富人方面是孤立和精神的自杀，穷人方面是妒忌和残杀，因为只给了权利，却还没有指出满足需要的方法。有人说，世界正愈来愈趋于一致，因为距离缩短了，可以从空中传达思想，所以友善相处的局面正在形成。唉，像这样的所谓人们的一致你们不必去相信。当他们把自由看作就是需要的增加和尽快满足时，他们就会迷失了自己的本性，因为那样他们就会产生出许多愚蠢无聊的愿望、习惯和荒唐的空想。他们只是为了互相妒忌，为了纵欲和虚饰而活着。酒宴，车马，官位，奴仆，被看做是那么必不可少，以致可以不顾性命、名誉和仁爱之心，但求能满足这种需要，假使不能满足，甚至可以自杀。那些不富的人们，他们的情形也是如此，至于穷人，他们需要的无由满足和妒忌心，暂时还在借酗酒加以排遣。但是不久，血就将会代替酒的位置，他们正在被引到这条路上去。我问你们：这样的人自由么？我认识一个"为理想奋斗的人"，他自己对我说，当他在监狱里不能吸烟时，他曾因此感到那么痛苦，以致单单为了求点烟抽，差点儿想出卖自己的"理想"。而这样的人却口口声声说"我要去为人类奋斗"。但这种人能往哪里去？他能干出什么事情来呢？也许能逞一时之勇，却决不能持久。因此毫不足怪，他们不能得到自由，只会陷身奴役，不但不能为友爱和人类的一致服务，反而会陷入纷争和孤立，就像那个神秘的访客和老师在我的青年时代对我所说的那样。因此为人类服务的思想、人类博爱和团结的思想，在世上愈来愈销声匿迹，甚至被人嘲笑，因为既然一个人已习惯于满足自己想出来的无数需要，那还怎么能叫他放弃自己的习惯，这样一个身不由主的人又能走向何处？他既已孤身独处，人类的整体与他又有什么相干。结果是：财物积得越多，快乐却变得越少。

延展阅读

《罪与罚》

这是作者的另一部精品。

该书是一部卓越的社会心理小说，它的发表标志着陀思妥耶夫斯基艺术风格的成熟。小说以主人公拉斯柯尔尼科夫犯罪及犯罪后受到良心和道德惩罚为主线，广泛地描写了俄国城市贫民走投无路的悲惨境遇和日趋尖锐的社会矛盾。作者笔下的京城彼得堡是一派暗无天日的景象：市场上聚集着眼睛被打得发青的妓女，污浊的河水中挣扎着投河自尽的女工，穷困潦倒的小公务员被马车撞倒在街头，发疯的女人带着孩子沿街乞讨……与此同时，高利贷老太婆瞪大着凶狠的眼睛，要榨干穷人的最后一滴血汗，满身铜臭的市侩不惜用诱骗、诬陷的手段残害“小人物”，以达到利己的目的，而荒淫无度的贵族地主为满足自己的兽欲，不断干出令人发指的勾当……作者怀着真切的同情和满腔的激愤，将19世纪60年代沙俄京城的黑暗、赤贫、绝望和污浊一起无情地展现在读者面前。

《日瓦戈医生》

［苏联］鲍·帕斯捷尔纳克　著

世界上任何个人的独自的活动，都是清醒而目标明确的，然而一旦被生活的洪流汇聚在一起，就变得混沌不清了。

推荐版本：人民文学出版社（2007 年）　蓝英年、张秉衡译

关于作者

鲍·帕斯捷尔纳克（1890—1960），苏联作家、诗人。1958 年，他因其代表作、长篇小说《日瓦戈医生》而获得诺贝尔文学奖。

帕斯捷尔纳克后天的成就既取决于他自身的勤奋，也受益于父母的影响。帕斯捷尔纳克的父亲列昂尼德·奥西波维奇·帕斯捷尔纳克是著名画家，曾为托尔斯泰的作品画过插图；他的母亲是著名钢琴家鲁宾斯坦的学生。由于父母的职业，帕斯捷尔纳克时常能接触到知名的画家或诗人，他们儒雅的性格使童年的帕斯捷尔纳克心向往之。受到童年时代的邻居、俄国著名作曲家斯克里亚宾的影响，帕斯捷尔纳克立志要当音乐家，在音乐学院教授指导下学习音乐理论和作曲。而与父母过从甚密的奥地利诗人里尔克启发了他对诗歌的爱好，里尔克也是他十分喜爱的诗人。

1909 年，帕斯捷尔纳克考入莫斯科大学法律系，1912 年夏赴德国马尔堡大学，先后学习法律、历史和哲学。大学期间，帕斯捷尔纳克对德国哲学十分钟情，立志研究新康德主义学说。

一战期间，因为健康原因，帕斯捷尔纳克没有服役，而是在一家工厂当办事员。1913年起，帕斯捷尔纳克结识了未来派诗人。深受未来派诗歌影响，帕斯捷尔纳克在《抒情诗刊》上发表诗歌作品，并因此结识了勒布洛夫和马雅可夫斯基。早期的作品均收录在《云雾中的双子星座》及《在街垒之上》。自此，帕斯捷尔纳克步入诗坛。在1922年至1932年的10年中，帕斯捷尔纳克先后出版了诗集《生活，我的姐妹》《主题和变调》，叙事诗《施密特中尉》《1905年》，还发表了中短篇小说《柳威尔斯的童年》《空中路》，自传体散文《安全证书》等。除此之外，他还从事翻译工作，先后翻译了诸多西欧古典文学名著，如莎士比亚的《哈姆雷特》《罗密欧与朱丽叶》《安东尼与克莉奥佩特拉》《麦克白》《奥赛罗》《亨利四世》《李尔王》，歌德的《浮士德》，席勒的《玛丽亚·斯图亚特》等。

在这期间，帕斯捷尔纳克也结识了终生的情人伊文斯卡娅。他曾对伊文斯卡娅说："我对您提出个简单的请求，我要同您以'你'相称，因为再以'您'相称已经虚伪了。普希金没有凯恩，心灵不充实，叶赛宁没有邓肯写不出天才诗句，帕斯捷尔纳克没有伊文斯卡娅便不是帕斯捷尔纳克。"

帕斯捷尔纳克因发表长篇小说《日瓦戈医生》而获得诺贝尔文学奖。此前，他已有十次被提名为诺贝尔文学奖候选人。1958年10月23日，瑞典文学院宣布将诺贝尔文学奖授予帕斯捷尔纳克，以表彰他在"当代抒情诗和伟大的俄罗斯叙事文学传统领域所取得的重大成就"。帕斯捷尔纳克也向瑞典文学院发电报表示感谢："无比感激、激动、光荣、惶恐、羞愧。"当晚，帕斯捷尔纳克的邻居们纷纷向他祝贺。然而，苏联当局并无祝贺之意，苏联作协主席团要求他拒绝接受诺贝尔文学奖。帕斯捷尔纳克毫不屈服，他写信给作协主席团："任何力量也无法使我拒绝人家给予我——一个生活在俄罗斯的当代作家，即苏联作家的荣誉。但诺贝尔文学奖金我准备转赠给保卫和平委员会。我知道在社会舆论压力下必定会提出开除我会籍的问题。我并未期待你们会公正对待我。你们可以枪毙我，将我流放，你们什么事都干得出来。我预先宽恕你们。但你们用不着过于匆忙。这不会给你们带来幸福，也不会增添光彩。你们记住，几年后你们将不得不为我平反昭雪。在你们的实践中这已经不是第一次了。”

然而，这样一名无所畏惧的斗士，最终不得不屈服于爱情。苏联当局软禁了他的红颜知己伊文斯卡娅，帕斯捷尔纳克闻讯立即到邮电局给瑞典文学院拍了一份电报：“鉴于我所从属的社会对这种荣誉所作的解释，我必须拒绝这份决定授予我的、我本不配获得的奖金。希勿因我自愿拒绝而不快。”与此同时，他也给党中央发了份电报：“恢复伊文斯卡娅的工作，我已拒绝奖金。”

1960 年 5 月 30 日，帕斯捷尔纳克在莫斯科郊外的寓所中逝世。

荐读理由

《日瓦戈医生》以医生日瓦戈和护士拉拉之间的爱情故事为主线，描写了俄国十月革命前后的一系列重大历史事件：1905 年革命，第一次世界大战，二月革命，十月革命，国内战争，新经济政策，社会主义建设。

尤里·日瓦戈是西伯利亚富商的儿子，但很小便被父亲遗弃，10 岁又丧母成了孤儿。舅父把他寄养在莫斯科格罗梅科教授家。教授全家人待他很好，教授还让他同女儿东尼娅一起受教育。大学毕业后，日瓦戈当了外科医生，并同东尼娅结了婚。第一次世界大战爆发后日瓦戈应征入伍，在前线野战医院工作。十月革命胜利后日瓦戈从前线回到莫斯科。他欢呼苏维埃政权的诞生：“多么高超的外科手术！一下子就娴熟地割掉腐臭的旧溃疡！直截了当地对一个世纪以来的不义下了裁决书……这是从未有过的壮举，这是历史上的奇迹！”但革命后的莫斯科供应极端困难，他本人又身染重病，无奈之下，全家人搬到了东尼娅外祖父的领地瓦雷金诺村。

在瓦雷金诺虽然解决了温饱问题，但日瓦戈心情十分沉闷。他既不能行医，也无法写作，只能到附近的尤里亚金市图书馆去看书。他在图书馆里遇见了女友拉拉。拉拉是随同丈夫巴沙·安季波夫到尤里亚金市来的。巴沙·安季波夫参加了红军，改名为斯特列利尼科夫，成了红军高级指挥员。他躲避拉拉，不同她见面。日瓦戈告诉拉拉，她丈夫是旧军官出身，不会得到布尔什维克的信任。他们一旦不需要党外军事专家的时候，就会把他踩死。

后来日瓦戈被游击队劫去当了医生。他在游击队里呆了一年多之后逃回尤里亚金市。他的岳父和妻子东尼娅已返回莫斯科，从那儿又流亡到国外。随着红军的胜利，党外军事专家已成为镇压对象。首当其冲的便是拉拉的丈夫斯特列利尼科夫，他已逃跑。拉拉和日瓦戈随时有被捕的危险。他们躲到空无一人的瓦雷金诺。坑害过他们两人的科马罗夫斯基律师来到瓦雷金诺，骗走了拉拉。斯特列利尼科夫也到这儿来寻找妻子，但拉拉已被骗走。斯特列利尼科夫悲痛欲绝，开枪自杀。瓦雷金诺只剩下日瓦戈一人。他为了活命，徒步走回莫斯科。在弟弟的帮助下，日瓦戈到一家医院里当了医生，但在上班的第一天因心脏病发作，猝然死在人行道上。

1955 年年底《日瓦戈医生》创作完成后，帕斯捷尔纳克将书稿誊写了一遍，打印出几份，分送给苏联两个最大的文学刊物《旗》和《新世界》。1956 年 9 月，以主编康斯坦丁·西蒙诺夫为首的五位编委给帕斯捷尔纳克写了一万多字的退稿信，声称《日瓦戈医生》的“精神就是不接受社会主义革命”，彻底否定了这部作品。

当然，这并没有阻挡《日瓦戈医生》成为当时西方世界最受欢迎的书籍。意大利记者费尔特里内利于 1957 年 11 月在米兰出版了意大利文的《日瓦戈医生》。在意大利文版出版之后，《日瓦戈医生》仅仅几年时间就已经有了 25 种以上的译本。如今，它的外文译本自然是更多了。

先睹为快

喧嚷嘈杂之声已然沉寂，
此时此刻踏上生之舞台。
倚门倾听远方袅袅余音，
从中捕捉这一代的安排。
朦胧的夜色正向我对准，
用千百只望远镜的眼睛。
假若天上的父还肯宽恕，
请从身边移去苦酒一樽。
我赞赏你那执拗的打算，
装扮这个角色可以应承。
但如今已经变换了剧情，
这一次我却是碍难从命。
然而场景已然编排注定，
脚下是无可更改的途程。
虚情假意使我自怜自叹，
度此一生决非漫步田园。

延展阅读

《柳威尔斯的童年》

本书是帕斯捷尔纳克最具代表性的中篇小说。作者笔下的文字不是简单地描摹出童年时代的生活现实，而是犹如跳动的音符敲开了读者的心灵之窗，在看似简单的故事情节中，渗透了作者独特的美学思想，即精神世界和物质世界的统一、人类与自然的完美融合。这部作品同时也在某些方面为《日瓦戈医生》的创作做了铺垫。

《卡尔维诺文集：我们的祖先》

〔意〕伊泰洛·卡尔维诺　著

以寓言式的风格，描述了当代人孤寂、惶恐、陌生和不安的心态。

推荐版本：译林出版社（2001 年）　吴正仪、蔡国忠译

关于作者

伊泰洛·卡尔维诺（1923—1985），当代欧洲文学大师之一。他1923 年出生于古巴，父母都是侨居拉丁美洲的意大利人。父亲是一位园艺师，母亲是一位植物学家，所以他的童年与自然紧密地联系在一起，这段与众不同的经历使他的作品始终富有寓言式童话般的色彩而别具一格。1925 年，两岁的卡尔维诺随全家迁回到意大利。他成长于意大利独裁时期，后来在第二次世界大战中又参加了游击队，这让青年时代的卡尔维诺格外向往和平与自由，因此他将大部分精力投入到政治当中。随着战争的结束，他前往都灵大学攻读文学，1947 年大学毕业后，在都灵的一家出版社任文学顾问，从此卡尔维诺开始进行频繁活跃的文学创作。他的作品既有童话和传奇色彩，又含有特定的现实意义；既有浓厚的抒情性，又有一定的哲理性。既有寓言式的现实主义色彩，又是带有现实主义色彩的寓言，这在新现实主义文学处于衰退的当时，为意大利的文学创作开辟了一条新的出路。写小说之余，卡尔维诺还像德国的格林兄弟一样，喜欢收集民间故事。卡尔维诺耗

时两年，走遍意大利，编写出一部汇集了200篇童话故事的《意大利童话》，被誉为“意大利的安徒生童话”。

20世纪50年代，卡尔维诺相继发表了《分成两半的子爵》《进入战争》《树上的男爵》《房产投机》《不存在的骑士》等深刻揭示现实社会弊病的作品。进入60年代，卡尔维诺在《梅那坡》文学杂志上发表了一系列杂文，如《向迷宫挑战》《惶惑的年代》《物质世界的海洋》等，就60年代资本主义发展新阶段中知识分子和文人同现实社会之间所产生的新关系进行了探讨。1963年，短篇小说集《马可瓦多》的问世，标志着卡尔维诺的文学创作达到了新的高度。小说以寓言式的风格，揭示了从社会学、心理学和生理学的角度均已蜕化的人类社会，描述了当代人孤寂、惶恐、陌生和不安的心态。进入70年代，卡尔维诺的创作又有了新的动向，他的三部后现代主义小说《看不见的城市》《命运交叉的古堡》和《如果在冬夜，一个旅人》更进一步确立和完善了他深邃洞见又天马行空的创作风格，由此他也进入了成熟的创作后期。后期的卡尔维诺和年轻时的他截然不同，年轻的卡尔维诺是激进且充满斗志的，老年的卡尔维诺则世故而深沉。年轻的卡尔维诺描写的是人和社会的斗争，老年的卡尔维诺则着重钻研小说形式上的无限可能，他已经能够肆意徜徉在历史与当下、内心世界与外部世界、幻想与现实之间。

卡尔维诺曾说过：“我与一个哲学家截然不同，我只是一个遵循故事内在逻辑的作家。”他的创作是一个独特的文学现象，既有现实主义的因素，又夹杂着魔幻主义色彩。在他的小说中，现实主义因素并不是直接得以展现，而是蕴藏在文化与智力之中，通过嘲讽、奇遇、科幻等各种情节安排来予以展示。阅读卡尔维诺的作品，就仿佛是一次旅行，他十分重视让读者进入角色，亲自与小说中的人物一起去认识艰难、迷乱的现实生活，去突破一座座现实世界的迷宫困境。读者通过阅读与思考，得以体验现代人生活境遇的精神旅程。正如卡尔维诺自己所说：“阅读就像在丛林中前进。”

荐读理由

《我们的祖先》其实是由三部独立的小说构成，分别是《树上的男爵》《分成两半的子爵》与《不存在的骑士》。这三部小说的情节都奇诡异常，作者运用天马行空的想象将现实与梦幻相结合，把读者引入深刻的对自我的思考中去。

《树上的男爵》描写了 17 世纪意大利贵族少年柯希莫男爵因拒绝吃蜗牛而与专制的父亲发生冲突。他一气之下爬上了树，从此再也没有回到地面，过了 50 多年的树居生活。从地上那种单调乏味的生活中摆脱出来以后，柯希莫在树上将地面上的事情看得更清楚。他也因此开始了一段传奇的经历，和海盗、间谍在一起交谈，学习、思考他那个时代深层次的问题。他和狄德罗、卢梭有书信往来，在军事战略上成了专家。小说以男爵的经历为线索，穿插描写了 50 多年中发生的重要事件。在这多姿多彩、充满挑战的树居生活背后，蕴涵着深刻的寓意，小说中“树上的生活”与“地上的生活”是两个对立的概念，前者高于后者，它象征着理想、高尚，富有精神性。《树上的男爵》在对崇高和荒谬的把握上展示了非凡的技巧。其中最耐人寻味的一段就是当柯西莫的父亲问他为什么要呆在树上时，柯希莫思考了很久。其实他对树上的生活也实在找不出一条合理的解释。但如果回答不出来，就会动摇他在树上生活的决心。所以柯希莫最后说，站在树上可以往人的头上撒尿。其时天空乌云翻滚，大雨将至，老男爵指着天上说，老天可以在我们所有人的头上撒尿。这段看似荒唐的对话，却饱含哲理的趣味，透露着对人自身的回归和对理想的不屈不挠。

与《树上的男爵》相比，《分成两半的子爵》则更为魔幻。故事发生在中世纪后期，梅达尔多子爵在与土耳其人的战斗中被一枚炮弹炸成两半。一半是邪恶的化身，一半是善良的化身。邪恶的一半回到奥地利的领地后开始做尽坏事，横行乡里。最终善良的一半赶回来拯救了乡民，左右两半合二为一，子爵又成了一个正常人。作为一个现代人的寓言，这部小说有深刻的寓意。被孤立者在试图消除伤害时引发的宿命冲突，对魔鬼与善人这一传统基督教寓言模式的戏仿，都体现出作者的机智构思与文学技巧。

《不存在的骑士》则是对骑士小说的戏仿。故事中的“骑士”阿格利鲁尔夫其实是一套空的盔甲，但又确确实实有英勇的战斗表现，这招来其他骑士的憎恨，以及女骑士布蕾达美特的爱，此外一个对战斗着迷的理想主义者兼志愿者雷姆巴特则对他无比崇拜。阿格利鲁尔夫为了保住骑士的名誉，被迫游历欧洲，为他 15 年前救过的一个险些被凌辱的少女寻找证据。在他的寻找中发生了许多传奇的事件，当然也包括骑士小说中惯有的滑稽情节。这部小说具有很强烈的现代意味，探讨了社会对人的异化和人的功能化。在资本主义工业社会里，评价价值的标准就在于是否能够对生产有利，在这一点上，无论是人还是盔甲都是平等的。

《我们的祖先》三部曲有一个特色就是巧妙运用了独特的叙事者，借由叙事者来介绍人物和故事。对于这种文学形式卡尔维诺可谓是驾轻就熟，他在三部小说中叙述的技巧已经达到了出神入化的境地，其思想性更是让人叹为观止，既给出思考的线索，又不设定唯一的答案，让读者在发散的阅读过程中自己寻找价值。正如作者在后记中说：“我希望三个故事在读者中引发未曾预料的提问与回答过程中开始它们真正的生命。希望它们被看成是现代人的祖先家系图，在其中的每一张脸上有我们身边人们的某些特征，你们的，我自己的。”

先睹为快

我的哥哥柯希莫·皮奥瓦斯科·迪·隆多最后一次坐在我们中间的那一天是 1767 年 6 月 15 日。我记得很清楚，事情好像就发生在今天一样。大家坐在翁布罗萨我家别墅的餐室里，几扇窗户都嵌满了花园里那棵高大的圣栎树的繁茂枝条。时间正当中午，我们全家人按照老规矩在这个时候坐到餐桌边，虽然那时从不习惯早起的法国宫廷传来的下午吃正餐的时尚已在贵族之中风行。我记得有风从海上吹来，树叶抖动。柯希莫说：“我说过不要，我就是不要！”他推开那盘蜗牛。他往常可从来没有闹得这么凶。

在首席上端坐着我们的父亲，阿米尼奥·皮奥瓦斯科·迪·隆多男爵，他头上戴着路易十四式的垂至耳际的长假发，这像他的许多东西一样已经过时了。在我和我的兄弟中间坐着福施拉弗勒尔神父，我们家的食客和我们这些孩子的家庭教师。在我们对面坐着我们的母亲，女将军科拉迪娜·迪·隆多，和我们的姐姐巴蒂斯塔，住家的修女。在桌子的另一头，与我们的父亲面对面坐着的是土耳其式着装的律师埃内阿·西尔维奥·卡雷加骑士，我们家庄园的总管和水利工程师，而且他作为父亲的非婚生兄弟，是我们的亲叔叔。

柯希莫满了12岁，我8岁；我们刚被允许上父母的餐桌几个月。也就是说，我沾了我哥哥的光，随他一起提前升级，因为他们不想让我一个人单独在一边吃饭。我说沾光只是说说而已。实际上，无论对柯希莫还是对我来说，欢乐的日子结束了，我们怀念在我们自己小房间里的进餐，只有我们两个和福施拉弗勒尔神父。神父是一个满脸皱纹的干瘪老头，人们说他是冉森教派信徒，其实他是从故乡德菲纳托逃跑出来的，为了躲避宗教裁判所的审讯。但是，他那时常为众人所称道的古板性格，对己对人的苛刻态度，不断地被他的冷漠的天性和与世无争的态度所代替，仿佛他茫然地眨动眼睛所做的长久的沉思默想只是使他进入了无边的痛苦和万念俱灰的境地。他将一切困难，哪怕是很微小的，都看成是他不想反抗的厄运的征兆。我们在神父陪伴下的进餐在长时间的祷告之后才开始，一勺勺规规矩矩，合乎礼仪，一声不响地进行，如果谁从盘子上抬起眼来，或者喝汤时发出了轻微的响声，那可不得了。但是，神父在喝完汤时就已经吃腻了，他茫然地呆望着，每啜饮一口酒就啧啧舌头，好像只顾品味这短暂而浅表的感觉。上第二道菜时我们就可以开始用手抓起来吃了，吃完饭时互相掷梨核玩，而神父不时懒洋洋地说一声："够了！安静些！"

而如今呢，同全家人一起坐在餐桌边，家庭里的积怨显形了，这是童年中不幸的篇章。我们的父亲，我们的母亲，不停地对我们唠叨，要用刀叉吃鸡啦，身体要坐直啦，胳臂肘不要靠在桌子上啦，简直没完没了！还有我们那位讨厌的姐姐巴蒂斯塔。一系列的叫嚷、气恼、处罚、踹腿、踢脚就开始了，直至柯希莫拒绝吃蜗牛并决定把他的命运同我们断开的那天为止。

这种家人之间的怨恨的累积我后来才明白。当时我 8 岁，觉得全都是在做一场游戏，顶撞大人是所有的孩子的脾性，我不明白我的哥哥表现出的执拗劲头中蕴藏着更深厚的东西。

我们的父亲男爵是一个讨厌的人，这是肯定的，尽管他并不坏。他讨人厌是因为他的生活由不合时宜的思想主宰，这在新旧时代交替的时期是常见的事情。时局的动荡也引起许多人的内心激动，我们的父亲却同那犹如锅中沸水一般的形势背道而驰，不合常轨。他竟妄想获得翁布罗萨公爵的爵位，他一心考虑的只是家谱、继承权以及同远近的权贵们的争斗和联合。

因此，在我们家里过日子总像是在进行应邀上访朝廷的大演习，我不知道是奥地利女皇的宫廷还是路易国王的皇宫或者都灵的那些山民的宫殿。一只火鸡端上桌，父母就紧盯着我们，看我们是否按照宫廷里的规矩切割和剔骨，而神父连味道也不敢尝，以免当场出轨露丑，他好在父亲训斥我们时帮腔。后来，我们发现了律师卡雷加骑士弄虚作假的底细：他将整条大鸡腿藏入他那土耳其式长袍的下襟里，以便过后躲在葡萄园里随心所欲地撕啃着享用。我们敢发誓说（虽然我们从来没能当场捉住他，他的动作太机智敏捷了），他来吃饭时就带了一满兜已经剔好的碎骨，用来放进他的餐盘子里来代替那几块完整无缺地消失了的火鸡肉。我们的母亲女将军不管这一套，因为她在进餐时也使用生硬的军人方式："就是这样，还有一点儿！好！（德语）"我们谁也不觉得好笑。但是她对我们不太讲究那些繁文缛节，也不严加惩处，她用练兵场上的口令狠助男爵一臂之力："擦脸！（德语）"唯一能够怡然自乐的是住家的修女巴蒂斯塔，她用她独有的外科大夫手术刀式的一些锋利的小刀，孜孜不倦地将鸡肉仔细地从骨头上一丝一丝地剔净。男爵本应将她树为我们的楷模，却不敢朝她看，因为她那在浆过的女帽的宽边之下的瞪大的眼睛，她那黄瘦的耗子般的小脸上咬紧的牙齿，也令他害怕。由此可以懂得，饭桌成了暴露我们之间的一切对立和互不相容的场所，也是显示我们的一切愚蠢和虚伪的地方。正是在饭桌上发生了柯希莫的造反行动。关于这件事情我要讲起来话就长了，可以放心的是，像这样盛大筵席似的餐桌在我哥哥的生活中我们再也看不到了。

延展阅读

《如果在冬夜，一个旅人》

本书是卡尔维诺晚期的代表作，在小说形式上进行了大胆的尝试和创新。它其实不是一部小说，而是十部，每一部都有不同的情节、作者、氛围和风格，而每一部都在介绍了开端之后就结束，留下悬念。小说中的两个读者在这个迷宫中追踪着激起他们兴趣的故事线索。每一个线索都连接着下一部未知的文学作品，其中还包括了一种从已灭绝的语言翻译过来的作品。作者从全能鉴赏家的角度调侃地指出了现代文学的变化，而其结构上的独特性更是引人啧啧称奇。

《迪伦马特小说集》

〔瑞士〕迪伦马特 著

“以侦探小说的形式抒写人类的安魂曲。”不在于质问“谁是罪犯”，而是探询“为什么犯罪”。

推荐版本：上海译文出版社（1985 年） 张佩芬译

关于作者

迪伦马特（1921—1990），瑞士著名戏剧家、小说家，出生于科诺芬根市的一个新教家庭。迪伦马特自幼就表现出相当出色的艺术才华，少年时曾获得过绘画方面的奖项。1935 年，他随父母迁居伯尔尼市之后，开始系统地接受文学、神学、哲学和科学教育，从苏黎世大学毕业之后担任苏黎世《世界周报》的美术与戏剧编辑。1946 年，迪伦马特迁居巴塞尔，正式开始职业作家的生涯。

迪伦马特在 1947 年发表了他的第一部剧作《写在书上》（又名《立此存照》）。此后，迪伦马特又相继创作了《罗慕路斯大帝》《老妇还乡》《物理学家》等名作，奠定了他在世界戏剧界的声誉。迪伦马特还写有不少戏剧理论著作，他在自己的理论著作中提出：“写悲剧的时代已经过去，当今之世只适宜于写喜剧。”迪伦马特的喜剧不同于一般喜剧那样经常采用夸张、讽刺、滑稽的手法，而更多的是通过“怪诞”来进行创作；迪伦马特指出，在他的作品中，“怪诞”效果是通过“即兴奇想”（偶然事件）取得的。他曾经写道：“悲剧克服距离”，“喜剧制造距离”，而“即兴奇想是喜剧用以制造距离的手段”。同时，他提出：“剧作家的艺术就在于：在情节中恰到好处地插入偶然事件”，这是“故事的进展骤然间发生极坏的转折”的关键，对于一出喜剧来说，这种转折是必不可少的。不过，由于迪伦马特的戏剧承载了太多他对现实社会和生活的不满与反叛，承担了太多道德的、宗教的、哲学的使命，因此很难与人们心目中的“喜剧”画上等号。文学研究者更多地认为，迪伦马特的作品应当被归入“悲喜剧”的类型中，他从来都是在用“喜剧”体裁书写“悲剧”题材，用怪诞的手法展现当代社会中种种残酷的、畸形的特点。对于迪伦马特的戏剧创作，在西方文学界，有评论者认为他的成就可以和古希腊喜剧大师阿里斯托芬、挪威戏剧大师易卜生和英国戏剧家萧伯纳媲美，将他誉为“第二次世界大战以来最伟大的德语剧作家”，也有人将他同“荒诞派”大师尤奈斯库和贝克特相提并论。

除了戏剧，迪伦马特还以“犯罪小说”的创作著称。迪伦马特认为，探讨犯罪问题是研究现代资本主义社会最为有效的一种方法，而“犯罪小说”则是最好的文艺形式之一。迪伦马特的“犯罪小说”不同于常见的“推理小说”或“侦探小说”，其叙述焦点并不在于质问“谁是罪犯”，而是探询“为什么犯罪”，通过对犯罪心理的探索，触摸现代社会的精神空间，传达社会变动中人类心灵的颤抖，因而有“以侦探小说的形式抒写人类的安魂曲”的美誉。

荐读理由

《迪伦马特小说集》收入了迪伦马特的四篇中篇小说。《法官和他的刽子手》写于1950年，叙写的是神探贝尔拉赫在追捕受到上层人物庇护的天才杀手加斯特曼的过程中，利用最新谋杀案的真正杀人者钱茨行使了不符合法律程序的正义的故事；《嫌疑》写于1951年，在这篇小说中，退休的老神探贝尔拉赫已经疾病缠身，时日无多，却仍然在孜孜不倦地追捕纳粹党的残余分子内莱，并由此陷入了无法解脱的绝境之中；《抛锚》写于1955年，小说的主人公特普拉斯因为抛锚而不得不在一个退休法官家中借宿，在一次由四位法律界退休人士组成的虚拟审判游戏中，特普拉斯以“蓄意谋杀罪”的名义被判处死刑，游戏结束之后，真的有血案发生了；《诺言》写于1957年，小说的主人公是一个名叫马泰依的老资格探长，他为了兑现抓捕凶手的诺言，放弃了出国高就的机会，在国内也遭到了严重的排斥，并因为“精神方面的原因”最终从警局辞职，辞职之后，锲而不舍的马泰依依然在耐心地等待抓捕那个杀手的机会，然而，他等来的却是双重的悲惨命运。

可以说，在侦探推理小说界，迪伦马特只是一位“业余写手”，他的“主业”是戏剧而非侦探推理小说，而且，他的创作路数与传统的侦探推理小说套路也有很大的不同，可以说，侦探与罪犯相互周旋、斗智斗勇的过程在他的小说中是次要的，占主导地位的是对人道、人性、人的存在价值与存在困境的富有哲理性的探询。在《法官和他的刽子手》中，迪伦马特以阴冷的笔触，对人物复杂而矛盾的心理动因进行了深入的开掘，通过“以恶制恶”的连环计，“伸张正义”的侦探褪去了神圣的外衣，大有天使与恶魔混杂一体的气息，生动地展现了人性难以言喻的复杂性和现代人难以摆脱的某种困境。在《嫌疑》中，老侦探依然无法通过符合法律程序的方式战胜犯罪，“行使正义”的是另外一种暴力。在《抛锚》中，游戏性质的模拟审判与由此引发的自我审视交织在一起，最终导致了一个意味深长的悲剧结局，人的身上到底隐藏着多少难以直面的罪恶，《抛锚》为每位读者留下了一个大大的问号。在《诺言》这篇以“侦探小说的安魂曲”为副标题的小说中，迪伦马特对那些逻辑清晰、有着固定套路的侦探小说传统模式进行了“戏仿”，却在结尾对侦探小说的成规惯例进行了大大的颠覆。在这里，是“偶然”决定了命运，英雄陨落在荒诞之中。在宿命的面前，逻辑线索自行消解，那些理性主体的精心设计，都变为一堆可笑可悲的散沙；迪伦马特以庖丁解牛式的精巧叙述，向崇拜理性的侦探小说读者显示了人的认识的局限性。

在深受存在主义哲学影响的迪伦马特看来，任何个人都无法真正地把握和驾驭这个充满悖谬的世界，人所能做的，只能是“仍做你所应该做的”，至于成败，那是不必也不能考虑的了；也许，正如存在主义哲学所指出的，只有正视生存的荒诞，我们才能真正严肃地生活，因为，一旦我们忽视荒诞，就会不知不觉地由荒诞导入麻木，从而毫无知觉地成为荒诞的一部分。在案件的侦破过程中融入对“正义”与“罪恶”的严肃探讨，表现个人向荒诞世界的悲剧性抗争，迪伦马特“业余”创作的“犯罪小说”，不仅在写作手法上突破了侦探推理小说的程式，其深邃的主题意向无疑也提升了侦探推理小说的审美品格。

先睹为快

火车站一阵报时钟声后，幕徐徐升起。接着就看到“居仑”两字。显然，这是背景处隐约可见的小城的名称，一片破烂、败落的景象。车站大楼同样破败不堪，墙上标出有的州通车，有的州不通；还贴着一张破烂不堪的列车时刻表，车站还包括一间发黑的信号室，一扇门上写着：禁止入内。在背景中间是一条通往车站的马路，样子可怜得很，它也只是用笔勾勒出来。左侧是一幢光秃秃的小瓦房，不带窗户的那面墙上贴满了破烂的广告。房子左边挂着“女厕”的牌子；右边是“男厕”。一切都沐浴在秋天的烈日里。小瓦房前四个男人坐在一条板凳上。和他们的穿着一样，还有一个衣衫褴褛的男人用红颜料在一面透明横幅上书写着“欢迎克莱里”几个字，显然是为欢迎一标人马准备的。一辆快车发出雷鸣般的隆隆声疾驰而过。站长在车站前行致敬礼。坐在凳子上的那几个人目光追随着特别快车驰往的方向，从左向右转动着头。

男甲：“古德隆号”，从汉堡开往那不勒斯的。

男乙：“狂躁罗兰号”十一点二十七分到这儿，从威尼斯开往斯德哥尔摩。

男丙：咱们现在剩下的唯一的一点乐趣，就是看来来往往的火车了。

男丁：五年前“古德隆号”和“狂躁罗兰号”都在居仑停车。还有“外交家号”和“罗累兰号”，所有的重要特别快车都在这里停靠。

男甲：都是举世闻名的。

报时钟声。

男乙：现在连慢车也不在这儿停了。只有两点从卡菲根来的一趟和一点十三分从卡尔伯城来的一趟。

男丙：完了。

男丁：瓦格纳工厂倒闭了。

男甲：伯克曼公司破产了。

男乙：阳光广场冶炼厂关掉了。

男丙：靠失业救济活着。

男丁：靠救济汤过日子。

男甲：过日子？

男乙：挣扎度日。

男丙：牲口般慢慢饿死。

男丁：整个小城都如此。

列车隆隆经过，站长肃立。男人们顺着列车方向头从右向左转动。

男丁：“外交家号”。

男丙：从前我们这里是文化城市呢。

男乙：是国内第一流的。

男甲：是欧洲第一流的。

男丁：歌德在这里投过宿，住在金使徒旅馆。

男丙：勃拉姆斯在这里谱写过一首四重奏。

延展阅读

《物理学家》

写于1962年的《物理学家》是迪伦马特最为著名的一部戏剧作品。《物理学家》创作于美国和苏联相互对峙、军备竞赛如火如荼、人类社会被核战争的阴影所笼罩的“冷战”时期，在这样的时代背景下，迪伦马特精心构思了一个时间跨越二十年、地域涉及美、苏连带整个欧洲的宏大故事，而又在剧本中对这个故事进行了高度的压缩，把时间限定在某天下午四点半到六点半的两个小时之内，把空间局限在樱桃园疗养院内旧别墅的客厅这个不足30平方米的范围内，事件则紧紧地围绕着一场诱导杀人的行为展开。迪伦马特的这部剧作构思精巧，环环相扣，用夸张怪诞而又扣人心弦的喜剧形式表现“冷战”阴影下的人性悲剧，取得了强烈的戏剧效果。

《马克·吐温短篇小说集》

〔美〕马克·吐温 著

凝练精确的风格、幽默细腻的描写、含蓄深沉的象征，反映了对社会和人性的关注。

推荐版本：上海三联书店（2010 年） 董强译

关于作者

马克·吐温（1835—1910），原名塞缪尔·兰亨·克莱门斯，美国的幽默大师、小说家、作家、著名演说家，19 世纪后期美国现实主义文学的杰出代表。其代表作有《汤姆·索亚历险记》《哈克贝利·费恩历险记》《卡拉维拉斯县有名的跳蛙》等，其作品以幽默、机智见长，并奠定了美国文学作品的简洁风格，被称为“现代美国文学之父”。马克·吐温做过排字工人、领航员、游击队员、淘金者……在无数的尝试失败后，他才转向了写作。与社会各阶层的人广泛的接触拓展了马克·吐温的思维空间，使他对人们的酸甜苦辣有深刻的感受。他创作的成功得益于其丰富的人生阅历与哲理思维的结合，这是其作品亲切感人、深刻生动并能迅速引起“阅读效应”的基础。

对生命意义的解读、对人性复归的渴望和对资本主义社会的抨击是马克·吐温小说的主旨。他生活在资本主义经济高速发展和社会结构调整的动荡年代，社会的转型给传统的价值观带来巨大冲击。从表象上来看，社会日益繁华、物质生活丰盛，但同时资本主义本身的弊病已日益显现，政治、经济、文化方面的冲突日趋尖锐；特别是贫富差别日益扩大，社会矛盾日趋激化，理性大厦开始倾覆，人与人、人与社会的关系显得难以契合。在有的人称之为资本主义的“黄金时代”时，马克·吐温就以作家敏锐的观察力注意到这一切弊病，从不同的角度揭示了这个“镀金时代”的实质和对人性的扭曲。同时，他也渴望着人性的复苏和社会状况的改善。在未能找到解决问题的良方后，他的部分作品也带有一定的悲观倾向，这是时代在作家心灵中留下的印记。

马克·吐温的文学语言特点鲜明，既幽默、夸张又含蓄深沉。他那极富内涵的短篇小说常常载有藏而不露的情感和那不言的蕴意，这需要读者窥破文本的表层含义以解读其深刻的底蕴。如他恰当地运用了当时不少作家不用或不敢用的美国方言和土话，这些话语对这些人物性格的刻画入木三分，避免了千人一面的阅读效应，真实地呈现出美国社会的方方面面，这是马克·吐温对美国文学语言的巨大贡献，具有鲜明的美国特色。马克·吐温的早期作品以幽默为主要特色，但他的幽默诙谐不仅仅是为了逗乐，还有其教育、训诫的功用；而在人生的后期，他终于窥破了资本主义的部分表象，但看到的只是一片荒原，没有出路，所以他对人类的存在价值从根本上产生了怀疑。他内心的愤慨、控诉和谴责变成了绝望。

综观马克·吐温的小说，他用自己的笔辛辣地讽刺了社会的邪恶，歌颂了善良和美好，渴望着社会的进步，呼唤着良知和人性。在对社会和历史的解读中，马克·吐温以凝练精确的风格、幽默细腻的描写、含蓄深沉的象征从不同的角度反映了作家对社会和人性的关注。他那永不懈怠的心灵总是关注着普通人的命运和深思着人类的前途，他那富有个性的创新精神、不步他人后尘的巧妙构思、不失诙谐的尖锐笔锋和流畅清新的语言风格熔铸了艺术家的才华和学者般的睿智，不但使其作品超越了时空的局限，而且使作者的人文精神和艺术魅力在美国文学史上奏响了永恒的乐章。

荐读理由

本书共收录了作者22篇短篇小说，其中《卡拉维拉斯县有名的跳蛙》是他的成名作。讲的是嗜好赌博的吉姆·斯迈利有一只善跳的青蛙，逢人就用它来赌钱。一次他要求一位陌生人跟他赌，可这位陌生人没有青蛙，吉姆就主动去为他抓青蛙，此时陌生人乘机把吉姆的青蛙肚子里灌满了铅丸，结果陌生人赢了。除了出人意料的情节设计，这个故事还体现出资本主义贪欲横流的特征。

《我是如何编辑一份农业报的》则从另一个角度反映了为达到目的而不择手段的劣行。故事的主人公“我”来到一家农业报社临时代理编辑，“我”的编辑方针与原编辑的大相径庭，所编的文章内容荒诞不经，结果反而使报纸声名鹊起，发行量和利润扶摇直上。马克·吐温渴望以此唤起人们的警惕，以防止无知而被利用和戏弄，同时更深刻地揭示了资本主义经济发展隐含的危机——公正和人性的丧失。

《他是否还活在世间》讲述了年轻的画家米勒无论多有才气，多勤奋努力，但总是无人承认。在朋友的建议和帮助下，画家选择了隐姓埋名而“死”去了，结果他的名气和画价扶摇直上。成为富翁的“去世”画家虽然实现了发财梦，可他的内心世界和时下的社会价值观不断冲突，造成了终生的心理不平衡：一个人连生死的选择都由他人来决定时，他已无法证明自己真正的存在，更无法思考存在的价值了，只能在孤独忧郁中耗尽自己的一生。

《败坏了哈德莱堡的人》中，马克·吐温将19位被认为是“不可败坏”的哈德莱堡的代表人物的贪欲和虚伪描写得淋漓尽致，无情地揭示了人性的弱点。当听说有一袋“金元”需要认领时，每个哈德莱堡的人的内心世界都乱了套，人人都想私下占有“金元”，但又怕别人知道玷污了自己的“清白”，一袋“金元”的出现终于将伪善者的面纱撕破。

《百万英镑》是马克·吐温著名作品之一，讲述了一个美国穷小子亨利·亚当斯在伦敦的一次奇遇。伦敦的两位富翁打赌，把一张无法兑现的百万钞票借给亨利，看他在一个月内如何收场。一个月的期限到了，亨利不仅没有饿死或被捕，反倒成了富翁，并且赢得了一位漂亮小姐的爱情。作者用漫画笔法勾勒了不同人物在百万英镑面前的种种丑态，幽默滑稽，趣味横生，就如同一幅世态讽刺画，揭露了20世纪初英国社会的拜金主义。

《列车上的食人事件》中叙述者讲的是他坐火车时的一段经历：当时他们乘坐的火车被困在冰天雪地，在一天天的忍饥挨饿中，人们的本性昭然若揭，作出了吃其他旅客的可怕行径，更让人震惊的是他们对此表现得非常冷静淡然。作者夸张的描述之下，暗指了资本主义人吃人的严酷。马克·吐温除了以影射的手法揭示了许多人自私的本性和貌似公正之下的虚伪外，还通过临时组成的吃人委员会的各项程序，来对美国的民主制度进行无情的批判。

除了这几部作品之外，书中收录的其他小说也都有浓厚的夸张讽刺风格，仿佛一卷记录资本主义人性丑态的浮世绘。在马克·吐温高超语言技巧的驾驭下，这些故事中的种种荒诞不经非但不会引起读者对其真实性的质疑，反而能使他们对人性本质中的阴暗和贪婪有更为深刻的认识。

先睹为快

27岁那年，我正给旧金山的一个矿业经纪人打工，把证券交易所的门槛摸得清清楚楚。我是只身混世界，除了自己的聪明才智和一身清白，就再也没什么可依靠的了；不过，这反倒让我脚踏实地，不做那没影儿的发财梦，死心塌地奔自己的前程。

每到星期六下午股市收了盘，时间就全都是我自己的了，我喜欢弄条小船到海湾里去消磨这些时光。有一天我驶得远了点儿，漂到了茫茫大海上。正当夜幕降临，眼看就要没了盼头的时候，一艘开往伦敦的双桅帆船搭救了我。漫漫的旅途风狂雨暴，他们让我以工代票，干普通水手的活儿。到伦敦上岸的时候，我鹑衣百结，兜里只剩了一块钱。连吃带住，我用这一块钱顶了二十四个小时。再往后的二十四个小时里，我就饥肠辘辘，无处栖身了。

第二天上午大约十点钟光景，我破衣烂衫，饿着肚子正沿波特兰大道往前蹭。这时候，一个保姆领着孩子路过，那孩子把手上刚咬了一口的大个儿甜梨扔进了下水道。不用说，我停了下来，满含欲望的眼光罩住了那个脏兮兮的宝物儿。我口水直淌，肚子里都伸出手来，全心全意地乞求这个宝贝儿。可是，只要我刚一动弹，想去捺梨，总有哪一双过路的火眼金睛明察秋毫。我自然又站得直直的，没事人一样，好像从来就没在那个烂梨身上打过主意。这出戏演了一回又一回，我就是得不着那个梨。我受尽煎熬，正打算放开胆量、撕破脸皮去抓梨的时候，我身后的一扇窗子打开了，一位先生从里面发话：

“请到这儿来。”

一个衣着华丽的仆人把我接了进去，领到一个豪华房间，里头坐着两位上了岁数的绅士。他们打发走仆人，让我坐下。他们刚刚吃了早餐，看着那些残羹剩饭，我简直透不过气来。有这些吃的东西在场，我无论如何也集中不了精力，可是人家没请我品尝，我也只好尽力忍着。

这里刚刚发生过的事，我是过了好多天以后才明白的，不过现在我就马上说给你听。这对老兄弟为一件事已经有两天争得不可开交了，最后他们同意打个赌来分出高低——无论什么事英国人靠打赌都能一了百了。

你也许记得，英格兰银行曾经发行过两张一百万英镑的大钞，用于和某国公对公交易之类的特殊目的。不知怎么搞的，这两张大钞只有一张用过后注销了；另一张则一直躺在英格兰银行的金库里睡大觉。且说这两兄弟聊着聊着，忽发奇想：假如一位有头脑、特诚实的外地人落难伦敦，他举目无亲，除了一张百万英镑的大钞以外一无所有，而且他还没法证明这张大钞就是他的——这样的一个人会有怎样的命运呢？大哥说这人会饿死；弟弟说饿不死。大哥说，别说去银行了，无论去哪儿这人也花不掉那张大钞，因为他会当场被抓住。兄弟两个就这样争执不下，后来弟弟说他愿出两万英镑打赌，这人靠百万英镑大钞无论如何也能活三十天，而且进不了监狱。大哥同意打赌，弟弟就到英格兰银行把大钞买了回来。你看，英国男子汉就是这样，魄力十足。然后，他口述一信，叫一个文书用漂亮的楷体字誊清；两兄弟在窗前坐了整整一天，巴望来一个能消受大钞的合适人选。

他们检阅着一张张经过窗前的脸。有的虽然老实，却不够聪明；有的够聪明，却不够老实；还有不少又聪明又老实的，可人穷得不彻底；等到个赤贫的，又不是外地人——总是不能尽如人意。就在这时，我来了；他们俩认定我具备所有条件，于是一致选定了我；可我呢，正等着知道叫我进来到底要干什么。他们开始问一些有关我个人的问题，很快就弄清楚了我的来龙去脉。最后，他们告诉我，我正合他们的心意。我说，我打心眼里高兴，可不知道这心意到底是什么意思。这时，两人当中的一位交给我一个信封，说打开一看便知。我正要打开，可他又不让；要我带到住处去仔仔细细地看，不要草率从事，也不用慌慌张张。我满腹狐疑，想把话头再往外引一引，可是他们不干。我只好揣着一肚子被侮辱与被损害的感觉往外走，他们明摆着是自己逗乐，拿我耍着玩；不过，我还是得顺着他们，这时的处境容不得我对这些阔佬大亨耍脾气。

本来，我能把那个梨拣起来，明目张胆地吃进肚子去了，可现在那个梨已经无影无踪；就因为那倒霉的差事，把我的梨弄丢了。想到这里，我对那两个人就气不打一处来。走到看不见那所房子的地方，我打开信封一看，里边装的是钱哪！说真的，这时我对他们可是另眼相看喽！我急不可待地把信和钱往马甲兜里一塞，撒腿就朝最近的小吃店跑。好，这一顿猛吃呀！最后，肚子实在塞不下东西去了，我掏出那张钞票来展开，只扫了一眼，我就差点昏倒。一百万英镑！乖乖，我懵了。

我盯着那张大钞头晕眼花，想必足足过了一分钟才清醒过来。这时候，首先映入我眼帘的是小吃店老板。他的目光粘在大钞上，像五雷轰顶一般。他正在全心全意地祷告上帝，看来手脚都不能动弹了。我一下子计上心来，做了这时按人之常情应该做的事。我把那张大钞递到他眼前，小心翼翼地说：

“请找钱吧。”

（选自《百万英镑》）

延展阅读

《汤姆·索亚历险记》

这是作者的另一部精品。

本书是马克·吐温的代表作之一，发表于1876年。小说主人公汤姆·索亚天真活泼，富于幻想和冒险，不堪忍受束缚个性、枯燥乏味的生活，幻想干一番英雄事业。小说通过主人公的冒险经历，对美国虚伪庸俗的社会习俗、伪善的宗教仪式和刻板陈腐的学校教育进行了讽刺和批判，以欢快的笔调描写了少年儿童自由活泼的心灵。《汤姆·索亚历险记》以其浓厚的深具地方特色的幽默和对人物的敏锐观察，一跃成为最伟大的儿童文学作品，也是一首美国“黄金时代”的田园牧歌。本书的姊妹篇是《哈克贝利·费恩历险记》。

《了不起的盖茨比》

〔美〕菲茨杰拉德　著

以象征手法展现了“美国梦”传奇之下的嘲讽及悲怅。

推荐版本：人民文学出版社（2004 年）　姚乃强译

关于作者

菲茨杰拉德，美国小说家。一名小说家成功的标准是什么？他的事迹被广泛传播，他的作品名垂千古。基于此标准，菲茨杰拉德绝对可称为是非常成功的。

《大英百科全书》记载：“弗·司各特·菲茨杰拉德，美国小说家，以其对爵士时代（20 世纪 20 年代）的描绘而著称，代表作为 1925 年问世的《了不起的盖茨比》。他在美国和法国的私生活几乎与他的小说一样为人乐道。”

《牛津美国文学词典》记载：“《了不起的盖茨比》是他（菲茨杰拉德）最好的小说，该书敏锐地抓住了当代社会生活的主题，并以象征手法展现了‘美国梦’传奇之下的嘲讽及悲怅。”

英国著名现代派诗人艾略特曾说：“《了不起的盖茨比》是自亨利·詹姆斯以来美国小说迈出的第一步，因为菲茨杰拉德在其中描写了宏大、熙攘、轻率和寻欢，凡此种种，曾风靡一时。”

当人们挥金如土地度过充满艺术与讽刺的爵士时代时，菲茨杰拉德已经带着他的代表作品《了不起的盖茨比》进入了后人的阅读史。

菲茨杰拉德从小被以美国贵族的方式培养成长，父母十分娇惯他，以至于时常因区区感冒让菲茨杰拉德停学休养。高中毕业后，菲茨杰拉德考入普林斯顿大学。大学期间，他的文学天赋得到了充分的发挥：组建大学剧团、为校内刊物撰稿。在其早期的作品中，已经可见菲茨杰拉德童年生活对他的影响，他的作品透露出贵族式的浪漫想象。然而不幸的是，因为身体虚弱，菲茨杰拉德不得不中途退学。1917 年，他加入了军队。

当他在雪瑞登营服役的时候，一位姑娘的出现改变了菲茨杰拉德的命运。这名姑娘名叫泽尔达·莎伊瑞，在追求泽尔达的过程中，菲茨杰拉德为了获取姑娘的芳心，于 1920 年出版了第一本小说《人间天堂》。这本小说描述了菲茨杰拉德的大学时光，讲述了一个年轻人努力追求爱情与工作上的成就的过程。《人间天堂》为菲茨杰拉德奠定了文学的道路，同时也成就了他的婚姻。小说出版后，菲茨杰拉德与泽尔达结婚，移居巴黎。

菲茨杰拉德成名后依然笔耕不辍，并结识了安德逊、海明威等多位美国作家。1925 年，菲茨杰拉德出版了他的传世之作《了不起的盖茨比》，奠定了他在现代美国文学史上的地位。随后，菲茨杰拉德又创作了《夜色温柔》等短篇小说作品，反映了一代人“美国梦”的膨胀和破灭，以及大萧条时期美国上层社会“荒原时代”的精神面貌。

尽管在文学界享有盛誉，然而在生活上菲茨杰拉德却并不如意。妻子泽尔达讲求排场，生活奢侈，后来精神失常。菲茨杰拉德自己也染上了酗酒的毛病，经济上入不敷出。在菲茨杰拉德生命中的最后几年，泽尔达精神崩溃，身患重病，不得不去医院接受治疗。菲茨杰拉德则搬到好莱坞，依靠编剧维持生活，精神几近崩溃，最终因心脏病突发而去世，享年 44 岁。他的最后一部作品《最后的大亨》讲述了他在好莱坞的生活，可惜只写了一半。

荐读理由

《了不起的盖茨比》是菲茨杰拉德最为著名的作品，也正是这部作品使他成为20年代“爵士时代”的发言人和“迷惘的一代”的代表作家之一。

《了不起的盖茨比》几乎是菲茨杰拉德一生经历的翻版。本书以20世纪20年代的纽约市及长岛为背景，在写于1931年的《爵士时代的故事》一文中，菲茨杰拉德准确地将爵士时代界定于1919年的“五月示威”至1929年10月经济危机的开始。他将这个时代称为“一个奇迹的时代，一个艺术的时代，一个挥金如土的时代，也是一个充满嘲讽的时代”。在作品中，无论是时代或是主人公盖茨比及黛西，都能看到菲茨杰拉德生活的影子。

穷职员尼克因为极偶然的机会，结识了上流社会的富商盖茨比，进而探索到了盖茨比内心的秘密：他一生深爱着少妇黛西。盖茨比年轻时是一名少尉军官，他与黛西相互吸引，然而却因盖茨比的入伍而被迫分手。不久后，黛西为追求物质上的满足，嫁给了纨绔子弟汤姆。盖茨比天真地以为金钱是让黛西离开自己的唯一原因，于是盖茨比立志要成为一名富翁，挽回黛西的心。然而事与愿违，盖茨比成为黛西婚姻的牺牲品。盖茨比理想的化身——黛西——不过只是一副美丽的躯壳，灵魂早已经被物欲横流的社会所腐蚀。尽管盖茨比清楚地听出“她的声音充满了金钱”，却仍固执地生活在幻想之中。最终，盖茨比被黛西抛弃，被社会抛弃。盖茨比的悲剧人生如同烟花，点缀了爵士时代流光溢彩的天空——当然，只停留了短暂的一瞬间。而小职员尼克目睹了社会的虚伪、冷漠与残酷，黯然离开都市，回到了家乡。

20世纪末，美国学术界权威在百年英语文学长河中选出一百部最优秀的小说，《了不起的盖茨比》高居第二位。菲茨杰拉德敏锐地捕捉到了一个时代的浪漫，以及浪漫背后的浮夸和虚无。菲茨杰拉德投身于“爵士时代”，他被称为爵士乐时代的“编年史家”和“桂冠诗人”。他的作品中不乏青年人的满腔热情、理想，洋溢着意气风发的气息，然而再忠诚的理想也抵挡不住流金社会的侵蚀，热情往往终结于失望。“美国梦”是金色的，最终也被金色所掩埋。

在小说的写作上，菲茨杰拉德以印象派的描写手法，综合了现实与理想、激情与颓败、真实与谎言、热情与冷漠的种种冲突，戏剧性地描绘了真实的社会图景。无论从内容或是艺术形式上来看，《了不起的盖茨比》都无愧于“名著”称号。

先睹为快

“每逢你想要批评任何人的时候，”他对我说，“你就记住，这个世界上所有的人，并不是个个都有过你拥有的那些优越条件。”

他没再说别的。但是，我们父子之间话虽不多，却一向是非常通气的，因此我明白他的话大有弦外之音。久而久之，我就惯于对所有的人都保留判断，这个习惯既使得许多有怪僻的人肯跟我讲心里话，也使我成为不少爱唠叨的惹人厌烦的人的受害者。这个特点在正常的人身上出现的时候，心理不正常的人很快就会察觉并紧抓住不放。由于这个缘故，我上大学的时候就被不公正地指责为小政客，因为我与闻一些放荡的、不知名的人的秘密的伤心事。绝大多数的隐私都不是我打听来的——每逢我根据某种明白无误的迹象看出又有一次倾诉衷情在地平线上喷薄欲出的时候，我往往假装睡觉，假装心不在焉，或者假装出不怀好意的轻佻态度。因为青年人倾诉的衷情，或者至少他们表达这些衷情所用的语言，往往是剽窃性的，而且多有明显的隐瞒。保留判断是表示怀有无限的希望。我现在仍然唯恐错过什么东西，如果我忘记（如同我父亲带着优越感所暗示过的，我现在又带着优越感重复的）基本的道德观念是在人出世的时候就分配不均的。

在这样夸耀我的宽容之后，我得承认宽容也有个限度。人的行为可能建立在坚固的岩石上面，也可能建立在潮湿的沼泽之中，但是一过某种程度，我就不管它是建立在什么上面的了。去年秋天我从东部回来的时候，我觉得我希望全世界的人都穿上军装，并且永远在道德上保持一种立正姿势。我不再要参与放浪形骸的游乐，也不再要偶尔窥见人内心深处的荣幸了。唯有盖茨比——就是把名字赋予本书的那个人——除外，不属于我这种反应的范围——盖茨比，他代表我所真心鄙夷的一切。假如人的品格是一系列连续不断的成功的姿态，那么这个人身上就有一种瑰丽的异彩，他对于人生的希望具有一种高度的敏感，类似一台能够记录万里以外的地震的错综复杂的仪器。这种敏感和通常美其名曰“创造性气质”的那种软绵绵的感受毫不相干——它是一种异乎寻常的永葆希望的天赋、一种富于浪漫色彩的敏捷，这是我在别人身上从未发现过的，也是我今后不大可能会再发现的。不——盖茨比本人到头来倒是无可厚非的，使我对人们短暂的悲哀和片刻的欢欣暂时丧失兴趣的，却是那些吞噬盖茨比心灵的东西，是在他的幻梦消逝后跟踪而来的恶浊的灰尘。

延展阅读

《夜色温柔》

这是作者的另一部精品。

该书发表于1934年，是菲茨杰拉德生前所完成的最后一部完整的长篇小说。本书描写的是一个出身寒微但才华出众的青年对富有梦幻色彩的理想的追求以及最终如何遭到失败、变得颓废消沉的故事。小说的背景被安排在作者所熟悉的欧洲大陆，时间跨度为1917年到1930

年间，但小说所展现的仍是美国“爵士乐时代”的社会场景。《夜色温柔》传达了强烈的怀旧情绪、悔恨心理，主人公由失落的希望、破灭的幻想一步步走向人格的分裂。《夜色温柔》是一部带有很强的自传性的小说，探索了一种酷似作者所经历的感情与精神的崩溃过程。

《喧哗与骚动》

〔美〕威廉·福克纳　著

人生如痴人说梦，充满着喧哗与骚动。

推荐版本：上海译文出版社（2004 年）　李文俊译

关于作者

威廉·福克纳（1897—1962），美国著名现代小说家，美国南方文学的代表。他出身于美国南部的没落地主家庭。作为一个庄园主的后代，福克纳对家族盛极而衰的历史极感兴趣，家族史成了他日后创作的主要题材来源。他高中未毕业就踏上了社会，在银行里当过小职员，后又离开家乡去一家武器公司工作，第一次世界大战时期加入加拿大皇家空军，赴多伦多接受训练，尚未踏上战场，第一次世界大战便已经结束。福克纳退伍回家后进入密西西比大学学习，第二年就肄业离开学校。1924 年，福克纳结识了著名作家舍伍德·安德森，在他的鼓励和帮助下，福克纳走上了专职小说创作的道路，并大获成功，于 1949 年获得诺贝尔文学奖。

福克纳一生创作了 19 部长篇小说和 70 多篇短篇小说，值得注意的是其中绝大多数故事发生在虚构的美国南方小城约克纳帕塔法县。这些故事围绕着约克纳帕塔法县及杰弗逊镇不同社会阶层的若干家庭几代人的生活展开，时间横跨独立战争前到第二次世界大战以后，塑造了600多个鲜活丰满的人物形象，其中的若干主要人物在他的不同作品中交叉出现，可谓是一部多卷体的美国南方社会变迁史，也被学界称为“约克纳帕塔法世系”。在约克纳帕塔法世系中，福克纳巧妙地运用了“重复”这一媒介，使小说在创作、解读和记忆中不断扩大影响，其中最著名的作品有《喧哗与骚动》《我弥留之际》《八月之光》《押沙龙，押沙龙！》《斯诺普斯三部曲》等。

福克纳一生绝大多数时间都在美国南方小镇上生活，并以这个小镇及其周围地区为蓝本，以他所熟知的南方人的生活为创作素材。他推动了新南方文学的兴起，使这个曾被人们贬斥为文学沙漠的地区出现了文艺的复兴。福克纳的思想和创作同南方社会、历史、文化传统之间的关系非常密切，正如他自己所说：“一个作家必须以他的背景从事创作。我的生活、我的童年是在密西西比一个小镇上度过的，那就是我背景的部分，我在其中长大，在不知不觉中将其消化吸收，它就在我身上。”福克纳强烈的乡土意识和对过去时代中美好人性的眷恋使他的小说中有着强烈的回归情怀与道德担当。他认为现在是过去的重复，探讨过去有助于更好地理解现在，文人职责就在于振奋人心，提醒人们记住勇气、荣誉、希望、自豪、同情、怜悯之心和牺牲精神。他创作的原动力在于既看到了历史的重复性，也意识到过去的不足，表现出了他深刻的忧患意识以及他对重建民族品德的热切祈望。

纵观福克纳的世系小说，就如同欣赏一组立体画，每幅作品自成一体，但是又相互关联，读者必须阅读每一部作品，从四面八方的角度去观察它们的不同姿态，然后再根据作者的指引将这些画里的共同元素有机组合，使它们互相重叠，才能获得完整的艺术体验。福克纳的作品就像一根根金线，在无形的手的穿引下织就一张绚丽的网。福克纳一次又一次重复约克纳帕塔法世系中小人物的喜怒哀乐之余，让读者感受到人性的温情和希望，他用一己之力，创造了美国南方文学的新世纪。

荐读理由

《喧哗与骚动》是福克纳第一部成熟的作品，书名出自莎士比亚悲剧《麦克白》中的台词："人生如痴人说梦，充满着喧哗与骚动，却没有任何意义。"在本书中，福克纳用历史的视野艺术地塑造了一个在重重矛盾和痛苦挤压下心理变态、精神失常的不幸家族，传递着康普生一家在传统与现代之间的失落与痛苦。老康普生先生曾经是一位慈爱的父亲，随着南方旧价值体系的瓦解和家族的衰败，他无法摆脱传统对他的束缚，也无法应对新的价值观的冲击，拯救自己的家族。他只能用酒精麻醉自己。酗酒使他终日浑浑噩噩，陷入虚无主义不能自拔，迷迷糊糊地了却余生。昆丁是老康普生的长子，他对家族的没落有切肤之痛，然而这并没有激发他的斗志，反而使其精神崩溃，在肉体和意志上都极其孱弱。他病态地希望妹妹凯蒂永远不要嫁人。但风流成性的凯蒂让他痛心疾首，最终只能以自杀来实现其对南方传统的依恋和追求。而老康普生的二儿子杰生冷酷贪婪；三儿子班吉明则是个弱智，33 岁时只有一个儿童的智力。小说通过这三个儿子的内心独白，围绕凯蒂的堕落展开，最后则由黑人女佣迪尔西对前三部分的"有限视角"作一补充，归结全书。小说大量运用多视角叙述方法及意识流手法，是意识流小说乃至整个现代派小说的经典名著。

有别于传统小说的全能叙事，福克纳摒弃从作者无所不知的角度来描述事件，采用了多角度的叙述方法。康普生一家的故事是分别从几个人的口中说出来的，康普生的三个儿子以自身的视角和心理来谈论家族的种种遭遇，给人更加可信的感觉和更深刻的体会。这几个不同性格、不同遭遇、不同品质的人物用不同时间段内的意识流动来叙述同一个故事的始末，造成了一种意识复合流动的效果。其中虽有部分重复，却毫无雷同之感，原因在于作者描写的重心不在凯蒂堕落的故事本身，而是该事件在不同人的内心产生的影响及其导致的心灵变化。整个故事被分解为三个主要人物的心灵感触，也轻易地就把读者引入了他们的内心世界。同时小说的进程并不是按照时间顺序展开的，这就需要读者在阅读中参与创造，把事件的全过程拼接完整。细心的读者便会发现，表面颠倒混乱的时序下发生的故事有着内在的秩序。由于叙述者也不是从一而终，而是不断变化的，对于每一次叙述者的更替，作者并没有用清晰的文字作交代，而是采用诸如变换字体、口气、称谓等手段。初读之时，福克纳提供给读者的似乎只有混沌错乱的内心活动和没有因果的行为，然后再逐步带领读者穿过层层迷雾，最终走到阳光底下明朗、清晰的客观世界里来。经历了这样的阅读过程，读者对作品的理解自然也就更为全面。

除此之外，《喧哗与骚动》还有着浓厚的宗教意味，小说的第3章、第1章和第4章的标题依次为1928年4月6日至4月8日，这三天是从基督受难日到复活节；而第2章的1910年6月2日则是基督圣体节的第八天，康普生家历史中的这四天都与基督受难的四个主要日子有关联。不仅如此，从每一章的内容里，也都隐约可以找到与《圣经·新约》中所记基督的遭遇相似之处。福克纳以基督的伟大光辉与康普生家的子孙相对比，更映照出他们的卑劣和自私，圣经式的意象和象征向读者生动形象地批判了美国南方的旧传统。透过小说中涵义深远的描述，读者可以看到以康普生一家为代表的南方旧传统的衰败与解体，而小说的艺术性也通过圣经意象和文学意象得到了很好的展示。

先睹为快

透过栅栏，穿过攀绕的花枝的空当，我看见他们在打球。他们朝插着小旗的地方走过来，我顺着栅栏朝前走。勒斯特在那棵开花的树旁的草地里找东西。他们把小旗拔出来，打球了。接着他们又把小旗插回去，来到高地上，这人打了一下，另外那人也打了一下。他们接着朝前走，我也顺着栅栏朝前走。勒斯特离开了那棵开花的树，我们沿着栅栏一起走，这时候他们站住了，我们也站住了。我透过栅栏张望，勒斯特在草丛里找东西。

“球在这儿，凯蒂。”那人打了一下。他们穿过草地往远处走去。我贴紧栅栏，瞧着他们走开。

“听听，你哼哼得多难听。”勒斯特说。“也真有你的，都三十三了，还这副样子。我还老远到镇上去给你买来了生日蛋糕呢。别哼哼唧唧了。你就不能帮我找找那只两毛五的镚子儿，好让我今儿晚上去看演出。”

他们过好半天才打一下球，球在草场上飞过去。我顺着栅栏走回到小旗附近去。小旗在耀眼的绿草和树木间飘荡。

“过来呀。”勒斯特说，“那边咱们找过了。他们一时半刻间不会再过来的。咱们上小河沟那边去找，再晚就要让那帮黑小子捡去了。”

小旗红红的，在草地上呼呼地飘着。这时有一只小鸟斜飞下来停歇在上面。勒斯特扔了块土过去。小旗在耀眼的绿草和树木间飘荡。我紧紧地贴着栅栏。

“快别哼哼了。”勒斯特说。“他们不上这边来，我也没法让他们过来呀，是不是。你要是还不住口，姥姥就不给你做生日了。你还不住口，知道我会怎么样。我要把那只蛋糕全都吃掉。连蜡烛也吃掉。把三十三根蜡烛全都吃下去。来呀，咱们上小河沟那边去。我得找到那只镚子儿。没准还能找到一只掉在那儿的球呢。哟。他们在那儿。挺远的，瞧见没有。”他来到栅栏边，伸直了胳膊指着。“看见他们了吧。他们不会再回来了。来吧。”

我们顺着栅栏，走到花园的栅栏旁，我们的影子落在栅栏上。在栅栏上，我的影子比勒斯特的高。我们来到缺口那儿，从那里钻了过去。

“等一等。”勒斯特说，“你又挂在钉子上了。你就不能好好地钻过去不让衣服挂在钉子上吗。”

凯蒂把我的衣服从钉子上解下来，我们钻了过去。凯蒂说，毛莱舅舅关照了，不要让任何人看见我们，咱们还是猫着腰吧。猫着腰，班吉明。像这样，懂吗。我们猫下了腰，穿过花园，花儿括着我们，沙沙直响。地绷绷硬。我们又从栅栏上翻过去，几只猪在那儿嗅着闻着，发出了哼哼声。凯蒂说，我猜它们准是在伤心，因为它们的一个伙伴今儿个给宰了。地绷绷硬，是给翻掘过的，有一大块一大块土疙瘩。

把手插在兜里，凯蒂说，不然会冻坏的。快过圣诞节了，你不想让你的手冻坏吧，是吗。

“外面太冷了。”威尔许说，“你不要出去了吧。”

“这又怎么的啦。”母亲说。

“他想到外面去呢。”威尔许说。

“让他出去吧。”毛莱舅舅说。

“天气太冷了。”母亲说，“他还是呆在家里得了。班吉明，好了，别哼哼了。”

“对他不会有害处的。”毛莱舅舅说。

“喂，班吉明。”母亲说。“你要是不乖，那只好让你到厨房去了。”

“妈咪说今儿个别让他上厨房去。”威尔许说，“她说她要把那么些过节吃的东西都做出来。”

“让他出去吧，卡罗琳。”毛莱舅舅说。“你为他操心太多了，自己会生病的。”

“我知道。”母亲说，“有时候我想，这准是老天对我的一种惩罚。”

延展阅读

《我弥留之际》

这是作者的另一部精品。

小说描写农民安斯按照亡妻的遗愿，带领全家扶送灵柩去杰弗逊镇的家族墓地安葬的旅程。他们一路上磨难不断，次子达尔认为尸体已腐烂，应就地处置，于是放火烧棺材，被当做疯子关进疯人院；长子卡什为了救护落水的棺材压断了一条腿；越来越重的尸臭招致来大群的兀鹰；三儿子朱厄尔失去了他心爱的马；女儿德尔欲趁机去城里打胎，却被药房里的伙计欺侮；弱智的小儿子未能得到他渴望的玩具小火车；只有安斯自己找到了一个新老婆。这是一部反讽性的史诗，福克纳既嘲讽南方农民人性中丑陋的一面，又肯定了他们信守承诺的另一面，在幽默调侃中有严肃庄重的悲剧意味。小说在艺术手法上有着浓厚的实验性，它的每个章节都是一个人物的独白，各自从有限的视角来讲述故事的一部分。

《乱世佳人》

〔美〕玛格丽特·米切尔　著

永不过时的关于生活、爱情、苦难、幸福以及离别的故事。

推荐版本：上海译文出版社（1997年）　陈良廷等译

关于作者

一生只写了一部书，一部书却影响了一代人，甚至几个世纪的人。这样的作家在文学史上确实不多见，尤其是这部作品还是在别人的竭力鼓舞下完成的，所以说美国女作家玛格丽特·米切尔的《乱世佳人》能飘红那么久，不能不说是个“传说”。

1900年11月8日，玛格丽特·米切尔出生于美国佐治亚州亚特兰大市的一个律师家庭。她的父亲曾经是亚特兰大市的历史学会主席。她曾就读于马萨诸塞州的史密斯学院，后因母亲病逝，家中需要她来主持家务，于是不得不中途退学。退学在家期间，她开始用自己的昵称“佩吉”为《亚特兰大日报》撰稿。从1922年开始，她就有129篇署名的和大量未署名的稿件见诸报端。这些稿件中有一组便是玛格丽特为过去南方邦联将领写的专题报道。1925年她与佐治亚热力公司的广告部主任约翰·马施结婚。次年，由于腿部负伤，她不得不辞去报社的工作，然后在丈夫不断的鼓励下，开始创作大名鼎鼎的《乱世佳人》。

后来玛格丽特对人说，《乱世佳人》的写作占去了她近10年的时间。在这近10年的时间里，玛格丽特很少对她的朋友们提起她的书稿，虽然不少人都知道她在创作，但几乎无人知道她具体在写什么。直到1935年春，麦克米伦出版公司的编辑哈罗德·拉瑟姆在全国各地组稿，在拉瑟姆离开亚特兰大的前一天，玛格丽特才送去了她已经打好的近五英尺厚的手稿。同年7月，麦克米伦公司决定出版这部小说，并暂定名为《明天是新的一天》。

此后，玛格丽特花了半年的时间来反复核实小说中所涉及的历史事件的具体时间和地点。她引用美国诗人欧内斯特·道森的一句诗，将小说的题目改为《随风而去》（汉译名为《乱世佳人》）。1936年6月30日，这位无名作家的“巨著”一经面世，其销售情况立即打破了美国出版界的多项纪录：日销售量最高时为5万册；前6个月发行了100万册；第一年200万册。随后，小说获得了1937年普利策奖和美国出版商协会奖。就在小说问世的当年，好莱坞便以5万美元的高价购得将《乱世佳人》改编成电影的权利。由大卫·塞尔兹尼克执导，克拉克·加布尔和维维安·利主演的电影《乱世佳人》于1939年问世。

半个多世纪以来，这部厚达1000多页的小说一直位居美国畅销书的前列。截止到20世纪70年代末期，小说已被译成27种文字，在全世界的销售量也逾2000万册。《乱世佳人》的出版使玛格丽特几乎在一夜之间变成了当时美国文坛的名人，成了亚特兰大人人皆知的“女英雄”。这突如其来的盛誉彻底改变了她的生活。电话、拜访、电视采访、书迷请求签名……玛格丽特一贯安静的生活开始变得喧嚣热闹，接踵而来的还有版权、翻译权的纠纷，这些纠纷又把她纠缠到一系列的法律事务中。因此，不难理解玛格丽特为什么自《乱世佳人》发表以后，直至1949年8月16日因车祸而丧生，她再也没有发表任何作品。不过她留下了大量书信。她的书信集在1976年由麦克米伦公司出版，题名为《玛格丽特·米切尔的“飘”：书信集》，为我们全面了解这位文学界“平民女王”提供了绝佳的资料。

荐读理由

1861 年南北战争爆发的前夕，塔拉庄园的千金小姐郝思嘉爱上了另一庄园主的儿子艾希利，但艾希利却选择了郝思嘉的表妹——温柔善良的韩媚兰为终身伴侣。郝思嘉出于妒恨，抢先嫁给了韩媚兰的弟弟查尔斯。不久，美国南北战争爆发了。艾希利和查尔斯作为征兵上了前线。查尔斯很快就在战争中死去了。郝思嘉成了寡妇，但她内心却一直热恋着艾希利。

一天，在一次举行义卖的舞会上，郝思嘉和风度翩翩的商人白瑞德相识。白瑞德开始追求郝思嘉，但遭到她的拒绝。郝思嘉一心只想着去追求艾希利，结果也遭到拒绝。

在战争中，美国南方军遭到失败，亚特兰大城里挤满了伤兵。郝思嘉和表妹韩媚兰自愿加入护士行列照顾伤兵。目睹战乱带来的惨状，任性的郝思嘉成熟了不少。这时，从前线传来消息，北方军快打过来了，不少人家惊惶地开始逃离家园。不巧韩媚兰要生孩子了，郝思嘉只好留下来照顾她。

在北方军大军压境之日，郝思嘉哀求白瑞德帮忙护送她和刚生下孩子的韩媚兰回塔拉庄园。白瑞德告诉郝思嘉他不能目睹南方军溃败而不去助一臂之力，他要参加南方军作战，他留下一把手枪并和郝思嘉拥吻告别。郝思嘉只好独自勇敢地驾驶马车回到塔拉庄园，这时家里已被北方军士兵洗劫一空，母亲在惊吓中死去。

不久，战争结束了，生活依然困苦。北方来的统治者要庄园主缴纳重税，郝思嘉在绝望中去亚特兰大城找白瑞德借钱，但得知他已被关进监狱。归来的途中，郝思嘉遇上了本来要迎娶她妹妹的暴发户弗兰克，为了要重振破产的家业，她骗取弗兰克和自己结了婚。

郝思嘉在弗兰克经营的木材厂非法雇用囚犯，并和北方来的商人大做生意。此时，白瑞德因用钱贿赂而恢复了自由。两人偶然碰面，再次展开爱恨交织的关系。

弗兰克和艾希利因加入了反政府的秘密组织，在一次集会时遭北方军包围，弗兰克中弹死亡，艾希利负伤逃亡，在白瑞德帮助下回到韩媚兰身边。郝思嘉再次成为寡妇。此时，白瑞德前来向她求婚，她终于与一直爱她的搞私运军火和粮食致富的白瑞德结了婚。婚后，夫妻二人住在亚特兰大的豪华大宅。一年后，女儿邦妮出生，白瑞德把全部感情投注到邦妮身上。郝思嘉偶然翻阅艾希利的照片被白瑞德发现，终于导致了二人感情的破裂。其后，在艾希利的生日会前夕，郝思嘉与艾希利相见时热情的拥抱引起旁人非议，但韩媚兰不相信他们之间有暧昧关系。白瑞德可不这样想。

当郝思嘉告诉白瑞德她已经再次怀孕时，白瑞德怀疑地问那是谁的孩子，郝思嘉在羞怒之下欲打白瑞德，却不慎滚下楼梯而流产。白瑞德感到内疚，决心同郝思嘉言归于好。不料就在他俩谈话时，小女儿邦妮意外坠马摔死了。与此同时，不幸的事也在另一个家庭里发生，韩媚兰终因操劳过度卧病不起。临终前，她把自己的丈夫艾希利和儿子托付给郝思嘉，但要求她保守这个秘密，郝思嘉不顾一切扑向艾希利的怀中，紧紧拥抱住他，站在一旁的白瑞德无法再忍受下去，而转身离去。面对伤心欲绝毫无反应的艾希利，郝思嘉终于明白，她爱的艾希利其实是不存在的，她真正需要的是白瑞德。

当郝思嘉赶回家里告诉白瑞德，她是真正爱他的时候，白瑞德已不再相信她。他决心离开郝思嘉，返回老家去寻找美好的事物。被遗弃的郝思嘉站在浓雾迷漫的院中，想起了父亲曾经对她说过的一句话："世界上唯有土地与明天同在。"她决定守在她的土地上重新创造新的生活，她期盼着美好的明天的到来……

先睹为快

1861年4月，有一天下午阳光明媚，她在父亲的塔拉庄园宅前门廊的荫处，同塔尔顿家两兄弟斯图特和布伦特坐在一起，那模样真宛若画中人。

她穿着那件绿花布的新衣，裙箍把用料十二码的波浪形裙幅铺展开来，跟她父亲刚从亚特兰大给她捎来的平跟摩洛哥羊皮绿舞鞋正好相配。她的腰围只有十七英寸，三个县里就数她腰身最细，那身衣服把她腰肢衬托得更见纤细。虽说年方十六，乳房却长得非常成熟，熨帖的紧身上衣把她的乳房裹得格外显眼。尽管她长裙舒展，显得仪态端庄，一头乌丝光溜溜地用发网拢成一个发髻，显得风度娴雅，一双雪白的纤手交叉搁在膝上，显得举止文静，但真正的本性却难以掩饰。精心故作娇憨的脸上那对绿眼睛爱动、任性、生气勃勃，和她那份端庄的态度截然不同。原来她一贯受到母亲的谆谆告诫和黑妈妈的严格管教才勉强养成这副礼貌；她那双眼睛才显出她的本色呢。

那对孪生兄弟神态悠闲，懒懒靠在她两边的椅子上，眯细眼睛看着从明净熠亮的长窗里照进来的阳光，两双长腿裹着齐膝长靴，腿肚子鼓鼓的，潇洒地架着，有说有笑。他们今年19岁，身高六英尺二，骨骼高大，肌肉结实，脸庞晒得黝黑，头发呈深枣红色，眼睛神采飞扬，傲气十足；身穿一模一样的蓝上衣，一模一样的芥末色马裤，哥儿俩活像两个一模一样的棉桃。

屋外，夕阳斜照着院子，在一片新绿背景衬托下，开着一簇簇饱满的白花的山茱萸给照得闪闪发亮。哥儿俩的坐骑拴在马车道上，都是高头大马，毛色像主人的头发一般红；马腿跟前围着一群精瘦、不安、专猎负鼠的猎狗在吵闹，斯图特和布伦特走到哪儿，这群猎狗就跟到哪儿。不远处，躺着一条跟随马车的黑花狗，当上贵族似地神气活现，口鼻全搁在爪子上，耐着性子等着哥儿俩回去吃晚饭。在猎狗、马和哥儿俩之间有一层亲属似的密切关系，比他们那种持久的伙伴关系更深。主子家畜都是身体健壮、没有心事的幼仔，都是油光溜滑，优雅得体，精神饱满，哥儿俩就像两匹马那样精力充沛，不仅精力充沛，而且一副凶相，不过，对于懂得如何驾驭他们的人却显得脾气温驯。

门廊里坐着的这三个人虽然生来过惯舒适的庄园生活，一出世就有人悉心侍候，但他们的脸倒并非毫无血色，也不是细皮嫩肉。他们就像一辈子在野外生活，很少在枯燥的书本上用心的乡下佬那样生龙活虎，行动机灵。佐治亚州北部克莱顿县的生活还是新奇的，而根据奥古斯塔、萨凡纳和查尔斯顿等地的标准来看，却未免有点粗气。比较严肃和古板的南部地区对内地的佐治亚人很瞧不起，可是在这佐治亚北部，只要精通几件紧要的事就行了，不通文墨算不上丢脸。就说吧，棉花种得好，骑马功夫精湛，射击本领高强，跳舞姿态轻松，陪伴女士风度潇洒，酒量豪爽，毫无醉意，都算紧要事。

延展阅读

《汤姆叔叔的小屋：卑贱者的生活》

又译作《黑奴吁天录》《汤姆大伯的小屋》，是美国作家哈里特·比彻·斯托（斯托夫人）于1852年发表的一部反奴隶制小说。这部小说中关于非裔美国人与美国奴隶制度的观点曾产生过意义深远的影响，并在某种程度上激化了导致美国内战的局部冲突。

它与《乱世佳人》同为美国女作家对美国内战的看法，但二者之间又有强烈的反差，只有当你将这两部通通理解后，才能明白区别在哪儿，根源又是什么。

《南方的寡妇》

这是一部根据真实故事创作的小说，作者罗伯特·希克斯在这部书中刻画了一个令人难忘的女性形象。在经历了爱与失去之后，她找到了精神的归宿，成为全国闻名的“南方的寡妇”。她就是卡丽，先是爱上了一个陌生人，继而寄情于广袤神圣的土地，并最终成为民族灵魂的象征。

《天使，望故乡》

〔美〕托马斯·沃尔夫　著

家园不再是一个物质的、具体的地方，而是人类休憩心灵的永恒之地。

推荐版本：

- ●生活·读书·新知三联书店（1987 年）　乔志高译
- ●人民文学出版社（2011 年）　朱小凡译

关于作者

托马斯·沃尔夫（1900—1938），一向被视为天才式的传奇作家，并不仅仅因为他 1.98 米的身高，而是在他短暂的 38 年的生命之中，他为文学世界贡献了四部长篇小说：《天使，望故乡》《时间与河流》《蛛网与磐石》《你不能再回家》，被称为是“美国的《追忆似水年华》”。

沃尔夫出身于北卡罗莱纳州的一个中下层家庭，父亲是雕刻墓碑的石匠，沃尔夫是家中六个孩子里最小的一个。这样的家庭实在平凡，如果说有一点值得一提之处，则是沃尔夫从小到大对文学的热爱：父亲虽然是手工艺者，但是喜好诗歌，家中摆放着莎士比亚、雪莱、拜伦的著作；进入中学，沃尔夫遇到了文学上的引路老师玛格丽特·罗伯茨，阅读了很多古典文学作品，成为校报编辑；20 岁，沃尔夫进入哈佛大学，师从乔治·皮尔斯·贝克尔学习剧作。1924 年，他开始在纽约大学任英语讲师，后来前往欧洲继续写作。

沃尔夫的传奇之处在于他的精力与想象力同样充沛。有报道描写到，身高近两米的沃尔夫根本不能在小小的办公桌前工作，只能站在电冰箱边上写作。他通常连续工作十四五个小时，写完的手稿就扔进纸箱里。为了获取生活材料，他甚至跑到纽约的公共厕所里与人聊天。沃尔夫工作间隙只吃一顿饭，因为身材庞大，他的胃口和酒量也大得惊人。他生活在真实的、率直的世界当中，例如他曾毫无隐晦地告诉媒体：一篇故事“如果在《星期六晚邮报》上发表了，就可以去欧洲旅行一趟，可是《耶鲁评论》所给我的却只够买一件大衣……我可从没有明确地想着是为卖钱写过一个字、一个句子，或者一段文章”。

1925年，托马斯·沃尔夫在一次旅行中遇到了他一生的恋人——剧院服装设计师艾琳娜·伯恩斯坦夫人。尽管艾琳娜比沃尔夫年长17岁，两人还是展开了轰轰烈烈的恋爱。作为沃尔夫生命中重要的人士之一，艾琳娜也进入了沃尔夫的作品《蛛网与磐石》，她的名字只被稍稍改动了一下，叫艾丝特·杰克。

1929年，沃尔夫的处女作，也是成名作——《天使，望故乡》问世。这个标题取自弥尔顿的诗歌。他将它交给了号称“美国最好的编辑”的麦克斯·珀金斯，曾和海明威、菲茨杰拉德合作过的麦克斯·珀金斯将稿件进行修改后，制造了《天使，望故乡》的成功热卖。沃尔夫的作品感情奔放，文字流畅，气势磅礴；作者的主观感受强烈，以暗示和象征的手法有力地感染着读者。

然而这位天才作家和他的天才作品，尽管在都市中获得惊人好评，却遭到了家乡人民的反对。有一名老妇人写了长达8页的“声讨信”，扬言要把这个“无耻的作家”打一顿，因为《天使，望故乡》里描绘了一个闭塞、无知、沉闷的故乡形象。而另有一些人在书中对号入座，把作品中的人物和现实中的人物一一对应起来。将“小说即自传”视为自己创作理念的沃尔夫不得不苦笑连连。

随后，沃尔夫写作了《一个美国小说家的自传》，那时他37岁。沃尔夫在自传中强调，“一位作家首先、主要的是个工人”，“一切严肃的作品都是自传性质”。他在书中曾有所顾虑：是否37岁写自传为时尚早？然而极具讽刺又令人悲伤的事实却是，一年后，在他38岁的生日前几天，他死于脑炎。那时，沃尔夫正在旅行。

沃尔夫去世后，出版社从他的遗稿中整理出两部长篇小说，一部是《蛛网与磐石》，另一部是《你不能再回家》。沃尔夫凭借这些作品，在美国文学史上获得与诺贝尔文学奖得主刘易斯、福克纳和海明威几乎同等的地位。

1951年，威廉·福克纳在一次评选中将托马斯·沃尔夫列为当代美国作家的第一位。他说："我把沃尔夫列为第一，因为我们都失败了……我敬佩沃尔夫，因为他全力以赴，想把话全都说了，甚至情愿把文体、连贯性以及所有精确的原则加以扬弃，而希望把人类心灵的所有经验，原原本本地放在一个针头上。"

荐读理由

托马斯·沃尔夫没有沿袭20世纪20年代由詹姆斯、康拉德等人创立的精致、细腻的写作传统，而是把乔伊斯的意识流和惠特曼的豪迈奔放糅合在一起，在最大限度地书写人类生存经验的同时，也在进行着不倦的心灵探寻。他一直在寻找生命的价值和意义，寻找人类的精神家园和心灵故乡，《天使，望故乡》就是这样的作品。

《天使，望故乡》继承了沃尔夫"小说即自传"的理念，带有浓厚的自传色彩。

小说从石匠奥立弗·甘特与伊丽莎白的婚姻开始。奥立弗是英国后裔的美国人，伊丽莎白出身的潘兰家族是苏格兰—英格兰后裔。托马斯·沃尔夫在这里表现了自己对父母的不满，爸爸奥立弗工作认真，性格活泼风趣，但妈妈伊丽莎白却只热衷于攒钱，他们的幼子尤金·甘特很崇拜爸爸，却很排斥母亲。和托马斯·沃尔夫的妈妈一样，小说中的伊丽莎白开了一个提供膳食的旅店，幼小的尤金·甘特在妈妈的旅馆里，见到了很多人情薄凉的事情，变得更加孤僻了。家乡对于尤金来说，既有让人怀念的欢乐，也充满了无法排遣的梦魇般的痛苦，这种痛苦来自于家庭亲情的淡漠、人与人之间的隔膜和深入骨髓的孤独。

尤金的孤僻在成年后，更变成了强烈的反叛。尤金的兄弟姐妹不是歇斯底里就是铜臭味十足。在这样的家庭环境中，尤金变得文静、敏感、忧郁、多思，他和家人在情感上隔膜非常深，书籍的熏陶使他产生了寻求人生真谛的强烈愿望，他的求学、爱情、醉酒、争吵、流浪都与这个愿望有关。尤金在困厄中成长、读书，坚持读哈佛大学，因为他要去了解比那些盘旋在四周的“信天翁”更为陌生的“大海”。

小说中选取的事件都是生活中微不足道的琐碎之事，经过作者之口娓娓道来，形成一幅美国式的风情画、一卷奇特的家族史、一个男人的奋斗史。正如美国媒体的评论：《天使，望故乡》是一部缅怀故乡的书，一部展示美国南方生存经验的书，也是一部寻找心灵家园的书。在沃尔夫的回忆中，一切令他厌恶、烦恼的回忆，都证明了他对回忆事物本身的爱的深切：母亲的吝啬爱财、姐姐海伦的金牙、尼克的结巴……这种又爱又恨的情感交织成为《天使，望故乡》的精神支撑。

提到《天使，望故乡》，不得不提到沃尔夫的另一部长篇小说作品《你不能再回家》。这本书与《天使，望故乡》相比，传承了作者对故乡的回忆和追寻，但前者将复杂的思乡情绪处理得更加澄净、明朗。在本书中，“家”的意义有所拓展及提升：一方面是主人公乔治从小生活的故乡，然而他受到了乡人的辱骂和责难，不能再回到现实中的、物质意义上的故乡，他只能漂泊异地，寻找精神上的家园；乔治也曾将纽约视为自己的家，但美国的经济危机使他看到了普通人遭遇的困境与苦难，“家”的想象也随之失落；德国是乔治向往的另一故乡，具有吸引他的神秘和魔力，可是在最后一次旅居德国时，乔治感受到的却是纳粹政权打压下德国精神的崩溃。“你不能再回家”具有多重意义，因为乔治追寻的家园已经不再是一个物质的、具体的地方，而是人类休憩心灵的永恒之地。

先睹为快

"是的"，尤金说，"我知道。"

"你为什么不想回来?"本问道。

尤金猛地用手紧紧地抓住了自己的衬衫领子。

"我要离开这儿！你听见了吗?"他叫了出来。

"是的，"本说，"我过去也是这样想的。那你是为了什么一定要离开呢?"

"这里的一切都不属于我。"尤金咕哝着说道。

"你什么时候有这种感觉的?"本问。

"一直都有，"尤金说，"自从我能够记事时，我就有这种感觉了。不过我原先还不十分清楚，直到你——"说到这里，他突然打住了话头。

"直到我什么?"本问道。

他俩又停下来不言不语。

"你已经死了，本，"尤金低声说道，"你肯定是死了。我是看着你死去的，本。"他声调越说越高。"我对你说了吧。我是看着你死去的。你不记得了吗?就在楼上朝前的那间大卧室，那间现在让那位牙医太太住着的房间?你不记得了吗，本?护理你的人有柯克、海伦、白西·甘特，还有贝特太太，还有氧气瓶。在他们给你输氧气的时候，我还用劲地抓着你的手呢。"他的声音越提越高，简直是在尖叫了，"你不记得了吗?我对你说吧，你已经死了，本。"

"傻瓜，"本凶狠地道，"我没死。"

沉默。

"那么，"尤金说，说得很慢很慢，"我想知道，我们两个人到底谁是鬼魂?"

本没有答话。

“这儿是市中心的广场吗，本？跟我谈话的人是你吗？我到底是不是真的站在这儿？这是广场上的月光吗？这一切到底有没有发生呢？”

“我怎么知道？”本又这样说道。

从甘特的店铺里，传出了大理石的脚步沉重地踏在地上的声音，尤金一下子跳了起来。从简那德开的钟表店的大窗子向里面窥视，窗户很脏，还挂着窗帘，里面的工作台上，散落着许多金表的零件，闪烁着不计其数的蓝幽幽的小光点。在这个钟表店的栅栏之外是一间储藏室，月光透过一扇高高的边窗泻进了室内，照出了里面的天使，天使们走来走去，像是一群庞大的、受伤的石制玩具，她们穿着的衣服上那些长长的褶皱铿锵作响，发出了一种易碎的叮当声。她们丰满好看的乳房以一种僵硬的节奏摇摇荡荡，还有一群长着翅膀的大理石天使在月光中飞来飞去，彼此的翅膀不时地碰撞在一起。石雕的绵羊发出冷冰冰的“咩咩”的叫声，拥挤在走廊的对过，沐浴着月光呆板地吃着地上的青草。

延展阅读

《太阳照常升起》

本书是海明威的代表作之一。

海明威是美国小说家、诺贝尔文学奖获得者。本书讲述了美国青年巴恩斯在第一次世界大战中脊椎受伤，失去性能力。战后在巴黎任记者时与英国人阿施利夫人相爱，夫人一味追求享乐，而他只能借酒浇愁。两人和一帮男女朋友去西班牙潘普洛纳参加斗牛节，追求精神刺激。夫人拒绝了犹太青年科恩的苦苦追求，却迷上了年仅 19 岁的斗牛士罗梅罗。然而，在相处了一段日子以后，由于双方年龄实在悬殊，而阿施利夫人又不忍心毁掉纯洁青年的前程，这段恋情黯然告终。夫人最终回到了巴恩斯身边，尽管双方都清楚，彼此永远也不能真正地结合在一起。这是海明威的第一部长篇小说，作者借此成为“迷惘的一代”的代言人，并以此书开创了海明威式的独特文风。

《渴望生活：梵高传》

〔美〕欧文·斯通 著

怎样才算真正的活过？每个人的心中有着不同的答案。

推荐版本：北京十月文艺出版社（2008 年） 常涛译

关于作者

欧文·斯通（1903—1989），美国著名传记作家，出生于美国加利福尼亚州，童年时期的生活十分艰难，先是做报童来维持自己的生活，后来又当过推销员、牧童，还站过柜台，替人赶过车，到果园、肉食厂、电厂做过临时工。欧文·斯通通过打工为自己挣得学费，经过刻苦的学习，终于考上了大学，并获得南加州大学经济学硕士，后来到印第安纳大学任教。欧文·斯通的写作生涯是从撰写剧本开始的，而后转向人物传记小说的创作。他在一生中撰写了25部传记小说，“传主”包括米开朗基罗、弗洛伊德、达尔文、杰克·伦敦、文森特·梵高等在西方历史文化中产生过深远影响的名人。这些传记小说在欧美各国有着广泛的社会影响。

传记写作的中心问题是怎么样写好“传主”，怎么样把“传主”的思想、感情、品格、气质传达出来。为了再现传主的真实面貌，欧文·斯通在搜集历史资料方面所下的工夫丝毫不亚于历史学家。例如，为了写好杰克·伦敦，欧文·斯通从伦敦的妻子、亲友那里借来“传主”手写的各种文件、笔记、通信和作品原稿，获得了大量的第一手材料。“独木不成林”，要写好一个“传主”，不能仅仅孤立地写他一个人，还要写出以“传主”为中心的人际圈。欧文·斯通有着严格遵守的写作原则，在阅读“传主”的书面材料之后，一定要寻访在“传主”一生中起过重要作用的人物，走遍“传主”曾经到过的地方，对“传主”曾经生活过的环境进行细致的考察。欧文·斯通十分擅长从“传主”的人际关系当中，从他如何对待周遭事件的态度中，表现“传主”的精神气质和性格特征。例如，欧文·斯通在写梵高的同时也用了不少笔墨描写了高更、修拉、塞尚、劳特累克等开创一代画风的印象派画家。在斯通的笔下，这些“传主”周围的人不仅仅是起“道具”作用的配角，而是各具个性、活灵活现的生命。

欧文·斯通是以“传记小说”著称的。说他写的是“小说”，是因为他在历史资料的基础上虚构人物的对话，刻画人物的内心世界，还经常穿插有“尽管无据可查，然而我相信有可能发生的小插曲”（引自《渴望生活：梵高传》的附记）。欧文·斯通所写“传记”的“小说”尤其体现在每部作品开篇的写法上。传统意义上更偏向于历史记载的正式“传记”通常都是在开篇先追根溯源、考据宗谱，至少先从“传主”的爷爷、奶奶那一辈开始介绍起，然后再写传主呱呱坠地、来到人间。而欧文·斯通则喜欢选择“传主”青少年时期具有戏剧性的生活转折点下笔。例如，他写弗洛伊德的传记就是从弗洛伊德26岁时写起，那时的弗洛伊德虽然已经获得了医学博士的学位，但却没能从既有机构中谋得医学研究的工作，只好自己创业、开办诊所，由此他从无数的临床病例中发现了一个前人未曾发现过的“潜意识”的世界。这种富有戏剧性的“情节”安排类似于法国著名传记作家安德烈·莫洛亚所说的“以传记人物的眼光去发现世界，从他伟大的一生中突出具有小说情趣的内容”或者“抽取富有小说情趣的细节”。欧文·斯通的“传记小说”，弥合了历史与文学、传记与小说之间的鸿沟，引领读者通过他烛幽洞微的笔致，触摸那些长眠而又不死的伟大心灵。

荐读理由

《渴望生活：梵高传》是欧文·斯通年仅26岁时撰写的一部传记小说。欧文·斯通的这部成名作是世界上第一部以梵高为传主的传记，也是公认的最为优秀的一部，至今已被译为80多种文字，发行了数千万册，使得欧文·斯通跻身传记文学史上最杰出作家的行列。

80多年来，梵高充满痛苦艰辛而又取得了辉煌艺术成就的人生借由欧文·斯通的笔感动和震撼了亿万读者，而这首先是因为欧文·斯通被梵高的艺术和人生深深地打动了。欧文·斯通在绘画鉴赏方面是有很深造诣的。一般的绘画对于他来说，“已经成了一种不能令人激动的艺术”，但是，在1927年卢森堡画廊举办的一次小型画展上，他发现一个“由色彩、阳光和运动组成的骚动不安的世界”，“一切生命的有机成分都融合在一起，成为一个伟大崇高的统一体”。梵高令人震惊的艺术激发了欧文·斯通的创作冲动，他于是决定要去研究这位当时还默默无闻的荷兰已故画家的生平事迹。但梵高除了给他弟弟的一些信件之外没有留下其他任何书面材料，欧文·斯通只好“肩背旅行袋，走遍了欧洲，住在文森特曾经居住和作画的每一处房屋，跋涉在布拉邦特和法国南部的田野上，寻觅文森特曾经在那里安插画架，把大自然变成不朽艺术的确切地点”。欧文·斯通进入了梵高的内心世界，“深入到了文森特的心灵、思想和灵魂之中”。（引自《渴望生活：梵高传》导言）

经过这样的亲身探访和体验，欧文·斯通惊异地发现梵高的生活原来是那样得困窘：他经常挨饿，常常靠喝水度日，好不容易有了一点点的收入就去接济比他更困难的人；他从不去迎合时尚，坚持画他想画的而不是当时的购画者所喜欢看的；他无法进入上流社会的绘画界，他的画根本卖不出去，他越画越穷，他越穷越画。贫穷、寂寞虽然给梵高带来了很多痛苦，但这些痛苦却远远敌不过他在追求自我的过程中内心翻涌起的激情和快乐。他选择了对于自己来说最重要的东西，并单纯地做自己认为是对的事情，在自己内心最真实的热爱的驱动下度过了一生。梵高既痛苦又快乐的人生际遇和人生体验通过真正理解梵高的欧文·斯通的发掘与书写得到了淋漓尽致的展现，可以说，斯通的笔写出了梵高的魂——一个因善良受苦的天使，一个用色彩享乐的天才。

依照那套顺应社会潮流、符合大众欲望的标准，梵高无疑是失败的。虽然他在死后声名远播、身价暴增，虽然他的色彩给无数陌生的灵魂带来过力量，虽然他的名字已经并将继续照耀人类的艺术史，然而依据世俗的标准，迟来的认同敌不过现世的得意，这位在有生之年穷困潦倒、一幅画也没有卖出去的荷兰人，可以说是一败涂地的。然而，以世俗的标准来评判梵高也许是武断而肤浅的，这位从未向生活妥协、始终坚持自我的艺术天才，为现代社会的人们指引了一条从未有人走过的认识生活、拥抱世界的新道路，从这个意义上说，他是伟大的。怎样才算真正地活过？每个人的心中有着不同的答案。也许我们做不了梵高，但我们应该读这本书；梵高值得我们崇敬，这本《渴望生活：梵高传》也值得我们精读。

先睹为快

文森特对自己生活中的一切视而不见，光不断地作画。他知道他的家在耳边哗啦啦地坍下来，明白自己正在坠入克里斯廷陷足其中的怠情之无底洞。他企图把绝望埋在绘画之中，每天早晨，他动手一幅新画时，总希望这幅画是那么地美丽和无懈可击，能立即卖去，从而自立。每天晚上，他回家时都怀着可悲的认识：离他朝思暮想的精湛技巧，还有十万八千里。

他唯一的安慰是安东那孩子。他是生命力的奇迹，他又笑又叫地吞下一切可以吃的东西。他常和文森特一起在工作室里，坐在角落里的地板上。他对着文森特的画派派地叫，然后静静地坐着，注视墙壁上的素描。他长成一个漂亮活泼的孩子。克里斯廷愈忽视这孩子，文森特就愈喜欢他。在安东身上，他看到了去冬地的行为的真正目的和报酬。

韦森布吕赫只来过一次，文森特给他看了几张去年的素描，他自己感到极端地不满意。

“别这样想，”韦森布吕赫说，“几年以后再回过头来看看这些早期作品，你会发现这些东西是真实的、深刻的。就这样坚持下去，老弟，别让任何东西阻挡你。”

最后阻拦他的，是一记耳光。春天的时候，他叫一个陶工替他修盏灯。这商人一定要文森特带些新盘碟回去。

“可是我没钱买呀。”

“没有关系。不息的。带去吧，等有钱后再给好了。”

两个月后，他砰砰嗡嗡地敲工作室的门。他是一个健壮的汉子，脖子像头颅一样粗。

“你对我撒谎，这算什么意思?”他问，“你一直有钱的，拿了我的货却不给钱，怎么回事?”

“现在我一分钱也没有。我一接到钱就付给你。”

“撒谎！你刚把钱给我的邻居鞋匠。”

“我在画画，”文森特说，“我不喜欢别人来打岔。我接到钱后就给你。请走吧。”

“给了钱就走，不给就不走。”

文森特不假思索地把这个人推向门去。“离开我的屋子。”他下逐客令。

那正是商人所希望的。文森特的手一碰到他，他就扬起右手，一拳击中文森特的脸部，砰地把他打撞在墙上。他接着又揍了一拳，把文森特打倒在地，然后一言不发地扬长而去。

延展阅读

《那些爱着的人们——美国总统亚当斯夫妇》

这是欧文·斯通撰写的关于美国第二任总统约翰·亚当斯和他的妻子阿碧盖尔·史密斯的传记小说。约翰·亚当斯夫妇在美国建国初期的政坛上是一对极具影响力的伉俪。然而，政治活动并不是这本书的重心，如同书名所显示的，欧文·斯通的叙述重心是“爱”，政治的波谲云诡、大起大落，似乎只是扮演了这对夫妻真挚爱情的试金石的角色。也许是因为欧文·斯通在约翰·亚当斯夫妇的身上看到了与自己的婚恋的某些相似之处，这部传记小说的字里行间流动着浓浓的情意，极富艺术感染力。

《心是孤独的猎手》

〔美〕卡森·麦卡勒斯 著

陷入歧途和肢体残缺的人们，怎样通过人与人之间的精神依恋发现生活的意义。

推荐版本：上海三联书店（2005 年） 陈笑黎译

关于作者

卡森·麦卡勒斯（1917—1967），20 世纪美国最重要的作家之一。她原名叫露拉·卡森·史密斯，1917 年 2 月 19 日出生于乔治亚州的首府哥伦布。她的父亲是一个珠宝店主，娘家姓史密斯，13 岁那年，她觉得自己名字中的“露拉”显示了她南方人的祖籍，让她感到非常尴尬，便把它去掉了。1937 年，她嫁给了利夫斯·麦卡勒斯，从此便改名为卡森·麦卡勒斯。

卡森·麦卡勒斯小的时候原本一直在学习钢琴，15 岁时父亲送了她一台打字机，从此她便爱上了写作，并立志要成为一名作家。17 岁这一年，麦卡勒斯考取了纽约哥伦比亚大学，开始学习文学创作，从此便走上了文学之路。麦卡勒斯身体一直不好，小时候就患有恶性贫血症，15 岁时又患上了风湿热，但却被医生误诊、误治。之后，她又经历了三次中风，一系列疾病严重摧残了她的身体，使她饱受疾病的折磨，更导致她 29 岁时左半边的身体便瘫痪了。这无疑对她的性格以及她的文学创作带来了很大的影响。多愁善感的她逐渐意识到，每个人在精神上都是孤独的，不管他多么渴望并努力与他人发生联系都没有用。在卡森·麦卡勒斯的一些作品中，常常以身体的畸形作为夸张形式来显示这种交流的困境。畸形的身体往往只是显示了一个人缺乏能力去扩展、奉献和接受爱，这是一种极度痛苦的境地。她试图在作品中描述那些陷入歧途和肢体残缺的人们怎样通过人与人之间完全的精神依恋来发现生活的意义和目的。有人批评她笔下的人物显得过于畸形和怪异，她回应道："人们对病态的指责是没有道理的。一个作家只能说他的写作是内心的种子在潜意识中萌芽开花的过程。自然界不是不正常的，只有没有生命的东西才不正常。对作家来说，只要是脉搏跳动、能够活动、能够在房间行走的东西，不管它正在做什么，都是自然的和有人性的。"在她的眼中，她作品中的这些所谓"畸形"人的世界本来就是颠倒的，行为准则就是没有准则、没有意义、没有目的、没有力量，是一种异化。

《心是孤独的猎手》是麦卡勒斯的代表作。她19岁便开始构思这部著作，经过三年创作，于22岁时完稿。《心是孤独的猎手》与她的其他作品一样，描写处于孤独状态下的人们，作品中始终贯穿着孤独、疏离的主题。这种主题也常常映射在她个人生活的各个层面上，就像田纳西·威廉姆斯在她传记的前言中所说："卡森的心经常是孤独的，它是一个不知疲倦的猎手，寻找着那些她可以为之奉献的人们，但那是一颗明亮的心，它的光彩盖过了她全部的阴影。"卡森·麦卡勒斯的其他重要作品还有《伤心咖啡馆之歌》《金色眼睛的映像》《婚礼的成员》等。麦卡勒斯的最后一部作品是她的自传《照亮及暗夜之光》，但这部作品最终并没有完成。1967年8月，正在写这部书稿的她因脑部大出血，陷入昏迷。多年的疾病让麦卡勒斯没能撑到最后，昏迷45天后，麦卡勒斯于9月29日去世，时年50岁。

荐读理由

《心是孤独的猎手》是麦卡勒斯的第一部长篇小说，也是她的成名作，出版于1940年，这年她刚刚23岁。这部小说也为作者赢得不少殊荣，在美国“现代文库”所评出的“20世纪百佳英文小说”中，该书名列第17位。这本书还曾被评为百部最佳同性恋小说之一。

《心是孤独的猎手》讲述的是一个关于孤独的故事：小镇上有两个哑巴，个子高的叫辛格，长得胖的叫安东尼帕罗斯，二人形影不离，相依为命。有一天，由于暴食与酗酒而产生抑郁症，安东尼帕罗斯被表哥送进了精神病院，从此辛格便一个人形影相吊，一个人孤独地生活着。为了摆脱安东尼帕罗斯在他的生活中所留下的影子与味道，他离开了他们曾经共同生活了十年的地方。在新的生活中，他结识了小女孩米克、愤青布朗特、黑人医生考普兰、咖啡店老板比夫。他成为这些人倾诉心声的对象，因为一则辛格是个哑巴，不会将他们的秘密到处乱说，二则辛格心地善良、平易近人，他总能微笑着倾听他们的心声，并不发表任何意见。于是，四个人都把自己的秘密告诉了辛格。安东尼帕罗斯被送进医院后，辛格每隔半年就去看望他一次，每次他都用手语拼命地向安东尼帕罗斯倾诉身边发生的一切——他是辛格灵魂的依托。辛格第三次去看望安东尼帕罗斯的时候，他已经去世了。辛格顿时觉得天塌了下来，荒凉的孤独感强烈地啃噬着他的内心，他变得面无表情，活着对他来说已经毫无意义，心灵的荒芜让他回到家后便开枪自杀。辛格的死带走了米克等四个人心底的秘密与灵魂的依托，他的自杀在他们的心中变成了一个永远的谜。

小说通过讲述一群孤独的人之间的故事来凸显出一个麦卡勒斯式的主题：“孤独是绝对的，最深切的爱也无法改变人类最终极的孤独。绝望的孤独与其说是原罪，不如说是原罪的原罪。”故事中每个人都是孤独的，但他们却并未因为这相似的孤独而相连，最后辛格的死让这种可能性彻底消失掉。或许作者正是要用这种尖锐的结局暗示人们，人终究是孤独的，就如同人终归是要死的一样。

虽然作者创作这部小说的时候才二十出头，但小说的描写技巧可以说已经炉火纯青。小说中的每个人物都是一个孤独的个体，却又通过一个哑巴串联起来，书中的故事就像一个吸引你的谜题一样，引诱着你不断地深入下去。从小说中，我们或许能找到自己孤独的影子，仿佛你的面前也站着一个哑巴听你倾诉，或者你就是那个哑巴，倾听着孤独者的倾诉，却难以诉说内心深藏着的孤独。卡森·麦卡勒斯的这部小说就像一支烟，寂寞，无言，却让人依赖。

先睹为快

镇上有两个哑巴，他们总是在一起。每天清早，他们从住所出来，手挽手地走在去上班的路上。两个伙伴很不一样。带路的是那个非常肥胖、迷迷糊糊的希腊人。夏天，他出门时总是穿着黄色或绿色T恤——前摆被他胡乱地塞进裤子里，后摆松松垮垮地垂着。天冷一些的时候，他就在衬衫外面套上松松垮垮的灰毛衣。他的脸圆圆、油油的，眼皮半开半闭，弯曲的嘴唇显出温柔而呆滞的笑容。另一个哑巴是高个，眼睛里透出敏捷和智慧。他穿得很朴素，总是一尘不染。

每天早晨，两个伙伴静静地走在一起。到小镇的主街时，他们会在一家果品店外的人行道上停下来。这个希腊人斯皮诺思·安东尼帕罗斯的表兄是果品店的老板，斯皮诺思为他打工：做糖果和蜜饯，把水果从箱子里卸下来，清扫商店。每次分手前，那个瘦高的哑巴约翰·辛格，总是将手放在伙伴的胳膊上，定定地看一两秒伙伴的脸，转身离开。然后辛格一个人过了马路，走向他工作的珠宝店——他是银器雕刻工。

快到傍晚，两个伙伴又在一起了。辛格去果品店等着安东尼帕罗斯下班，两人一起回家。希腊人懒洋洋地打开一箱桃子或者甜瓜，要不然就是待在商店后面的厨房，看报纸上的漫画。下班之前，安东尼帕罗斯总是会打开白天藏在厨房货架上的纸袋，里面有他攒的各种各样的食物：水果、糖果的样品和一小截红肠。和往常一样，离开前他慢吞吞地晃到小店前面的玻璃柜，里面装着肉和奶酪。他把玻璃柜的后门用手轻轻地滑开，胖手爱抚着那些令他垂涎欲滴的美味。有时候，他的表兄没看见他的动作。如果被他看到了，他就瞪着他的表弟，紧绷而苍白的脸上发出警告的信号。安东尼帕罗斯悲伤地将美味从柜子的一角移到另一角。每逢这当口，辛格双手插在口袋里，直直地站着，目光落在别的地方。他不喜欢发生在这两个希腊人之间的鬼名堂。因为，除了喝酒和某种孤独而秘密的享受外，安东尼帕罗斯在这世上最热衷的事就是吃。

黄昏时分，两个哑巴慢慢地走回家。在家里，辛格总是对安东尼帕罗斯说话。他打着飞快的手语，表情急切，灰绿色的眼睛明亮地闪烁着。他用瘦长有力的手指告诉安东尼帕罗斯一天发生的事。

安东尼帕罗斯懒洋洋地半躺着，一边看着辛格。他的手指几乎动都不动一下——偶尔动一下，也只是想说他要吃东西、要睡觉或者要喝酒。他总是用同样含混笨拙的手势来表达这三个不同的需求。晚上，要是喝得不太醉，他会跪在床前，祷告一会儿。他用胖手打出这样的话：“神圣的基督”，或者“上帝”，或者“亲爱的玛利亚”。这些就是安东尼帕罗斯说的全部的话了。辛格从来不知道他的伙伴到底能明白多少他的话。可是这一点儿都不重要。

延展阅读

《伤心咖啡馆之歌》

这是作者的另一部精品。

小说用一种诡谲、荒诞的方式表达了人类一个与爱情一样永恒的主题——孤独，并且通过爱的荒谬性来印证孤独的必然。故事发生在美国一个南方小镇。镇上最俊美但却流氓成性的男子马文·马西爱上了富有的爱密利亚小姐，便洗心革面，最终如愿以偿娶得佳人。但好景不长，马西再度成为恶棍，并锒铛入狱。这时，爱密利亚小姐爱上了他的罗锅表哥李蒙，并事事迁就于他。六年后马西获准假释，李蒙表哥极力讨好于他，马西却报以拳头。罗锅却仍然天天找马西厮混，并把他安排进家里住。爱密利亚小姐终于不堪忍受，与马西决斗，但是罗锅却倒向马西一边，爱密利亚小姐成了失败者。罗锅和马西抢走财物毁坏了咖啡馆后双双离去。此后三年，爱密利亚小姐一直在门前台阶上眺望等待，但是罗锅却始终不见回来。第四年，爱密利亚小姐请来木匠把窗门都钉上了板，“从那时起她就一直呆在紧闭完备的房间里”。

《在路上》

〔美〕杰克·凯鲁亚克　著

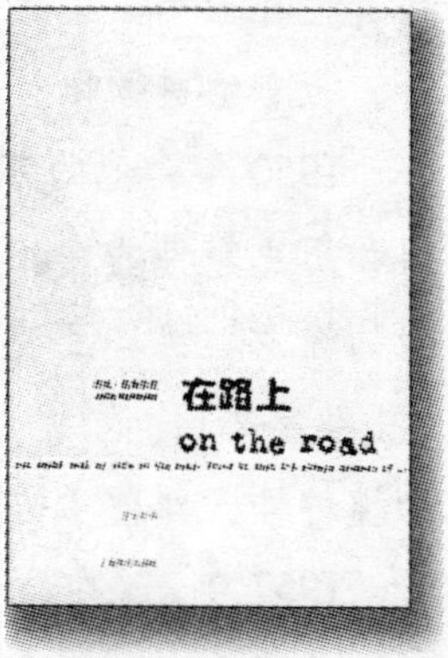

“垮掉的一代”的代言人，漫无情节的随意性和挑衅性，颠覆了传统的写作风格。

推荐版本：

- ●上海译文出版社（2006 年）　王永年译
- ●漓江出版社（2001 年）　文楚安译

关于作者

杰克·凯鲁亚克（1922—1969），提起他的名字，等于提起美国“垮掉的一代”。他以离经叛道、惊世骇俗的生活方式与文学主张，震撼了 20 世纪五六十年代美国主流文化的价值观与社会观。

凯鲁亚克生于马萨诸塞州洛厄尔城的一个信奉天主教的工人家庭。他自幼生性腼腆，但却喜欢运动，诸如骑马、棒球、足球，热衷于阅读文学作品。从中学起他便养成了随身携带笔记本的习惯，记录下周围的人和事——家人、朋友、邻居的日常谈话、广播节目、电影人物口中新奇的语言。文学典故和街头下层人民的日常口语是凯鲁亚克作品中的两大特色。

凯鲁亚克大学二年级退学从事文学创作，他认真记录下了生活和生活之下潜伏的变化。他在哥伦比亚大学结识的同学爱伦·金斯堡、威廉·巴勒斯和尼尔·卡萨迪等，都成为他书中的角色，栩栩如生。

凯鲁亚克的个人经历十分丰富。第二次世界大战期间，他曾在美国海军服役，1942 年为《太阳报》的体育记者，战后从事写作。1952

年，他在旧金山南太平洋铁路上当过搬运工，游历过美国各地和墨西哥，也曾去美国博物馆寻根。

1950年，他的第一部小说《乡镇和城市》问世。这是一部按照风俗和历史事件的编年体例来描写家庭和社会的史诗，当时并未引起社会的注意。凯鲁亚克在小说中创造了一种全新的自动写作手法——“狂野散文”，他的“生活实录”小说往往带有一种漫无情节的随意性和挑衅性，颠覆了传统的写作风格。

1957年，《在路上》问世。《在路上》是在几个星期之内写成的，以后几年没有再修改。小说结构松散，断断续续，描写一群年轻人的荒诞不经的生活经历，反映了战后美国青年的精神空虚和浑浑噩噩的状态。这部作品瞬间风靡整个美国，凯鲁亚克也成为“垮掉的一代”的代言人，成为20世纪最有争议的著名作家。其疏狂漫游、沉思顿悟的人生成为“垮掉的一代”的一种理想。

《在路上》出版后，因其离经叛道的主题，也由于凯鲁亚克即兴式的自发性写作手法，招引了少数批评家的抨击。凯鲁亚克被指责为真正的神经错乱、综合性病症的牺牲者，鼓吹欺骗、犯罪，作品毫无意义，犹如垃圾，等等。不过，随着时间的推移，作为“垮掉的一代”之王的凯鲁亚克其人其作，特别是《在路上》，已愈来愈受到公正的评价。由于其自发性写作手法，批评家们习惯于把《在路上》归入现代主义作品。其实，一部文学作品到底属于什么主义并不重要，重要的是它在文学发展史上的地位。最新出版的一部堪称权威的《哥伦比亚美国文学史》，在涉及美国50年代重要作家时，把凯鲁亚克列入其中（其他还有弗纳里·奥康纳、威廉·巴勒斯、约翰·巴恩、纳博柯夫、马拉默德，等等）。它这样写道：“（他们）惊世骇俗地反传统文化，针对当时的美国社会思潮，表达了一种同社会准则及社会情势相对立的疏远异化意识（个人的、政治的、经济的、文学的，等等），而正是这种情势削弱了语言的力量及其丰富性和感召力。”

在《在路上》之后，凯鲁亚克又有几部小说问世，如《萨克斯医生》《麦琪·卡西迪》《达摩流浪者》等。这些作品或多或少存在着作者的自传成分，蕴涵着高深的东方哲理，充斥着失去信仰的年轻人的苦闷、彷徨和消极对抗情绪。

凯鲁亚克本人的晚年生活十分不幸，终因酗酒过度，最终导致死亡。

荐读理由

从1957年4月2日到22日，20天的时间里，杰克·凯鲁亚克用一部打字机和一卷120英尺长的打印纸完成了《在路上》的初稿。这部一气呵成的作品，成为美国“垮掉的一代”的经典之作。

故事沿着美国公路展开。作家萨尔带着自己的情妇美莉尔来纽约游玩，与狄恩偶然相识。从此，他们三人驾着偷来或借来的汽车，以一百英里的时速开始了从东海岸到西海岸，再从西海岸到东海岸的穿梭旅行。他们有时候还搭乘别人的运货卡车，辗转前进。狄恩是只要有事可干，随时随地都可下车，常常喝得烂醉，半夜三更在街头大喊大叫什么“人类啊，你的道路是什么样的呢？无外乎是圣童的道路，疯子的道路，虚无缥缈的道路，闲扯淡的道路，随你怎么样的道路”。

一天，萨尔在奥克兰的一个公共汽车站上，为一个异常美貌的女人所吸引，他很快脱离了这一临时纠合的小群体，紧紧地跟在这个女人的后面，经过一番交谈，两人竟成了好朋友。他们先是冒着酷暑炎热在辽阔无边的棉花田里打短工摘棉花，而后又像泼水似的把挣来的钱一下子花得精光。就这样，他们在一起过了好几个星期的露水夫妻生活，终于扬手告别。萨尔只得又回到狄恩一伙里，发现队伍在沿途不断地扩大，新泽西州有一个叫做卡罗·麦克斯的知名人士也加入了进来。

狄恩的行动几乎没有任何计划性，漫无目的，一切凭意气，想干什么就干什么。一次，他竟然把偷来的汽车一直开到他们借宿的旅馆门口，把车子一扔，就自顾自地找地方睡觉去了，剩下几个人莫名其妙地在车上白等了大半天。还有一次，一个雨雪交加的日子，他们来到皮肯兹河谷，狄恩向萨尔和美莉尔大声喊道："难道不应该把那种叫做衣服之类的捞什子干净彻底地脱掉吗?"于是他们就一丝不挂地走在岩石中间，而且边走边唱，使一些来此旅游的人大吃一惊，只好转过脸去，不忍熟视。

"疯了似的生活，疯了似的闲扯"，是狄恩挂在嘴边的一句话，也是这伙人的人生准则。他们拒不承担任何社会职责和义务，更没有对未来的憧憬。只要能获得他们一时之间认为绝对重要的东西，他们甘愿忍受贫穷、痛苦和困顿，既可以欣喜若狂地十几个小时连续跳爵士舞，还可以连续数月以冰淇淋为生。

然而，"天下没有不散的筵席"。萨尔行进到墨西哥突然染了一种无名的热病，整日发着高烧，烧得糊里糊涂。一天晚上，狄恩来到他的床前，对他说道："可怜的家伙，真的病倒了，美莉尔会照顾你的。我方才收到了妻子同意离婚的信，所以，今夜必须马上回纽约，是啊，我该走了，害热病的萨尔，再见吧!"

《在路上》是凯鲁亚克的自传性代表作，小说的语言丰富多彩，或轻快流丽，或激烈狂热，或哀怨忧切，把叙事、议论、抒情融注在一起。书中的叙事主人公又始终怀着某种感伤主义的情思在幽幽地独白，往往使读者为之回肠荡气。此书影响了整整一代美国人的生活方式，被公认为是20世纪60年代嬉皮士运动的经典。

先睹为快

第一次遇到狄恩是在我与妻子分手后不久。那时我刚刚生了一场大病，对此我不想再提及了。不过它的确与那次令人烦恼、充满灾难性的离婚有关，当时我似乎觉得一切情感都已经死了。自从狄恩·莫里亚蒂闯入我的世界，你便可以称我的生活是“在路上”。在这之前，我也曾不止一次地梦想着要去西部，但只是在虚无缥缈地计划着，从没有付诸行动。狄恩这家伙是个最理想的旅伴，他就是在路上出生的。那是1926年，当时他的父母正驾着一辆破车经盐湖城去洛杉矶。最初，我是从查德·金那儿知道他的。查德给我看了几封狄恩从新墨西哥的教养院给他写来的信。我对那些信颇感兴趣，因为在信中他非常天真、虔诚地恳求查德给他讲有关尼采的一切以及其他方面的知识。我和卡罗常谈起这些信，并希望今后能有机会认识一下这个奇怪的狄恩·莫里亚蒂。这些都已经是很久以前的事了。当时的狄恩并不是今天这副模样，他还是个身上笼罩着神秘光环的小囚徒。突然有一天传来消息：狄恩从教养院里出来了，他将第一次来纽约；当然人们也在谈论着他刚与一个叫玛丽露的姑娘结婚的事儿。

一天我在校园里散步，查德和蒂姆·格雷告诉我狄恩现在正住在东哈莱姆，也就是西班牙哈莱姆区的一座旧公寓里。狄恩是前一天晚上到的，他带着他那聪敏、漂亮的小妇人第一次来到纽约。他们在第50大街跳下公共汽车，便沿街去寻找吃饭的地方。他们一下子就拐到海克特餐馆去了。在狄恩眼里，海克特餐馆是纽约的一个重要象征。他们在那儿品尝了甜美的蛋糕和奶油松饼。

开始的那些日子里，狄恩总是这样告诉玛丽露：“啊，亲爱的，现在我们终于到纽约了。在我们渡过密苏里河，尤其是从波恩维亚教养院出来的时候，我的感触太深了。虽然我没有将这全部告诉你，但我觉得目前我们最需要的是暂时抛开一切个人的爱好，集中精力设计好我们的未来……”

延展阅读

《地下室居民》

这是作者的另一部精品，截稿于 1958 年，叙述了一群“垮掉分子”在旧金山整日酗酒、纵欲、吸毒的所谓生活。

《灿烂千阳》

〔美〕卡勒德·胡赛尼 著

绝望之后，人们该何去何从？等人救不如自救。

推荐版本：上海人民出版社（2007 年） 李继宏译

关于作者

卡勒德·胡赛尼，1965 年生于阿富汗首都喀布尔，父亲为外交官，母亲是喀布尔女子学校的教师。1970 年，全家随父亲外派到伊朗的德黑兰，1973 年，全家搬回喀布尔。同年，他母亲生下了最小的弟弟。这一年是阿富汗政权维持稳定的最后一年。之后政变与外侵不断，也结束了胡赛尼在阿富汗美好的童年。1976 年，胡赛尼的父亲在法国巴黎找到了工作，于是全家搬迁到巴黎居住，由于阿富汗政权极不稳定，全家就再也没有返国了。1980 年，苏联入侵阿富汗，他父亲决定向美国申请政治庇护，之后就举家移民到美国加州的圣荷塞。初到美国时他们经济贫困，曾向美国政府领取福利金与食物券。1984 年，胡赛尼高中毕业，申请到圣塔克拉拉大学念生物，毕业后在加州大学圣地亚哥分校的医学系就读，1993 年取得了行医执照后，1996 年在洛杉矶的锡安山医学院完成实习工作。目前他是一位内科医师，已婚并育有两个孩子。

2003 年，他的第一本小说《追风筝的人》问世后大获成功，成为近年来国际文坛最大的黑马，这也是第一部来自阿富汗的作家出版的英文小说。书中角色刻画生动，故事情节震撼感人，因此胡赛尼获得各项新人奖，并蝉联亚马逊排行榜131周之久，全球热销600万册，创下出版奇迹。胡赛尼本人更因小说的巨大影响力，于2006年获得联合国人道主义奖，受邀担任联合国难民署亲善大使，促进难民救援工作。《灿烂千阳》是胡赛尼四年后出版的第二本小说，出版之前即获得极大关注，2007年5月22日在美国首发，赢得评论界一致好评，使胡赛尼由新人作家一跃成为受到广泛认同的成熟作家。

胡赛尼在2003年重返喀布尔，其所见所感进一步激发了他的创作与思考。当看到穿着传统蒙面服装的女性三三两两走在街头，后面尾随着她们穿着破烂的孩子，乞求着路人施舍零钱，他不断地追问：生命已将她们带往何处？她们会有怎样的梦想、希望与渴望？她们谈过恋爱吗？丈夫是怎样的人？在阿富汗二十年的战争岁月中，她们究竟失去了什么？他将这些叩问写进书中，感染着世界上千千万万的读者。这些充满韧性的阿富汗妇女的故事都是真实且让人心碎的，她们的声音、面容与坚毅的生存故事一直萦绕在胡赛尼的作品中，这些阿富汗妇女的集体精神力量直摄人心。纵观胡赛尼的两部作品，他用富有同情的叙述方式，以及引人动情的语言特色、简洁清晰的风格、深刻而鲜明的人物刻画，表达出深重的主题。

荐读理由

《灿烂千阳》以阿富汗战乱为背景，用细腻感人的笔触描绘了阿富汗旧家族制度下苦苦挣扎的妇女，她们所怀抱的希望、爱情、梦想与所有的失落。作品展现了半个世纪阿富汗妇女所要忍耐的种种：个人要忍耐饥饿、病痛的约束；家庭要承受战争的创伤、难民的流离失所；国家要忍耐苏联、塔利班与美国的战争。从某种意义上说，这是一部阿富汗忍耐的历史。

本书书名来自波斯诗人塞依伯歌颂喀布尔的诗歌：“人们数不清她的屋顶上有多少皎洁的明月，也数不清她的墙壁之后那一千个灿烂的太阳。”而这个故事发生的年代并不久远，小说的讲述延续至2003年。战争、爆炸、袭击、冲突、政权更迭、难民营、对妇女的压迫制度、饥饿、颠沛流离……让读者为之惊愕的，是在阅读中感受到从电视新闻里远远体会不到的真实的残酷。在这个各国争相发展的蓬勃时代，还有那么多人时刻受到毁灭的威胁，那么多女人受困于古老落后的风俗。

主人公玛丽雅姆是个私生女，在阿富汗一个偏远贫穷的地方长大，她想上学，母亲却告诫她：“学校怎么会教你这样的人？一个女人只要学一样本领，那就是忍耐。”“忍耐什么？”“不用操心，”她母亲娜娜说，“需要你忍耐的东西绝不会少。”这也成了全书的基调。1974年，她15岁，母亲自杀，父亲强迫她嫁给喀布尔的老鞋匠拉希德。拉希德是小说里许多人性中暴力的源头。在流产六次后，玛丽雅姆不能再生育，她遭到拉希德的毒打虐待。小说的另一位女主人公莱拉，是拉希德的另一个妻子。在与苏联的战争中，莱拉失去了两个哥哥。炸弹夺走了她父母的生命，她深爱的男孩塔里克也被迫逃离阿富汗，她的生活里到处都是失落与绝望。刚开始，两位妻子相互敌视，渐渐地，两人在养育孩子的过程中越来越亲密无间。她们的友情在拉希德的虐待、国家的无情战火中留存。动人的情感成为小说的核心。两个女人苦难深重，开始策划逃跑。这一场失败的逃亡使得莱拉和女儿差点被拉希德活活饿死，玛丽雅姆被打得奄奄一息。而阿富汗被塔利班占领，局势混乱，法律不许女人出外工作、独自上街。拉希德的鞋店被烧毁，他们陷入了饥荒的困境，此后莱拉又生了个儿子，女儿被寄养在孤儿院，生活举步维艰。在这时莱拉居然与深爱的塔里克重逢，而玛丽雅姆则为此作出了伟大的牺牲……小说始终围绕着不可宽恕的时代、不可能的友谊以及不可毁灭的爱展开，爱情、生离死别、生儿育女，乃至战火都像是导致女人巨变的强心剂。但绝境中一起挣扎的女伴，哪怕她目不识丁，哪怕她木讷而无梦，也将是最难能可贵的遭遇。对女人来说，爱情或许反而是简单的，女人之间生死相连的情谊显然更难得。所以，当莱拉和塔里克幸福生活在一起的时候，让她从伤心欲绝的梦中哭醒的，还是命运赐给她的玛丽雅姆。

在个体的悲剧之外，作者也对他的祖国——阿富汗的未来表现出深深的担忧。书中每个人的前景都是惨淡而绝望的。绝望之后，人们该何去何从？作者在最后指明了一条路：美国不是最终的救赎者，等人救不如自救，作者在一开始就借人物之口说出“这个国家唯一不能打败的敌人就是他自己”。除此之外，胡赛尼人性化地点评了登上历史舞台的几位总统、将军和势力，大概讲解了阿富汗几个主要民族，普什图、塔吉克等之间的地位与关系，让读者对这片战火纷飞的土地有了更深刻的了解。

先睹为快

五岁那年，玛丽雅姆第一次听到“哈拉米”这个词。

那天是星期四。肯定是的，因为玛丽雅姆记得那天她坐立不安，心不在焉；她只有在星期四才会这样，星期四是扎里勒到泥屋来看望她的日子。等到终于见到扎里勒的时候，玛丽雅姆将会挥舞着手臂，跑过空地上那片齐膝高的杂草；而这一刻到来之前，为了消磨时间，她爬上一张椅子，搬下她母亲的中国茶具。玛丽雅姆的母亲叫娜娜，娜娜的母亲在她两岁的时候便去世了，只给她留下这么一套茶具。这套瓷器的颜色蓝白相间，每一件都让娜娜视若珍宝，她珍爱茶壶嘴美观的曲线，喜欢那手工绘制的云雀和菊花，还有糖碗上那条用来辟邪的神龙。

从玛丽雅姆手中掉落、在泥屋的木地板上摔得粉碎的，正是最后这件瓷器。

看到糖碗，娜娜满脸涨得通红，上唇不停地抖动，那双一只黯淡、一只明亮的眼睛死死地、眨也不眨地瞪着玛丽雅姆。娜娜看上去十分生气，玛丽雅姆害怕妖怪会再次进入她母亲的身体。但妖怪没有来，这次没有。娜娜抓住玛丽雅姆的手腕，咬牙切齿地说："你这个笨手笨脚的小哈拉米。这就是我忍受了一切得到的回报。一个打碎传家宝的、笨手笨脚的小哈拉米！"

当时玛丽雅姆没有听懂。她不知道"哈拉米"——私生子——这个词是什么意思。她还小，不能理解它所包含的歧视，也并不明白可耻的是生下了哈拉米的那些人，而非哈拉米，他们唯一的罪行不过是诞生在这个人世。但由于娜娜说出这个词的口气，玛丽雅姆确实猜想到哈拉米是一种丑陋的、可恶的东西，就像虫子，就像娜娜总是咒骂着将它们扫出泥屋的、慌慌张张的蟑螂。

后来，玛丽雅姆长大了一些，总算明白了。娜娜说出这个词语的口气已经让玛丽雅姆觉得它特别伤人——更何况她还边说边吐口水。那时她才明白娜娜的意思；才懂得哈拉米是一种人们不想要的东西；才知道她，玛丽雅姆，是一个不被法律承认的人，永远不能合法地享受其他人所拥有的东西，诸如爱情、亲人、家庭、认可，等等。

扎里勒从来没这样叫过玛丽雅姆。扎里勒说她是他的蓓蕾。他喜欢她坐在他的膝盖上，喜欢讲故事给她听，喜欢告诉玛丽雅姆说赫拉特 Heart，阿富汗西部城市。也就是玛丽雅姆 1959 年出生的那座城市，一度是波斯文化的摇篮，也曾经是众多作家、画家和苏非主义者的家园。

"你要伸出一条腿，准能踢到一个诗人的屁股。"他哈哈大笑说。

扎里勒跟她讲加瓦尔·沙德皇后 Gauhar Shad（1378 ~ 1457），

也作 Gawar Shad 或 Gohar Shad，帖木儿汗国国王沙哈鲁之妻，兀鲁伯之母的故事。他说 15 世纪的时候，她建造了许多著名的尖塔，当做是献给赫拉特的颂诗。他向她描绘赫拉特绿油油的麦田和果园，还有那藤蔓上结满果实的葡萄，城里带圆形拱顶的拥挤市场。

"那儿有一棵开心果树，"有一天扎里勒说，"在树下面，亲爱的玛丽雅姆，埋着的不是别人，正是伟大的诗人雅米 Lahman Jami（1414～1492），拉赫曼·雅米，波斯诗人。"他身体前倾，低声说："雅米生活在五百年前。真的。我带你去过那儿，去那棵树。那时你还很小，你不记得了。"

延展阅读

《追风筝的人》

这是作者的另一部精品。

小说由第一人称视角，讲述了一个身在美国的阿富汗移民童年的往事和他成人后对儿时过错的心灵救赎过程。剧情跨度是 20 世纪 50 年代到 21 世纪，全书类似自传体小说，主人公儿时性格懦弱，仆人的孩子勇敢忠诚，心态失衡的主人公后来用不光彩的手段陷害了仆人一家，导致仆人一家流落异乡。后来阿富汗爆发战争，主人公一家被迫出走美国。后来父亲的合伙人熟知内情，在临过世前鼓励主人公回阿富汗寻找当年的仆人小孩，并通过自己的努力去平复自己多年的负罪感。已经是事业有成的主人公鼓起勇气，第一次像男子汉般地回到了故乡，在满目疮夷和被塔利班统治的残酷现实中，找到了老朋友，在得知惊人秘密后，他赎罪般的努力，最终令人感动地完成了一个男人的成长。

《耻》

〔南非〕J. M. 库切 著

他们根本就没有办法逃脱耻辱的命运，也不打算再逃脱。

推荐版本：译林出版社（2003 年） 张冲、郭整风译

关于作者

作为2003年度的诺贝尔文学奖得主，库切与南非另一位诺贝尔文学奖得主戈迪默被誉为南非当代文坛的双子星座。1940年，库切出生于南非开普敦市一个荷兰人家庭，从小受的是双语教育，并以英语为主。他成长的年代，正是南非种族隔离政策渐渐成型并成猖獗之势的年代。由于不堪忍受种族隔离制度，库切于20世纪60年代移居英国。最初，他在英国的职位是一名计算机程序员，后于1969年前往美国攻读文学，在得克萨斯大学获得英语和语言学博士学位。毕业后于纽约州立大学布法罗分校教文学。1984年他回到南非开普敦大学，任英语文学教授。2002年他移居澳大利亚，并同时在阿德莱德大学教书。

库切34岁才开始出版第一本小说《尘土地带》，虽然开始的较晚，但却成绩斐然。1983年，他的《迈克尔·K的生活和时代》获得英国布克奖，1999年，他又凭借《耻》再度荣膺此奖，成为有史以来第一位赢得两次布克奖的作家。2003年，库切又夺得诺贝尔的桂冠，这在世界文坛上也算得上是空前的。库切除了小说，也从事翻译、撰写文

学评论和书评的工作，发表过各种翻译作品，并曾经担任过《纽约书评》的文学评论家。虽然获得诸多殊荣，但库切本人平常却不大喜欢抛头露面。在他第二次获得英国布克奖时，他自己当时拒绝前往伦敦领奖。

由于在南非有相当长的生活背景，库切的作品中主题往往是对南非长期种族隔离政策下所形成的偏颇、愚昧的社会观念的批判。如他的第二本小说《内陆深处》，描写的是一位南非荷兰人的老姑娘，在种族隔离的南非干旱台地内陆深处的寂寞生活。1990年的《铁器时代》讲的是身患癌症的女主角回到家，发现花园里躺着一位醉醺醺的流浪汉，她便认为这个流浪汉是自己的死亡之神，把他当成自己忏悔的“神父”，使她在死去之前，达到心理上的平和。同时，她前往黑人棚户区寻找一位走失的黑人男孩，其间目睹了南非政治变革的前夜，亲眼见到了警察的暴力、黑人的抗争，见证了这黎明前的黑暗。作者借女主角之口发出了这样的声音：“让我告诉你，当我在南非这块土地上走过时，我的感觉仿佛是走在黑色的面孔上。他们已经死了，但是他们的魂灵还没有离体，他们沉沉地躺在那里，等待我的脚踩过他们，等待我离开，等待复活的机会。”

正如有人所说，库切的书都是关于历史的。是关于人在历史中的地位，更是关于人是否能够逃离历史。就像《耻》中的父女俩，他们根本就没有办法逃脱耻辱的命运，也不打算再逃脱。在他的笔下，政治和历史的力量，渗透进每个人的生活，这种恶劣的渗透能够摧毁人的一生。在他笔下，南非是一个没有时间、如同噩梦一般的地方。瑞典皇家学院曾这样评论：“在关键时刻，库切的人物都是站在他们自己背后，一动不动，仿佛是没有办法参与他们自己的行动。但是这种消极状态又不仅仅是一个人的性格造成，这也是一个人对压迫的最后反抗，在不参与的消极状态中进行抵抗。”

荐读理由

《耻》是库切的一部长篇小说，讲述的是52岁的大学教授卢里的故事。卢里在开普敦大学教传播学，是一位浪漫主义诗歌专家。他离了两次婚，认为自己不需要家庭和婚姻，每周通过找一位妓女解决基本问题。后来，卢里因为引诱一位大二女学生引发了丑闻。事发后，校方给了他一个公开悔过以保住教职的机会，但是教授不愿屈服于人格的侮辱，虽然认了罪，但拒绝忏悔，最终辞职。为了躲避这桩丑闻，卢里带着耻辱来到女儿露茜居住的乡下，与许多以前他根本看不起的人一起共事。然而乡下的新南非也不太平。一天，三个黑人前来打劫，抢走了他们所有值钱的物品，女儿露茜也惨遭他们的蹂躏。教授怀疑这是女儿的黑人邻居有意为之，目的是赶走女儿，得到女儿的土地。面对如此奇耻大辱，教授劝女儿移民荷兰，离开野蛮的南非乡下，回到文明社会，但是女儿却另有打算，她为了得到保险公司的赔偿，把抢劫一事报了警，但是对强奸之事却只字不提。同样面对着这一耻辱，女儿露茜认为这时自己应当留下，留在南非为白人曾经对黑人的不人道统治赎罪。甚至，当女儿发现自己怀孕时，竟然心甘情愿地做了黑人邻居的第三任妻子，并将自己的土地都划归在他名下。教授不明白女儿为什么自己偏偏要往火坑里跳，女儿残酷地说那个黑人邻居是收债的，而她是还债的。面对这一耻辱，教授不愿意忍受，想逃离。而女儿却不愿逃避这种耻辱，她说："对，这是一种耻辱，但也许这是我们重新开始生活的起点，也许我要学会接受现实，从头开始，从一无所有开始，真正的一无所有。一无所有，没有汽车，没有武器，没有房产，没有权利，没有尊严。像一条狗一样。"此外，小说还将卢里创作歌剧《拜伦在意大利》的情节穿插在小说各处，成为小说的一条暗线，似乎要暗示着我们什么。

小说在艺术上非常成熟，语言精练、冷峻，很有力度。故事结构也很利落，没有一点拖泥带水。从思想上来说，这部作品背后所包含的冷峻思考是与作者的身份分不开的。作为一名成长在南非的白人，作者对文明世界和野蛮的冲突，对多元文化的反思体会非常深刻。小说中的南非，昔日那些强势的宗主民族突然变成了弱势，自称文明的反遭受冷落甚至欺凌，一切都在发生换位：女儿被黑人强奸，不敢声张，甚至被雇工的黑人收做第三房妻子，以求保护，教授又无能为力。这种时代激荡所产生的微妙变化，只有对南非观察非常细致的作者才能有强烈的体会。当然，这些可能远远不是作者所要表达的全部，因为小说中所蕴涵的信息量实在太大，并且充满了寓意，比如有关知识分子的精神层面，有关嬉皮士（卢里的女儿）的生活经验，有关南非的殖民历史和种族主义等等。这些需要读者自己去开掘、体悟。

然而也正是这本书，让库切饱受争议。在南非国内，人们对这本小说的反应极为复杂，有的人对它赞誉有加，有的人则对它恨之入骨。不仅南非政府对这本小说表示极为愤慨，就连许多把库切视为战友的自由思想知识分子们也对此书非常不满，他们觉得库切在书中把黑人统治下的南非描写得太凄凉、太惨淡、太黑暗了。这些反应让库切寒了心，也让他最后决心离开南非，重新选择了自我流放的道路。

先睹为快

他觉得，对自己这样年纪五十二岁、结过婚又离了婚的男人来说，性需求的问题可算是解决得相当不错了。每周四下午他驱车赶往格林角。准两点，他按下温莎公寓楼进口处的按钮，报上自家姓名，走进公寓。在113号房门口等着他的是索拉娅。他径直走进气味温馨、灯光柔和的卧室，脱去衣服。索拉娅从卫生间走出来，任浴衣从自己身上滑下，钻进被单，在他身边躺下。“你想我了吗?”她问道。“一直都想着哪。”他回答。他轻轻抚摩着她蜂蜜色的、未经阳光侵晒的肉体；他展开她的双腿和胳膊，吻她的乳房；两人做爱。

索拉娅身材高挑纤长，一头长长的乌发，一对水汪汪的深色眼睛。从年龄上说，他足以做她的父亲，可真要从年龄上说，十二岁就可以当父亲了。他成为她的顾客已经有一年多时间了，而且觉得她令自己心满意足。在荒芜的一周时间里，星期四成了一块 luxe et volupte 的绿洲。

索拉娅在床上并不热情奔放。事实上，她的性情倒是相当的平静，既平静又温顺。从她平时发表出来的看法看，她甚至还有点道学气，不由人不吃惊。见了公共海滩上袒胸露乳（她把乳房称做“里边的”）的游客，她十分反感。她认为应该把在街头滋事的小流氓一个个抓起来，强迫他们清扫街道。至于她如何协调这样的观点和她自己所从事的行当，他则从来不问。

由于他在她身上获得了满足，由于这种满足感从不减退，他内心深处对她渐渐有了一种激情。他认为，这激情也多少唤起了对方的回应。激情不一定就是爱，但至少与爱挨得最近。他们的事儿除了开头显得没什么前途，他们两个一直很幸运：他居然找得到她，她也居然找得到他。

他很清楚，自己的这种情感有点自鸣得意，甚至有些对女人过于疼爱，但他还是把自己放纵于这样的情感之中。

延展阅读

《迈克尔·K的生活和时代》

这是作者的另一部精品。

小说描写的是开普敦的一位园丁迈克尔·K的故事。在南非种族歧视、种族隔离日益激化的情况下，他准备带着母亲离开城市，到杳无人烟的内陆去生活，但是一路上却备受磨难——被追杀、监禁，最后他只有以绝食作为武器。小说没有对残酷的现实世界点评议论，而是着重描写人在重重压迫下的困境，叙述的语言冷峻犀利，对人类的愚昧自欺提出了直指人心的控诉。此书获得1983年英国的布克奖。

《百年孤独》

〔哥伦比亚〕加西亚·马尔克斯 著

拉美文学中"魔幻现实主义"的样板，一部"再现拉丁美洲历史社会图景的鸿篇巨制"。

推荐版本：

- 北京十月文艺出版社（1984年） 高长荣译
- 上海译文出版社（1984年） 黄锦炎、沈国正、陈泉译

关于作者

诺贝尔文学奖得主、哥伦比亚作家加西亚·马尔克斯的作品《百年孤独》《霍乱时期的爱情》等为中国读者所熟悉，不过，很多读者可能并不了解，马尔克斯不仅在文学上有抱负和才华，而且对社会政治问题也十分关注。他曾主编出版过政治性刊物《抉择》，为讨论和促进积极的社会改革提供论坛；他写作了报告文学《里丁智利历险记》，内容是一个流亡国外的电影导演秘密回到他的祖国智利，拍摄了一部在专制统治下人民生活的纪录片。此书第一版虽然被智利政府在圣地亚哥公开销毁，不过也侧面证实了马尔克斯的作品对社会进步的关切和影响。

马尔克斯，1927年3月6日生于哥伦比亚阿拉卡塔卡。他的代表作《百年孤独》，被誉为"魔幻现实主义"的样板，他能获得诺贝尔文学奖也和这部作品有很大关系，诺贝尔文学奖授奖词称马尔克斯"用他的故事创造了一个他自己的世界"，他的小说"反映了一个大陆及其人们的财富与贫困"。这部被称做反映了风云变幻的哥伦比亚和整

个南美大陆神话般历史的作品，畅销全球，引来无数崇拜者。

马尔克斯是一位万花筒般的作家。他的《百年孤独》为拉美文学“爆炸”提供了巨大能量，但他没有囿于“魔幻”，在树立了“魔幻现实主义”的样板后，仅仅两年的时间，马尔克斯又向世人展示了他的“非魔幻”的长篇小说《霍乱时期的爱情》。这部小说甚至采用了19世纪欧洲艳情小说的传统写法，同样在文学界引起巨大轰动。

早在1947年，还在上大学的马尔克斯就发表了第一个短篇小说《第三次无可奈何》，作品以描写一个已死儿童的孤寂感为主，在选材上和手法上，初次显示出马尔克斯创作的魔幻现实性，小说一发表，立刻引起文坛的关注。

1955年后，随着他的第一部长篇小说《枯枝败叶》问世，其短篇小说《星期六后的一天》也获得波哥大作家艺术家协会授予的奖金。此后，他又连续发表了一系列中短篇小说，如《伊莎白尔在马孔多的观雨独白》（1955）、《周末后的一天》（1962）等。这些作品以奇特的想象、新颖的构思和深刻的寓意，表现了处于深重灾难之中的拉美人民的独特感受。作品多次将神奇的土地、恶劣多变的气候、接连不断的灾难，与处在落后、保守的社会环境中的人物的孤独感交织在一起，构成一幅幅令人难忘的图景，更为凸显了魔幻现实主义的特征。1967年，长篇小说《百年孤独》的发表，彻底奠定了马尔克斯作为拉美魔幻现实主义文学大师的地位，也使他的创作达到了辉煌时期。

荐读理由

被誉为“再现拉丁美洲历史社会图景的鸿篇巨制”，《百年孤独》不仅是马尔克斯的代表作，也是马尔克斯采用外祖母那种“不动声色地讲着许多令人毛骨悚然的故事”的方式进行创作的第一例。为了这个漫长的“百年故事”，作家想了15年，而后因为目睹一个老头儿带着一个小男孩见识冰块（那时候，马戏团把冰块当做稀罕宝贝来展览）的场景而开始动笔。

故事中，西班牙人的后裔霍·阿·布恩地亚在与妻子乌苏拉新婚时，由于害怕像姨母与叔父结婚那样生出长尾巴的孩子，乌苏拉每夜都穿上特制的紧身衣，拒绝与丈夫同房，因此遭到邻居阿吉拉的耻笑。布恩地亚杀死了阿吉拉后，死者的鬼魂经常出现在他眼前，使他日夜不得安宁。他们只好离开村子，外出寻找安身之所。经过了两年多的奔波，他们来到一片滩地上，由于受到梦的启示决定定居下来。后来又有许多人迁移至此，建立村镇，这就是马贡多。布恩地亚家族在马贡多的历史由此开始，一百年后，布恩地亚家族七代人经过漫长的重复、迷离、愚昧、孤独、混乱的生活，最后一位布恩地亚，也就是百年里诞生的布恩地亚当中唯一由于爱情而受胎的婴儿却最终没脱离开羊皮稿的预言，被蚂蚁吃掉了。

在近 30 万字的描述中，作者大量运用神话故事、宗教典故、民间传说以及从未来的角度回忆过去的新颖倒叙手法等等，让布恩地亚家族的历史磅礴而曲折。家族七代人充满神秘色彩的坎坷经历把读者引入到不可思议的奇迹和最纯粹的现实交错生活中，在感受许多血淋淋的现实和荒诞不经的传说的同时，也能体会到最深刻的人性和最令人震惊的情感。书中的每一个人物都深刻得让人觉得害怕。

在具体创作上，由于作家十分重视小说的第一句话，因为他认为这决定着全书的风格、结构，甚至篇幅，故而《百年孤独》开头的这一句话也同样含有种种神秘的信息：“多年以后，雷奥良诺上校站在行刑队面前，准会想起父亲带他去参观冰块的那个遥远的下午。”人们为此发明了一个新的时态名词——“将来过去式”来为之命名。

从提笔到完成，《百年孤独》仅仅花费作家不到两年的时间，却是一部极其丰富的、多层次的小说，它可以有多重解释——可以是一部关于布恩地亚几代子孙的家庭编年史；也可以是象征着马尔克斯故乡阿拉卡塔卡的小镇马贡多的时代变迁史；还可以是哥伦比亚、拉丁美洲和现代世界上一个世纪以来风云变幻的神话史。

从更深远的意义上说，《百年孤独》还是西方文明的一个总结，从古希腊神话、荷马史诗、《创世纪》中的创世神话开始，带着对蒙昧状态的伊甸园净土世界那种质朴和纯洁的深深怀念。读者可以从作品中感受到，这部编年史是一个吉普赛智者用梵文写的手稿，只有布恩地亚家族的最后一个男人才能译解，并且只有在每一个读者单独读它时，才能理解它的含义。

而让《百年孤独》最具诱惑力的是，小说中讲述的一切都有令人不敢置信的奇妙效果，它轻巧地糅合了印第安人的传统信念和意识以及阿拉伯神话，比如认为人的死亡是因为河水或石头在召唤人的灵魂，等等。在小说中，万物有灵，人鬼共世，时空上则迂回、迷离，以表现人生的轮回，它还相信预感和预示的作用，以此为以后的故事发展埋下种种神秘伏笔。

先睹为快

多年以后，雷奥良诺上校站在行刑队面前，准会想起父亲带他去参观冰块的那个遥远的下午。当时，马贡多是个二十户人家的村庄，一座座土房都盖在河岸上。河水清澈，沿着遍布石头的河床流去，河里的石头光滑、洁白，活像史前的巨蛋。这块大地还是新开辟的，许多东西都叫不出名字，不得不用手指指点点。每年三月，衣衫褴褛的吉普赛人都要在村边搭起帐篷，在笛鼓的喧嚣声中，向马贡多的居民介绍科学家的最新发明。他们首先带来的是磁铁。一个身躯高大的吉普赛人，自称梅尔加德斯，满脸络腮胡子，手指瘦得像鸟的爪子，向观众出色地表演了他所谓的马其顿炼金术士创造的世界第八奇迹。他手里拿着两大块磁铁，从一座农舍走到另一座农舍，大家都惊异地看见，铁锅、铁盆、铁钳、铁炉都从原地倒下，木板上的钉子和螺丝嘎吱嘎吱地拼命想挣脱出来，甚至那些早就丢失的东西也从找过多次的地方突然出现，乱七八糟地跟在梅尔加德斯的魔铁后面。“东西也是有生命的，”吉普赛人用刺耳的声调说，“只消唤起它们的灵性。”霍·阿·布恩地亚狂热的想象力经常超过大自然的创造力，甚至越过奇迹和魔力的限度，他认为这种暂时无用的科学发明可以用来开采地下的金子。

梅尔加德斯是个诚实的人，他告诫说：“磁铁干这个却不行。”可是霍·阿·布恩地亚当时还不相信吉普赛人的诚实，因此用自己的一匹骡子和两只山羊换下了两块磁铁。这些家畜是他的妻子打算用来振兴破败的家业的，她试图阻止他，但是枉费工夫。“咱们很快就会有足够的金子，用来铺家里的地都有余啦。”丈夫回答她。在好几个月里，霍·阿·布恩地亚都顽强地努力履行自己的诺言。他带着两块磁铁，大声地不断念着梅尔加德斯教他的咒语，勘察了周围整个地区的每一寸土地，甚至河床。但他掘出的唯一的东西，是15世纪的一件铠甲，它的各部分都已锈得连在一起，用手一敲铠甲里面就发出空洞的回声，仿佛一只塞满石子的大葫芦。

延展阅读

作者还有下列精品：

《霍乱时期的爱情》

本书发表于1985年，被马尔克斯自称为“一个老式的幸福的爱情故事”。在创作上，马尔克斯摈弃了《百年孤独》时期的魔幻现实主义手法，在这部小说里，“一切都是严肃的，有分寸”。小说细致地描绘了两个相爱的人，他们在20岁的时候没能结婚，是因为他们太年轻了；经过各种人生曲折之后，到了80岁，他们还是没能结婚，因为他们太老了。在60年的时间跨度中，马尔克斯展示了所有爱情的可能性、所有的爱情方式：幸福的爱情，贫穷的爱情，高尚的爱情，庸俗的爱情，粗暴的爱情，柏拉图式的爱情，放荡的爱情，羞怯的爱情……甚至，“连霍乱本身也是一种爱情病”。而透过这些爱情，小说表现的是哥伦比亚的历史，是哥伦比亚人自己破坏哥伦比亚的历史。

《家长的没落》

马尔克斯另一部典型的魔幻现实主义作品。它以荒诞夸张的手法塑造了一个独裁者、某共和国总统尼卡诺尔的形象，鞭挞了拉美现实生活中腐朽黑暗的专制制度。尼卡诺尔荒淫无耻，有无数个情妇，5000 多个儿子；他为母亲去世下令全国举哀 100 天，并给她各种封号；他老婆统治政府各部，就连刚出世的儿子也被授予少将军衔；他还实行特务统治，用种种阴险手段清除政敌，镇压民众。他的残暴统治引起人民的反抗，而他面临的将是最终的没落和崩溃。

《没有人给他写信的上校》

被马尔克斯自认为是“写得最好的小说”。它写一位战功卓著的上校，年老退休以后被社会遗弃。他每天盼望着政府的慰问信和津贴，但始终不能如愿，最后竟然把生活的希望寄托在一只斗鸡的身上。作品反映了人们在冷酷无情的社会环境中孤独彷徨、失去归宿感的心态。小说的表现手法也带有明显的后现代主义色彩。

《炼金术士》

〔巴西〕保罗·科埃略　著

用一个寓言故事启示人们实现梦想要经历艰难的过程。

推荐版本：上海译文出版社（2004 年）　孙成敖译

关于作者

保罗·科埃略，巴西著名作家。科埃略被媒体誉为“继加西亚·马尔克斯之后，拥有最多读者的拉美作家”，他的作品被翻译成 65 种语言，在 150 个国家发行，销量超过 1 亿本。科埃略也因此成为拉丁美洲文坛的传奇人物。

1947 年，科埃略出生于里约热内卢。他的兴趣爱好遍布各个学科：少年时代，他渴望成为作家；青年时代又沉迷于魔法、吸血鬼、炼金术等等。科埃略以嬉皮士的身份周游世界，与东方宗教和一些秘密社团有接触，并于 1977 年加入天主教组织——拉姆教会。科埃略性情叛逆，时常迸发出奇怪的想法，因此 19 岁时就曾被送入精神病院接受治疗。两年间他被送入精神病院三次。

在成为职业作家之前，科埃略做过记者、编辑、导演，还为巴西摇滚歌手创作歌词，出版过《地狱档案》《吸血鬼研究实践手册》，但都没有获得读者的关注。他并不满足于这些职业，不断探索神秘事物。1986 年，按照拉姆教会的习俗，科埃略沿着中世纪三条朝圣路线之一，历时三个月，从法国南部穿越比利牛斯山脉，抵达西班牙加利西亚地区孔波斯泰尔的圣地亚哥朝圣，全程达600公里。这段徒步旅程丰富了科埃略的人生经历，给了他极大的文学创作的素材和热情。结束朝圣后，科埃略出版了《朝圣卜书》，记录了他在朝圣途中的逸闻和感悟，充满了神秘元素和宗教色彩。此书一经出版，就获得了空前的成功。至1999年，该书已经印行170版，这成为科埃略作家之路的开端。

翌年，根据《一千零一夜》的故事结构和朝圣途中的奇闻逸事，科埃略写就了他最成功的作品《炼金术士》，又称《牧羊少年奇幻之旅》。《炼金术士》讲述的是人生寻梦的历程：西班牙牧羊少年圣地亚哥两次做了同一个梦，梦见他能在埃及金字塔附近找到一批埋藏的珍宝。他跨海来到非洲，穿越一望无际的撒哈拉大沙漠，一路奇遇迭起，最后他终于看到了金字塔，并悟出了珍宝的藏身之地。《炼金术士》是部追求梦想、完善人生的寓言故事，启示人们实现梦想要经历一个艰难的过程，需要勇气、智慧、执著和经受考验。

这本书名列巴西畅销书排行榜长达六年之久，在巴西已印行超过152版次，印数超过200万册，成为巴西有史以来销售量最多的一本书。《炼金术士》不仅风靡巴西，使作家在国内声名鹊起，而且被译成多种文字在世界五大洲出版，并在美国、法国、意大利、德国、阿根廷、加拿大、澳大利亚、智利、墨西哥、西班牙、葡萄牙等18个国家名列畅销书榜首。迄今为止，该书在国外已售出950万册，称得上是一本世界畅销书。这部富有强烈象征色彩的作品在世界各地受到盛赞，评价之高几乎达到无以复加的程度。它也是唯一一本语种超过《圣经》的书。法国文化部部长将保罗·科埃略称为“数百万读者心中的炼金术士”。

在短短的几年内，科埃略已经成为一线作家。他又先后出版了《笼头》（1990）、《主神的使女们》（1992）、《我坐在彼德拉河畔哭泣》（1994）、《第五座山》（1996）、《光明斗士手册》（1997）、《韦罗妮卡决定去死》（1999）、《波多贝罗的女巫》（2006）等作品。科埃略凭借这些作品，被法国政府授予艺术与文学骑士勋章、被巴西政府授予里约布兰科骑士勋章，当选为联合国和平大使、巴西文学院院士，获得国际安徒生大奖、澳大利亚书业白金奖、俄罗斯畅销书金奖、美国威尔伯奖、克罗地亚基克洛普文学奖、世界经济论坛水晶奖、英国尼尔森金奖，得过科琳娜国际最佳小说奖、匈牙利布达佩斯奖、德国金羽奖等等。

然而，这位畅销书作家近年来也招惹来一些质疑的声音。一名叫费尔南德·莫莱斯的记者出版了名为《魔术师》的科埃略传记，并称这本传记是科埃略授权出版。然而，该书披露了科埃略行贿、抄袭、同性恋等丑闻，使得科埃略本人和巴西文学院都蒙受了耻辱。不少学者质疑科埃略的文学素养，认为他的作品虽然畅销，但只适合文化程度不高的读者用来消遣时光，没有实质内容可言，不能纳入文学史范畴。

然而，不能否认的是，科埃略受到了全球读者的认可。正如世界经济论坛“水晶奖章”的颁奖词所说，科埃略的杰出贡献在于通过语言的力量，接触与联合了众多不同的文化。

荐读理由

《炼金术士》，取材于《一千零一夜》和作者保罗·科埃略的切身体验。

科埃略年轻时钟情于神秘事物的研究。他曾经用11年的时间去研究炼金术。在科埃略的时代，关于炼金术的研究成果并不多。炼金术士们相信，“炼金术”的精馏和提纯贱金属，是一道经由死亡、复活而完善的过程，象征了从事炼金的人的灵魂由死亡、复活而完善。所以，人们可以通过“炼金”而达到延年益寿、提神强精，获得高超的智慧、高尚的道德，最终达到与造物主沟通的机会。在炼金术上，科埃略耗费了巨大的精力，他用仅有的钱购买进口图书，去拜见相关领域的专家（他们都拒绝接见他），认真研究书中的奇怪的符号。这些研究最后都毫无结果，这使得保罗·科埃略开始对包括炼金术在内的神秘领域产生了怀疑。

1977 年，科埃略加入了拉姆教派，并结识了他的导师。导师告诉他，炼金术士有三种："第一种讲话之所以空洞是因为他们不知道自己正在说些什么；第二种讲话之所以空洞是因为他们知道自己正在说些什么，而且还知道炼金术的语言所指向的是心灵而不是理智；第三种人，他们从未听说过炼金术，但是却通过自身的生活终于发现了哲人石。"这一番话给了科埃略很大的启发，他最终意识到，取得上帝的精华并不是少数人的事，而是所有人共同的任务。基于此，他开始创作《炼金术士》。

《炼金术士》讲述了一段亦真亦幻的故事。西班牙少年圣地亚哥十分喜欢旅行，于是去做了牧羊人。牧羊时，他遇见了撒冷王麦基洗德，他又放弃了羊群，去追寻他所梦见过两次的金字塔附近的宝藏。其间，他从西班牙最南端的台里发渡海，去了非洲。在北非摩洛哥的丹吉尔，他被小偷掠走钱财，后来他学会了阿拉伯文，他为一位永远把朝圣麦加放在心底而不去实现的水晶商人创造性地工作了十一个月又九天。之后他加入横越撒哈拉沙漠的商队，碰到了一位一心求教炼金术士的英国人。在住着炼金术士的费奥姆绿洲，圣地亚哥遇见少女法谛玛，与她一见钟情。商队因部落战争而停滞在绿洲。少年预言军队会对绿洲的突袭，预言应验了，少年被聘为绿洲的参事，而炼金术士却催促少年重新踏上寻宝之途。途中，少年被军队所掳，炼金术士以少年的钱财为他赢得三天的时间，少年若能将自己变成风就放了他们。少年在沙漠、风与太阳的对话中，接触了天地之心，也如愿脱身。少年到了吉萨，见识了金字塔的壮美，部族战争的难民又一次夺去他的金子。难民临走时，难民首领说了自己重复做过的一个梦：宝藏就在少年曾经梦到的金字塔的那座废弃教堂里。圣地亚哥回到来时路，在原来熟悉的牧羊处挖出宝藏，实现犒赏吉普赛人的诺言，最后与少女法谛玛终成眷属。

《炼金术士》讲述的是整个世界文学领域共同的主题：人类超越自我去追寻近在身边的东西。“庄子是被全世界的人读得最多的中国哲学家。他是一个用故事讲道理的作家。用故事的形式可能比用理论的形式更能使不同文化背景的人达到交流的目的。”保罗·科埃略承认自己写的《炼金术士》是象征性作品。科埃略力图用它“向理解了宇宙语言（象征性语言）的伟大作家表示敬意，例如海明威、布莱克、博尔赫斯”。《炼金术士》出版之后，美国普利策奖得主保罗·金德尔评价道：“一个名叫圣地亚哥的男孩，因为能把我们带入一次如此不寻常的历险，从而像康地德和匹诺曹一样，成为精选的著名文学人物长廊中的一员。”

不仅如此，《炼金术士》中的诸多对话也已经成为文学史中的经典，为读者广为传颂。牧羊少年曾说，“当我真心在追寻着我的梦想时，每一天都是缤纷的，因为我知道每一个小时都是在实现梦想的一部分”。炼金术士曾说，“爱并不会阻碍一个人去追寻他的天命，如果他放弃追寻，那是因为它不是真爱”，“在生命的重要时刻，我们却对发生在自己身上的事物无能为力，只能听天由命——这就是世上最大的谎言”，“而当你真心渴望某样东西时，整个宇宙都会联合起来帮助你完成”，这些语句都给了读者强大的精神力量。

《炼金术士》成为科埃略和出版业的共同成功。2009年是《炼金术士》出版20周年，这一年的戛纳电影节上，好莱坞明星哈维·温斯坦已经买下该小说的改编权，曾出演《黑客帝国》的劳伦斯·菲什伯恩将任导演并主演。诺贝尔文学奖得主、日本作家大江健三郎评价科埃略为：保罗·科埃略真正掌握了文学炼金术的真髓。

先睹为快

这个男孩的名字叫圣地亚哥。当暮色降临时，他正赶着羊群，来到一处废弃的教堂。教堂的屋顶已经塌落，在原先圣器室的位置上，已经长出了一棵巨大的桑树。

圣地亚哥决定在这里过夜，他把羊群赶进了残破的大门，然后在门口放置了几块挡板，以防夜里有羊走失。这一带没有狼，但曾经有一只羊在夜里走失，害得圣地亚哥第二天一天都在寻找它。

他把自己的外衣铺在地上，然后躺下身来，枕在头下的是那本刚刚读完的书。入睡前，他告诉自己，应该去读一些更厚的书，那样可以延长阅读时间，而且枕起来也更舒服。

他醒来的时候，天还黑着，透过破损的屋顶，可以看到天上的星星。

我应该多睡一会儿，他想。夜里他做了一个梦，和一星期前所做的梦完全相同，而且都是在梦快要结束时，他便醒了过来。

他站了起来，喝了一口酒，然后拿着牧羊杖去捅醒那些还在睡觉的羊。但是，他注意到，只要他一醒，羊群中的大多数便开始骚动起来，就好像有一种神秘的力量，将他的生命与羊的生命联在了一起。他和这群羊在一起共同度过了两年的时光，他领着他们在原野上漫游，寻找食物和水。“它们太熟悉我了，所以也习惯了我的作息时间。”他自言自语道。他想了一会儿，觉得反过来也说得通，也许是自己习惯了羊的作息时间。

当然，有一些羊需要更长的时间才能醒过来。他一边用牧羊杖捅它们，一边逐个呼唤着它们的名字。他一直相信这些羊能听懂他的话，所以有好多次，他把书中那些精彩的部分念给它们听，或者向它们诉说牧羊人在原野上的孤独与欢乐。当他们路过一些村庄后，圣地亚哥有时还会将他所见到的一些事情向羊群作一番评论。

但是，在近两天里，他一直向羊群讲述着同一件事情——关于那个女孩儿的事情。她是一个商人的女儿，她和她父亲住在距此地还有四天路程的一个村庄里。圣地亚哥一年前曾去过那个村庄。那个商人开着一家纺织品商店，他总是让人当着他的面剪羊毛，以免收购了伪劣羊毛。一位朋友把这个消息告诉了圣地亚哥，后来圣地亚哥就赶着羊群到了那里。

“我想卖一些羊毛。”男孩对商人说。

商店里很忙，所以商人让圣地亚哥等到下午再说。于是男孩便坐在商店前碎石铺成的地上，从行囊中拿出了书。

“我从没见过牧羊人还会读书。”女孩的声音从他身边传来。

女孩的长相有着典型安达露西亚地区人的特征，一头波浪似的乌黑卷发，眼睛有点像早期的征服者——摩尔人。

“是啊，通常我从羊身上学到的东西要比从书本上学到的东西多。”男孩回答说。他们交谈了两个多小时，她告诉男孩自己是商人的女儿，她所在的村庄的生活是多么平淡，每一天的内容都差不多。男孩则向她讲述安达露西亚原野上的景色，以及他曾经到过的城镇里的各类新闻。不必和羊群交谈了，这令他非常高兴。

“你是怎么学会读书的？”女孩问。

“像别人一样，是在学校里。”他答道。

“那么，既然你识文断字，你为什么要当牧羊人呢？”

由于无法回答这个问题，男孩略带歉意地避开了这一话题，因为他确信这个女孩永远也不会理解其中的原因。他继续讲述自己游牧时的种种故事，由于震惊与恐惧，女孩那双带有摩尔人特点的眼睛越睁越大。随着时间的推移，男孩发现自己开始祈盼这一天永远不要结束，女孩的父亲最好一直忙碌下去，最好让自己在这里等上三天三夜。他开始体验到一种前所未有的情感，一种在一个地方永远生活下去的愿望。和这位长有一头乌黑卷发的女孩在一起，他的生活就不会单调乏味了。

但是，商人最终还是出来了，他让男孩剪了四只羊的羊毛。他在付钱的时候，邀请男孩明年再来。

现在，距离那个村庄只有四天的路程了，男孩有些激动，同时带有几分不安：也许那个女孩已经把他忘了。许多牧羊人会经过那里，并出售他们的羊毛。

“没关系，”他对羊群说，“我认识其他地方的其他女孩。”

但是，在他的内心深处，他知道这其实大有关系。他知道，牧羊人就像水手和游乡小贩一样，总会有那么一个地方，有那么一个人，会使他们忘记那种无忧无虑的漫游的快乐。

延展阅读

《韦罗妮卡决定去死》

这是作者的另一部精品。

保罗·科埃略曾说：“我只是描述自己的经历和内心困惑。人人都知道一些事，没有人知晓一切。我只是把我的经验拿出来与大家分享。年轻的时候，我曾经想做一个艺术家，父母把我送进精神病院——不是一次而是三次。基于这段经历，我写了《韦罗妮卡决定去死》。它讲的是必须接受差异，而不是去完成他人给你规定的命运。”

《韦罗妮卡决定去死》是作者 1997 年出版的一部作品。主人公韦罗妮卡因自杀未遂而被送进精神病院后，成了该院负责人伊戈尔医生研究治疗维特里奥洛中毒的试验品。伊戈尔医生瞒着所有的人，让护士每天给韦罗妮卡注射一种名为费诺塔尔的药物，造成一种心脏病发作的假象，使韦罗妮卡深信自己注定很快就要死去。在“来日无多”的意识支配下，韦罗妮卡摒弃了过去一直束缚着她的偏见，直率地要把自己的爱献给愿意听她弹琴的精神分裂症患者埃杜阿尔德。

在韦罗妮卡得知自己只能活“24 个小时”后，她要求医生给她服一种药，使她能醒着，她要利用好自己生命中的每一分钟。以前，当她想到生命还十分漫长的时候，总是把许多事情推迟到将来去做。现在，她要活个痛快，活个充实，她想投入到一个男人的怀抱，投入城市的怀抱，投入生活的怀抱，最后再投入到死亡的怀抱。

韦罗妮卡必将死去的消息使许多住院患者受到触动，不少人开始重新审视自己的生活。患压抑症的泽德卡获准出院，她要去寻求一种冒险生活。患恐惧症的律师马莉留下一封信走了，她要去战后的萨拉热窝救助那里的儿童。韦罗妮卡和埃杜阿尔德一道逃出了医院，24 小时之后，韦罗妮卡仍然很好地活着。而这一点正是全书的关键所在。因为韦罗妮卡并非会无可挽回地死去，由于伊戈尔医生瞒着所有的人把她视为豚鼠进行医学试验，医生的试验成功了，韦罗妮卡自然幸免一死。而作者意图通过韦罗妮卡传达的珍爱生命的声音，也如愿传达给了每一名读者。

《芥川龙之介中短篇小说集》

〔日〕芥川龙之介　著

一半相信自由意志，一半相信宿命；一半怀疑自由意志，一半怀疑宿命。

推荐版本：湖北人民出版社（2006 年）　鲁迅等译

关于作者

芥川龙之介（1892—1927），日本大正时代小说家，号柳川隆之介、澄江堂主人、寿陵余子，笔名“我鬼”。

芥川龙之介出身于一个平凡的家庭中。父亲是送奶工人，母亲生下芥川龙之介不久后便精神失常。芥川龙之介遂由舅舅芥川家抚养。

在舅舅家里，龙之介受到了最早的启蒙教育。由于芥川家是习武世家，重视教育，家中子弟必须修习文学、演艺、美术、武术等科目。芥川龙之介天资甚高，加上良好的家庭熏陶，很早便开始广泛阅读诗书。至中学时代，芥川龙之介已经阅读了中国传统名著《西游记》《水浒传》，日本近代作家泉镜花、幸田露伴、夏目漱石、森鸥外的作品，以及易卜生、法朗士、波德莱尔、斯特林堡等人的作品。童年的阅读经历为日后芥川龙之介的写作奠定了坚实的基础。

1913 年，芥川龙之介进入东京帝国大学。在大学期间，他开始尝试进行文学创作。早期的作品，如《老年》、剧作《青年之死》等反响平平。1915 年，经人介绍，芥川龙之介参加了夏目漱石举办的木曜会，受到漱石的赏识而成为他的门生。同年发表《鼻子》，奠定了新锐作家的地位。《鼻子》受到夏目漱石的极力赞扬，漱石开始指导龙之介创作俳句。大学期间，芥川龙之介与久米正雄、菊池宽等先后两次复刊《新思潮》，成为第三次和第四次复刊的《新思潮》杂志同人。

芥川龙之介的才华不仅体现于文学创作，他还十分博学。学界这样评价他："芥川是时代的牺牲品，他背负着世纪末的渊博学问，不堪忍受旧道德的重荷，在新时代的黎明中倒下了。"芥川龙之介成长于社会激荡时期，他不满社会对自我的重压，又无力抗争，最终企图在调和两者的矛盾中来实现自己的人生。面对闭锁与开明相接的历史时期，个人、家庭、社会三方面的境况，使他陷入人生苦恼的深渊。然而为了使自己成为一个"精神上的强者"，他又不得不用合理主义填补自己的神经，以对抗现实世界的丑恶。他出于对资本主义体制、道德和现代社会的种种束缚的不满，因而对马克思主义抱有一定的兴趣。但他不相信通过与资本主义斗争能够改变人的命运。可以说，他的世界观是基于个人主义与合理主义，对于社会和人生采取一半肯定、一半否定的态度。

他的《侏儒的话》就是他解剖自己的世界观的自白书。在这篇自白书中，他既承认看到了资本主义的罪恶，并攻击现代的社会制度，但却又害怕他们所蔑视的社会。所以他强调"最光明的处世方法是既蔑视社会的因袭，又过着与社会的因袭不相矛盾的生活"。他为此常常苦恼于宿命，他"一半相信自由意志，一半相信宿命；一半怀疑自由意志，一半怀疑宿命"，"古人将这种态度称做中庸。我相信，如果没有中庸之道，就没有任何幸福"。可以说，以中庸之道来统一自由意志与宿命的矛盾，是芥川人生观的核心。芥川谈及这个问题时还说过这样一段话："血统、境遇、偶然——主宰我们命运的毕竟是这三者"，所以决定他的命运的，"四分之一是我的血统，四分之一是我的境遇，四分之一是我的偶然——我的责任只是四分之一"。换句话说，他只有四分之一的能力来主宰自己的命运，于是企图笃信基督教来寻找精神的寄托。但现实的压迫使他受到更残酷的折磨，他无法再相信上帝能创造奇迹来解救他的不幸的命运。

在芥川龙之介短暂的一生中，他创作了150多篇短篇小说，以及诗、和歌、俳句、随笔、散文、游记、论文等多种形式的文学作品，为后世留下了宝贵的精神财富。龙之介的小说始于历史题材，如《罗生门》《鼻子》《偷盗》等；继而转向明治文明开化题材，如《舞会》《阿富的贞操》《偶人》等；后写作现实题材的作品，如《桔子》《一块地》以及《秋》等。芥川龙之介是新思潮派的代表作家，创作上既有浪漫主义特点，又具有现实主义倾向。在创作中，芥川龙之介风格华丽，感染力强，注重技巧、形式、结构完美，关心社会问题与人生问题。其代表作《罗生门》《竹林中》等，已经成为文学史上不朽的传奇经典。

1927年，由于健康和精神原因，芥川龙之介在家中服用过量安眠药自杀。自1935年起，日本设立以他命名的“芥川文学奖”，一直是日本奖励优秀青年作家的最高文学奖。

荐读理由

《芥川龙之介中短篇小说集》收录了芥川龙之介大部分优秀的小说作品，通过阅读本书，读者可以领略芥川龙之介简洁华丽的语言风格和创作流变。

《罗生门》是芥川龙之介的代表作品之一。《罗生门》典出平安朝的故事集《今昔物语》。《今昔物语》是日本平安朝末期的民间传说故事集，以前称《宇治大纳言物语》，相传编者为源隆国，共31卷。包括故事一千余则，分为“佛法、世俗、恶行、杂事”等部，以富于教训意味的佛教评话为多。

“罗生门”本来在日文汉字写成“罗城门”，最原始意义是指设在罗城（即城的外郭）的门，即京城门之意。故事发生在战争年代，一个被主人赶出来的仆人，思想上正在做强盗和被饿死之间挣扎。这时正巧走到一个到处都堆满死尸的地方，也就是叫做罗生门的地方，他壮起胆子，想进去找到一些财物。结果他竟然发现有一个衣衫褴褛的老妇人正在从一个年轻女子的死尸头上拔头发。他冲上去说你这个没人性的，竟然对死尸也不放过。老太婆解释说她只是想用这些头发做个头套谋生罢了。她说："曾经这个妇人，用蛇肉晒干当做鱼干来卖，吃了鱼干的人们觉得很好吃，妇人得以维持生计。我并不觉得这妇人做错了，她跟我一样都是为了生存啊！"于是，仆人大悟了，既然是为了生存，还有什么不可以的？于是，他就抢了老太婆的衣服逃走了，并且从那以后再也没人见过他。

另一篇名作即是《竹林中》。小说由在竹林中发现了武士尸体的樵夫、云游僧、捕役、老妇答典史问，以及强盗多襄丸的供词、真砂的忏悔、武士鬼魂借巫女之口所说的话等几个部分组成。樵夫在竹林中发现了武士武弘的尸体，而武士年轻貌美的妻子真砂以及凌辱他的强盗多襄丸都分别供认自己是凶手。三个人的供词是互相矛盾的，只有一点相同，那就是无论杀人者还是被杀者都谴责那名被奸污的女子，而女子因为缺乏自杀的勇气同样生活在自责中。最后是死者的供词，他借巫女之口，声称自己是愤而自杀的。樵夫、云游僧、捕役、武士的岳母也站在不同的立场上为案情提供线索。小说没有最终结局，因而也引起了众多莫衷一是的揣测。从文学成就的角度说，诸多文学理论家认为从小说本身来看，它提供了一个开放的结构。

《竹林中》不是侦破小说，它激起的不是我们探究真相的兴趣，而是不同当事人对同一个事件讲述的角度、立场、语气、心理的不同所隐藏的信息。我们看到，武士和凶手对那位被奸污的女性都有些责备和鄙视，而那位女性则充满了自责，在责备和自责的背后有很深的文化内涵。

先睹为快

某日傍晚，有一家将，在罗生门下避雨。

宽广的门下，除他以外，没有别人，只在朱漆斑驳的大圆柱上，蹲着一只蟋蟀。罗生门正当朱雀大路，本该有不少戴女笠和乌软帽的男女行人，到这儿来避雨，可是现在却只有他一个。

这是为什么呢，因为这数年来，接连遭了地震、台风、大火、饥馑等几次灾难，京城已格外荒凉了。照那时留下来的记载，还有把佛像、供具打碎，将带有朱漆和飞金的木头堆在路边当柴卖的。京城里的情况如此，像修理罗生门那样的事，当然也无人来管了。在这种荒凉景象中，便有狐狸和强盗来乘机作窝。甚至最后变成了一种习惯，把无主的尸体，扔到门里来了。所以一到夕阳西下，气象阴森，谁也不上这里来了。

倒是不知从哪里，飞来了许多乌鸦。白昼，这些乌鸦成群地在高高的门楼顶空飞翔啼叫，特别到夕阳通红时，黑魆魆的好似在天空撒了黑芝麻，看得分外清楚。当然，它们是到门楼上来啄死人肉的——今天因为时间已晚，一只也见不到，但在倒塌了砖石缝里长着长草的台阶上，还可以看到点点白色的鸟粪。这家将穿着洗旧了的宝蓝袄，一屁股坐在共有七级的最高一层的台阶上，手护着右颊上一个大肿疮，茫然地等雨停下来。

说是这家将在避雨，可是雨停之后，他也想不出要上哪里去。照说应当回主人家去，可是主人在四五天前已把他辞退了。上边提到，当时京城市面正是一片萧条，现在这家将被多年老主人辞退出来，也不外是这萧条的一个小小的余波。所以家将的避雨，说正确一点，便是“被雨淋湿的家将，正在无路可走”。而且今天的天气也影响了这位平安朝家将的忧郁的心情。从申末下起的雨，到酉时还没停下来。家将一边不断地在想明天的日子怎样过——也就是从无办法中求办法，一边耳朵里似听非听地听着朱雀大路上的雨声。

雨包围着罗生门从远处飒飒地打过来，黄昏渐渐压到头顶，抬头望望门楼顶上斜出的飞檐上正挑起一朵沉重的暗云。

要从无办法中找办法，便只好不择手段。要择手段便只有饿死在街头的垃圾堆里，然后像狗一样，被人拖到这门上扔掉。倘若不择手段哩——家将反复想了多次，最后便跑到这儿来了。可是这“倘若”，想来想去结果还是一个“倘若”。原来家将既决定不择手段，又加上了一个“倘若”，对于以后要去干的“走当强盗的路”，当然是提不起积极肯定的勇气了。

延展阅读

《侏儒的话》

本书又译为《傻瓜的一生》，芥川龙之介的随笔评论集，作品短小精悍，每段只有一两句话，但意味深长。此书阐述了他对艺术和人生的看法，是有关人生领悟和社会议论之作。他的文笔典雅俏丽，技巧纯熟，精深洗练，意趣盎然，别具一格。其中，《侏儒的话》是芥川龙之介最得意的格言代表作，收录于《侏儒的话》一书中。这篇文章贯穿着辉煌灿烂的知性幻想的文脉，作者以智慧来诉说心情，并将其人生观、艺术观流露在字里行间，是极为成功的格言代表作。

《雪国》

〔日〕川端康成　著

通过变形的主观来反映客观世界，在幻想的世界中追求虚幻的美。

推荐版本：

●人民文学出版社（2002 年）　叶渭渠译

●北京燕山出版社（2006 年）　叶渭渠、康月梅译

关于作者

川端康成（1899—1972），日本新感觉派作家，著名小说家。

川端康成生于大阪，是家中的长子。童年家庭和美的时光并不长久，川端康成 2 岁时，父亲荣吉因肺结核而去世；3 岁时，母亲也因感染结核病而辞世；10 岁时，唯一的姐姐芳子患心脏麻痹而夭折。1914 年，祖父的过世使得川端康成成了孤儿，转由母亲娘家收养。

然而值得欣慰的是，来自家庭的不断的沉重的打击，并没有击垮年少的川端康成。自小学起，他便显露出过人的文学天赋。虽然体弱多病，时常停学在家，但川端康成的作文依然在学校名列前茅。因为家庭的变故，他能够敏锐地捕捉到细微的心理和环境变化，并付诸笔端。在祖父过世之后，川端康成就创作了包括《十六岁的日记》《拾骨》《参加葬礼的名人》《向阳》在内的一系列作品，记录送别祖父的离愁伤悲。

一生漂泊无依的川端康成内心苦闷，性格悲观且孤独，书籍是他最为熟知的朋友。少年时期的康成立志成为一名小说家。为此，他博

览群书，在小说、新体诗、俳句上都有涉猎，广泛阅读了谷崎润一郎、二司小剑、芥川龙之介、志贺直哉、陀思妥耶夫斯基、契诃夫等国内外作家的作品，为日后的文学创作奠定了坚实的基础。在中学期间，川端康成已经发表了不少短文，如《致H中尉》《淡雪之夜》《紫色的茶碗》《电报》《千带》等等。1920年，川端康成考入东京帝国大学文学系英文学科，开始了大学生活，也远离了中学时期与室友小竺原的同性恋关系。

上大学后，川端康成接触到了包括森鸥外翻译的《各国故事》在内的翻译作品，并在《新思潮》发表作品，获得好评。1921年，川端康成结识了女招待伊藤初代，陷入恋爱。然而这段恋情并不顺利，最后康成与初代解除了婚约。这段经历又给川端康成带来了灵感，写作出《南方的火》《篝火》《非常》《她的盛装》《暴力团一夜》《海的火祭》等作品。凭借着这些文学作品，川端康成经友人菊池介绍认识了芥川龙之介、久米正雄和横光利一。

1924年，川端康成大学毕业，与横光利一等创办《文艺时代》杂志，他们以《文艺时代》为阵地发起了日本新感觉派运动。“新感觉派”接受西方现代派文学的影响，反对传统的现实主义，企图进行一场文学革新运动。他们主张不再通过视觉进入知觉、把握客观规律认识世界，而是通过变形的主观来反映客观世界，描写超现实的幻想和心理变态；强调艺术至上，认为现实中没有艺术，没有美，因而在幻想的世界中追求虚幻的美。川端康成是新感觉派的中心人物之一。

川端康成的作品即是他毕生经历的投射。19世纪20年代至30年代间，他逗留在浅草和伊豆，拜访了大量舞女，记录她们的生活境遇，从而写就了《伊豆的舞女》《浅草红团》等作品。早期作品中多以下层女性为主角，歌颂纯洁的女性形象、赞美她们勇敢追求美好的生活；而后期作品则表现出了颓废、伤感的情调。川端康成一生创作小说百余篇，包含长、中、短篇。

1968年，凭借《雪国》《古都》《千只鹤》三部代表作，川端康成获得诺贝尔文学奖。瑞典皇家文学院常务理事、诺贝尔文学奖评选委员会主席安德斯·奥斯特林致授奖辞，突出地强调：“川端先生明显地受到欧洲近代现实主义的影响，但是，川端先生也明确地显示出这种倾向：他忠实地立足于日本的古典文学，维护并继承了纯粹的日本传统的文学模式。在川端先生的叙事技巧里，可以发现一种具有纤细韵味的诗意……川端康成先生的获奖，有两点重要意义。其一，川端先生以卓越的艺术手法，表现了道德性与伦理性的文化意识；其二，在架设东方与西方的精神桥梁上作出了贡献。”安德斯·奥斯特林最后宣读了奖状题词：“这份奖状，旨在表彰您以卓越的感受性，并用您的小说技巧，表现了日本人心灵的精髓。”

1972 年，川端康成自杀身亡。

荐读理由

有人说：读川端康成要在冬天，在有雪和月光的晚上。没有孤独、清冷、幽静……怎会有感动呢？感动是一股带电的凉意；是颤栗，是那种浑身透明、毛孔张开——非要爱上点什么不可的感觉。

读《雪国》便是这样。

“风花雪月”中，最烂漫的莫过于雪。在日本的古典美学意境中，积淀最深的是雪。川端便是离不开雪的作家。他的故事里总弥漫着一股拒绝融化的伤感，一种迷蒙的雪之苦味……雪，像缥缈的背景音乐，总要徘徊在女人出没的地方，激动人心的雪总会牵出一位令人心仪的女子来。《雪国》开篇道：“穿过县界长长的隧道，便是雪国。夜空下一片白茫茫。”为何一上来就忍不住念及雪，就像急急去赴伊人之约？

这冲动让读者看清了川端的美学世界：雪，女子，白，洁净。

冰天雪地里，那些纯真却不幸的“驹子”们，其灵魂和身子都似雪洗过的一样白，白得细腻、孤独，白得耀眼、凄然，白得忧郁、高尚，让人尊敬和怜惜，让男人们自惭形秽……对艺妓驹子，借岛村之口：“与其说她的艳丽，倒不如说她的洁净，甚至连脚缝都是干净的……”

或许，正是东瀛列岛那无处不在的雪气和樱花哺育了这种清澈的生命美性。雪与女子肌肤相亲，彼此倾诉，灵犀相通……她们丰盈的躯体里充满旺盛的雪：雪之光焰，雪之温情，雪之诗意。那乳汁般饱胀的爱竟使她不顾危险去亲近一个薄情的男子……简简单单的白，简简单单的交付，简简单单的高尚与不幸。凡美的大都简单，只有丑秽的东西才不得不借助混沌与复杂。而简单遇上复杂，吃亏的往往是前者，或许这就是那些美性生命总不幸的缘由罢。雪是大地上的水银，折射出女子寒冷的腰肢。而驹子们不也是男人的一面镜子吗？当她们明净的生命线条纤毫毕呈的时候，岛村们却显出了虚伪和阴郁的病容，沦为需要施舍和怜悯的可怜虫。我突然醒悟了米兰·昆德拉的话：女人是男人的未来。

为什么雪之性情偏偏为女子所吸收？岛国的男人却不行？我发现，无论是皑皑之雪，还是哀哀之樱，它们——她们灵魂的内涵、气质和辐射出的精神光泽，的的确确都是“女儿性”的——那种婴儿式甜柔的白、那种孕妇型的宽容善良、那种母性腹部才有的温软与宁馨……而男性不同，其混沌的天性确应了《红楼梦》里的说法，泥沙俱下的秉质决定了男性世界的诡秘与混浊。这个世界上，女人常因简单而成为受害者，但她们却非人性的失败者。失败的是男人，沮丧的也是男人，求饶和求助的还是男人。她们是因宽恕和搀扶反而才受害的。女人是脆弱的强大，男人是强大的脆弱。女人是雪中的白，而男人是雪中的惨白。我突然觉得川端真是一位美好的老人。他不惜背叛了自己的性别利益，盾牌似的站在了善良、简美和雪的一边。他是个唯美者，一个值得女性信赖的为数不多的——永远的——父亲般的男人。

先睹为快

已经是三个钟头以前的事了。岛村感到百无聊赖，发呆地凝望着不停活动的左手的食指。因为只有这个手指，才能使他清楚地感到就要去会见的那个女人。奇怪的是，越是急于想把她清楚地回忆起来，印象就越模糊。在这扑朔迷离的记忆中，也只有这手指所留下的几许感触，把他带到远方的女人身边。他想着想着，不由地把手指送到鼻子边闻了闻。当他无意识地用这个手指在窗玻璃上划道时，不知怎的，上面竟清晰地映出一只女人的眼睛。他大吃一惊，几乎喊出声来。大概是他的心飞向了远方的缘故。他定神看时，什么也没有。映在玻璃窗上的，是对座那个女人的形象。外面昏暗下来，车厢里的灯亮了。这样，窗玻璃就成了一面镜子。然而，由于放了暖气，玻璃上蒙了一层水蒸气，在他用手指揩亮玻璃之前，那面镜子其实并不存在。

玻璃上只映出姑娘一只眼睛，她反而显得更加美了。

岛村明白，自己从一开头就是想找这个女子，可自己偏偏和平常一样拐弯抹角，不免讨厌起自己来。与此同时，越发觉得这个女子格外的美了。从刚才她站在杉树背后喊他之后，他感到这个女子的倩影是多么袅娜多姿啊。

玲珑而悬直的鼻梁虽嫌单薄些，在下方搭配着的小巧的闭上的柔唇却宛如美极了的水蛭环节，光滑而伸缩自如，在默默无言的时候也有一种动的感觉。如果嘴唇起了皱纹，或者色泽不好，就会显得不洁净。她的嘴唇却不是这样，而是滋润光泽的。两只眼睛，眼梢不翘起也不垂下，简直像有意描直了似的，虽有些逗人发笑，却恰到好处地镶嵌在两道微微下弯的短而密的眉毛下。颧骨稍耸的圆脸，轮廓一般，但肤色恰似在白陶瓷上抹了一层淡淡的胭脂。脖颈底下的肌肉尚未丰满。她虽算不上是个美人，但她比谁都要显得洁净。

延展阅读

作者还有下列精品：

《千只鹤》

本书在川端康成的整个创作中占有重要地位，它不仅是作家获得诺贝尔文学奖的代表作品之一，而且这部作品从多方面反映了作家创作的独特风格，同时，它也是一部十分复杂、非常容易引起歧义的小说。如果单从情节上讲，它可以被认为是描写不道德的家庭乱伦；如果从接受美学的角度讲，它又具有宣扬个性、追求自我的态度。作者曾在获得诺贝尔文学奖时发表的演说辞《我在美丽的日本》中作过这样的表述：“我的小说《千只鹤》，如果人们以为是描写日本茶道的‘心灵’与‘形式’的，那就错了，毋宁说这部作品是对当今社会低级趣味的茶道发出的怀疑和警惕。”那么，它到底是“低级趣味”的，还是发出了“怀疑和警惕”，还需要读了才知道。

《古都》

本书是川端康成末年之作，讨论川端康成一贯关心的主题：两性之间的鸿沟、两性差异的焦虑、单纯无邪的向往、人间和自然的结合、环境和个性的结合。作品借由战后京都的各处名胜为背景，演绎人物的故事——失散姐妹的离合情怀、男女的爱恋、传统的媒妁婚姻，配以日本传统祭典所表现的内在拘谨心理意识之外显，而透露出日本文化中的物哀、风雅与幽玄的独特美感。小说的另一个特色就是描述了京都的多个节日，包括平安神宫的时代祭、葵祭、鞍马寺的伐竹会、祇园祭、“大字”篝火仪式等，充满异域风情。

《名人》

这是作者的另一部精品。

没有一部关于围棋的小说，像《名人》一样声名远播。小说中所写的这一盘棋，又是在围棋史上最有名的棋局之一。日本围棋大师本因坊名人在他 64 岁那年，要以一局棋来告退棋界，一位年轻棋手的代表被推上了舞台。这一局棋下得十分激烈，双方限时 40 小时，期间，由于秀哉名人的健康状况，棋局中断了三个月。实际上，这一局棋从 1938 年 6 月 26 日一直下到 12 月 4 日。《名人》所写的是本因坊名人的最后一战。这一战，将终结一个人的围棋生命，也将终结一个旧的围棋时代。

《白夜行》

〔日〕东野圭吾　著

以最简单质朴的语言诉说人性的隐恶与自赎。

推荐版本：南海出版公司（2008 年）　刘姿君译

关于作者

东野圭吾，日本推理小说家，1958 年生。早在他 16 岁的时候，由于看了小峰元的作品《阿基米德借刀杀人》而大受触动，之后又读了松本清张的《点与线》《零的焦点》等作品。满腔推理热情的他便尝试着撰写长篇推理小说，而且首部作品还是以重大社会问题为主题。然而由于大学时期完成的首部推理作品没有得到周围朋友的好评，写小说这件事便从他的生活之中消失了好一阵子。

从大阪府立大学电气工学专业毕业后，东野圭吾进入汽车零件制作公司担任工程师。由于希望能在工作以外的私生活之中有个较为不同的目标，同时也出于对获得江户川乱步奖的梦想，他重拾笔杆，又开始着手撰写推理小说。“江户川乱步奖”是日本推理文学界最具有代表性的长篇小说奖，其得奖作品，都是反映时代、领导时代的作品，可谓是一部 50 年来的日本推理小说史。1985 年，在历经两次落选后，他的第三次挑战——以发生在女子高中校园里的连续杀人事件为主轴展开的青春推理小说《放学后》成功夺下了第 31 届江户川乱步奖。

获得江户川乱步奖后，抱着成为职业作家的决心，东野圭吾辞去了在大阪的稳定工作来到了东京。这个决定使得他没有退路，不管遭遇什么样的挫折，都只能选择前进。于是只要有机会，东野圭吾几乎什么作品都写。他非常单纯地觉得自己必须持续写下去，必须持续地出书。因为只要能够持续出书，就算作品少人问津，至少还有些版税收入可以生活；只要能够持续地发表作品，至少就不会被出版界忘记。

在江户川乱步奖的光环之下，又身处日本经济高速发展、推理小说新风潮正劲的20世纪80年代，勤奋写作的东野圭吾逐渐有了名气，事业蒸蒸日上。他在传统推理小说的框架之外尝试了许多新的切入点，使出浑身解数吸引读者与文坛的注意。古典、趣味、科学、日常、幻想……在他笔下似乎没有什么题材不能入推理，似乎没有题材不能成为故事的要素。他的创作手法从初期以诡计为中心，渐渐发展出许多具有独创性，甚至是实验性的方向。而大学学习理工科的背景，也让他比其他作家更擅长使用并驾驭科技元素的题材。他巧妙地将自己熟悉的理工背景，在分解组合后以最简明的方式呈现在读者眼前。另一方面，一直关注社会问题的东野圭吾由《以前我死去的家》(1994) 中牵涉儿童虐待的副主题为开端，把对社会人心的描写作为他职业写作生涯的一项重要课题，以最简单质朴的语言不断诉说人性的隐恶与自赎，是其作品最迷人且匠心独具的部分。东野圭吾这种立足于推理，进而衍生至科技与人性主题上的写作倾向，在发表于2005年的《嫌疑犯X的献身》中达到完美的融合。也因为这部作品，在2006年史无前例地囊括了第134届直木奖、第6届本格推理小说大奖及当年度三大推理小说排行榜第一名，让东野圭吾正式跻身家喻户晓的畅销作家之列。加上这几年来，东野的作品纷纷电视电影化，目前已有19部作品被搬上屏幕。其中电影《秘密》、电视剧《白夜行》在中国观众中均有一定的知名度。凭借多渠道的营销，他站上前人未达之高峰，创造了日本推理文坛近年来难得一见的奇迹。

荐读理由

《白夜行》于1997年1月至1999年1月间连载于期刊，单行本1999年8月在日本发行。小说将无望却坚守的凄凉爱情和执著而缜密的冷静推理完美结合，被众多读者视作东野圭吾作品中的无冕之王，被称为东野笔下“最绝望的念想、最悲恸的守望”，出版之后引起巨大轰动。2006年，本作被改编成同名电视连续剧，一举囊括第48届日剧学院奖四项大奖，与图书一同为作家带来如潮好评，使他成为日本、韩国与中国台湾等地最受欢迎的作家之一。“只希望能手牵手在太阳下散步”，这句象征《白夜行》故事内核的绝望念想，有如一个美丽的幌子，随着无数凌乱、压抑、悲凉的事件片段如纪录片一样一一还原，最后一丝温情也被完全抛弃，万千读者在一曲救赎罪恶的爱情之中悲切动容。

故事围绕着一对相恋的少男少女展开。为了保护自己的恋人，少男桐原亮司把自己的父亲杀死了，少女唐沢雪穗为了不让事情败露，把知道真相的自己的母亲也杀死了，而且把罪行推加到她母亲的身上。这一切的起因都是少女的母亲由于家庭窘迫，为了钱硬逼着自己的女儿牺牲肉体，而消费者恰好就是少男的父亲，结果被少男正好看见，于是就发生了这起惨剧。日本法律对案件的追查期为15年，为了逃脱法律的制裁，少女和少男约定，在今后的15年内，彼此要像陌生人一样生活，只有这样别人才不会怀疑。没有了完整家庭的少男和少女，在惨剧发生后度过了平静的七年，突然，桐原亮司发现七年前的案子还是有人在查，而且，已经开始怀疑到自己和唐沢雪穗身上了。没有家庭温暖的二人，为了不让自己的罪行被发现，用尽各种手段把自己身边的亲人、朋友一一除掉。但双手沾满罪恶的他们，其实只是想能在太阳底下手牵着手散步罢了……

《白夜行》以文化符号作编年纪事，剧情环环相扣，章回之间相互呼应。可以看出，铺排剧情是东野圭吾的强项。而从根本上来剖析，这部小说的世界其实是一个二元的结构，一边是罪，一边是爱；一边是黑，一边是白；一边是正，一边是邪；一边是显，一边是隐。最能够反映这个世界的是小说中唐沢雪穗的一番话：“我的天空里没有太阳，总是黑夜，但并不暗，因为有东西代替了太阳。虽然没有太阳那么明亮，但对我来说已经足够。凭借这份光，我便能把黑夜当成白天。你明白吗？我从来就没有太阳，所以不怕失去。”这段话基本上表达了一切，也阐释了书名的由来。东野圭吾总是用反讽法去将上述的二元结构颠倒过来，表面上纯洁美丽的雪穗是罪恶的，她黑暗的童年阴影无法去除，所以生命中没有太阳。桐原亮司表面上是神秘而且阴暗的，但他承受了父亲罪行的后果，为雪穗不惜一切，他代替了太阳，成为雪穗的亮光，她便可以在白夜中行走。

在侦探故事中，侦探角色一般而言是正义者的化身、人间的审裁者、求真相的人。然而本部作品中，侦探在剧情发展中间，角色渐渐褪去应有的色彩，体现出正义力量是有限的，甚至是无能为力的，与之形成对比的是罪恶力量的强盛。《白夜行》中罪恶的力量愈强，赎罪与爱的力量就愈大，这种反讽的手法既让读者感到出其不意又引人深思。直到小说的最后，侦探才现身揭发一切，让清白留在人间，但这一份清白却是叫人黯然神伤的苍白甚至灰茫，也叫人想到爱与罪之间还有正义，但正义与爱却不一定如愿地结合起来。

先睹为快

笹垣拉拢外套，迈开脚步。走在他前面的是一对母女，她们似乎也刚从“R&Y”出来。

“收到一个很棒的礼物，回去要给爸爸看哦。”母亲对孩子说道。

“好。”点头回答的是一个三四岁的小女孩，她手里拿着什么东西，正轻飘飘地晃动。一瞬间，笹垣圆睁双眼。

女孩拿着一张红色的纸，剪成一只漂亮的麋鹿轮廓。

“这个……这从哪里来？”笹垣从身后抓住小女孩的手。

母亲露出恐惧的神情，想保护自己的女儿。“有……有什么事？”

小女孩似乎随时会放声大哭，路过的行人无不侧目。

“啊！对不起。请问……这是哪里来的？”笹垣指着小女孩手里的剪纸。

“哪里来的……送的。”

“哪里送的？”

“店里。”

“店里谁送的？”

“圣诞老公公。”小女孩回答。

笹垣立刻转身，不顾因寒气而疼痛的膝盖，全力狂奔。

店门已经开始关闭，警察们还在附近没有离开。他们看到笹垣的模样，都变了脸色。“怎么？”其中一人问道。

“圣诞老人！”笹垣大喊，“就是他！”

警察们立刻醒悟，强行打开正要关上的玻璃门，闯入店内，无视阻止他们的店员，踩着停止运作的扶梯往上冲。

笹垣原本准备跟在他们身后冲进去，但脑子里随即冒出一个念头。他拐进建筑物旁的小巷。

真蠢！我真是太蠢了！我追踪他多少年了？他不总是在人们看不见的地方守护雪穗吗？

绕到建筑物后面，笹垣看到一道装设了铁质扶手的楼梯，上方有一扇门。他爬上楼梯，打开门。

眼前站着一个男子，一个身着黑衣的男子。对方似乎也因为突然有人出现而大吃一惊。

这真是一段奇异的时间，笹垣立刻明白眼前这人就是桐原亮司。但他纹丝不动，也没出声，大脑的一角在冷静地判断：这家伙也在想我是谁。

延展阅读

《放学后》

本书是东野圭吾的成名作。1985 年，《放学后》以绝对优势摘得日本推理小说界最重要的新人奖——江户川乱步奖。在本书中，他关注人性、擅长转折的特征已展露无遗。结构精巧细密，谜题设计出色，既有青春的欢笑与忧愁，也有人性的幽微与黑暗，从多角度直击日本社会问题，更给人以警示：当美丽、纯粹、真实的事物被破坏，重视的回忆和梦想被摧毁时，恨意便开始萌发，恣意蔓延开来。

《离婚》

老舍 著

真实生动地描绘了现代中国的社会风貌和民情心理。

推荐版本：文汇出版社（2008 年）

关于作者

老舍，原名舒庆春（1899—1966），字舍予，中国现代小说家、文学家、戏剧家，“老舍”为其最常用的笔名。在文学史中，老舍被称为“人民艺术家”。

老舍是满族人，出生于北京西城小羊圈胡同一个贫困的家庭。1 岁半时，老舍家中遭到了八国联军的抢劫，老舍因为被扣在一个大箱子下面而幸免于难。虽然逃过此劫，却难逃家破人亡的悲剧，老舍的父亲在抗击八国联军的战争中身亡，给这个家庭带来了雪上加霜的打击。

1918 年，老舍从北京师范大学毕业，期间因为家庭困难险些辍学。毕业后，老舍曾任北京东城区方家胡同小学校长、中学教员、北京大学教授、山东大学教授等职。1922 年 9 月，老舍辞去所有职务，到以开明新派著称的天津南开学校中学部任国文教员，在那里写下了第一篇新文学习作《小铃儿》。在这以前，还坚决退掉母亲包办的婚约。次年回到北京，任顾孟余主持的北京教育会的文书，同时在第一中学兼课，业余时间到燕京大学旁听英文。他虽然道路不无曲折，但“五四”

推动他进一步挣脱了封建的、世俗的羁绊，去寻求一种比他已经得到的更有意义的生活。

五四新文化运动掀起的民主、科学、个性解放的思潮，把他从“兢兢业业办小学，恭恭顺顺侍奉老母，规规矩矩结婚生子”的人生信条中惊醒；文学革命的勃兴，又使他“醉心新文艺”，由此开始生命和事业的新起点。1924 年他远赴英国，任伦敦大学东方学院中文讲师。教学之余，读了大量外国文学作品，并正式开始创作生涯。

1926 年，老舍发表长篇小说《老张的哲学》，首次使用笔名“老舍”，此前还曾用过絜青、絜予、口青等笔名。因为老舍生于阴历年底，父母为他取名“庆春”，大概含有庆贺春来、前景美好之意。舒庆春上学后，自己更名为舒舍予，“舍予”是“舒”字的分拆：舍，舍弃；予，我，含有“舍弃自我”，亦即“忘我”的意思。在“舍予”前面添“老”字，而后面去掉“予”字，便成了现今人们熟知的“老舍”。这个“老”并不表示年龄大，而是含有一贯、永远的意思，合起来就是一贯、永远“忘我”。他用“老舍”这一笔名发表了大量文学作品。

《老张的哲学》对乌烟瘴气的教育界作了生动的揭露，其后，老舍又发表了描写市井阶层的讽刺作品《二马》和《赵子曰》。《赵子曰》的鞭挞锋芒指向以新派自诩其实醉生梦死的青年学生；《二马》的主人公是旅居英国的北京人，讽刺的仍是在封建的小生产的社会土壤里培植出来的“出窝儿老”的畸形心态——都以清脆的北京口语、俏皮的幽默笔墨，渲染北京的民俗风情，通过闭塞守旧、苟且偷安的民族心理的剖析，申述对于祖国命运的忧虑，显示出与众不同的艺术个性和思想视角。小说发表后，老舍引起了文坛的瞩目，奠定了他在文学史上的重要位置。

1937 年七七卢沟桥事变爆发，老舍别妻抛子，只身前往武汉，投入到文艺界的抗日洪流之中。在 1938 年成立的“中华全国文艺界抗敌协会”中，老舍担任负责人——总务部主任。之后，又转到重庆，“文协”在艰难困苦中顽强坚持七年时间，直到抗日战争取得彻底胜利。

老舍以满腔热情和耐心细致的工作，团结各个方面的文艺家，共同致力于推动抗战的文艺活动，并以笔为武器，进行多种文艺形式的创作。在其后的30多年里，老舍的生命和写作始终与国家的命运相连。

老舍的一生，总是在忘我地工作，他是文艺界当之无愧的“劳动模范”。他自己说：“我终年是在拼命地写，发表也好，不发表也好，我要天天摸一摸笔。”正因为如此，他勤奋笔耕，创作了《骆驼祥子》《四世同堂》《茶馆》《二马》《龙须沟》等大量文学作品，赢得了“人民艺术家”的崇高赞誉，受到人们的喜爱。“舍予”“老舍”，就是他一生忘我精神的真实写照。

1936年9月起他在《宇宙风》上连载的长篇小说《骆驼祥子》，叙述了一名年轻好强、充满生命活力的人力车夫，希望以个人的奋斗改变自己卑贱地位的故事。他全力以赴，几经挣扎，得到的却是失败和打击。随着幻想的破灭，他对于生活的信念和追求也都丧失殆尽。作者以严峻的现实主义写法，写出了他从自重自信到自甘堕落，也就是他为生活所毁灭的过程——祥子个人的不幸命运，是个意义深广的社会悲剧。小说突出地表现了作者对于城市贫民的真挚同情和深刻理解，成为老舍的主要代表作。《骆驼祥子》是20世纪30年代中国最优秀的作品之一，也是现代中国一部杰出的长篇小说，它奠定了老舍在中国现代文学史上的重要地位。40年代译成英文以后，也赢得了外国读者的喜爱。

老舍的创作，带有英国狄更斯、康拉德等人的影响，与中国传统的、主要是流行于民间的文艺更有深切的联系。这使他的作品具有大众化、通俗性、民族色彩浓厚等特点，从形式到内容都能够雅俗共赏。因此较早地突破了新文学只在学生和知识青年中间流传的狭小圈子，为广泛的读者所喜爱。后来又真实生动地描绘了现代中国的社会风貌和民情心理，具有鲜明的中国特色。再加上规范的现代汉语，而受到国外的重视。这些，都扩大了中国现代文学的影响。他取材于北京胡同里小人物的日常生活，和娴熟地运用“京味”十足的文学语言等特点，受到一些后起者的仿效。

不幸的是，在“文化大革命”中，同许多老一辈爱国文艺家一样，老舍遭到了恶毒攻击和迫害。1966 年，他被逼无奈，含冤自沉于北京太平湖，终年 67 岁。

荐读理由

在现代文学史上，老舍的名字总是与市民题材、北京题材密切联系在一起的。老舍的作品大多取材于市民生活。他善于描绘城市贫民的生活和命运，尤其擅长刻画浸透了封建宗法观念的保守落后的中下层市民，在民族矛盾和阶级搏斗中，在新的历史潮流冲击下，惶惑、犹豫、寂寞的矛盾心理，以及进退维谷、不知所措的可笑行径。他喜欢通过日常平凡的场景反映普遍的社会冲突，笔触往往延伸到民族精神的挖掘或者民族命运的思考，让人从轻快诙谐之中品味出生活的严峻和沉重。

另一方面，关于自然风光的色彩鲜艳的渲染和关于习俗人情的细致入微的描摹，增添了作品的生活气息和情趣。他是现代中国文坛上杰出的风俗、世态（尤其是北京的风土人情）画家。作为一位大家，他所反映的社会现实可能不够辽阔，但在他所描绘的范围之内，却把历史和现实，从一年四季的自然景色，不同时代的社会气氛、风俗习惯，一直到三教九流各种人等的喜怒哀乐、微妙心态都结合浓缩在一起，有声有色，生动活泼，自成一个完整丰满、“京味”十足的世界。这是老舍在现代文学史上作出的特殊贡献。而《离婚》正是这一贡献的代表作品。

《离婚》描写了在旧政府机构任职的一群小职员悲欢离合的婚姻生活，在老舍长篇小说创作史上占据着十分重要的地位。该小说以嘲讽的笔墨，集中描述了张大哥、老李等市民的家庭生活、婚姻状况及他们各自的独特性情，展现了当时北京市民日常生活中的世态风情，不但显现了社会时代的特点，表现了市民思想、文化和性格的内涵，而且反映了人生的一种悲剧性困境：人们都想摆脱非人性的境况，人们却又往往有意、无意地，直接、间接地，制造着别人或自己的非人性境地。小赵的恶意戏耍，老李的心有旁骛，张大哥的热心张罗，吴先生的贪求美色，张大嫂的甘心认命，李太太的闷声怄气，吴太太的女子为斗，邱太太的妥协投降，天真的放浪荒唐，秀真的幼稚轻率……这些都让人深思自省，《离婚》也就有了更为深刻的可读性。

对《离婚》的诞生，老舍后来在《我怎样写〈离婚〉》和赵家璧晚年在《老舍和我》中都有详细的回忆。老舍是在济南齐鲁大学文学院执教，他在课余撰写的长篇《猫城记》在《现代》月刊连载后本应按惯例由现代书局出版单行本，但《现代》变卦，适逢正在新文学出版上大展宏图的赵家璧向老舍约稿，《猫城记》就计划纳入已经出版了鲁迅、巴金、张天翼、何家槐著译的“良友文学丛书”。不料《现代》得讯后又再次改变主意，决定“肥水不流外人田”，“于是《良友》的‘十万火急’来到，立索一本代替《猫城记》的，我冒了汗！可是我硬着头皮答应下来，知道拼命与灵感是一样有劲的。”老舍在1933年夏天冒着溽暑奋笔疾书，比原定计划提前一个月也即7月15日完成了《离婚》，仍用老舍自己的话说，“到如今想起来，那个热天实在是最可喜的，能写入了迷是一种幸福”。《离婚》也因此成为老舍第一部未在杂志上连载就直接出版单行本的长篇小说。

先睹为快

张大哥是一切人的大哥。你总以为他的父亲也得管他叫大哥；他的“大哥”味儿就这么足。

张大哥一生所要完成的神圣使命：作媒人和反对离婚。在他的眼中，凡为姑娘者必有个相当的丈夫，凡为小伙子者必有个合适的夫人。这相当的人物都在哪里呢？张大哥的全身整个儿是显微镜兼天平。在显微镜下发现了一位姑娘，脸上有几个麻子；他立刻就会在人海之中找到一位男人，说话有点结巴，或是眼睛有点近视。在天平上，麻子与近视眼恰好两相抵消，上等婚姻。近视眼容易忽略了麻子，而麻小姐当然不肯催促丈夫去配眼镜，马上进行双方——假如有必要——交换相片，只许成功，不准失败。

自然张大哥的天平不能就这么简单。年龄，长相，家道，性格，八字，也都须细细测量过的；终身大事岂可马马虎虎！因此，亲友间有不经张大哥为媒而结婚者，他只派张大嫂去道喜，他自己决不去参观婚礼——看着伤心。这决不是出于嫉妒，而是善意地觉得这样的结婚，即使过得去，也不是上等婚姻；在张大哥的天平上是没有半点将就凑合的。

离婚，据张大哥看，没有别的原因，完全因为媒人的天平不准。经他介绍而成家的还没有一个闹过离婚的，连提过这个意思的也没有。小两口打架吵嘴什么的是另一回事。一夜夫妻百日恩，不打不爱，抓破了鼻子打青了眼，和离婚还差着一万多里地，远得很呢。

至于自由结婚，哼，和离婚是一件事的两端——根本没有上过天平。这类的喜事，连张大嫂也不去致贺，只派人去送一对喜联——虽然写的与挽联不同，也差不很多。

介绍婚姻是创造，消灭离婚是艺术批评。张大哥虽然没这么明说，可是确有这番意思。媒人的天平不准是离婚的主因，所以打算大事化小，小事化无，必须重新用他的天平估量一回，细细加以分析，然后设法把双方重量不等之处加上些砝码，便能一天云雾散，没事一大堆，家庭免于离散，律师只得干瞪眼——张大哥的朋友中没有挂律师牌子的。只有创造家配批评艺术，只有真正的媒人会消灭离婚。张大哥往往是打倒原来的媒人，进而为要到法厅去的夫妇的调停者；及至言归于好之后，夫妻便否认第一次的介绍人，而以张大哥为地道的大媒，一辈子感谢不尽。这样，他由批评者的地位仍回到创造家的宝座上去。

大叔和大哥最适宜作媒人。张大哥与媒人是同一意义。“张大哥来了，”这一声出去，无论在哪个家庭里，姑娘们便红着脸躲到僻静地方去听自己的心跳。没儿没女的家庭——除了有丧事——见不着他的足迹。他来过一次，而在十天之内没有再来，那一家里必会有一半个枕头被哭湿了的。他的势力是操纵着人们的心灵。就是家中有四五十岁老姑娘的也欢迎他来，即使婚事无望，可是每来一次，总有人把已发灰的生命略加上些玫瑰色儿。

延展阅读

《骆驼祥子》

本书是老舍的代表作。小说的主人公祥子来自乡间，日益衰败的农村使他无法生存下去，他来到城市，渴望以自己的诚实劳动，创立新的生活。他试过各种工作，最后选中拉洋车。这一职业选择表明祥子尽管离开了土地，但其思维方式仍然是农民的。他习惯于个体劳动，同时又渴望有一辆像土地那样靠得住的车。买车，做一个独立的劳动者，“这是他的志愿，希望，甚至是宗教”。城市似乎给了祥子实现志愿的机遇，经过三年奋斗，他买上了车，但不到半年，竟被大兵抢去；但祥子仍然不肯放弃拥有自己的一辆车的梦想，尽管他对自己的追求不无怀疑，几度动摇，但仍然不断振作起来，再度奋斗。而奋斗的结局，是以祥子的失败告终的，他终于未能做成拥有自己一辆车的梦。这部小说的现实主义深刻性在于，它不仅描写了严酷的生活环境对祥子的物质剥夺，而且还刻画了祥子在生活理想被毁坏后的精神堕落。“他没了心，他的心被人家摘去了。”是这个社会让原本对生活充满美好幻想且勤劳善良的农村青年，就这样成为一个行尸走肉般的无业游民。

《边城》

沈从文　著

作品中的“湘西”所代表的是一种“优美和健康和自然，而又不悖乎人性的人生形式”。

推荐版本：人民文学出版社（2003 年）

关于作者

沈从文（1902—1988），中国现代著名作家、历史文物研究家、京派小说代表人物。原名沈岳焕，字崇文，曾用过笔名休芸芸、甲辰、上官碧、璇若等。祖籍湖南凤凰县，苗族人。

沈从文 14 岁高小毕业后便投身行伍，15 岁随军外出，浪迹于湘川黔边境地区，曾做过上士，后来还当过城区屠宰税务员，丰富的阅历使他经历了许多事儿，见识到了各色各样的人。20 岁时，在五四新文学思潮的感召下，沈从文离开军营，只身来到北京，他想进入大学读书，但是却并没有考取。窘困中，沈从文一边在北京大学旁听，一边开始用“休芸芸”这一笔名进行创作。起初，他连标点符号都不会用，投到各个编辑部的稿子也大多石沉大海。但他并没有放弃，仍然笔耕不辍。1924 年，沈从文终于在《晨报》上发表了自己的第一篇作品，从此便一发不可收拾，到了 1929 年，他的作品已经相当有名气了。

20 世纪 30 年代起沈从文开始用小说构造他心中的“湘西世界”，完成了一系列代表作，如小说《边城》《长河》，散文集《湘行散记》

等。当时文坛著名的评论家刘西渭等人都撰文给了他的作品相当高的评价，沈从文声名鹊起，一时震撼文坛。他的作品多描写湘西的乡下人，以“乡下人”的眼光来审视当时城乡对峙的现状，批判现代文明在进入中国的过程中所显露出的丑陋；同时，又以都市的眼光来打量湘西的山水，这样便构造出两种文明之间的落差，让人感到一种疏离美。这种新颖的题材和表达方式以及作品所表达的情感与五四新文学的主流套路迥然相异，为当时的文学创作开辟了一条新路，汪曾祺晚年著名的《大淖记事》《受戒》等作品，就深受沈从文的影响。

沈从文一生创作结集出版的书一共有80多部，是现代作家中成书最多的一个。其早期有小说集《蜜柑》《雨后及其他》《神巫之爱》等，在这些小说中，沈从文想要展现的精神世界已经初见端倪，但作为文学作品来说，还略显青涩。30年代以后，他的创作显著成熟，创作出版的小说集主要有《龙朱集》《旅店及其他》《石子船》《虎雏》《阿黑小史》《月下小景》《八骏图》《如蕤集》《从文小说习作选》《新与旧》《主妇集》《春灯集》《黑凤集》等，以及中长篇《阿丽思中国游记》《边城》《长河》，散文集《从文自传》《湘行散记》等。由于其独特的创作风格，沈从文在中国文坛中有着“乡土文学之父”的美誉。他的作品展现出了人与自然“和谐共存”的、本于自然又回归自然的哲学。其作品中的“湘西”所代表的一种“优美和健康和自然，而又不悖乎人性的人生形式”，正是他的全部创作要负载的内容。沈从文曾经说过，好的作品除了使人获得“真美感觉之外，还有一种引人向善的力量……从作品中接触另外一种人生，从这种人生景象中有所启发，对人生或生命能作更深一层的理解”。这或许是他对自己作品的最好注解。

荐读理由

《边城》是沈从文小说的代表作，也是我国文学史上第一部优秀的抒发乡土情怀的中篇小说。小说讲述的是这样一个故事：

在川湘边境一个偏僻小镇里，住着一个老船夫爷爷和他的外孙女翠翠。爷孙俩在门前的一条小河上摆渡，日子过得怡然自得。茶峒城里有个船总叫顺顺，他有两个儿子，老大叫天保，豪放豁达，老二叫傩送，沉静内敛。端午节翠翠去看龙舟赛，偶遇相貌英俊的水手傩送，从此种下情苗。可是，傩送的哥哥天保却也喜欢上了翠翠，并托媒人提了亲。而此时，当地团总也看上了傩送，情愿以碾坊作陪嫁把女儿嫁给傩送。但傩送不要碾坊，宁愿作个摆渡人也要娶翠翠为妻。兄弟俩便互相表明心迹，决定用唱山歌的方式表达感情，让翠翠自己从中选择。傩送是唱歌的好手，天保自知唱不过弟弟，心灰意冷，便驾船远行做生意，以成全弟弟，但是不久却意外落水而死。顺顺和傩送由此对老船夫产生了误会。悲伤的傩送出走他乡，远下桃源去了。船总顺顺也不愿意翠翠再做傩送的媳妇。老船夫去船总那里询问情况却遭受冷遇，只好郁闷而归。半夜，边城雷雨交加，翠翠一早醒来时，发现船已被冲走，屋后的白塔也冲塌了，翠翠吓得去找爷爷，却发现老人已在雷声将息时死去了……翠翠从此孤独地守着渡船，等待着傩送的归来。傩送也许永远不会回来了，也许“明天”就会回来。

《边城》发表于1934年1月到4月的《国闻周报》上，在当时社会矛盾异常尖锐的背景下，这部在蛮荒的湘西土地上挖掘人性美的小说，使得沈从文鲜明地区别于同时代的其他作家而卓尔不群。《边城》寄托着沈从文“美”与“爱”的美学理想，也是他的作品中最能表现人性美的一部。小说以诗一般的优美笔触，描绘了湘西地区特有的风土人情；借船家少女翠翠的爱情悲剧，凸显出了人性的善良美好与心灵的澄澈纯净。《边城》里描写的湘西，风光秀丽，民风纯朴，人与人之间真诚相待，相互友爱。外公与外孙女之间的亲情、翠翠与傩送纯真的爱情、天保兄弟对翠翠真挚的爱以及兄弟间诚挚的手足之情，这些都代表着未受污染的农业文明的传统美德。这些湘西人生命的形态和生活方式，都隐含着对现实生活中古老的美德、价值观失落的痛心，以及对现代文明物欲泛滥的批判。《边城》中湘西人的亲情、人情和爱情所展现的是一种无与伦比的人性之美，这种人性美在“人的欲望无限地膨胀，由此引发的环境破坏、自然资源的滥用、对享乐的盲目追求达到了登峰造极的地步”的今天，无疑是一种警示。《边城》不仅是一曲桃花源式的田园牧歌，而且是一曲关于人性美的赞歌，是我们现代人需要拿来重新审视、认识人性的善与恶的参照作品，虽然作者描写的是30年代古朴美好的边城生活，所抒发的是一种“对于人类智慧与美丽永远倾心、康健诚实的赞美，以及对愚蠢自私极端憎恶的感情”，但是与现实相映照，可以使我们懂得如何以美好的人性净化人的心灵，促使人性回归自然、善良、健康的状态，这正是我们时代的呼唤。

此外，贯穿在作品中的忧伤的基调也给予了作品深入人灵魂的悲剧美。作品通过几个主人公的种种悲剧的描写，表达了作者对湘西下层人民不能自主地把握命运、世代继承悲凉的人生命运的深深慨叹。这种忧伤的基调是从作品中自然而然流淌宣泄出来的，平淡而悠长，给作品增加了厚度与魅力。

2006年，由《亚洲周刊》与来自全球各地的学者作家联合评选的“20世纪中文小说一百强”中，《边城》排在第二位，仅位列《呐喊》之后。《边城》以独特的艺术魅力、生动的乡土风情吸引了众多海内外的读者，也奠定了它在中国现代文学史上的特殊地位。

先睹为快

由四川过湖南去，靠东有一条官路。这官路将近湘西边境到了一个地方名为“茶峒”的小山城时，有一小溪，溪边有座白色小塔，塔下住了一户单独的人家。这人家只一个老人，一个女孩子，一只黄狗。

小溪流下去，绕山岨流，约三里便汇入茶峒的大河。人若过溪越小山走去，则只一里路就到了茶峒城边。溪流如弓背，山路如弓弦，故远近有了小小差异。小溪宽约二十丈，河床为大片石头作成。静静的水即或深到一篙不能落底，却依然清澈透明，河中游鱼来去皆可以计数。小溪既为川湘来往孔道，水常有涨落，限于财力不能搭桥，就安排了一只方头渡船。这渡船一次连人带马，约可以载二十位搭客过河，人数多时则反复来去。渡船头竖了一枝小小竹竿，挂着一个可以活动的铁环，溪岸两端水槽牵了一段废缆，有人过渡时，把铁环挂在废缆上，船上人就引手攀缘那条缆索，慢慢的牵船过对岸去。船将拢岸了，管理这渡船的，一面口中嚷着"慢点慢点"，自己霍的跃上了岸，拉着铁环，于是人货牛马全上了岸，翻过小山不见了。渡头为公家所有，故过渡人不必出钱。有人心中不安，抓了一把钱掷到船板上时，管渡船的必为一一拾起，依然塞到那人手心里去，俨然吵嘴时的认真神气："我有了口粮，三斗米，七百钱，够了。谁要这个！"

但不成，凡事求个心安理得，出气力不受酬谁好意思，不管如何还是有人把钱的。管船人却情不过，也为了心安起见，便把这些钱托人到茶峒去买茶叶和草烟，将茶峒出产的上等草烟，一扎一扎挂在自己腰带边，过渡的谁需要这东西必慷慨奉赠。有时从神气上估计那远路人对于身边草烟引起了相当的注意时，便把一小束草烟扎到那人包袱上去，一面说："不吸这个吗，这好的，这妙的，味道蛮好，送人也合式！"茶叶则在六月里放进大缸里去，用开水泡好，给过路人解渴。

管理这渡船的，就是住在塔下的那个老人。活了七十年，从二十岁起便守在这小溪边，五十年来不知把船来去渡了若干人。年纪虽那么老了，本来应当休息了，但天不许他休息，他仿佛便不能够同这一份生活离开。他从不思索自己的职务对于本人的意义，只是静静的很忠实的在那里活下去。代替了天，使他在日头升起时，感到生活的力量，当日头落下时，又不至于思量与日头同时死去的，是那个伴在他身旁的女孩子。他唯一的朋友为一只渡船与一只黄狗，唯一的亲人便只那个女孩子。

女孩子的母亲，老船夫的独生女，十五年前同一个茶峒军人，很秘密的背着那忠厚爸爸发生了暧昧关系。有了小孩子后，这屯戍兵士便想约了她一同向下游逃去。但从逃走的行为上看来，一个违背了军人的责任，一个却必得离开孤独的父亲。经过一番考虑后，军人见她无远走勇气自己也不便毁去作军人的名誉，就心想：一同去生既无法聚首，一同去死当无人可以阻拦，首先服了毒。女的却关心腹中的一块肉，不忍心，拿不出主张。事情业已为作渡船夫的父亲知道，父亲却不加上一个有分量的字眼儿，只作为并不听到过这事情一样，仍然把日子很平静的过下去。女儿一面怀了羞惭一面却怀了怜悯，仍守在父亲身边，待到腹中小孩生下后，却到溪边吃了许多冷水死去了。在一种近于奇迹中，这遗孤居然已长大成人，一转眼间便十三岁了。为了住处两山多篁竹，翠色逼人而来，老船夫随便为这可怜的孤雏拾取了一个近身的名字，叫做“翠翠”。

延展阅读

《湘行散记》

本书是沈从文的散文集代表作。主要包括三个部分，第一部分是“湘行书简”，主要收录了作者 1934 年还乡途中与张兆和的往来书信；第二部分“湘行散记”，收录 1934 年作者回故乡湘西时的游记十余篇，描绘了湘西迷人的自然风光和独特的风土人情，以及湘西乡下人民的生活状态，可以和其《边城》等小说作互文理解；第三部分是“新湘行记”，收入沈从文 1956 年回乡所写的一篇散文和八封家书。《湘行散记》语言清丽，风格隽永，具有浓厚的乡土气息，是中国散文史上的名作。

《围城》

钱钟书　著

批评了中国人由于某些幻觉而对本土文化的妄自尊大，又抨击了一些西方人由于无知而以欧美文化为中心的偏见。

推荐版本：人民文学出版社（1991 年）

关于作者

钱钟书（1910—1998），出生于江苏无锡，原名钱仰先，意为“仰慕先贤”，后周岁时抓周他选择了书本，遂更名为“钟书”。钱钟书成长于中国历史文化传统面对西方冲击的历史转型期，这样的时代背景也成就了他融会贯通的大家学养。他幼承家学，天资过人，青少年时代就练就了文史方面的童子功。1933 年钱钟书毕业于清华大学外文系，两年后到英国牛津大学学习，后又至巴黎大学研究法国文学。抗日战争期间归国，曾在多所大学任教。1953 年被聘为中国科学院文学研究所一级研究员，后相继担任了中国社会科学院副院长、院特邀顾问。钱钟书博学多才，精通数国外语，同时又对我国古代的经、史、子、集有广泛而深入的研究，立足于我国的文化传统，努力打通古今中外，使之熔于一炉，丰富的原创性发现和坚实的学理性论证二者达到完美的统一。钱先生在文学研究和文学创作方面的卓越成就，对于建设中国新文化，特别是在科学地继承中国传统文化和有选择地借鉴外来文化方面，具有重要的启示意义。

钱钟书的文学创作贯注着一种强烈的现代意识，这在中国现代文学中并不多见，有别于同时代的一般作品而与世界文学潮流颇为合拍。特别值得重视的是，他的文学创作都不是那种生吞活剥的东西，而是具有真正中国风格、中国气派、为中国人也为外国人所喜爱的作品。这也得益于他始终以一种文化批判精神来观察中国和世界。以精熟中国文化和通览世界文化为基础，他在观察中西文化事物时，总是表现出一种清醒的头脑和一种深刻的洞察力。他不拒绝任何一种理论学说，也不盲从任何一个权威。他毕生致力于确定中国文学艺术在世界文学艺术宫殿中的适当位置，从而促使中国文学艺术走向世界，加入到世界文学艺术的总的格局中去。为此，他既深刻地阐发了中国文化精神的深厚意蕴和独特价值，也恰切地指出了其历史局限性和地域局限性。他既批评中国人由于某些幻觉而对本土文化的妄自尊大，又毫不留情地横扫了西方人由于无知而以欧美文化为中心的偏见。钱先生对于推进中外文化的交流、使中国人了解西方的学术以及使西方人了解中国的文化，起了很好的作用。同时，钱钟书对中国国学研究的发展和深化作出了极大的贡献。20 世纪之初，思想方法上的僵化固守和学术方法上的画地为牢，极大地阻滞了国学研究前进的步伐。在这种亟待变革的形势下，钱钟书的治学方法应运而生。他数十年间所实践的“打通”“参互”“比较”的方法，努力使国学自觉地成为一个科学的、开放的体系，从而获得一个更深、更广、更新的发展。

除了文学上的造诣，钱钟书高尚的品格和爱国主义情操也为世人所敬仰。1938 年，他留学结束时，毅然放弃了留在国外工作的机会，回到水深火热的祖国。20 世纪 40 年代，他不向国民党恶势力妥协，坚持用文学作品辛辣地嘲弄那个黑暗的社会。新中国成立前夕，有的人流亡国外，可是钱钟书选择了留下，因为他舍不得祖国。“文化大革命”时期，钱钟书被下放“五七干校”，受尽凌辱和折磨，但他从未后悔过当初的选择。几十年来，他兢兢业业地工作，用满腹才华和生花妙笔创作出最好的精神产品，也为世界的知识宝库不断积累着财富。

荐读理由

《围城》第一版于1947年由上海晨光出版公司出版。1949年之后，由于政治等方面的原因，本书长期无法在中国大陆和台湾重印，仅在香港出现过盗印本。1980年由作者重新修订之后，在中国大陆地区由人民文学出版社刊印，此后作者又曾小幅修改过几次。《围城》刚一出版就受到许多人的推崇，由于长时间无法再版，这本小说逐渐淡出人们的视野。20世纪60年代，旅美汉学家夏志清在《中国现代小说史》中对本书作出很高的评价，才重新引起人们对它的关注。书名“围城”的寓意来自书中人物对话中引用的外国成语：“结婚仿佛金漆的鸟笼，笼子外面的鸟想住进去，笼内的鸟想飞出来；所以结而离，离而结，没有了局。”但“围城”的困境并非仅仅限制于夫妻关系，它是贯穿于人生的方方面面的。作者在全书安排了许多变奏，让生活中的各个角落都充满了“围城”般的尴尬局面，使得“围城”的象征意义超越婚姻层次，而形成多声部的共鸣。

1937年夏天，小说的主人公方鸿渐游学欧洲，最后买来一张根本不存在的克莱登大学的毕业文凭后回国。《围城》便以他的生活道路为主线，反映了那个时代留学生、大学老师等知识分子生活和心理的变迁沉浮。小说共分九章，讲述了方鸿渐与苏文纨、唐晓芙、孙柔嘉三个女人之间的感情纠葛，以及纠葛之外的人和事。书中的知识分子并不属于那个时代的“进步阵营”，当抗战烽烟燃烧起来的时候，他们大都置身于这场伟大斗争的风暴之外，既没有远大的理想，又缺乏同传统势力和思想斗争的勇气，结果甚至无法把握自己的生活。方鸿渐先在十里洋场的上海，继在湖南一个僻远的乡镇，围绕着生活、职业和婚姻恋爱等问题，与周围的同类们进行着一场场勾心斗角的倾轧和角逐。这也是一场战争，虽然不见硝烟，却处处闪现着旧社会你抢我夺的刀光剑影，腾跃着情场、名利场上的厮杀和火拼；虽然没有肉体的伤亡，却时时看得到灰色的生活是怎样蚕食着人们的年华和生命，那恶浊的空气又是怎样腐化着人们的操守和灵魂。自然，这里也有真诚的友谊、善良的愿望；但这些在那个强大的旧社会壁垒面前，是显得无比软弱无力。在那随处都可以陷入“鸟笼”或“围城”的人生道路上，这些还没有消磨尽人生锐气的知识分子似乎已经走投无路。欲望、追求和随之而来的不满与厌烦在不断地进行矛盾转换，交织着希望与失望，欢乐与痛苦，执著与动摇，人生万事也恰恰由此构成。“围城”的困境告诉我们人生追求的结果很可能是无谓的，这好像有点悲观，但揭穿了追求终极理想的虚妄，就有可能使追求不再仅仅只为目的，而使追求的过程更为人所看重，使我们明白追求与希望的永无止境，从此不再堕入虚无。

《围城》除了意蕴深远的主题之外，其语言风格也别具特色。钱钟书的语言活泼幽默，又经常运用倒叙、插叙的表现手法，虽然有的地方似乎是在故意卖弄才情，但总体而言，并不会使人感到沉闷。小说中的对话充满了机智的锋芒和风趣的戏语，有着丰富的文化底蕴和知识含量，新奇的比喻和格言警句层出不穷，让人读来欲罢不能。

先睹为快

忠厚老实的人恶毒，像饭里的砂砾或者鱼片中未净的刺，会给人一种不期而待的伤痛。

这一张文凭仿佛有亚当夏娃下身那片树叶的功用，可以遮羞包丑；小小一张方纸能把一个人的空疏愚笨寡陋都掩盖起来。

假使订婚戒指是落入圈套的象征，纽扣也是扣住不放的预兆。

许多人谈婚姻，语气仿佛是同性恋爱，不是看中女孩子本人，是羡慕她的老子或她的哥哥。

长期相识并不会日积月累地成为恋爱，好比冬季每天的气候吧，你没法把今天的温度加在昨天的上面，好等明天积成个和暖的春日。

科学跟科学家大不相同，科学家像酒，越老越可贵，科学像女人，老了便不值钱。

西洋赶驴子的人，每逢驴子不肯走，鞭子没有用，就把一串胡萝卜挂在驴子眼睛之前，唇吻之上，这笨驴子以为走前一步，萝卜就能到嘴，于是一步再一步继续向前，嘴愈要咬，脚愈会赶，不知不觉中又走了一站，那时候它是否吃得到这串萝卜，得看驴夫的高兴。一切机关里，上司驾驭下属，全是这种技巧。

这个时间落伍的计时器无意中包含对人生的讽刺和伤感，深于一切语言，一切啼笑。

睡眠这东西脾气很怪，不要它，它偏会来；请它，哄它，千方百计地勾引它，它便躲得连影子也不见。

中国是世界上最提倡科学的国家，没有旁的国家肯给科学家官做的，外国科学进步，中国科学家进爵。

据说“女朋友”就是“情人”的学名，叫起来庄严些，正像玫瑰花在生物学上叫“蔷薇科木本复叶植物”，或者休妻的法律术语是“离婚协议”。

在西洋家庭里，丈母娘跟女婿的争斗，是至今保存的古风，我们中国家庭里婆婆和媳妇的敌视，也不输于他们那样悠久的历史。只有媳妇怀孕，婆婆要依仗了她才能荣升祖母，于是对她开始迁就，到媳妇养了个真实不假的男孩子，婆婆更加让步。

世界上大事情可以随便应付，偏是小事倒丝毫假借不了，譬如贪官污吏，纳贿几千万，却绝不肯偷别人的钱。

延展阅读

《管锥编》

本书是钱钟书最重要的研究成果，用典雅的文言文写成，引用了大量英、法、德、意、西原文，是一部不可多得的多卷本学术著作。全书近130万字，是作者研读《周易正义》《毛诗正义》《左传正义》《史记会注考证》《老子王弼注》《列子张湛注》《焦氏易林》《楚辞洪兴祖补注》《太平广记》《全上古三代秦汉三国六朝文》十种古籍时所作的札记和随笔的总汇。本书考论词章及义理，疏通时间、空间、语言、文化和学科的壁障，其间提出了许多创新的见解。书中引述大约四千位著者上万种著作中的数万条书证，所论除了文学之外，还兼及几乎全部的社会科学、人文学科，是一套百科全书式的研究集成。

《白洋淀纪事》

孙犁　著

作者善于从单纯中求完整，于平易中见深沉，他所提供给读者的是特征充分而又单纯的生活画面、心灵画面。

推荐版本：中国青年出版社（1978 年）

关于作者

孙犁（1913—2002），原名孙树勋，曾用笔名芸夫，河北省安平县孙遥城村人。现代小说家、散文家，被誉为“荷花淀派”的创始人。孙犁和赵树理、周立波和柳青四位作家，并称描写农村生活的“四杆铁笔”。

孙犁在安国县城上小学时，开始接触五四新文学。鲁迅和文学研究会对他有很大影响。他一直相信艺术为人生的主张。青年时代的孙犁开始阅读社会科学、文艺理论著作和一些苏联文学作品，扩大了他的视野，并为后来的创作和评论奠定了很好的基础。高中毕业后无力升学，流浪北平，在图书馆读书或在大学旁听，曾用“芸夫”的笔名在《大公报》上发表文章。还先后在市政机关和小学当过职员。

1936 年，孙犁回到河北教书。在那里，他开始系统地观察白洋淀一带人民朴实的生活，为日后的写作积累了丰富的素材。

1937 年抗日战争爆发后，他主要在中国共产党领导的冀中区从事革命文化工作，曾编印出版革命诗抄《海燕之歌》，在《红星》杂志和《冀中导报》副刊上发表过《现实主义文学论》《鲁迅论》等论文。他先后在冀中区办的抗战学院任教、在晋察冀通讯社工作。此后，在晋察冀文联、《晋察冀日报》、华北联大做过编辑和教员，同时进行文学创作。1941 年，带着抗战的所见所闻，孙犁回到冀中区参加编辑群众性的大型报告文学集《冀中一日》，并写成《区村和连队的文学写作课本》。

1944 年，孙犁在鲁迅艺术文学院学习和工作，发表了著名的《荷花淀》《芦花荡》等短篇小说。这些作品以其清新的风格和真实的生活印记引起了文坛的注意。翌年，孙犁回冀中农村，1949 年起主编《天津日报》的《文艺周刊》。曾任中国作家协会理事、作协天津分会副主席等职。

孙犁的小说作品善于从单纯中求完整，于平易中见深沉，他所提供给读者的是特征充分而又单纯的生活画面、心灵画面，他清晰明了，使人感到亲切，又内涵丰富，令人心驰神往，韵味悠然。他早年所写的文章清新而隽永，对生活充满了美好的憧憬和向往，而晚年的文章则老辣犀利，对社会和世事有较多的鞭挞和批评。他既写出了像《荷花淀》那样优美、抒情的小说，又写出了像“不自修饰不自哀，不信人间有蓬莱。阴晴冷暖随日过，此生只待化尘埃”这样消沉、悲观的诗句。毛泽东主席曾称赞他是一位有风格的作家。

然而现实和理想永远充满着矛盾。作为一名解放区作家，孙犁曾一度受到广泛的阅读和推崇，被誉为“荷花淀派”的创立人，与赵树理的“山药蛋派”构成解放区文学的双璧。但正当孙犁在小说中对生活寄予满腔热情时，现实处境却使他越来越感到困惑和紧张。1942 年整风运动带来的精神冲击，1946 年因发表小说受到的公开批评，土改时因《一别十年同口镇》《新安游记》等文章被定为“客里空”的典型，以及新中国成立后对知识分子的一连串批判，尤其是 1955 年批判胡风运动对知识界造成的大规模振荡，这一系列的事件使得身体素质不好并且时刻担心自己在写文章中犯错误的孙犁长期绷紧的神经终于在1956年春天崩溃。

1956年，孙犁因病不得不暂时放弃写作。1956年到1977年的20年间，孙犁几乎没有作品问世。

可喜的是，“文化大革命”以后，理想与现实的冲突不仅激发了孙犁的创作热情，而且一反过去唯美的创作倾向，对社会的不公与人性的险恶有较多的揭露批评。比如他在《后富的人》一文中，对社会不公和由此造成的贫富悬殊曾有辛辣的讽刺和批评。他通过一高级住宅处川流不息的捡破烂的外地人日常生活的描绘，特别是在一天清晨散步时遇见的一个刚从一幢楼房的垃圾间出来，满身满脸是黑灰的外地来的小姑娘所带给他的心灵震撼，提出了这样的质疑：“国家已经有不少人，先富了起来。这些从农村来城市觅生活的，可以说是后富起来的人吧。”在《芸斋书简——致韩映山》的信中，他列举了一次因简单的答话，使人家认为受了挖苦，以至怀恨在心，结果当这个人后来成为“文化大革命”中造反派的小头头时，就极尽报复之能事，“其用心之毒，手段之辣，几乎使我丧生”，揭示了现实生活中人性的险恶。

孙犁的文学生涯肇始于抗日战争风云初起之时，延续了近70年。特别是在晚年不到20年的时间里，他写下了100多万字的作品，迎来了创作的又一个高峰。孙犁作品结集出版的有短篇小说集《芦花荡》《荷花淀》《采蒲台》《嘱咐》，中篇小说《村歌》《铁木前传》，长篇小说《风云初记》，叙事诗集《白洋淀之曲》，通讯报告集《农村速写》，散文集《津门小集》《晚华集》《秀露集》等。

荐读理由

《白洋淀纪事》是孙犁秀雅、隽永的创作风格的代表作，收录了作者从1939年到1950年所写的绝大部分短篇小说、散文、特写、通讯等，其中共收录短篇作品近100篇，按时间先后顺序编排。其中《荷花淀》《嘱咐》等短篇作为现代文学史上负有盛名的篇章，被文艺界视为“荷花淀派”的主要代表作。本书分为两辑，选录了《芦花荡》《荷花淀》《光荣》《嘱咐》《采蒲台》《采蒲台的苇》等40余篇作品。

孙犁的小说以抗日战争时期直至中华人民共和国成立初期冀中平原和冀西山区农村为背景，生动地再现了当地人民群众的生活和战斗情景。茅盾说过：“孙犁的创作有一贯的风格，他的散文富于抒情味，他的小说好像不讲究篇章结构，然而决不枝蔓；他是用谈笑从容的态度来描摹风云变幻的，好处在于虽多风趣而不落轻佻。”

《白洋淀记事》收录了许多脍炙人口的名篇。以《荷花淀》为例，小说虽然描写的是抗日战争的事情，但是并没有直接写战争的激烈、残酷，而是把笔墨集中在普通百姓的夫妻之情、家国之爱上。这些善良、朴实、纯真的人们在战争环境中闪耀出人性的光辉，表现了人民不畏强暴、保卫家园的精神。侵略战争是反人性的，反抗侵略者的人们以纯美的人性、崇高的人格，在精神上已经战胜了侵略者。这是抗战胜利的精神源泉。小说中，水生等参军的人对家庭的眷顾，他们委托水生来做家属的工作，正表现了他们对亲人真挚的感情；水生嫂等妇女们虽然委婉地流露出对丈夫们的难舍之情，但还是义无反顾地为自己的丈夫打点行装，送他们上战场打击侵略者。至于以后妇女们感情依依探望征人，又为丈夫分担任务，参加战斗，更是由夫妻之情上升至家国之爱。

孙犁着力描写、赞扬故乡的风光美和人情美，并塑造了一大批善良纯朴的农村妇女形象。水生妻、秀梅、吴召儿、春儿、妞儿……孙犁不仅描写她们的美丽容貌和特殊素养，而且深入她们丰富、复杂的感情世界，从她们命运的变化反映时代风云变幻。孙犁小说的优美意境浸透着现实，它把生活本来的真正的美显示出来。《荷花淀》中，我们所见到的是一幅幅月白、风清、湖光、花香的如诗如画的场面。这就是孙犁小说的又一大特点——景物诗化。小说的景物描写像诗又像画，并且很有深意。比如《荷花淀》开头关于水生嫂编席的几处描写：

“月亮升起来了，院子里凉爽得很，干净得很”，“她像坐在一片洁白的雪地上，也像坐在一片洁白的云彩上”，“她有时望望淀里，淀里也是一片银白世界。水面上笼起一层薄薄透明的雾，风吹过来，带着新鲜的荷叶荷花香”。文中通过描写干净的院子、深夜编席，写出了水生嫂勤劳朴实的品质。写银白的淀，使画面淡雅，写轻纱般的雾，又使画面静中有动，而荷叶荷花香更使这宁静优美的意境增添了色彩和质感，这是作者通过周围的景物抒写了自己美好的感情、愿望和理想。这一段的景物描写把写景、抒情、心理刻画融合在一起，像一曲随风飘来的乐曲，又像涓涓流水奏出的完整的乐曲，有情有景，情景交融，言尽而意无穷。

《白洋淀纪事》是孙犁第一部比较完整的小说、散文选集，曾被评为“百年百种优秀中国文学图书”。

先睹为快

月亮升起来，院子里凉爽得很，干净得很，白天破好的苇眉子潮润润的，正好编席。女人坐在小院当中，手指上缠绞着柔滑修长的苇眉子。苇眉子又薄又细，在她怀里跳跃着。

要问白洋淀有多少苇地？不知道。每年出多少苇子？不知道。只晓得，每年芦花飘飞苇叶黄的时候，全淀的芦苇收割，垛起垛来，在白洋淀周围的广场上，就成了一条苇子的长城。女人们，在场里院里编着席。编成了多少席？六月里，淀水涨满，有无数的船只，运输银白雪亮的席子出口，不久，各地的城市村庄，就全有了花纹又密、又精致的席子用了。大家争着买：

“好席子，白洋淀席！”

这女人编着席。不久在她的身子下面，就编成了一大片。她像坐在一片洁白的雪地上，也像坐在一片洁白的云彩上。她有时望望淀里，淀里也是一片银白世界。水面笼起一层薄薄透明的雾，风吹过来，带着新鲜的荷叶荷花香。

但是大门还没关，丈夫还没回来。

延展阅读

作者还有下列精品：

《风云初记》

长篇小说《风云初记》写于20世纪50年代初，以滹沱河沿岸两个村庄为背景，围绕着高、吴、田、蒋四姓五家在抗战初期的生活史，细致地勾勒了冀中平原各个社会阶层的生活状况和精神面貌，展现了七七事变后，冀中人民在中国共产党领导下组织人民武装、建立抗日根据地的壮丽画卷。作者用谈笑从容的态度描摹抗日根据地的风云变幻，虽语多风趣而不落轻佻。

《铁木前传》

中篇小说《铁木前传》写成于1956年。小说通过铁（匠）、木（匠）两家十几年间友谊的建立和破裂的过程，揭示了20世纪50年代初期北方农村的生活风貌和农业合作化运动对农村社会的深刻影响。作品成功地塑造了小满儿这个处在生活的十字路口、性格矛盾的人物形象，给读者留下了深刻的印象。

《十八春》

张爱玲　著

人性中无法回避的真实都在这里淋漓尽致地展现出来。

推荐版本：

●北京十月文艺出版社（2007 年）

●浙江文艺出版社（2003 年）

关于作者

张爱玲（1920—1995），中国文学史中的一朵奇葩。正如她的作品《传奇》，她的一生都被视为传奇而被后人津津乐道。

张爱玲出身名门望族，原名张瑛。她的祖父张佩纶是清末大臣，祖母李菊耦是朝廷重臣李鸿章的长女。张爱玲曾经说过："我祖父出身河北的一个荒村七家坨，比三家村只多四家，但是后来张家也可以算是个大族了。"张爱玲的父亲和母亲差距甚大。父亲张廷重在政府谋事，然而据张爱玲和弟弟张子静的回忆，父亲时常赌博、嫖妓，不务正业，因此不得不辗转于上海和天津以求供职，家道也因此中落。张爱玲的母亲黄逸梵则是一名新女性，她面容姣好，思想独立，有过留洋经历，并且坚持让女儿张爱玲进学校接受教育。在张爱玲的身上，或多或少能够看到其母的影子。

思维方式的差异导致张爱玲父母的关系并不融洽，因为不能忍受终日抽鸦片的丈夫，黄逸梵选择离婚。张爱玲也因此成为漂泊于父亲和母亲之间的一座孤岛。7 岁时，母亲坚持让她上学，同丈夫大吵一架，母女二人不得不偷偷跑到学校办理入学；1937 年，张爱玲为了躲避日军的炮火到母亲家住而被父亲毒打；1938 年，张爱玲永远地告别了父亲的家。

这样的家庭环境造就了独特的张爱玲。虽然自幼接受新式教育，家境也不至于贫穷，但精神和物质世界的丰裕并不能改变张爱玲孤僻的性格，她始终保留着复杂的内心世界。她注重物质世界的享乐，穿着自己设计的华美服饰；她又十分悲观，疑虑重重，把自己和他人放置在悲剧世界中。张爱玲是无法复制的，既因她自己，也因时代。

张爱玲创作第一篇作品时只有12 岁。这篇名叫《不幸的她》的作品，是张爱玲在圣玛利亚女校校刊《凤藻》上发表的第一篇作品，也是唯一的一篇小说。这篇描写家庭悲剧的作品已经能够显露出张爱玲的风格与才华。

作为海派作家的代表，张爱玲毕生创作了大量作品，包括小说、散文、剧本等等。除了题材广泛，张爱玲作品中涉及的人物、内容也形形色色，堪称一幅老上海的风情画。她的作品中较为具有代表性的有:《沉香屑：第一炉香》《沉香屑：第二炉香》《茉莉香片》《倾城之恋》《金锁记》《心经》《封锁》《公寓生活记趣》《洋人看京戏及其他》《更衣记》等。这些作品多刊载于《万象》《古今》《紫罗兰》等杂志上。

除却作品，回归张爱玲本人，她的爱情生活格外受到瞩目。

20 世纪 40 年代，张爱玲结识了汪伪政权高官胡兰成。胡兰成读了张爱玲的小说《封锁》，便迫不及待地想见到作者本人。几番周折，张、胡相见，深深为彼此吸引，随即转为热恋。这段恋情跨越了年龄的界限，也跨越了世俗的言论，虽然胡兰成是汉奸、是有妇之夫，张爱玲依然投入了全部感情。1944 年，没有任何庆祝仪式和法律程序，张爱玲与胡兰成结为夫妻。张爱玲的好友炎樱为他们作证。“胡兰成与张爱玲签订终身，结为夫妇。愿使岁月静好，现世安稳。”这一段婚姻誓言也遂成为经典。

这段婚姻仅维持了几年，生性滥情的胡兰成很快有了新欢。心灰意冷的张爱玲曾这样对胡兰成说道："我想过，我倘使不得不离开你，亦不致寻短见，亦不能够再爱别人，我将只是萎谢了。"这段爱情过后，萎谢的不只是张爱玲的感情生活，她的文学才华也跟着褪色了。

38 岁时，张爱玲与 65 岁的赖雅结婚，这虽是她稳定而相对长久的一段婚姻，但远没有张胡之恋让人啧啧称奇。此后的很长一段时间，张爱玲移居洛杉矶，转向学术研究，淡出了国人的视线。

1995 年 9 月 8 日，张爱玲的房东发现她逝世于加州韦斯特伍德市罗彻斯特大道的公寓，终年 75 岁，死因为动脉硬化心血管病。张爱玲去世时身旁一个人也没有，而这一天恰是中国的团圆节——中秋节。

荐读理由

《十八春》是张爱玲的第一篇长篇小说作品，于 1951 年完成初稿。

《十八春》讲述的是在国家的悲痛中上演的爱情悲剧。主人公世钧、曼桢、曼璐、叔惠、翠芝生活在上海的弄堂，是芸芸众生中再普通不过的青年男女。这样平凡的男女本应度过平和的生活，享受平淡的幸福，然而却因世间的阴差阳错而变成了离愁别恨。

小说以倒叙展开，世钧和曼桢一对昔日的恋人，时隔多年再次相见，已经物是人非。在 30 年代温婉、凄迷的旧上海，顾曼桢、许叔惠、沈世钧三人同在一个纺织厂工作，曼桢个性温柔坚强，叔惠开朗活泼，在相处中，曼桢与温和敦厚的世钧相爱了。曼桢的姐姐曼璐为照料全家老小七人，17 岁时离开初恋情人豫谨开始了舞女生涯，但家人并不能真正理解曼璐，认为她丢尽了家人颜面。如今曼璐年华老去，为了后半生有所依靠，决定嫁一个靠得住的人，这个人就是祝鸿才。从此，维护"祝太太"这个名分成了她最重要的生活支柱。而为了留住花心成性的祝鸿才，曼璐竟牺牲了自己的妹妹曼桢。随着曼桢的牺牲，世钧、叔惠、翠芝之间的关系也发生了微妙的变化。

年轻的世钧与曼桢相爱，却注定没有缘分白头偕老；曼桢被自私的姐姐曼璐设计陷害，不得不嫁给自己的姐夫祝鸿才；世钧与翠芝两个不相爱的人结了婚，婚姻毫无幸福可言；叔惠去了后方，翠芝只能终日守着回忆，遥望曾经拥有爱情的岁月。而这时的中国，正经历着翻天覆地的变革："九一九"、"一二·八"、抗战胜利、国民党接管、上海解放、支持东北……浓墨重彩的政治和硝烟滚滚的战争一齐偃旗息鼓。离乱的大背景，在平凡人的一生中，只是徒增了几分苍凉。

张爱玲笔下的人物，并没有好坏之分。每个人都是茫茫人海中的普通一员，是平凡人正直、现实、又有些许自私的共同体。世钧的善良和软弱，曼桢的痴情和不幸，翠芝的麻木，曼璐的自私，祝鸿才的愚昧无耻……这些人性中无法回避的真实都在张爱玲的小说中淋漓尽致地展现出来。从两情相悦的青年时代，到最终麻木无情地各自生活，这其中的凌乱纠葛，很难完全归咎于书中的任何一个人物。没有人蓄意谋害，没有人是完全的歹毒，但悲剧生活的发生确实是真实且无法改变的。书中的女主角顾曼桢，曾经在杳无希望的生活里一遍遍地设想，假如有一天见到昔日的恋人世钧，要怎样向他哭诉这么多年的痛苦和委屈。这样的设想在曼桢的脑海里上演了千遍万遍，要说的话也已经无比熟悉。然而18年以后，曼桢真的再次见到世钧时，这一切的描述只剩下淡淡的、几句话带过。这连曼桢自己都很惊讶。然而事实却的确如此，再荡气回肠的恋爱，再撕心裂肺的纠葛，再痛苦不堪的侮辱，经过了十多年生活的残忍打磨，都已经淡去、远去，留下的只有一抹苍凉的无奈。

《十八春》表现的固然是儿女私情，却也明显夹杂着政权更替、国家重建的大历史叙述。因此，或可说《十八春》在一定程度上是具有时代灵感照耀的作品。虽然张爱玲以纯文学作家的身份进行孤岛文学的写作，但《十八春》的结尾张慕锦的一段话很能体现作者无奈的心迹："政治决定这一切，你不管政治，政治却偏偏要找上你——我结果弄得家破人亡!”《十八春》是宗法“苍凉”、主张“参差的对照”、一直致力于杂陈“破烂”历史的张爱玲在小说创作中处理虚构叙述与历史进代关系的一种新尝试。以至有论者认为《十八春》联结着两个时代,联结着两个张爱玲:一个以往的张爱玲和一个可能有的新的张爱玲。

全书共十八章,男女主角和相关人物也离离合合了十八个春天,正暗合传统京剧《汾河湾》的旧典。在旅美途中,张爱玲又对全篇进行了大幅度的修改,删去了政治意味浓厚的结局,同时将《十八春》更名为《半生缘》。

先睹为快

重逢的情景他想过多少回了,等到真发生了,跟想的完全不一样,说不上来的不是味儿,心里老是恍恍惚惚的,走到弄堂里,天地全非,又小又远,像倒看望远镜一样。使他诧异的是外面天色还很亮。她憔悴多了,幸而她那种微方的脸型,再瘦些也不会怎么走样。也幸而她不是跟从前一模一样,要不然一定是梦中相见,不是真的。曼桢笑道:“真是——多少年不见了?”世钧道:“我都不知道你在上海。”曼桢道:“我本来也当你在南京。”说的话全被四周奇异的寂静吞了下去,两人也就沉默下来了。

世钧挂上了电话,看见旁边有板壁隔出来的房间,便走过来向曼桢道:“我们进去坐,外边太乱。”茶房在旁边听见了,便替他们把茶壶茶杯碗筷都搬进去,放下了白布门帘。曼桢进去一看,里面一张圆桌面,就摆得满坑满谷,此外就是屋角一只衣帽架。曼桢把大衣脱了挂上。从前有一个时期他天天从厂里送她回家去,她家里人知趣,都不进房来,她一脱大衣他就吻她。现在呢?她也想起来了?她不会不记得的。他想随便说句话也就岔过去了,偏什么都想不起来。希望她说句话，可是她也没说什么。两人就这么站着，对看着。也许她也要他吻她。但是吻了又怎么样？前几天想来想去还是不去找她，现在不也还是一样的情形？所谓铁打的事实，就像铁案如山。他眼睛里一阵刺痛，是有眼泪，喉咙也堵住了。他不由自主地盯着她看。她的嘴唇在颤抖。

曼桢道："世钧。"她的声音也在颤抖。世钧没作声，等着她说下去，自己根本哽住了没法开口。曼桢半晌方道："世钧，我们回不去了。"他知道这是真话，听见了也还是一样震动。她的头已经在他肩膀上。他抱着她。

她终于往后让了让，好看得见他，看了一会又吻他的脸，吻他耳底下那点暖意，再退后望着他，又半晌方道："世钧，你幸福吗？"世钧想道：怎么叫幸福？这要看怎么解释。她不应当问的。又不能像对普通朋友那样说"马马虎虎"。满腹辛酸为什么不能对她说？是绅士派，不能提另一个女人的短处？是男子气，不肯认错？还是护短，护着翠芝？也许爱不是热情，也不是怀念，不过是岁月，年深月久成了生活的一部分。这么想着，已是默然了一会，再不开口，这沉默也就成为一种答复了，因道："我只要你幸福。"

话一出口他立刻觉得说错了，等于刚才以沉默为答复。他在绝望中搂得她更紧，她也更百般依恋，一只手不住地摸着他的脸。他把她的手拿下来吻着，忽然看见她手上有很深的一道疤痕，这是从前没有的，因带笑问道："咦，你这是怎么的？"他不明白她为什么忽然脸色冷淡了下来，没有马上回答，她低下头去看了看她那只手。是玻璃划伤的。就是那天在祝家，她大声叫喊着没有人应，急得把玻璃窗砸碎了，所以把手割破了。那时候一直想着有朝一日见到世钧，要怎么样告诉他，也曾经屡次在梦中告诉他过。做到那样的梦，每回都是哭醒了的。现在真在那儿讲给他听了，是用最平淡的口吻，因为已经是那么些年前的事了。

延展阅读

《倾城之恋》

该书是张爱玲最脍炙人口的短篇小说之一。故事发生在香港，上海来的白家小姐白流苏，经历了一次失败的婚姻，身无分文，在亲戚间备受冷嘲热讽，看尽世态炎凉。偶然认识了多金潇洒的单身汉范柳原，便拿自己当做赌注，远赴香江，博取范柳原的爱情，要争取一个合法的婚姻地位。两个情场高手斗法的场地在浅水湾饭店，原本白流苏似是博输了，但在范柳原即将离开香港时，日军开始轰炸浅水湾，范柳原折回保护白流苏，在生死攸关时，两人才得以真心相见，许下天长地久的诺言。

《汪曾祺短篇小说选》

汪曾祺　著

写凡人小事，记风俗人情，谈花鸟鱼虫，考辞章典故。

推荐版本：中国青年出版社（2000 年）

关于作者

汪曾祺（1920—1997），生于江苏高邮，从小受传统文化精神熏陶。1930 年考入西南联大中国文学系，受业于沈从文等名家。他的创作跨越几个时代，在小说、散文、戏剧文学与艺术研究上都有丰硕的成果。汪曾祺 1940 年开始发表小说、诗和散文。1948 年出版第一个作品集《邂逅集》，1958 年“反右”时被划成右派，下放到张家口的农业研究所。1962 年调任北京市京剧团任编剧，参与样板戏《沙家浜》的定稿工作。1979 年“文化大革命”结束后汪曾祺重新开始创作，1980 年发表小说《受戒》，受到普遍赞誉，随后他屡有佳作问世，达到创作生涯中一个新的顶峰，现已出版《汪曾祺短篇小说选》《晚饭花集》《汪曾祺自选集》以及多卷本《汪曾祺文集》等十几个作品集。他的小说多关乎童年故乡，写记忆里的人和事，充满浓浓的诗意，被称为“诗化小说”。他力求淡泊，脱离外界的喧哗和干扰，精心营构自己的艺术世界，在浑朴自然、清淡委婉中表现和谐的意趣。同时汪曾祺自觉吸收传统文化，作品中充满浓郁的乡土气息，显示出老师沈从文的风格，在小说的散文化方面，作出了具有重要意义的探索。

汪曾祺的作品具有别样的特色，与他在西南联大受到的正规高等教育有关。他在上学时便热衷于辞章考辨之类的“小学”，喜爱《世说新语》和宋人笔记，尤其推崇晚明小品文大家张岱的文章和公安派“独抒性灵、不拘格套”的文学主张。传统文化修养深厚的汪曾祺继承了明清两代的小品文传统和五四散文传统，加上个人坎坷浮沉的沧桑，促使他在小说中不追求反映时代精神的宏大叙事，而是以含蓄、空灵、清逸的风格，去努力建构作品的深厚的文化意蕴和永恒的美学价值。他成长于江南水乡，定居在京城，因此他的作品中既有风和日丽、小桥流水的江南美色，又不乏四合院、小胡同的京城常景。汪曾祺凭着对事物的独到见解和审美体验，从细微处入手，写凡人小事，记风俗人情，谈花鸟鱼虫，考辞章典故，很少表现波澜起伏的壮阔场面。他信手拈来，即兴文章，在浑然天成的不刻意间妙笔传神，其作品可谓是当代小品文的经典和高峰。

纵观汪曾祺的一生，几乎经历了20世纪中国百年发展史中的所有大事，启蒙救亡、全国解放、反右斗争、“文化大革命”、改革开放……在现代社会生活的喧嚣和紧张中，他为人们追求宁静、闲适、恬淡的心理体验提供了文学上的可能，在剑拔弩张的现实生活面前开辟出一个心灵愉悦、净化和升华的后花园。所以汪曾祺笔下的凡人小事是有其特殊意旨的，他在文章中蕴藏了自己的人生体验。其效用并不只是自娱自乐，还强调好的作品要对世道人心有所裨益，决不能把个人与社会隔离开来。虽然有些文章也曾流露出无为无求、随遇而安的旨趣，但却与魏晋文人的那种消极逃避是绝不相同的。他在本质上对人生的理解和描绘充满了乐观积极的精神，始终是入世的。综上所述，汪曾祺的作品从内容到形式上都建立起一种原汁原味的本土艺术，着力创造真善美的世界，引领人们达到精神上的富足。

荐读理由

《汪曾祺短篇小说选》收录了《受戒》《大淖记事》等汪曾祺的优秀短篇小说，集中展示了作者在短篇小说写作上的最高成就。这些集中写作于20世纪80年代前后的作品大都取材于民俗风情和日常生活，语言自然活泼，文风清新朴实，意境典雅优美，开创了新时代中国小说的散文化、诗化格局，汪曾祺也被读者称为“中国的莫泊桑”。

小说集中最具知名度的作品是写作于1980年的《受戒》。作者在结尾标注，这篇小说是写他43年前的一个梦，实际上，全文也始终笼罩在梦幻般的意境之中。小说写的是17岁的和尚明海和农家姑娘小英子之间纯美得惊世骇俗的爱情故事。《受戒》刚发表时，也引起了很大的争议。它的写法与新中国成立后人们所习惯的小说风格相去甚远。它没有集中的故事主线，叙述的语言也是不受拘束地信马由缰，虽然小说的题目是《受戒》，但整篇小说只在结尾才描绘了一下受戒的场面，“受戒”并不是小说的关键情节。除此之外，文中还大量出现叙述者的插叙，比如介绍当地的出家习俗、明海几个师傅的桃色新闻、庵里的生活方式等等，虽然蔓生枝节，但小说的叙述却杂而不乱，情节的表现自然流畅，仿佛水的流淌，既安静又活泼。这种顺其自然的“闲话”文体看起来不似小说语言，却发挥了小说语言的叙事功能。正是这一份随意率性，自然而然地营造出小说虚构的梦幻世界。这个世界中人们的生活方式仍然是世俗化的，充满了人间的烟火气息，但同时还有一种超出现实的洒脱美感。人的一切生活方式都是按照人的本性而为，没有压抑和戕害，在这里和尚只是一种职业，可以娶妻、吃肉，当地居民也都自由自在，男耕女织，充满原始淳朴的生命力。因此，《受戒》的主旨实际上是在表现当地民众这种世外桃源般的生活状态，仿佛沈从文笔下的《边城》，但又夹杂了汪曾祺浓重的个人风格。这里的人们不受清规戒律的束缚，对情感的表达直率而质朴，他们虽然活在世俗之中，却没有沾染奸诈、虚伪等人性的恶，众多人物通过朴素自然的爱联系在一起，共同创造了一个洋溢着生命快乐的生存空间。

汪曾祺另一部代表作《大淖记事》曾获1981年全国优秀短篇小说奖。与《受戒》相似，这也是汪曾祺以故乡高邮为背景创作的乡土生活小说。作品描写了挺拔健壮的十一子和善良聪颖的巧云在日常劳动和生活中发生的爱情故事，同时以散文的笔调，细腻地描绘了大淖的风光、世俗和人情，洋溢着和谐清丽之美。文中的大淖人日出而作、日落而息，守着传统农人的本分认真而快乐地生活，他们了无羁绊的精神状态让在现代社会紧绷之弦中挣扎求存的人们无比向往。小说中自然、淳朴的世界实际上也是作者自然、洒脱、兼爱的世界观的表现。这里既有老子、庄子那种小国寡民的淡泊意趣，但更多地表露出儒家对于仁爱和爱人的追求，超越功利的率性自然才是生活中美的极致。与文章主旨相得益彰的是汪曾祺的小说语言。他运用洗练的现代汉语，在行云流水、天马行空的排列组合中自有法度，不拘泥于某一个句子中辞藻的渲染，而是通过句子与句子之间的关系来创造语言的美感。

先睹为快

这地方的地名很奇怪，叫做大淖。全县没有几个人认得这个“淖”字。县境之内，也再没有别的叫做什么淖的地方。据说这是蒙古话。那么这地名大概是元朝留下的。元朝以前这地方有没有，叫做什么，就无从查考了。

淖，是一片大水。说是湖泊，似还不够，比一个池塘可要大得多，春夏水盛时，是颇为浩淼的。这是两条水道的河源。淖中央有一条狭长的沙洲。沙洲上长满茅草和芦荻。春初水暖，沙洲上冒出很多紫红色的芦芽和灰绿色的蒌蒿，很快就是一片翠绿了。夏天，茅草、芦荻都吐出雪白的丝穗，在微风中不住地点头。秋天，全都枯黄了，就被人割去，加到自己的屋顶上去了。冬天，下雪，这里总比别处先白。化雪的时候，也比别处化得慢。河水解冻了，发绿了，沙洲上的残雪还亮晶晶地堆积着。这条沙洲是两条河水的分界处。从淖里坐船沿沙洲西面北行，可以看到高阜上的几家炕房。绿柳丛中，露出雪白的粉墙，黑漆大书四个字："鸡鸭炕房"，非常显眼。炕房门外，照例都有一块小小土坪，有几个人坐在树桩上负曝闲谈。不时有人从门里挑出一副很大的扁圆的竹笼，笼口络着绳网，里面是松花黄色的，毛茸茸、挨挨挤挤、啾啾乱叫的小鸡小鸭。由沙洲往东，要经过一座浆坊。浆是浆衣服用的。这里的人，衣服被里洗过后，都要浆一浆。浆过的衣服，穿在身上沙沙作响。浆是芡实水磨，加一点明矾，澄去水分，晒干而成。这东西是不值什么钱的。一大盆衣被，只要到杂货店花两三个铜板，买一小块，用热水冲开，就足够用了。但是全县浆粉都由这家供应（这东西是家家用得着的），所以规模也不算小。浆坊有四五个师傅忙碌着。喂着两头毛驴，轮流上磨。浆坊门外，有一片平场，太阳好的时候，每天晒着浆块，白得叫人眼睛都睁不开。炕房、浆坊附近还有几家买卖荸荠、茨菇、菱角、鲜藕的鲜货行，集散鱼蟹的鱼行和收购青草的草行。过了炕房和浆坊，就都是田畴麦垅，牛棚水车，人家的墙上贴着黑黄色的牛屎粑粑，——牛粪和水，拍成饼状，直径半尺，整齐地贴在墙上晾干，作燃料，已经完全是农村的景色了。由大淖北去，可至北乡各村。东去可至一沟、二沟、三垛，直达邻县兴化。

大淖的南岸，有一座漆成绿色的木板房，房顶、地面，都是木板的。这原是一个轮船公司。靠外手是候船的休息室。往里去，临水，就是码头。原来曾有一只小轮船，往来本城和兴化。隔日一班，单日开走，双日返回。小轮船漆得花花绿绿的，飘着万国旗，机器突突地响，烟筒冒着黑烟，装货、卸货，上客、下客，也有卖牛肉、高粱酒、花生瓜子、芝麻灌香糖的小贩，吆吆喝喝，是热闹过一阵的。后来因为公司赔了本，股东无意继续经营，就卖船停业了。这间木板房子倒没有拆去。现在里面空荡荡、冷清清，只有附近的野孩子到候船室来唱戏玩，棍棍棒棒，乱打一气；或到码头上比赛撒尿。七八个小家伙，齐齐地站成一排，把一泡泡骚尿哗哗地撒到水里，看谁尿得最远。

大淖指的是这片水，也指水边的陆地。这里是城区和乡下的交界处。从轮船公司往南，穿过一条深巷，就是北门外东大街了。坐在大淖的水边，可以听到远远地一阵一阵朦朦胧胧的市声，但是这里的一切和街里不一样。这里没有一家店铺。这里的颜色、声音、气味和街里这里的人也不一样。他们的生活，他们的风俗，他们的是非标准、伦理道德观念和街里的穿长衣念过“子曰”的人完全不同。

延展阅读

《蒲桥集》

这本散文集共收录作者各个时期的散文作品 60 多篇，皆为最具汪曾祺个人风格之作。汪曾祺的散文没有结构的苦心经营，也不追求题旨的玄奥深奇，平淡质朴，仿佛邻里之间在闲话家常。作者把伤感主义当作散文的大敌，在写作时追求平淡自然，因此欣赏汪曾祺的散文就好像聆听一位性情和蔼、见识广博的智者谈话，在平淡的话语间品尝特有的趣味。

《台北人》

白先勇 著

感同身受地刻画“台北人”的生存形态和内心世界，为底层人民的生活唱出一曲哀婉的悲歌。

推荐版本：

- 作家出版社（2000 年）
- 花城出版社（2000 年）

关于作者

白先勇，台湾当代著名作家，中国国民党高级将领白崇禧之子。

白先勇出生于 1937 年，自幼家境富裕，但是体弱多病。7 岁时，白先勇被诊断有肺结核，从此辍学在家，童年都是一个人度过。如此童年虽然孤独，却使白先勇领略了读书的乐趣。白先勇从小就喜爱中国的民间文学和古典文学，阅读了大量的中国民间故事和古典作品，诸如《薛仁贵征东》《说唐》《蜀山剑侠传》《三国》《水浒》，特别是《红楼梦》，都是他所喜爱熟读的作品。另一方面，白先勇虽然生活条件比一般人优越，但他从小对所接触到的下层劳动者却充满同情，这在他的作品中均有体现。

抗战时期，白先勇和家人辗转几地，先后到过重庆、上海和南京。白先勇对于巴蜀一带有着极深的感情。1956 年在建国中学毕业后，由于他梦想参与兴建三峡大坝工程，以第一志愿考取台湾省立成功大学水利工程学系。翌年发现兴趣不合，转学至“国立”台湾大学外国文学系，改读英国文学。

在大学时代，由于受西方现代文学思潮的影响，白先勇开始阅读和介绍西方现代派作家的作品，在创作上也开始模仿西方文学。但是毕业后，白先勇进入美国爱荷华创作班学习，又把自己的注意力转向了中国的历史文化和文学的研究。对中国民间故事和中国古典文学的喜爱，使他具有比较深厚的中国传统文学的素养，这就是为什么白先勇长期生活在台湾和美国，沐浴在欧风美雨之中，而他的大部分作品却仍能保持着比较鲜明的民族风格的原因。白先勇从小热爱祖国的锦绣山河，对祖国和民族有较深厚的感情。

1958 年，他在《文学杂志》上发表了第一篇短篇小说《金大奶奶》。两年后，他与台大的同学欧阳子、陈若曦、王文兴等共同创办了《现代文学》杂志，并在此发表了《月梦》《玉卿嫂》《毕业》等小说多篇。

1962 年，白先勇的母亲马佩璋去世。母亲的离去给白先勇造成巨大的打击。在后来的回忆中，白先勇这样描述这一场离别："母亲一向为白马两家支柱，遽然长逝，两家人同感天崩地裂，栋毁梁摧。出殡那天，入土一刻，我觉得埋葬的不是母亲的遗体，也是我自己生命的一部分。"母亲去世后不久，白先勇就离开台湾，前往美国。当时，白先勇的父亲白崇禧来送行，那却是父子之间的最后一次见面。父母的归西、去国离乡的凄凉感一齐笼罩着初到国外的白先勇，在美国时的白先勇，心境是十分低落的。他曾写道："别人出国留学，大概不免满怀兴奋，我却没有。我，只感到心慌意乱，四顾茫然。头年在美国，心境是苍凉的"，"我到美国后，第一次深深感到国破家亡的彷徨"。

人生的失意激发了白先勇的创作激情。1964 年，白先勇写成《芝加哥之死》。这部作品被夏志清称为"在文体上表现的是两年中潜心修读西洋小说后的惊人进步"，而"象征方法的运用和主题命意的扩大，表示白先勇已进入了新的成熟境界"。

1965 年，取得爱荷华大学硕士学位后，白先勇到加州大学圣塔芭芭拉分校教授中国语文及文学，并从此在那里定居。白先勇先后出版了短篇小说集《寂寞的十七岁》《台北人》《纽约客》，散文集《蓦然回首》，长篇小说《孽子》等。白先勇吸收了西洋现代文学的写作技巧，融合到中国传统的表现方式之中，描写新旧交替时代人物的故事和生活，富于历史兴衰和人世沧桑感。1994 年，白先勇退休。1999 年 11 月 1 日发表《养虎贻患——父亲的憾恨（一九四六年春夏间国共第一次“四平街会战”之前因后果及其重大影响）》，为父亲白崇禧立传。

白先勇和他的作品已经逐渐成为文学界的经典。夏志清曾给予他极高的评价：“旅美的作家中，最有毅力，潜心自己艺术进步，想为当今文坛留下几篇值给后世朗诵的作品的，有两位：於梨华和白先勇。”他甚至赞誉白先勇为“当代中国短篇小说家中的奇才，五四以来，艺术成就上能与他匹敌的，从鲁迅到张爱玲，五六人而已”。

荐读理由

白先勇是台湾现代派中现实主义精神较强的作家。他曾生活在大陆、台湾地区和美国等几个不同的时代和社会环境，这给他的思想和创作带来深刻的影响。因此，他的创作风格也因生活环境的变更而产生了变化。

白先勇的小说，从内容上看大致可分为四类：一是早期作品，主要是描写作者少年时代所接触的生活，或模拟西洋文学的作品，如《寂寞的十七岁》中的大部分作品；二是描写台湾上层社会生活的作品，如《台北人》；三是描写旅美知识分子生活的作品，如《纽约客》；四是描写台湾下层人物的作品，如长篇小说《孽子》。从风格上看，以 1964 年的《芝加哥之死》为界，通常可分为前期和后期。1964 年前的作品大多数在台湾写就，这些作品受西方文学影响较重，较多个人色彩和幻想成份，思想上和艺术上尚未成熟。后期作品多创作于美国，继承中国民族文学传统较多，将传统融入现代，作品的现实性和历史感较强，艺术上也日臻成熟。

短篇小说集《台北人》主要创作于 1964 年到 1971 年之间，属于后期作品。本书共收录14篇小说。在这些短篇中，白先勇记录下了一个个“台北人”的“不平凡”的人生经历，感同身受地对“台北人”的生存形态和内心精神世界进行了入木三分的刻画，为这些“台北人”唱出了一曲无尽的哀婉的悲歌。而书中痛苦的、挣扎的台北人，也正是白先勇身边的底层人民生活的写照。

《国葬》中的李浩然将军，曾参加过辛亥革命、北伐抗日，建立过不朽的功勋，集中华民国之史迹于一身，然而晚年却是落魄、不如意的，正如他的挽联“闻道霸陵夜列何人愿起故将军”所言；而《思旧赋》中的李长官一家的变故更是让人唏嘘不已，李长官身体虚弱得“脱了形”，夫人已过世，小姐和一个有妇之夫私奔了，少爷从国外回来，精神失常，在家族衰亡之际只会“咧开了大嘴”“嘻嘻地傻笑”；《梁父吟》里的那个“发迹的早，少年得志”的革命元老王孟养晚年“也是十分孤独的”。这些国民党的高官将军们，都曾有辉煌的过去，但晚年的孤独寂寞、失势潦倒不得不让人扼腕叹息。

《花桥荣记》中的卢先生，在十五年的期待、十五年的希望被残酷的现实打碎后，变得自暴自弃起来，整天沉溺于性欲的满足之中，最后沉郁自杀。美好的过去、丑陋的现在，形成鲜明的对比。卢先生的悲剧是理想破灭的悲剧，是人性沉沦的悲剧，是在大的历史变动背景下的人生命运沉浮的悲剧。《那片血一般红的杜鹃花》中的男佣王雄对丽儿的“爱情”破灭后即被“过去”舍弃后，决定以跳海自杀的方式回大陆老家“找亲人”去，然而他的尸体始终没有漂到大陆，他至死都无法寻到亲人，无法实现自己的理想。《岁除》中的赖鸣升这位曾参加过台儿庄战役的顶天立地的民国军人，在退役后只能到荣民医院当“伙夫头”，却仍然心甘情愿地沉浸在“过去”的辉煌中，且大有虽“死”犹荣的意味，这正是他的悲剧。《一把青》中的朱青在丈夫死亡的惨痛打击下，前后判若两人，她变得浪荡、世俗、麻木不仁了，再也没有什么能够让她伤心的了，她对郭轸、小顾二人坠机身亡的不同反应，正是她“哀莫大于心死”的明证。朱青等台北人的悲剧命运是与时代、社会紧密联系在一起的，她起伏的命运便是时代起落的真实写照。

《台北人》堪称一曲台北的哀叹、时代的挽歌。

先睹为快

尹雪艳总也不老。十几年前那一班在上海百乐门舞厅替她捧场的五陵年少，有些头上开了顶，有些两鬓添了霜；有些来台湾降成了铁厂、水泥厂、人造纤维厂的闲顾问，但也有少数却升成了银行的董事长、机关里的大主管。不管人事怎么变迁，尹雪艳永远是尹雪艳，在台北仍旧穿着她那一身蝉翼纱的素白旗袍，一径那么浅浅地笑着，连眼角儿也不肯皱一下。

尹雪艳着实迷人。但谁也没能道出她真正迷人的地方。尹雪艳从来不爱擦胭抹粉，有时最多在嘴唇上点着些似有似无的蜜丝佛陀；尹雪艳也不爱穿红戴绿，天时炎热，一个夏天，她都浑身银白，净扮得了不得。不错，尹雪艳是有一身雪白的肌肤，细挑的身材，容长的脸蛋儿配着一副俏丽恬静的眉眼子，但是这些都不是尹雪艳出奇的地方。见过尹雪艳的人都这么说，也不知是何道理，无论尹雪艳一举手、一投足，总有一份世人不及的风情。别人伸个腰、蹙一下眉，难看，但是尹雪艳做起来，却又别有一番妩媚了。尹雪艳也不多言、不多语，紧要的场合插上几句苏州腔的上海话，又中听、又熨帖。有些荷包不足的舞客，攀不上叫尹雪艳的台子，但是他们却去百乐门坐坐，观观尹雪艳的风采，听她讲几句吴侬软语，心里也是舒服的。尹雪艳在舞池子里，微仰着头，轻摆着腰，一径是那么不慌不忙地起舞着；即使跳着快狐步，尹雪艳从来也没有失过分寸，仍旧显得那么从容，那么轻盈，像一球随风飘荡的柳絮，脚下没有扎根似的。尹雪艳有她自己的旋律，尹雪艳有她自己的拍子。绝不因外界的迁异，影响到她的均衡。

尹雪艳迷人的地方实在讲不清、数不尽。但是有一点却大大增加了她的神秘。尹雪艳名气大了，难免招忌，她同行的姊妹醋心重的就到处嘈起说：尹雪艳的八字带着重煞，犯了白虎，沾上的人，轻者家败，重者人亡。谁知道就是为着尹雪艳享了重煞的令誉，上海洋场的男士们都对她增加了十分的兴味。生活悠闲了，家当丰沃了，就不免想冒险，去闯闯这颗红遍了黄浦滩的煞星儿。上海棉纱财阀王家的少老板王贵生就是其中探险者之一。天天开着崭新的开德拉克，在百乐门门口候着尹雪艳转完台子，两人一同上国际饭店廿四楼的摩天厅去共进华美的夜宵。望着天上的月亮及灿烂的星斗，王贵生说，如果用他家的金条儿能够搭成一道天梯，他愿意爬上天空去把那弯月牙儿掐下来，插在尹雪艳的云鬓上。尹雪艳吟吟地笑着，总也不出声，伸出她那兰花般细巧的手，慢条斯理地将一枚枚涂着俄国乌鱼子的小月牙儿饼拈到嘴里去。

延展阅读

《孽子》

白先勇先生的《孽子》是一篇以同性恋为题材的长篇小说，全书共分为四章，依次是："放逐""在我们的王国里""安乐乡""那些青春鸟的行旅"。小说描写了20世纪60年代生活在台北的一群为家庭所弃、为社会所遗的"孽子"。白先勇先生以悲天悯人的情怀和笔触，为我们刻画了一群无家可归的青春少年，他们的喜怒哀乐，他们的前尘往事，以及他们的人生际遇；虽然他们是社会的弃儿，但他们同样有血有肉，有情有义，有着对美好生活的向往，有着对人性的真诚追求；他们虽然失掉了家庭的欢乐，但是并不气馁；他们迷惘，彷徨，甚至堕落，沦丧，可是心底始终有着追求的方向；正如远景版《孽子》的封面题记所说："这是一篇'孽子'们失掉乐园后，寻找救赎、重建家园、狂热地追求自我与爱的史诗。"

《男人的一半是女人》

张贤亮 著

在一个去势的时代，作为一种象征，一个失去了尊严的男人无奈地挣扎。

推荐版本：

- 人民文学出版社（2000 年）
- 作家出版社（2009 年）

关于作者

张贤亮，江苏盱眙人，1936 年生，20 世纪 50 年代初在甘肃教书，开始文学创作，因为在《延河》发表诗歌《大风歌》，成为右派分子。从 1958 年到 1976 年，他曾经历两次劳改，一次管制，一次“群专”，一次入狱，1979 年重新开始写作。他在“文化大革命”后的作品可以分为两类，一类写 80 年代中国社会经济变革，一类写自己 20 年的苦难生活，代表作前者有长篇小说《男人的风格》，中篇小说《龙种》《河的子孙》等，后者有《灵与肉》《绿化树》《男人的一半是女人》《邢老汉和狗的故事》等，批评界将后者视为他更具代表性的作品。

张贤亮有着很高的知名度，这一方面是因为他的作品能引发读者的广泛认同，唤起他们强烈的共鸣；一方面也因为他的作品总能在各种问题上引起激烈的争议，这些问题包括爱国主义、赞美苦难的宗教意识、批判意识与蒙昧主义和大胆的性描写。

张贤亮小说引发的热潮很容易让人想起五四时代的“郁达夫现象”，事实上，张贤亮的小说与郁达夫确有相似之处，二者都带有很强的“自叙传”色彩。张贤亮笔下一再出现的主要人物，是被流放、劳改的右派，本质上是一种被社会遗弃的读书人形象，这与郁达夫笔下受欺凌的异国学子形象如出一辙。然而与郁达夫笔下往往以自戕为终结的人物命运不同的是，张贤亮小说中的落魄书生在经受着深刻的心理矛盾的同时，却通过与美丽、能干、泼辣而又痴情的底层劳动妇女的爱情故事而得到灵魂和肉体上的双重救赎。这些妇女以自己坚韧的生命力和灵魂中的洁净之美，抚慰着知识者的灵魂，成为支撑其超越苦难的力量。

张贤亮是很有文化底蕴的作家，他的作品在今天看来是有模式可循的，但在当时的时代背景下，其成就远远超出一般反映知青题材的作家，这是与他独特的精神气质分不开的。在一篇题为《满纸荒唐言》的文章中，他表述了他的文学观念，也详尽地描述了他的个人经历，他说：“一个人在青年时期的一小段对他有强烈影响的经历，他神经上受到的某种巨大的震撼，甚至能决定他一生中的心理状态，使他成为某一种特定精神类型的人……如果这个人恰恰是个作家，那么不管他选择什么题材，他的表现方式、艺术风格、感情基调、语言色彩则会被这种特定的精神气质所支配。”苦难的生活经历既为张贤亮带来写作的不尽资源，却也成为限制他开掘新题材的牢笼。张贤亮后期的两部长篇小说《习惯死亡》和《我的菩提树》虽然力求有所突破，但最终还是在同一模式上打转，只是情感上更趋于沉重，救赎的幻想最终破灭，归于精神上的枷锁。在前一部作品中，性爱已经无法再次拯救读书人，死亡与恐惧的回忆作为一种内化的精神存在，成为主人公无法摆脱的梦魇。而在后一部作品中，则完全通过日记与对日记的注释，来试图还原劳改生活的真实境遇，成为一种对苦难内幕的揭露，而放弃了之前的带有形而上色彩的结构。

荐读理由

《男人的一半是女人》其实是张贤亮的9篇系列中篇小说《唯物论者启示录》中的一篇。作家试图完整表达的是“描写一个出身于资产阶级家庭，甚至有过朦胧的资产阶级人道主义和民主主义思想的青年，经过‘苦难的历程’，最终变成了一个马克思主义的信仰者”的全过程。然而，真正吸引读者的其实并非主人公最终走向的归途，而是在这一过程中困扰其精神成长的种种阻碍因素。

小说讲述了在“文化大革命”中受尽苦难的知识分子章永璘的经历，他的年青岁月都是在劳改营中度过的，生活上的苦痛挣扎与精神上的压抑使他的人生被一团灰蒙笼罩，直到39岁那一年，他遇到了自己的第一个女人黄香久，这才开始懂得什么是爱情，幻想中对女性的憧憬与压抑瞬间化为现实，人生的转折似乎从此开始。然而此时的章永璘并非是简单的个人，在一个去势的时代，作为一种象征，他也失去了自己作为男人的尊严，他努力挣扎，但是无可奈何。

张贤亮小说模式的独特之处在于，在“文化大革命”后伤痕文学与知青文学大半还停留在粗糙稚嫩的状态之时，他已经在身体与政治之间建立了具有强大张力的隐喻关系。身体上的自卑、屈辱，面对妻子出轨时的无奈、不甘，其实都成为一种时代苦难的象征，这种种情绪纠缠在章永璘身上，其实正是一种蓄势的过程，终有一天，这种情感会冲破束缚，而身体上的痊愈，在带来整个时代结构的重新调整的同时，也将带来夫妻间生活中权力重心的转移。当章永璘康复成为真正的男人的时候，黄香久的背叛就不再是可以被原谅的，将成为情感破裂的不可回避的根源。

张贤亮的小说，从东西方两种文化中获取营养。从中国古代文学传统中看，落难才子的叙事模式并不陌生，在古典戏曲与小说中比比皆是，只是更为复杂，增添了落难才子飞黄腾达后的心理与现实描写。

而从西方文学传统看，最有名的例子也许当属劳伦斯的《查特莱夫人的情人》，从前半段看，章永璘的故事似乎更偏向于后者，男主人公能力上的丧失使得夫妻间的关系发生了微妙的变化，越来越清晰的裂痕使他们的距离越来越远。但是从深层看，这依然是一个彻头彻尾的中国故事，黄香久在情感上对章永璘的依恋，当章永璘恢复以后黄香久的心理转变，男女两性之间对于出轨、背叛的观念，都深深地打上了中国的烙印。

张贤亮对于情欲的描绘，很容易让人想起沈从文对于湘西的描绘。丧失能力的章永璘与充满活力的黄香久形成了鲜明的对照，如果按照沈从文的文化观，这也许将成为对作为自然象征的青春女性的美好礼赞，但是，在张贤亮笔下，他所建立的结构是从动物性向高层次的生存方式的进化论模式。情欲除了原始力量以外，还被赋予了缺乏文明性的内涵，这样一来，章永璘就代表了暂时被压制的文化，文化总有一天会冲破原始力量的束缚，重新站立起来，而就在这一过程中，张贤亮的政治诉求也得到了真切的表达。就在这篇小说中，“性”已经暴露了它的软弱无力，章永璘走向的是所谓更高的追求，这种追求，是以与黄香久的分离为代价的，章永璘似乎最终走上了形而上学的不懈求索的道路，然而事实上，他能否割舍原始力量的诱惑，却实在是一个还很难给出答案的谜题。

先睹为快

也许我过去见到过她而没有留意，也许我从来没有见到过她。总之，这一次，她却给我留下了一个非常深刻的印象。

两个月前，我从大组被抽调出来，去管水稻田。在劳改队里，我是大组长，调到田管组，我仍然是田管组组长。调我出来的王队长，一个本地干部，农民出身的小老头，吸着自卷的喇叭筒烟对我说："调你出来当组长，是领导对你的信任。熊！那十二个人可难管！人人都能干，人人都一身毛病。你婊子儿要能把那十二个家伙管好，出去就能当管千儿八百人的厂长了。"

当时，他蹲在高高的斗渠坝上，我刚从灌满一农渠水的渠口中上来，光着脚站在他面前。他似乎还想说什么，然而终于没有说，只是一门心思地吸烟。布满皱褶的干瘦的小脸上，显出一副沉思的神情。我当然不知道他在想什么，但是知道这是任何一个劳改干部在单独对某一个劳改犯人布置特殊任务时，都必须显露的神情。沉思的神情表示着严肃，而严肃又表示了他与你之间那不可逾越的界线。这种神情还表示了他的布置是慎重的、是经过反复掂量的，甚至是翻着你的档案材料由更高一层的集体讨论所决定的，同时，也说明了这个任务的重要。文化程度不高的、不善于言辞的干部，常常用沉默来引起你对他只言片语的重视。默默无言，倒会使你意识到：从此，由于这种"信任"，你肩上的担子就更重了。并且，又由于这不仅仅是对你的一般性改造，而是加倍的改造，所以往往能使你获得立功受奖以至提前释放的机会。因而，这又往往是你一生命运的关键。

他装模作样的沉默中藏有他所能表示的善意，我理解。

他蹲在渠坝上面吸烟，我站在渠坝下面交替地倒着脚，用脚底板搓着光光的脚背。水稻刚播下地的时候，蚊子还没有出世，但成群的"小咬"集结成团，一拥而上，会叮得人心烦急躁。这种比一粒沙子还微小的飞虫，能钻到人的耳朵里、眼皮里、脖颈里、腋窝旦、头发根里、裤裆里……简直是无孔不入。让它叮一下，皮肤上即刻就会肿起一个比它大几百倍的疱。我一面搓着脚，一面挥着臂，手舞足蹈地仰面看着这位队长。

延展阅读

《绿化树》

本书是张贤亮的另一代表作，曾获中国作家协会第三届全国优秀中篇小说奖及1984年《中篇小说选刊》优秀中篇小说奖。这部小说讲述的仍然是章永璘的故事，可以与《男人的一半是女人》对照来读，与黄香久近似的妇女马缨花在这篇小说中扮演了不一样的角色，同样是对“灵与肉”关系的探索，《绿化树》中的情欲更多的是与精神上的升华形成了同构关系。情感、时代与知识的错综复杂使得这篇小说成为当代文学史上受到最多阐释的文本之一。

《故土》

苏叔阳　著

西方现代“开放式结构”，味道醇厚的北京方言，在小人物命运的交织中营造出时代氛围。

推荐版本：人民文学出版社（2007年）

关于作者

苏叔阳1938年生于河北保定，我国当代著名文学家、剧作家、诗人、学者，曾用笔名舒扬、余平夫。他的作品被翻译成英、德、法、俄、西班牙、日、波兰、捷克、斯洛伐克、意大利等文，以及以维吾尔、哈萨克、蒙古、西藏、朝鲜等国内少数民族语言出版发行，影响深远。以苏叔阳读本散文体样式撰写的《中国读本》以15种文字出版，在世界发行1200多万册，成为中国图书走出国门的典范。

他从15岁便开始了文艺创作，1960年于中国人民大学中共党史系毕业。曾先后任教于中国人民大学、河北北京师范学院（今河北师范大学）、北京中医学院（今北京中医药大学）等高等院校。1978年，苏叔阳开始担任北京电影制片厂国家一级编剧，1979年后任中国作协理事、中国电影家协会副主席等。他创作的话剧《丹心谱》曾获庆祝中华人民共和国成立30周年献礼演出创作一等奖；话剧《左邻右舍》获全国话剧、戏曲、歌剧优秀剧本奖；他本人还获得“中国百年优秀电影艺术家”和“国家有突出贡献话剧艺术家”称号。其代表作有电影剧本《夕照街》《春雨潇潇》，长篇小说《故土》。苏叔阳的创作不管以什么形式出现，现代北京人的生活和首都的社会风貌总是这些作品的主要内容和描写对象，而作品的风格尽管有着苏叔阳个人的特点，却也明显地表现出对老舍先生的师承关系。他的作品笔触细腻，意蕴悠远，仿佛是一幅幅北京的风俗画，作者也因此被列为我国京味小说八大家之一。苏叔阳秉承文学是为人生、为现实服务的文艺观念，在创作中包容贯通，尽量使用一切可用的艺术手段，不简单地排斥某种手法，也不拘泥于严格的现实主义。他认为，不管用什么方法去写作，写的都是“人”，以及融汇在有个性的人身上的思想，所以他不直接宣讲什么概念，也着力避免说教式的语言，力求在普普通通的北京话里传递深刻的哲理。他不做昙花一现的作家，每一次写作都是对自己新的挑战，假如找不到新的好的叙述方式宁愿搁笔不写。他的创作观念也非常科学，决不会急功近利地去描写一次改革、一次生产或一次冲突的全过程，而主要是通过冲突中的人或者是生活在其中的那些人的命运、性格的变化发展，来作侧面的渲染与反映。

苏叔阳的涉猎面非常广泛，创作包括小说、散文、话剧、电影文学、传记文学、诗歌、文艺理论等。他的散文形成了独有的苏叔阳读本散文体样式，为开创“中国读本体文学”作出了杰出的贡献；他的历史文化随笔洞察世事，思想价值观念深刻，文字语句鲜活；他的理论研究提纲挈领，思维另辟蹊径，引人入胜。他在学术界具有很高的地位，担任中国人民大学校董，同时为多所大学兼职教授、研究生导师，并多次受邀在北京大学、孔子学院、鲁迅文学院及全国各类高等院校及省市大讲堂讲学，受到学界及听众的广泛赞誉。苏叔阳的一生经历坎坷却始终追求崇高的精神境界。他为人谦逊真诚，做学问坚持不懈、孜孜以求，在诸多领域都有重要的影响力和丰硕的成果。但面对辉煌的成就，他却只是谦虚地说道：“我不过是一个尽自己微小的才能为人民服务的艺工。”

荐读理由

《故土》是苏叔阳最有代表性的一部长篇小说，曾获第一届人民文学奖。小说完成于 1983 年，通过三个中年知识分子不同的个性和命运，写出了新中国成立后的这一代人在当时社会所遭遇的不同际遇。文中的三个主人公郑柏年、安适之、白天明的经历集中展现了 20 世纪 80 年代初期北京的社会风貌，由此构成一个侧面，反映了我国改革开放过程中存在的问题。而书中的几个女性人物实际上则是这些男性知识分子的化身，通过她们，作者刻画出他眼中 80 年代青年的风采，表现出他们同中年知识分子不同的地方。她们都是一些既有缺点又确实很可爱的人，并非作为英雄在文中出现。文中的这几个主要人物，无论年轻与否，大都背负着历史传承的巨大包袱。这历史传承的包袱给予他们的既有正面的影响也有负面的影响。例如白天明就很难跳出历史的束缚，去勇敢地为自己的幸福而斗争；他的恋人袁静雅因为封建思想已经被赋予了新的概念，不能再前进一步去寻找她的爱情。但另一位女性叶倩如就不是这样，她认为大家都是平等的个体，无所谓男与女，你追我，我追你，让来让去。这些鲜活的人物形象在改革与反改革胶着状态中的命运和追求，实际上揭示了古老文化延续到今天在人们身上展现出的新状态。因此，全书的主旨不在于写改革本身，而在于表现生活在改革年代的这些普通人的心态和他们心理变化的轨迹，以此来探讨这种社会状况给人们内心的影响，并反过来审视当时的社会究竟是什么状况。

《故土》并非是凭空虚构，书中所写的人与事，都是作者熟悉的亲朋师友，即使某个人物没有准确的原型，也是融汇了几个真实人物的命运。根据作者的描述，他在文章线索的选择上借鉴了《红楼梦》的写法——将时代改革与个人命运和爱情联系在一起。通过白天明来而复去的半年生活，串起了他的所见所闻，也就是写出与作者相识的一些人的个性、追求与命运。写安适之时涉及改革与社会的大背景，写叶倩如又涉及爱情和时代洪流中的个体拼搏，在小人物命运的交织中营造出时代的氛围，让读者各自从中得到不同的感受，见仁见智。无论是改革还是爱情，都只是这书中人物命运与个性所牵连的部分。而与作者的本意相背离的是，《故土》出版后，可能出于错觉或技术上的原因，读者大多认为苏叔阳是在着力描写四人之间的四角恋爱关系，而把阅读的兴趣点放置于爱情故事之中，忽略了三个中年男子的命运际遇这个实际的重点。

《故土》被评论者认为采用了“开放式结构”，具有浓郁的西方现代文学风格。而在语言上，则体现了苏叔阳从欧化到本土化的转变与尝试。作者的早期作品是充满学生腔的欧式语言。苏叔阳经历了六七年的努力才逐渐完成了本土北京话语言的转变。在《故土》中还能看到一丝西方语言模式的痕迹，但基本已经娴熟地使用北京味道浓厚的本地语言了。

先睹为快

北京火车站的大钟老是那样，以固定的频率一丝不苟地运转着，每隔一定的时候，奏出一定的曲调，然后庄严地敲响，从来不照顾人们的心情。

袁静雅已经在大钟下徘徊了三个钟头。每一次钟响都撩起她的烦躁和不安。和她一起来接白天明的郑柏年因为有一个手术要做，等了一趟车，见没有白天明，就自己先回去了。她呢，不死心，要再等几趟北上的列车，所以就单独地留下来了。

车站的广场，夜晚很凉爽。四面吹来的微风扫荡了白天的暑气，她手里那把盛开的花又泛起一阵阵的香气，使她觉得比在家里舒服得多。这花是父亲袁亦方和魏旭之伯伯要她买的，它代表两位老人的心，献给受了一场罪、重新归来的白天明。这举动颇有些洋化，与老中医的身份不合，但俩老爷子以为不如此便不能表达他们的心情，静雅只好从命。车站上来来往往的旅客很多，各自忙着自己的事情，没有什么人关注这花和这拿花的女人。然而，也有几位好事之徒，远远近近地跟着她，用探询的目光扫射她，好像在看一个星外的来客。这目光使静雅很不自在，有几次她不由得停住脚睁大眼睛，向探索者投去一束激光似的目光，看得那好奇者急忙别转脸去。

这种探寻的、审查似的目光，袁静雅近来是太熟悉、太厌烦了。自从她和安适之离婚以后，这目光便包围了她。人世间有时候也的确缺少公平。离婚本来是男女双方的事，是非自有人心管着。可在一些人眼里，离婚总归是女人的不对。背叛了正义、亲人的安适之，由于是男人，就得到宽容，而被迫离异的静雅却常常遭到冷眼的射击。袁静雅已经35岁了，充满梦幻的青年时代已经去而不返，但是，秋天般的中年也还没有正式到来。她常常在希望中惶惑，又在惶惑中希望。她觉得自己已经远离了幼稚，不再为一点点小事而激动。但她又觉得自己还远未成熟，常常为了无谓的流言而伤神。

流言是私欲的产儿。人类有了私心也就有了流言。倘使一个人有了出众的成绩，流言便像苍蝇般盯上了他；倘使这有成绩的人是个女人，流言便会增加一分；又倘使这女人还算得上美丽，流言就更增加一倍；再倘使这女人是单身独处，那么流言就会有如澎湃的浪涛。不幸得很，袁静雅具备以上这四点，便一时间成了流言的靶子。好在这流言还都止于猜测，没有到达演绎的程度，只不过以关心她的形式表现出来。常常有人劝她和安适之复婚，婆心苦口，再三再四，很有些不达目的誓不罢休的气概。她原来曾以为是安适之派来的说客，一定领受了什么好处。可细一打听，也不，都是些热心成性的人，受不了任何一个全须全尾的女人和男人离婚。好像他们生到人世的唯一任务就是撮合一切离异的夫妇。其实，他们无非想得到自我道德的满足，维护一种在他们看来天经地义的道德，至于这道德是否合适，当事人是否幸福，那就不是他们的事情了。

延展阅读

《左邻右舍》

本作是苏叔阳话剧剧本的代表，获第一届全国优秀剧本奖。作者将戏剧的背景置于“文化大革命”结束前后这个特定的历史时期，以现实主义的创作方式来表现北京一个四合院的生活，用饱含激情的笔墨抒写了他心底强烈的爱憎。本剧分为三幕，时间正好是 1976 年到 1978 年连续三年的国庆节，表现了“文化大革命”结束前后这个特定的历史时期普通民众的生活境遇。“文化大革命”搅乱了老百姓的正常生活，人性在这场大风大浪中经受着严峻的考验，原来和睦相处的左邻右舍也发生了分化，又在最后的合影中趋于弥合。这部作品继承了老舍的戏剧风格，用素描的手法、平实流畅的北京白话来表现各个阶层，特别是中下层小人物的生活，显示出作者对北京民风和民俗的熟悉。

《张承志中篇小说集》

张承志　著

人们有着一种误解。他们总认为，草原只是一个罗曼蒂克的摇篮。

推荐版本：上海社会科学院出版社（2004 年）

关于作者

张承志是一名回族作家，1948 年出生于北京。1968 年，张承志到内蒙古乌珠穆沁插队当牧民。1972 年考入北京大学历史系，1975 年毕业后分配到中国历史博物馆从事考古工作。1978 年以突出成绩考取中国社会科学院研究生院翁独健先生的研究生，并开始进行文学创作。曾用笔名张录山。

张承志的第一部作品为蒙文诗《做人民之子》，发表于内蒙古蒙文杂志《花的原野》上。张承志的作品曾多次获全国中、短篇小说奖。代表性作品有小说集《黑骏马》《北方的河》《黄泥小屋》，长篇小说《金牧场》《心灵史》，散文集《荒芜英雄路》《清洁的精神》等。张承志以一种独立不羁、庄严深邃、冷峻热烈的审美品格表达着他的精神世界，以一种自信坚定的姿态捍卫着一种神圣价值观。他长期从事中亚、新疆、甘宁青伊斯兰黄土高原的历史宗教考古调查。

1981 年，张承志获得民族历史语言系硕士学位，被分配到中国社会科学院民族研究所工作，任助理研究员。1984 年，他到回民聚集地西海固，用文学的形式写了一部宗教史《心灵史》，在文坛引起了很大震动。1987 年，张承志调海军政治部文化部当专业作家，后辞职成为自由作家并作油画。

张承志的作品以“人民”为主题，他也因此被称做一个理想主义的精神漫游者。张承志早期以草原生活为题材，从大地、民间汲取精华养料；稍后他把个人理想与宗教信仰结合在一起，开始了他对于回民生存和信仰的探索。在他的小说中，多半体现的是民族文化悠久的历史，读起来缓慢而优美。他的散文却体现出一种不同于小说的风格，充满了犀利而激烈的批判。

张承志曾获第一届全国短篇小说奖，第二、第三届全国优秀中篇小说奖及全国少数民族文学创作奖，已出版著作 30 余种。其中，第一篇小说《骑手为什么歌唱母亲》获得了 1978 年全国优秀短篇小说奖，中篇小说《阿勒克足球》获得《十月》第一次文学奖和全国少数民族文学创作奖。

荐读理由

《张承志中篇小说集》主要收录了张承志的两篇小说《黑骏马》和《北方的河》。

《黑骏马》以一个男人离乡返乡的心路历程和一出凄美的爱情故事折射出蒙古民族在新旧观念冲撞中的自我抉择，以及作为草原理想一代的挣扎和呐喊。主人公白音宝力格是一个蒙古青年，同时也是受到现代教育的现代文明人。他具有两种特征，蒙古族的文化传统和现代教育的熏陶。他是在两种文化的共同作用下成型的。但是，古老草原文化对创造与生命的喜悦这一古老的意识与现代文明在这里发生了冲撞。他的未婚妻被人强暴了，当他回到蒙古包发现索米娅即将生产，但是奶奶和索米娅却选择了对生命的喜悦和认命式的接受。白音宝力洛这个在现代教育规训下的现代社会的产物是不能接受这种现实的，白音宝力格面对这强烈的冲撞，感到苦闷、徘徊、失望，于是他选择了愤然出走。他生存在古老蒙古文化与现代文化冲击的夹缝中，不能超脱。

《北方的河》是张承志继《黑骏马》之后的又一部成功之作。作品曾获 1984 年《中篇小说选刊》优秀中篇创作奖。《北方的河》是一部主观抒情的小说，也有人把它叫做“心态小说”。《北方的河》几乎没有故事，是以主人公“我”的意识流向构成情节的。《北方的河》所讲的主人公是一个回城的大龄知青，为了摆脱命运，准备考研，所考的是冷门的地理学。书中淡淡地写了朦胧的爱情，写了平庸生活与理想之间的差距，写了生活对激情的磨钝，写了在北方的河中所汲取的力量。

作品采用了主观抒情的笔法，在结构上采用“意识流”式的时空交错的方式。作品开场的时间是现在，“现在”在跳跃地发展，“过去”不时地以现在时态回闪。人物经历的每一事件、人物心理的每一活动都好似一组组分镜头被匠心独运的作者剪辑得贴切得当。蒙太奇手法交叉运用，使读者必须紧紧抓住人物的行踪——外在的、内在的，当读者把握了作品的节奏，跟上“他”的意识流动，便会全身心地融入作品中，把“他”变成了“我”，把“我”变成了“他”，思维的跳动、记忆的回闪丝毫没有零散之感，仿佛被一条无形的线穿缀成一幅绚丽的画面。这部小说又被称为“青年奋击者的壮美诗篇”和“时代的精灵”。

无论在哪一种意义上，张承志都是中国当代最为优秀的作家之一，其前进者的姿态一直为当代作家所推崇。在 80 年代，张承志主要以一个小说家的形象出现。他的小说擅用长句，绚丽而又不失朴实，并且有着极为丰富的色彩层次。但是，张承志真正为人所称道的，还不仅仅是他的小说的独有艺术魅力，而是熔铸其中的一种强大的精神力量，他的小说是 80 年代理想主义的一面旗帜。

先睹为快

也许应当归咎于那些流传太广的牧歌吧，我常发现人们有着一种误解。他们总认为，草原只是一个罗曼蒂克的摇篮。每当他们听说我来自那样一个世界时，就会流露出一种好奇的神色。我能从那种神色中立即读到诸如白云、鲜花、姑娘和醇酒等诱人的字眼儿。看来，这些朋友很难体味那些歌子传达的一种心绪，一种作为牧人心理基本素质的心绪。

辽阔的大草原上，茫茫草海中有一骑在踽踽独行。炎炎的烈日烘烤着他，他一连几天在静默中颠簸。大自然蒸腾着浓烈呛人的草味儿，但他已习以为常。他双眉紧锁，肤色黧黑，他在细细地回忆往事，思想亲人，咀嚼艰难的生活。他淡漠地忍受着缺憾、歉疚和内心的创痛，迎着舒缓起伏的草原，一言不发地、默默地走着。一丝难以捕捉的心绪从他胸中飘浮出来，轻盈地、低低地在他的马儿前后盘旋。这是一种莫名的、连他自己也未曾发现的心绪。

这心绪不会被理睬或抚慰。天地之间，古来只有这片被严寒酷暑轮番改造了无数个世纪的一派青草。于是，人们变得粗犷强悍。心底的一切都被那冷冷的、男性的面容挡住，如果没有烈性酒或是什么特殊的东西来摧毁这道防线，并释放出人们柔软的那部分天性的话，你永远休想突破彼此的隔膜而去深入一个歪骑着马的男人的心。

不过，灵性是真实存在的。在骑手们心底积压太久的那丝心绪，已经悄然上升。它徘徊着，化成一种旋律，一种抒发不尽、描写不完，而又简朴不过的滋味，一种独特的灵性。这灵性没有声音，却带着似乎命定的音乐感——包括低缓的节奏、生活般周而复始的旋律，以及或绿或蓝的色彩。那些沉默了太久的骑马人，不觉之间在这灵性的催动和包围中哼起来了：他们开始诉说自己的心事，卸下心灵的重荷。

相信我：这就是蒙古民歌的起源。

高亢悲怆的长调响起来了，它叩击着大地的胸膛，冲撞着低巡的流云。在强烈扭曲的、疾飞向上和低哑呻吟的拍节上，新的一句在追赶着前一句的回声。草原如同注入了血液，万物都有了新的内容。那歌儿激越起来了，它尽情尽意地向遥远的天际传去。

歌手骑着的马走着，听着。只有它在点着头，默然地向主人表示同情。有时人的泪珠会噗地溅在马儿的秀鬃上：歌手找到了知音，就这样，几乎所有年深日久的古歌就都有了一个骏马的名字：《修长的青马》《紫红快马》《铁青马》等等，等等。

延展阅读

《西省暗杀考》

本书是张承志的代表作品之一。

在荒凉的西部，有一个叫一棵杨的小村庄。历史上的某一天，义军首领马化龙在这里被凌迟处死，死前，他面对刽子手的尖刀预言说，40年后，会有人为我报仇的。多年后，这里果然发生了鲜血淋漓的杀戮。

《棋王》

阿城　著

以本源的、朴素的生命意识，追求内心的自由；在乱世中淡泊自处，不耻世俗又超越世俗。

推荐版本：作家出版社（2000年）

关于作者

阿城，1949年生，原名钟阿城，北京人。阿城十二三岁时就已遍览中外名著，曹雪芹、罗贯中、施耐庵、托尔斯泰、巴尔扎克、陀思妥耶夫斯基、雨果等中外作家都曾给他以很深的触动。念中学时“文化大革命”开始，阿城到陕西农村插队，此时开始学习绘画，后转往内蒙古，又转往云南建设兵团农场，在离乡漂泊的历程中积累了见闻，也为日后的创作奠定了坚实的基础。

1984年，阿城开始其创作生涯，他说：“普遍认为很苦的知青生活，在生活水准低下的贫民阶层看来，也许是物质上升了一级呢！另外就是普通人的‘英雄’行为常常是历史的缩影。那些普通人在一种被迫的情况下，焕发出一定的光彩。之后，普通人又复归为普通人，并且常常被自己有过的行为所惊吓，因此，从个人来说，常常是从零开始，复归为零，而历史由此便进一步。”从《棋王》《树王》《孩子王》到后来的《遍地风流》，都可以看做是对这一观念的实践。

阿城小说含蓄隽永，以精细白描渲染民俗文化，在对现实的抒写中寄寓对宇宙、人生、自然的玄思，以一种最为中国化的方式连接传统与现代，而最终落实到人类的生活方式上，强调个体在历史中的意义。他笔下的人物都是普通人，却在从事着并不普通的事业，有着并不普通的情怀，对于内心世界的探寻使他们超越了时代，而进入传统文化的天地，这是一种近似于吴敬梓在《儒林外史》中所追求的理想，市井之中，乱世之内，却总有这样一群人为自己的理想、趣味而孜孜不倦。阿城还是天生的文体家，小说语言熔铸古今中外，以一种最为熨帖的汉语向读者讲述一个个动人的故事。

阿城认为，文化涵盖着社会，也制约着人类历史的发展，这使得他坚持从文化的视角入手，力求对现实做整体把握，也正是出于这种目的，他成为80年代“文学寻根”运动的重要代表人物之一，理论文章《文化制约着人类》对80年代的文化进程产生了很大影响。他是有学问的文学家，将学问灌注于小说、随笔、电影剧本当中，又将文学上升为一整套世界观，形成自己的文化理念，二者相辅相成，共同构成了一个玄之又玄却又神秘诱人的阿城的世界，吸引了无数人沿着他的视线、他的脚步关注传统，关注现实，关注中国，关注世界，也关注自己的内心。

近年来，阿城移居海外，小说作品渐少，但仍一直引发着海外汉学家们的持续关注，他对文化与文学的理解，也通过电影、访谈、随笔等方式进入人们的视线。阿城对电影的热情多年来一直不减，除早期的《大明星》《月月》《棋王》《孩子王》外，李安导演的《卧虎藏龙》也有阿城参与其中。

荐读理由

《棋王》发表前后，曾出现了很多以知识青年为题材的作品，被称为“知青小说”，是伤痕文学的重要组成部分。《棋王》却很难被简单归于此类，在阿城笔下，政治事件与社会矛盾已经被淡化，转而关注芸芸众生在“文化大革命”中的生活与生存。所谓寻根，即表现为从传统文化中寻找理想的精神，以成为超越世俗的慰藉。《棋王》中的人物所追求的是一种道家的精神，在乱世中淡泊自处，不耻世俗而又超越世俗，推崇本源的、朴素的生命意识，不断追求着内心的自由。然而对这种道家理想的追求又有一种儒家进取、争取生命价值实现的精神蕴含在内。表面上看，阿城似乎沉浸在对文化的迷恋之中不能自拔，但事实上，这也正是他批判现实的方式，只是他的批判对立面并不仅限于个人的苦难与时代的浩劫，而是整个中国文化，这就为他的小说赋予了很深的形而上色调。这种色调要求一种根源于民族文学传统的表达方式，阿城使用了白描，语言自然、素朴，但又不流于浅俗，没有过分的情感上的渲染，而是直接展现人物与事件，始终给读者提供最愉悦的阅读状态。而《棋王》中王一生的故事，又因其表现了一个时代的缩影而格外能引起读者的共鸣。

小说讲述的是云南边境一群知识青年的故事，王一生也是其中一员。他家境贫寒，为人老实，不显山露水，但是在学棋下棋的过程中，他的生命焕发了光彩。他下棋，是和对生命的热爱联系在一起的，也正因如此，他将“雅”的文化追求和“俗”的生存需求紧紧地联系在一起。作品中王一生对于“吃”的看法最能体现这一点，他说“一天不吃，棋路就乱”，这正为我们展示了一个真实的人的形象，超越生活的前提是把握生活。

捡烂纸的老头给王一生的指点，使他对“气”与“势”有了深刻的了悟，从此棋艺日精，这种境界，其实也就是一种自强不息的精神。王一生以一种无为而无不为的方式，借一场鏖战实现了人生的升华，且看这样一段：王一生“双手扶膝，眼平视着，像是望着极远极远的远处，又像是盯着极近的近处，瘦瘦的肩挑着宽大的衣服，土没拍干净，东一块儿，西一块儿。喉结许久才动一下”，此时，王一生的状态已近乎于入道，正是有这种对于生命的全情投入，生命的意义也才真正展现出它的光辉，正如小说的最后“我”感悟到的那样：“不做俗人，哪儿会知道这般乐趣？家破人亡，平了头每日荷锄，却自有真人生在里面，识到了，即是幸，即是福。衣食是本，自有人类，就是每日在忙这个。可囿在其中，终于还不太像人。”

小说写王一生与九人大战盲棋，情节至此达到最高潮，然而小说内涵之丰富却不仅限于此。阿城写知青之情，写母子之爱，写“无字棋”，写底层奇人，以工笔细刻，为我们展示出一幅幅生活的画卷。动静之间，铺排与高潮之间，《棋王》虽不曾拥有震撼人心的绝对力量，却以其特有的精致与韵味感染着每一个读者，这种风格是传统的，是中国的，是最能深入每一个中国人内心深处的。

先睹为快

王一生简直大名鼎鼎。我们学校与旁边几个中学常常有学生之间的象棋厮杀，后来拼出几个高手。几个高手之间常摆擂台，渐渐地，几乎每次冠军就都是王一生了。我因为不喜欢象棋，也就不去关心什么象棋冠军，但王一生的大名，却常被班上几个棋篓子供在嘴上，我也就对其事迹略闻一二，知道王一生外号棋呆子，棋下得神不用说，而且在他们学校那一年级里数理成绩总是前几名。我想棋下得好而且有个数学脑子，这很合情理，可我又不信人们说的那些王一生的呆事，觉得不过是大家寻逸闻鄙事以快言论罢了。后来运动起来，忽然有一天大家传说棋呆子在串连时犯了事儿，被人押回学校了。我对棋呆子能出去串连表示怀疑，因为以前大家对他的描述说明他不可能解决串连时的吃喝问题。可大家说呆子确实去串连了，因为老下棋，被人瞄中，就同他各处走，常常送他一点儿钱，他也不问，只是收下。后来才知道，每到一处，呆子必要挤地头看下棋。看上一盘，必要把输家挤开，与赢家杀一盘。初时大家见他其貌不扬，不与他下。他执意要杀，于是就杀。几步下来，对方出了小汗，嘴却不软。呆子也不说话，只是出手极快，像是连想都不想。待到对方终于闭了嘴，连一圈儿观棋的人也要慢慢思索棋路而不再支招儿的时候，与呆子同行的人就开始摸包儿。大家正看得紧张，哪里想到钱包已经易主？待三盘下来，众人都摸头。这时呆子倒成了棋主，连问可有谁还要杀？有那不服的，就坐下来杀，最后仍是无一盘得利。后来常常是众人齐做一方，七嘴八舌与呆子对手。呆子也不忙，反倒促众人快走，因为师傅多了，常为一步棋如何走自家争吵起来。就这样，在一处呆子可以连杀上一天。后来有那观棋的人发觉钱包丢了，闹嚷起来。慢慢有几个有心计的人暗中观察，看见有人掏包，也不响，之后见那人晚上来邀呆子走，就发一声喊，将扒手与呆子一齐绑了，由造反队审。呆子糊糊涂涂，只说别人常给他钱，大约是可怜他，也不知钱如何来，自己只是喜欢下棋。审主看他呆像，就命人押了回来，一时各校传为逸事。后来听说呆子认为外省马路棋手高手不多，不能长进，就托人找城里名手邀战。有个同学就带他去见自己的父亲，据说是国内名手。名手见了呆子，也不多说，只摆一副据说是宋时留下的残局，要呆子走。呆子看了半晌，一五一十道来，替古人赢了。名手很惊讶，要收呆子为徒。不料呆子却问："这残局你可走通了？"名手没反应过来，就说："还未通。"呆子说："那我为什么要做你的徒弟？"名手只好请呆子开路，事后对自己的儿子说："你这同学桀骜不驯，棋品连着人品，照这样下去，棋品必劣。"又举了一些最新指示，说若能好好学习，棋锋必健。后来呆子认识了一个捡烂纸的老头儿，被老头儿连杀三天而仅赢一盘。呆子就执意要替老头儿去撕大字报纸，不要老头儿劳动。不料有一天撕了某造反团刚贴的"檄文"，被人拿获，又被这造反团栽诬于对立派，说对方"施阴谋，弄诡计"，必讨之，而且是可忍，孰不可忍！对立派又阴使人偷出呆子，用了呆子的名义，对先前的造反团反戈一击。一时呆子的大名“王一生”贴得满街都是，许多外省来取经的革命战士许久才明白王一生原来是个棋呆子，就有人请了去外省会一些江湖名手。交手之后，各有胜负，不过呆子的棋据说是越下越精了。只可惜全国忙于革命，否则呆子不知会有什么造就。

延展阅读

作者还有下列精品：

《孩子王》

十年动乱时期，小山里有一所简陋的小学缺少老师，生产队长把在这里插队的知青叫去，派他去学校做“孩子王”，给初中的孩子们做语文老师。学校的政治学习材料堆得像小山，学生手里却没有一本书，只好学批判文章，却连小学课本上的生字也不认得几个。孩子王只好从识字教起，他以独特的教学方法激起了学生们学习的兴趣，却也违反了教学内容而被退回了队里。小说中蕴含了对教育与时代的深刻反思。

《遍地风流》

阿城的短篇小说集，从生活的方方面面入手，展示了一个时代下普通人的生活与生存状态，在最平凡的事件与人物中体现最为真挚的情感与真切的体验。此时，阿城的语言更为洗练，文笔开始向古代笔记小说靠拢。小说对边陲地区民风的描述尤其引人入胜，有很强的感染力。

《厚土》

李锐　著

那个被文人叫做历史的东西，似乎与他们无关，也从来就没有进入过他们的意识。

推荐版本： 人民文学出版社（2008 年）

关于作者

李锐，1950 年出生于北京，祖籍四川自贡。1966 年，李锐毕业于北京杨闸中学；1969 年 1 月到山西吕梁山区插队落户，先后做过六年农民，两年半工人。1977 年，调入《山西文学》编辑部，先后担任编辑部主任、副主编，曾任山西省作家协会副主席，现为山西省作家协会专业作家。

1974 年，李锐发表第一篇小说。李锐的作品抹去了人是历史的主人的高贵光环，将历史长河中人的懦弱、人的污秽、人的血腥、人的挣扎、人的耻辱都展示了出来；他写了历史的无序与无常以及对人的愚弄，写人在历史中的无奈，写身陷历史困境中的人的悲剧与苦难……李锐曾经感慨："无理性的历史对于生命残酷的淹没，让我深深地体味到最有理性的人类所制造出来的最无理性的历史，给人自己所造成的永无解脱的困境，这是一种大悲剧，一种地久天长的悲凉。"

李锐的代表作品包括《丢失的长命锁》《红房子》《厚土》《传说之死》，长篇小说《旧址》《无风之树》《万里无云》《银城故事》，散文随笔集《拒绝合唱》《不是因为自信》《网络时代的方言》等等。李锐的作品先后被翻译成瑞典文、英文、法文、日文、德文、荷兰文、越南文等多种文字在海外出版。凭借这些作品，李锐于2004年3月获得法国政府颁发的艺术与文学骑士勋章、第十二届台湾地区《中国时报》文学奖等。

值得一提的是，李锐的夫人系著名作家蒋韵。蒋韵目前已出版了长篇小说《栎树的囚徒》《红殇》《闪烁在你的枝头》，小说集《现场逃逸》《失传的游戏》等作品，先后获得鲁迅文学奖全国优秀中篇小说奖，赵树理文学奖荣誉奖、长篇小说奖，《小说月报》百花奖中篇小说奖等奖项。他们的女儿笛安也是一名新锐作家。

荐读理由

李锐这样评价自己的作品《厚土》：“《厚土》是我的成名作。严格地说，我的文学创作也是从《厚土》开始的。在这之前的十二三年虽然也写了一些作品，但只能算是学习和准备。”

《厚土》是描写吕梁山人生活的系列作品。在《厚土》系列作品中，人的精神困境作为人生存的困境就已经显露了出来。“贫穷”和“落后”既是吕梁山人生存的现实环境，也是吕梁山人精神状况的真实写照。李锐曾这样勾勒吕梁山人的生活状态：“他们手里握着的镰刀，新石器时代就已经有了基本的形状；他们打场用的链枷，春秋时代就已经定型；他们铲土用的方锹，在铁器时代就已经流行；他们播种用的耧是西汉人赵过发明的；他们开耕垄上的情形和汉代画像石上的牛耕图一模一样……”

所以，在《厚土》系列作品中，除了强烈地感受到吕梁山人的物质困境外，我们还从人物的语言、行动中，体味到了吕梁山人的精神困境。他们的精神困境是伴随着浓郁的吕梁山气息散发出来的淡淡的哀怨和忧愁。

《看山》中放牛人老之将至时对生命的感悟；《古老峪》中工作队的小李和村子里人的隔阂；《合坟》中的知青和吕梁山人各有各的困惑和无奈；《锄禾》中的“红布衫”，为了多分一点救济粮并得到队长的照顾，她情愿做了队长的情妇，并在光天化日之下，在全村人劳动之余与队长在“野天荒地”里野合；《天上有块云》中的小姑娘为父亲接下了人家的彩礼，就嫁给了憨得连一群牛也数不清的根娃；《假婚》中女人为了生存，不惜代价与另一个男人做了一场假“夫妻”……

《厚土》中的人物的精神困境，是一抹朦胧的愁绪，是一股淡淡的哀怨。这种精神困境主要是与人物的物质困境交织、交集在一起的，物质困境是造成精神困境的主要原因。

在《厚土》结集出版的时候，李锐在后记中写道：“吕梁山的农民们正在忙着下种前的农活：整地、送粪、选种、修理农具……世世代代，他们就是这样重复着，重复了几十个世纪。那个被文人叫做历史的东西，似乎与他们无关，也从来就没有进入过他们的意识。”

先睹为快

院门前，一只被磨细了的枣木纺锤，在一双苍老的手上灵巧地旋转着，浅黄色的麻一缕一缕地加进旋转中来，仿佛不会终了似的，把丝丝缕缕的岁月也拧在一起，缠绕在那只枣红色的纺锤上。下午的阳光被漫山遍野的黄土揉碎了，而后，又慈祥地铺展开来。你忽然就觉得，下沉的太阳不是坠向西山，而是落进了她那双昏花的老眼。

不远处，老伴带了几个人正在刨开那座坟。锹和镢不断地碰撞在砖石上，于是，就有些金属的脆响冷冷地也揉碎到这一派夕阳的慈祥里来。老伴以前是村里的老支书，现在早已不是了，可那坟里的事情一直是他的心病。

那坟在那里孤零零地站了整整十四个春秋了。那坟里的北京姑娘早已变了黄土。

“惜惶的女子要是不死，现在腿底下娃娃怕也有一堆了……”

一丝女人对女人的怜惜随着麻缕紧紧绕在了纺锤上——今天是那姑娘的喜日子，今天她要配干丧。乡亲们犹豫再三，商议再三，到底还是众人凑钱寻了一个“男人”，而后又众人做主给这孤单了十四年的姑娘捏和了一个家。请来先生看过，这两人属相对，生辰八字也对。

坟边上放了两只描红画绿的干盒子，因为是放尸骨用的，所以都不大，每只盒子上都系了一根红带。两只被彩绘过的棺盒，一只里装了那个付钱买来的男人的尸骨；另一只空着，等一会儿人们把坟刨开了，就把那十四年前的姑娘取出来，放进去，然后就合坟。再然后，村里一户出一个人头，到村长家的窑里吃荞麦面合各，浇羊肉炖胡萝卜块的哨子——这一份开销由村里出。这姑娘孤单得叫人心疼，爹妈远在千里以外的北京，一块来的同学们早就头也不回地走得一个也不剩，只有她留下走不成了。在阳世活着的时候她一个人孤零零走了，到了阴间捏和下了这门婚事，总得给她做够，给她尽到排场。

锨和镢碰到砖和水泥砌就的坟包上，偶或有些火星迸射进干燥的空气中来。有人忧心地想起了今年的收成：“再不下些雨，今年的秋就旱塌了……”

明摆着的旱情，明摆着的结论，没有人回话，只有些零乱的叮当声。

“要是照着那年的样儿下一场，啥也不用愁。”

有人停下手来：“不是恁大的雨，玉香也就死不了。”

众人都停下来，心头都升起些往事。

"你说那年的雨是不是那条黑蛇发的?"

老支书正色道:"又是迷信!"

"迷信倒是不敢迷信,就是那条黑蛇太日怪。"

老支书再一次正色道:"迷信!"

对话的人不服气:"不迷信学堂里的娃娃们这几天是咋啦?一病一大片,连老师都捎带上。我早就不愿意用玉香的陈列室做学堂,守着个孤鬼尽是晦气。"

"不用陈列室做教室,谁给咱村盖学堂?"

"少修些大寨田啥也有了……不是跟上你修大寨田,玉香还不一定就能死哩!"

这话太噎人。

老支书骤然愣了一刻,把正抽着的烟卷从嘴角上取下来,一丝口水在烟蒂上亮闪闪地拉断了,突然,涨头涨脸地咳嗽起来。老支书虽然早已经不是支书了,只是人们和他自己都忘不了,他曾经做过支书。

有人出来圆场:"话不能这么说,死活都是命定的,谁能管住谁?那一回,要不是那条黑蛇,玉香也死不了。那黑蛇就是怪,偏偏绳甩过去了,它给爬上来了……"

这个话题重复了十四年,在场的人都没有兴趣再把事情重复一遍,叮叮当当的金属声复又冷冷地响起来。

延展阅读

《太平风物》

这是作者的另一部精品。

该书是比较奇特的小说集,作者把残摩、青石石畏、樵斧、耕牛、牧笛、铁锹、镢、犁铧、耧车等都纳入"农具教育"之中,传统农具成为小说言说的主要意象，在一定程度上体现出农耕文化与现代社会的尖锐碰撞。当然，也有过度想象，有些地方甚至落下过度抒情的痕迹。李锐称，对于每一个作家来说，几乎往前数上三四代，就会与农村、农民发生联系。但他不赞成把乡村描绘成世外桃源的倾向，而主张写“赤裸的田园”。本书传达了作者对正在消失的古老农业社会的凭吊，也传达出对现实生活中正在发生的许多问题的敏锐思考和至深忧虑。

书中在16篇小说间，将图片和文字、文言与白话、史料和虚构、历史的诗意与现实的困境结合，形成一种独特的“超文本拼贴”。这些小说以古老的传统农具为主要意象，把数千年悠远的农耕文化与现代社会放在同一平台上使之碰撞，从而把中国农民与土地、农具之间血肉相连甚至生死与共的关系，表现得刻骨铭心；农民在失去土地和失去世世代代生活方式、生活环境后的茫然、创痛和决绝，也在作家笔力千钧的描绘中格外惊心动魄。

《黄金时代》

王小波　著

用反讽、戏谑、夸张、幽默的笔调剖析悲剧性的人生处境，揭示了“黄金时代”的种种畸形。

推荐版本：

- 华夏出版社（1994 年）
- 长江文艺出版社（2010 年）

关于作者

王小波（1952—1997），出生于北京，“文化大革命”期间赴云南插队，1978 年考入中国人民大学学习商品学专业。1984 年至 1988 年在美国匹兹堡大学学习，获硕士学位后回国，曾任教于北京大学和中国人民大学，后辞职专事写作，1997 年 4 月 11 日因心脏病突发病逝。王小波属于那种生前平寂、死后热闹的作家。他生前曾两次获得《联合报》中篇小说大奖，在海外华人文学界享有盛誉。王小波在《黄金时代》的后记中也说道：“本书得以面世，多亏了不屈不挠的意志和积极的生活态度。必须说明，这些优秀的品质并非作者所有。鉴于出版这本书比写这本书困难得多，所以假如本书有些可取之处，当归于所有帮助出版它的朋友们。”1997 年王小波骤然逝世，轰轰烈烈的“王小波现象”也随即拉开序幕，他的作品被空前广泛地传播和接受，在民间与知识界都引起巨大反响，作品的发行量至今仍为 90 年代小说家中的佼佼者。

王小波短暂的创作生涯给世人留下了丰厚的文学遗产。他的杂文讥诮反讽，他的小说天马行空。他创新性地发展了黑色幽默，不仅增加了想象力与黑色幽默的向度，而且把鲁迅开拓的黑色幽默方式更进一步推向狂欢化，在当代文学中占有重要位置。

王小波是一个纯粹的自由主义知识分子，他的自由主义思想有一个最基本的价值核心，那就是坚定地捍卫人的主体性。他将小说中的人物分为两类，一类是“我们”，一类是“他们”。“我们”是主体性尚未丧失的人，但往往是社会中的少数和弱势群体；“他们”则是丧失了主体性的人，构成这个社会的大多数，是这个世界的主宰。作者以此为基本设定，用想象力和理性精神开展作为社会良心标尺的文学创作。他以喜剧精神和幽默风格述说人类生存状况的荒谬故事，并透过故事描写权力对创造欲望和人性需求的扭曲及压制。这些故事的背景则更是跨越各种年代，展示中国知识分子的过去、现在和未来的命运。事实上，王小波最过人之处，无疑是随心所欲地穿梭古往今来的对话体叙述，并变换多种视角。历来文学所谓真实性的规则全都被从容跨越了，他用了不同的修辞方式来写小说，大量的即兴发挥、错位的角色语体，寓庄于谐，寓文雅于粗野。

王小波虽然卓而不群，然而他的讽刺幽默、游戏笔法和超常想象都始终坚守着不脱离生活真实的原则。在荒诞中折射现实，在现实中又包孕荒诞，最后通过荒诞把现实提高到更高的层次。在他看来，写作的意义与目的就是以创作改变人生，这也是他个人对理想的执著、对理性价值的追求。

荐读理由

《黄金时代》是王小波的第一部小说集，包括了《黄金时代》《三十而立》《似水流年》《革命时期的爱情》《我的阴阳两界》五部作品。

王小波是一个特立独行的作家，这部文集里也充满了自由主义文风。学者朱学勤曾说："所谓自由主义风格无非从低调进入，同时还能守住必要的精神底线。"《黄金时代》收录的五部作品都是从低调进入的。他巧妙地回避了上山下乡、大跃进、"文化大革命"中沉重的压抑感，仅仅是把它们作为背景。而他真正描写的，是在这大背景下小人物之间松弛、诙谐的荒诞故事，小说中那些无所谓又无所畏惧的人物把意识形态权威不着痕迹地消解了。对于王小波这样的处理，也有人提出了质疑，认为他过于消极，陷入了纯粹虚无的窠臼。其实作者有着自己鲜明的价值观念和道德标准，但他决不会拙劣地直接用宣教式的语言来表达，而把它们隐藏在字里行间了，需要仔细品读才能发现。小说《黄金时代》里有这样一段情节："春天里，生产队长说我打瞎了他家母狗的左眼，我想证明我自己的清白无辜，只有以下三个途径：1. 队长家不存在一只母狗；2. 该母狗天生没有左眼；3. 我是无手之人，不能持枪射击。结果是三条一条也不成立。"这种"缜密"的分析似乎包含了一切事物发生的可能性，但又是完全不成立的假命题。作者巧妙地模拟出权力阶层思维中可笑的三段式分析，也借此表达了自己对丧失话语权的强烈愤懑，让人直接认识到那个荒唐年代的疯狂和普通人的无奈。《似水流年》中聪明绝顶的刘先生为了摆脱知识分子被整的命运只能装傻，久而久之弄假成真，最后竟为了一只鸭子馋死；从香港返回大陆的李先生学识渊博，却无用武之地，最难理解的是自己辛辛苦苦读了博士，回到大陆来保卫的竟是大粪。这些荒诞不经的故事经由朴素写实的语言表述出来，取得了独特的艺术效果。悲剧性的历史意蕴和人生处境被反讽、戏谑、夸张、幽默的笔调加以解剖，王小波在无形中揭示了"黄金时代"的种种畸形，在浮想联翩的意识流动中柔韧地击打非正常的社会现象，带有强烈的悲天悯人情怀。

王小波曾说过："知识分子最怕活在不理智的时代。"《黄金时代》诸作中的叙事者王二并非是一个纯粹的知识分子，但也具有强烈的知识分子气质。他用怪诞的语言来回应人性的扭曲和冲击，为读者呈现了许多精彩绝伦的段落。《我的阴阳两界》中王二说起插队的经历：

“在乡下时我很少吃窝头，倒是常吃鸡。老乡们说，母鸡见了我就两腿发软，晕倒在地，连被提走了都不叫一声。这当然是过甚其辞。当时我虽然是极具男性魅力，却未必能迷倒雌性鸟类。”《三十而立》中的王二更加怪诞：“像拾金不昧，帮助盲人老大爷回家之类的好事不是每天都能碰到，而我是一个稳定的好事来源。只要找我谈谈话，一件好事就已诞生：‘帮助了后进生王二！’我能够健康成长，没有杀死校长老师，没有放火和在教室里撒尿，全是这些帮助的功劳。”这些充满张力的语言和想象使作家与现实间的缓冲地带变得宽广，同时荒谬的逻辑和怪诞的语言与夸张、戏谑和讽刺相辅相成，共同构成了一场文字的狂欢。

先睹为快

我21岁时，正在云南插队。陈清扬当时26岁，就在我插队的地方当医生。我在山下十四队，她在山上十五队。有一天她从山上下来，和我讨论她不是破鞋的问题。那时我还不大认识她，只能说有一点知道。她要讨论的事是这样的：虽然所有的人都说她是一个破鞋，但她以为自己不是的。因为破鞋偷汉，而她没有偷过汉。虽然她丈夫已经住了一年监狱，但她没有偷过汉。在此之前也未偷过汉。所以她简直不明白，人们为什么要说她是破鞋。如果我要安慰她，并不困难。我可以从逻辑上证明她不是破鞋。如果陈清扬是破鞋，即陈清扬偷汉，则起码有一个某人为其所偷。如今不能指出某人，所以陈清扬偷汉不能成立。但是我偏说，陈清扬就是破鞋，而且这一点毋庸置疑。

陈清扬找我证明她不是破鞋，起因是我找她打针。这事经过如下：农忙时队长不叫我犁田，而是叫我去插秧，这样我的腰就不能经常直立。认识我的人都知道，我的腰上有旧伤，而且我身高在一米九以上。如此插了一个月，我腰痛难忍，不打封闭就不能入睡。我们队医务室那一把针头镀层剥落，而且都有倒钩，经常把我腰上的肉钩下来。后来我的腰就像中了霰弹枪，伤痕久久不褪。就在这种情况下，我想起十五队的队医陈清扬是北医大毕业的大夫，对针头和勾针大概还能分清，所以我去找她看病。看完病回来，不到半个小时，她就追到我屋里来，要我证明她不是破鞋。

陈清扬说，她丝毫也不藐视破鞋。据她观察，破鞋都很善良，乐于助人，而且最不乐意让人失望。因此她对破鞋还有一点钦佩。问题不在于破鞋好不好，而在于她根本不是破鞋。就如一只猫不是一只狗一样。假如一只猫被人叫成一只狗，它也会感到很不自在。现在大家都管她叫破鞋，弄得她魂不守舍，几乎连自己是谁都不知道了。

陈清扬在我的草房里时，裸臂赤腿穿一件白大褂，和她在山上那间医务室里装束一样。所不同的是披散的长发用个手绢束住，脚上也多了一双拖鞋。看了她的样子，我就开始捉摸：她那件白大褂底下是穿了点什么呢，还是什么都没穿。这一点可以说明陈清扬很漂亮，因为她觉得穿什么不穿什么无所谓。这是从小培养起来的自信心。我对她说，她确实是个破鞋。还举出一些理由来：所谓破鞋者，乃是一个指称，大家都说你是破鞋，你就是破鞋，没什么道理可讲。大家说你偷了汉，你就是偷了汉，这也没什么道理可讲。至于大家为什么要说你是破鞋，照我看是这样：大家都认为，结了婚的女人不偷汉，就该面色黝黑，乳房下垂。而你脸不黑而且白，乳房不下垂而且高耸，所以你是破鞋。假如你不想当破鞋，就要把脸弄黑，把乳房弄下垂，以后别人就不说你是破鞋。当然这样很吃亏，假如你不想吃亏，就该去偷个汉来。这样你自己也认为自己是个破鞋。别人没有义务先弄明白你是否偷汉再决定是否管你叫破鞋。你倒有义务叫别人无法叫你破鞋。陈清扬听了这话，脸色发红，怒目圆睁，几乎就要打我一耳光。这女人打人耳光出了名，好多人吃过她的耳光。但是她忽然泄了气，说：好吧，破鞋就破鞋吧。但是垂不垂黑不黑的，不是你的事。她还说，假如我在这些事上琢磨得太多，很可能会吃耳光。

延展阅读

《红拂夜奔》

这是作者的另一部精品。

这个故事发生在唐代，根据红拂女的经历改编而成。红拂女本是司空杨素家的歌女，她独具慧眼，在芸芸众生中，辨识了两位英雄人物，一位是她的夫君李靖，另一位是她的结拜兄长虬髯客，三人结为莫逆之交，一同在风尘乱世中施展才华。虽然历史传说如此，但一切在王小波笔下都变了味道：小说中的设定是作者的同名兄弟“王二”，在求证费尔马定理的同时，写出了这本有关李靖和红拂的书。作品叙事风格受到法国历史学家费尔南·布罗代尔的杰出著作《15至18世纪的物质文明、经济和资本主义》的影响，更像一本历史书而不太像一本小说。作者将书中怪诞之处归咎为历史的本来面貌，引发人们对历史真实的思考。

《太白》

贾平凹 著

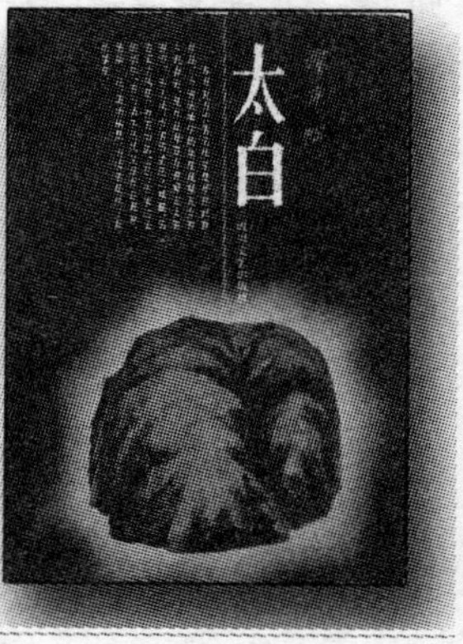

既传统又现代，既写实又高远，语言朴拙、憨厚，内心却波澜万丈。

推荐版本： 四川文艺出版社（1991 年）

关于作者

贾平凹，陕西省丹凤县人，著名作家。

贾平凹于 1952 年生于陕西省商洛市丹凤县，原名贾平娃。从西北大学中文系毕业后，贾平凹任陕西人民出版社文艺编辑、《长安》文学月刊编辑。现为陕西省作家协会主席、西安市文联主席、西安市作协名誉主席、西安建筑科技大学人文学院院长、《美文》杂志主编、中国海洋大学驻校作家等。

他从 1973 年开始发表作品，1982 年后从事专业创作，目前已出版的作品版本达 300 余种。著有长篇小说《商州》《妊娠》《逛山》《油月亮》《浮躁》《废都》《白夜》《土门》《病相报告》《怀念狼》《秦腔》《高兴》《古炉》等，中短篇小说集《山地笔记》《小月前本》《腊月·正月》《天狗》《黑氏》《美穴地》《饺子馆》《艺术家韩起祥》等，散文集《月迹》《心迹》《爱的踪迹》《走山东》《商州三录》《说话》《坐佛》等，诗集《空白》以及《平凹文论集》等。

在当代文学界，贾平凹的写作风格无疑是一个“异数”。他的作品独树一帜，具有极成熟的个人特色，融汇浓厚的乡土情结。贾平凹在自己的第一本小说集《山地笔记》中就毫无讳饰地宣告：“我是山里人”，“山养活了我，我也懂得了山”。针对那些不关心人民生存状况、百姓疾苦的作品，他曾说：“这世界的芸芸众生如蚂蚁一样多，为衣食住行忙碌着，争斗着，死去一批，新生一批，生命力繁殖之强，世所罕见。作为他们的作家，应该是他们中的一个，同他们一样。”这就是贾平凹挥之不去的永远的乡土情结。

贾平凹的作品被翻译成英语、法语、德语、俄语、越语、日语、韩语等多种语言在世界20多个国家传播。国际上获得的大奖主要有：美国美孚飞马文学奖（《浮躁》1987）、法国费米娜文学奖（《废都》1997）、法兰西共和国文学艺术荣誉奖（2003）等；国内获得第一届全国优秀短篇小说奖（《满月儿》1978）、第三届全国优秀中篇小说奖（《腊月·正月》1984）、第一届全国优秀散文（集）奖（《爱的踪迹》1989）、第三届鲁迅文学奖（《贾平凹长篇散文精选》2005）以及第四届华语文学传媒大奖（2005）、世界华文长篇小说红楼梦奖（《秦腔》2006）、第七届茅盾文学奖（《秦腔》2008）。

茅盾文学奖评审委员会这样评价贾平凹的《秦腔》：“贾平凹的写作，既传统又现代，既写实又高远，语言朴拙、憨厚，内心却波澜万丈。他的《秦腔》，以精微的叙事、绵密的细节，成功地仿写了一种日常生活的本真状态，并对变化中的乡土中国所面临的矛盾、迷茫，作了充满赤子情怀的记述和解读。他笔下的喧嚣，藏着哀伤，热闹的背后，是一片寂寥，或许，坚固的东西都烟消云散之后，我们所面对的只能是巨大的沉默。《秦腔》这声喟叹，是当代小说写作的一记重音，也是这个大时代的生动写照。”

荐读理由

本书收录了贾平凹优秀的中短篇小说作品。阅读本书，可以领略贾平凹小说中的意蕴之美。

关注贾平凹的作品，一定会发现作者对于农民群体的特殊关注。在贾平凹的中短篇小说中，这一传统也得到了延续。贾平凹的“乡土情结”在作家的艺术领域是作为与都市世界的对立被构筑并获得生命元气的。中国知识分子的审美理想很难完全超越“乡土中国”这一现实，何况还有强大的极富诱惑力的文化传统，如何取得与自然之美的和谐，至今仍然是中国人普遍的审美要求。贾平凹也不能例外，他的审美意向也正是投向这诱人的“乡土情结”。

艺术源于真实的生活。正如他自己曾说：“获奖在创作之路上是过河遇到了桥，是口渴遇到了泉，路是远的，还要往前走。有幸生在中国，有幸中国巨大的变革，现实给我提供了文字的想象，作为一个作家，我会更加努力，将根植于大地上敏感而忧患的心生出翅膀飞翔，能够再写出满意的作品。”

贾平凹的审美追求和人格理想深深地涵化着农耕文化的内蕴，他默默地体察着一种平静的生活氛围，追求着一种雄壮、清朗的意境。其作品中虽然不乏对时代律动的描摹速写，但更多的还是在平和旷远之中积淀了富于传统意韵的日常情趣。“拙厚、古朴、旷远”是贾平凹的审美追求，他把这种美学追求与中国农耕文化的优美之处紧密地联系起来，表现了对乡民习俗的挚爱和对纯朴人性的赞美。

以小说《腊月·正月》为例。《腊月·正月》表现乡村能人间内容丰富的矛盾斗争。退休教师韩玄子，在知识、名望、家庭经济实力等方面远胜于出身贫寒、地位卑微的普通乡民王才。但王才顺应时代发展的潮流，积极参与经济变革，不无艰难却一步步走上创业道路。虽然，韩玄子想方设法算计王才，竭力阻遏王才的发展，而最终陷入四面楚歌的，却正是他自己。而且，这一新旧替代的过程只经历了腊月到正月短短一个月的时间。

小说对韩玄子在竞争中迅速败北的结局安排，充分显示出经济变革对农村社会的人际关系，对农民观念意识、习惯带来的重大变动和令人惊叹的变化。这部作品跟同期一些反映农村经济变革的作品相比，它主要着墨于农民的思想意识领域而不是社会政治经济领域，主要表现改革浪潮冲击下的农民自身观念的演变和内心躁动而不是改革与守旧两种社会力量的交锋；跟作者本人的《小月前本》《鸡窝洼的人家》等作品相比，它更直接地从正面否定了传统观念，及传统道德中落后、消极的成分，更有力地否定了时代的落伍者。

跳出作品本身，作者坚定地站在新的社会力量一边，热烈称颂当今生活中与时代要求相适应的新的观念和新的人物，严厉鞭挞民族性格中带有封建文化积淀的种种劣质，表现了作者要从更高的立足点上反映社会变革和臧否人物的倾向。

先睹为快

这地方狭小，偏远，却是商州的一大名镇。教了三十四年的书的韩玄子，将职务让高中毕业未考上大学的二儿子二贝顶了，寓居在故里，自称“商字山第五皓”。引以为荣的，是大儿子大贝大学毕业后在省报当了记者。自己退休后被公社委任为文化站长，乡人尊称为“老师”“先生”，仍显山露水，不甘寂寞。

但从去年春天以来，许多人和事却不能使他称心如意。在家里，二贝越来越不听从他。特别是媳妇白银，地里活计不出力，家里的杂事没眼色，更使他不能忍受。在镇街上，也有他不顺心的事。最使他不快的是王才。王才曾经是他的学生，家境贫寒，身子弱小，夜里还尿床，读到初二就被迫退学当了农民，每天只拿六分工作。“王才是什么东西，全公社里，谁看得起他！”韩玄子总是那么说。土地承包之后，这王才先是在油坊干粗活，后贩卖商芝折了本，被城里一家街道办的食品加工厂收留当临时工。干了两个月，回乡也闹腾着办起了食品加工厂。凭着一肚子精明，人勤眼活，竟很快发展起来。二贝背着父亲也为王才出主意，帮手脚。

韩玄子跟儿子闹别扭，百无聊赖，就披着羊皮大袄上镇街去。在近镇的承包地旁，见光头狗剩在麦地里上炕土。狗剩向他透露说，王才家忙着搞加工厂，将三亩多地转让给他种了。韩玄子听后变脸失色："胡来，胡来！谁给他的政策？他要转你，你就敢接?"这话使狗剩慌了神，便将地退给了王才。

王才想走一条适合于这秦岭山地，适合于这镇子，适合于自己的道路。他谋算着要买台烘烤机，扩大作坊，增加品种。到了腊月，便开始动手了。他听说生产队要卖掉紧挨着自家的四间公房，便想买过来。但韩玄子向他的侄儿队长出了抓纸蛋儿，谁抓到公房归谁买的点子。结果，纸蛋儿被一个无意买房的姓李的社员抓到。姓李的便去讨好韩玄子，说："这是特意儿为你佬抓的。"韩玄子抓到了买房的权利，先是动员两个儿子买房，儿子不同意，他便让二贝转给了韩姓家族的秃子。谁知秃子又让给了王才。王才买到了公房，便扩展工厂，招人入股。韩玄子恶气在胸，几天病倒在床上。

春节将临，县上准备开社火比赛大会。公社王书记让韩玄子去办。韩玄子接了任务便要落实下去。但各队都不热心，关键是没有经费来源。按人头纳钱，又受到一些人的抵制。王才主动提出负责出一台社火蕊子，说："热闹是自发的，盛世丰年，让大家硬摊钱就不美气了。"但韩玄子坚决不同意："这不是晾全村的人吗？这不是拿他有几个钱烧燎别人吗?"

王才感到自己收入一天天多起来，人缘却似乎成反比例地下降，一个人先富，有多大的阻力。他思谋着要为村上、镇上办点好事。出社火蕊子的事被拒绝后，他准备在大年三十晚上包一场电影，向乡亲们祝贺春节。韩玄子得了消息，硬是让跟他称兄道弟的杂货店店主巩德胜也包一场。由于他亲自出面，巩德胜的一场放映的是新到的武打片《少林寺》，吸引了大半观众，令王才十分伤心。

延展阅读

《高兴》

本书坚持了贾平凹对农民的一贯关注，写进了城的农民——城市中的拾荒人的命运。作品采用口述体的第一人称，语言幽默、流畅，易于阅读，是作家近年创作的最好看的小说。贾平凹写了刘高兴等来自农村、流落都市的拾荒者的命运，同时涉及城市底层中的各种人群，有乞丐，有民工，有妓女等等。这些人都有一个共同的特点，在城市中艰难地生存。而且，作品在描述他们生活困境的同时，着重关注了他们的精神世界，写了他们的理想、追求和爱情。

《高兴》是对城市底层人群的生活记录，作家揭开城市灯红酒绿的面纱，直视他们的生活状态。这些人生命的唯一价值就是活着，竟然还无比艰难。他们被生活的艰辛压得无暇反思自己命运的悲剧本质，甚至会为微不足道的所得而高兴，这样的快乐和高兴的内心却隐藏着深深的悲凉。贾平凹在创作上达到了“含泪的笑”的高度和深度，作家对底层人群的关注显示了一位职业作家的社会责任感。他用心体验写作对象的生活和精神，认真思索这种社会的存在，为人们关注社会提供艺术的参照。尤其是用第一人称写一群和自己的生存境遇完全不同的人，又极为真实地再现了他们的生活和精神世界。所以，这部作品显示了作者在写作上的深厚功力，也让读者看到了作者关注社会、关注民生的大胸怀。

《目送》

龙应台　著

慢慢地懂得爱和生命，慢慢地伤感、无奈，然后释然、坦然。

推荐版本：生活·读书·新知三联书店（2009 年）

关于作者

龙应台，1952 年生，台湾著名文化人及作家。祖籍湖南，因为父亲姓龙，母亲姓应，加之出生在台湾，所以叫龙应台。1974 年，龙应台毕业于成功大学外文系，后赴美深造，攻读英美文学；1982 年获得堪萨斯州立大学英文系博士学位后，先后在纽约市立大学及梅西大学外文系任副教授、淡江大学外国文学所任研究员、海德堡大学汉学系任教，并为《法兰克福汇报》撰写专栏。1984 年，她出版的《龙应台评小说》一上市即告罄，多次再版，余光中称之为“龙卷风”。龙应台不断在欧洲报刊上发表作品，为欧洲读者呈现一个中国知识分子的见解，成为知名度极高的报纸专栏作家。其中，以专栏文章结集的《野火集》，印行 100 版，销售 20 万册，风靡台湾，是 80 年代对台湾社会产生巨大影响的一本书。

在公众的眼里，龙应台是当之无愧的成功人士，理应和其他站在舞台灯光下的人们一样风光；然而私下里，龙应台认为自己是非常孤独的。龙应台有一位长兄，他的童年更加孤独，母亲因为种种原因没有将他带在身边，而这场分别持续了38年。

这种孤独和不安感同样伴随着龙应台。作为台湾“外省第二代”，龙应台在给大儿子写信时冷静地分析自己的身份：“终其一生，也是没有一个小镇可以称为‘家’的，我是永远的插班生、陌生人。”这种疏离感是残酷的，龙应台对于“家”的认同始终悬浮在台湾漂泊的涛声中。

1988年，龙应台迁居德国，开始在海德堡大学汉学系任教，开台湾文学课程。龙应台是好强的，生命中最灿烂、最有力量的13年，在远离“家乡”的异乡度过，她常常对生长之地的一草一木怀有深切的无力感。客居他乡13年，龙应台觉得作为母亲自己收获颇丰，可作为知识分子，自己却在下沉，因为“离开自己的泥土，有失根的危险”。异乡寂寞，龙应台想要有所作为却不能，对社会的进言就像放空炮弹，讲得激烈，但毕竟遥远。台湾著名文化人蒋勋说过她，“你是一匹狼在那边叫，没有人和你去对叫，那才是荒凉”。

这种无力感迫使龙应台加深了和大陆读者与学者的接触，她开始更认真地关心大陆的文化发展。1999年，受台北市市长马英九之邀，龙应台带着孩子回到台北，出任台北市文化局局长。旅居的生活终于告终。龙应台自认这段公务员经历让她获益匪浅：“只是一个纯粹的知识分子时，我只能看到一个钟表它的两个指针是怎么走的。成为官员，有实际经验的时候，我就知道齿轮是怎么回事，知道它工作的原理。这时，再退出评论事情，自然就有了不同的角度和深度。”

2003年，连任台北市长的马英九要求龙应台再任一届文化局长，但龙应台却坚决辞职，重归学者作家生活。原因是，她意识到自己和孩子之间关系的割裂、亲情的疏离。“我发现他（龙应台的长子安德烈）再不让我拥抱他，离得远远的，而且你要是出现在他和他的朋友当中，会让他觉得很丢脸。”她说自己那时忽然有种感觉，“很怕赢得了全世界，却失去了自己的孩子”。

此后，龙应台开始了和儿子艰难的书信沟通。“必须是我写信给他，先要写一遍中文的文章，中文的文章写完之后，还要用英文写一遍，把英文的给他，他用德文回复我，德文版到了我的手里，我还得把它翻成中文，四道手续。”龙应台与安德烈的通信最终集结成书，《亲爱的安德烈》于2008年出版。“这不是亲子书，而是将我的挫折展现出来，这是龙应台的受伤笔记。”

龙应台并没有被孤独击垮。她曾说：“任何形式的创作者，不管是作家、画家还是导演，孤独都是创作的必要条件。我不知道大陆熟不熟悉圣严法师，有次和他聊天，我们谈到人在天地之间终究是无所凭依的孤独。你真能面对生老病死，就真的明白，在这世间，没有什么可以附着依托。”

荐读理由

《目送》揉进了龙应台作为母亲、女儿、朋友、姐妹等等社会身份的全部柔情，细微之处，动人心弦。评论界称，《目送》是一本生死笔记，深邃，忧伤，美丽。

龙应台的创作风格大致可以分为两个阶段：前一阶段，她针砭时弊，鞭辟入里，以有情眼光观察社会，其《野火集》《百年思索》《面对大海的时候》讨论的均是台湾面对国际面对世界时人民应有的自我反省与探讨。她举出无数的台湾地区社会现象来作为讨论，并以中国人文化的心理角度深入解释台湾“政府”的作为和人民的表现，其中辛辣讽刺的文笔虽遭人反对、谩骂，或密投书至政府单位，但她仍秉着客观批判的精神，持续而正中要害地不断写出她的社会观察。龙应台无所畏惧，因为她笔下台湾的丑恶和腐化，是源自于她对台湾的不舍与心疼。

后一阶段，龙应台的文字温柔纤细，深情动人，写作境界逐渐转往人生的深沉。其《孩子你慢慢来》与《目送》均是以温柔笔触描写亲子间的亲密互动，《亲爱的安德烈》是数封写给儿子的坦率得几乎痛楚的信。身兼为父母与子女双重身份的她逐渐明了人世间亲情的牵绊，不仅是当下的感动，亦是渐行渐远的必经路程，龙应台一反批判犀利的笔调，描写诸多生活中的有情细节，反映出其细腻的情感，读起来温馨有味，情意盎然。

对于创作风格的变化，龙应台这样解释："我发现在解释龙应台写作风格发展时，中国大陆和海外有两种不同的态度。大陆有一种声音——当初写'野火'的人，怎么越写越小了，怒目金刚怎么变成儿女私情？而在海外看法刚好相反。海外反而会说，龙应台从小变大了，以前你是针对社会现实去写文章，但那些都是立即的、短暂的、表面的，真正接近生命本体的，其实是《目送》这样的写作。在这两种不同的态度里，我觉得透露了非常多的文化深层信息。"

《目送》由 74 篇散文组成，龙应台写父亲的逝世、母亲的苍老、儿子的离开、朋友的牵挂、兄弟的携手共行，写出失败和脆弱、失落和放手。她念念不忘的是这个画面：完成博士学位后，她回台湾教书。大学报到第一天，父亲用他那辆运送饲料的廉价小货车长途送她。可父亲并没开到大学正门口，而是停在侧门的窄巷边。卸下行李后，父亲爬回车内，头伸出来说："女儿，爸爸觉得很对不起你，这种车子实在不是送大学教授的。"之后，龙应台看着父亲的小货车小心地倒车，然后"噗噗"驶出巷口，留下一团黑烟。直到车子转弯看不见了，她还站在那里，一口皮箱旁。

几十年后，当龙应台目送父亲的棺木缓缓滑向火葬场的炉门时，她也终于慢慢地了解，"所谓父女母子一场，只不过意味着，你和他的缘分就是今生今世不断地在目送他的背影渐行渐远。你站立在小路的这一端，看着他逐渐消失在小路转弯的地方，而且，他用背影默默告诉你：不必追"。

作者旨在通过自身的经验转告读者：人到中年，就是目送着父母迅速地老去直至离去，目送着儿女迅速地长大、离家独立，目送着今朝的容颜老于昨晚，因而慢慢地懂得爱和生命，慢慢地伤感、无奈，然后释然、坦然。

先睹为快

华安上小学第一天，我和他手牵着手，穿过好几条街，到维多利亚小学。九月初，家家户户院子里的苹果和梨树都缀满了拳头大小的果子，枝丫因为负重而沉沉下垂，越出了树篱，钩到过路行人的头发。

很多很多的孩子，在操场上等候上课的第一声铃响。小小的手，圈在爸爸的、妈妈的手心里，怯怯的眼神，打量着周遭。他们是幼儿园的毕业生，但是他们还不知道一个定律：一件事情的毕业，永远是另一件事情的开启。

铃声一响，顿时人影错杂，奔往不同方向，但是在那么多穿梭纷乱的人群里，我无比清楚地看着自己孩子的背影——就好像在一百个婴儿同时哭声大作时，你仍旧能够准确听出自己那一个的位置。华安背着一个五颜六色的书包往前走，但是他不断地回头；好像穿越一条无边无际的时空长河，他的视线和我凝望的眼光隔空交会。

我看着他瘦小的背影消失在门里。

16 岁，他到美国做交换生一年。我送他到机场。告别时，照例拥抱，我的头只能贴到他的胸口，好像抱住了长颈鹿的脚。他很明显地在勉强忍受母亲的深情。

他在长长的行列里，等候护照检验；我就站在外面，用眼睛跟着他的背影一寸一寸往前挪。终于轮到他，在海关窗口停留片刻，然后拿回护照，闪入一扇门，倏忽不见。

我一直在等候，等候他消失前的回头一瞥。但是他没有，一次都没有。

现在他 21 岁，上的大学，正好是我教课的大学。但即使是同路，他也不愿搭我的车。即使同车，他戴上耳机——只有一个人能听的音乐，是一扇紧闭的门。有时他在对街等候公交车，我从高楼的窗口往下看：一个高高瘦瘦的青年，眼睛望向灰色的海；我只能想象，他的内在世界和我的一样波涛深邃，但是，我进不去。一会儿公交车来了，挡住了他的身影。车子开走，一条空荡荡的街，只立着一只邮筒。

我慢慢地、慢慢地了解到，所谓父女母子一场，只不过意味着，你和他的缘分就是今生今世不断地在目送他的背影渐行渐远。你站立在小路的这一端，看着他逐渐消失在小路转弯的地方，而且，他用背影默默告诉你：不必追。

我慢慢地、慢慢地意识到，我的落寞，仿佛和另一个背影有关。

博士学位读完之后，我回台湾教书。到大学报到第一天，父亲用他那辆运送饲料的廉价小货车长途送我。到了我才发觉，他没开到大学正门口，而是停在侧门的窄巷边。卸下行李之后，他爬回车内，准备回去，明明启动了引擎，却又摇下车窗，头伸出来说："女儿，爸爸觉得很对不起你，这种车子实在不是送大学教授的车子。"

我看着他的小货车小心地倒车，然后"噗噗"驶出巷口，留下一团黑烟。直到车子转弯看不见了，我还站在那里，一口皮箱旁。

每个礼拜到医院去看他，是十几年后的时光了。推着他的轮椅散步，他的头低垂到胸口。有一次，发现排泄物淋满了他的裤腿，我蹲下来用自己的手帕帮他擦拭，裙子也沾上了粪便，但是我必须就这样赶回台北上班。护士接过他的轮椅，我拎起皮包，看着轮椅的背影，在自动玻璃门前稍停，然后没入门后。

我总是在暮色沉沉中奔向机场。

火葬场的炉门前，棺木是一只巨大而沉重的抽屉，缓缓往前滑行。没有想到可以站得那么近，距离炉门也不过五米。雨丝被风吹斜，飘进长廊内。我掠开雨湿了前额的头发，深深、深深地凝望，希望记得这最后一次的目送。

我慢慢地、慢慢地了解到，所谓父女母子一场，只不过意味着，你和他的缘分就是今生今世不断地在目送他的背影渐行渐远。你站立在小路的这一端，看着他逐渐消失在小路转弯的地方，而且，他用背影默默告诉你：不必追。

延展阅读

《野火集》

20世纪80年代的台湾，正处于热切希望突破现状、冲撞权威的年代，1985年以来，龙应台在台湾《中国时报》等报刊发表大量杂文，掀起轩然大波，成为知名度极高的报纸专栏作家。以专栏文章结集的《野火集》，印行100版，并创下一月之内再版24次的记录，风靡台湾，是80年代对台湾社会产生巨大影响的一本书。

《长恨歌》

王安忆　著

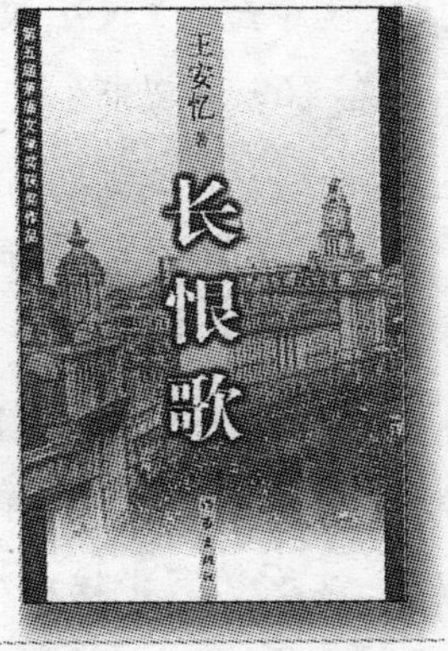

历史是日复一日、点点滴滴的生活的演变。

推荐版本：作家出版社（1996 年）

关于作者

王安忆，1954 年生，中国当代文学女作家，“寻根文学”“知青文学”的代表。文学评论家王德威对王安忆给予了高度评价，认为她是继张爱玲后的又一海派文学传人。

王安忆出身于文学世家。母亲是著名作家茹志鹃，父亲是剧作家王啸平。王安忆文学方面的造诣，与家庭的影响密不可分。童年时代，王安忆就对文学产生了浓厚的兴趣，小时候经常去参加作文比赛。1969 年，王安忆初中毕业赴安徽五河县头铺公社大刘庄大队插队劳动，后考入徐州地区文工团。1976 年，王安忆在《江苏文艺》上发表散文处女作《向前进》。两年后到上海《儿童时代》杂志社任小说编辑，不久发表小说成名作《谁是未来的中队长》和《雨，沙沙沙》。1980 年，王安忆到中国作家协会第五期文学讲习所学习。曾于 1983 年参加美国爱荷华大学“国际写作计划”文学活动。之后，王安忆曾任上海作家协会理事与中国作家协会第四届理事会理事，现任上海市作家协会主席。

王安忆主要作品有《雨，沙沙沙》《王安忆中短篇小说集》《流逝》《小鲍庄》《小城之恋》《锦绣谷之恋》《米妮》等小说集，及长篇小说《69届初中生》《黄河故道人》《流水三十章》《纪实和虚构》《长恨歌》《富萍》《上种红菱下种藕》《桃之夭夭》《遍地枭雄》等，散文集《蒲公英》《母女漫游美利坚》（与茹志鹃合著）等，儿童文学作品集《黑黑白白》等，论著《心灵世界——王安忆小说讲稿》等。王安忆多次获得全国优秀短篇、中篇小说奖，首届当代中国女性创作奖，《长恨歌》获得第五届茅盾文学奖。

王安忆的小说关注生活中的平常人。她讲述的故事多以平凡的小人物为主人公，她注重平凡生活中的不平凡经历与情感，挖掘生活。在处理农村题材的小说时，王安忆曾说过："我现在写农村，并不是出于怀旧的目的，也不是为祭奠插队的日子。而是因为，农村生活的方式在我眼里日渐呈现出审美的性质，上升为形式。小说这东西，难就难在它是现实生活的艺术，所以，必须在现实中寻找它的审美特质，也就是生活的形式。"

有评论家认为，王安忆的小说从未归属于任何一种小说流派，但在任何一个年代，任何一种小说思潮中她都未曾失去自己的声音与光彩。她的创作表现出多变的风格，但也保持着很强的创作活力。对此，王安忆不以为然，"就我个人而言，我从来就没有想过为某种潮流、某种旗号、某种社会需要而写作。在我看来，写作是从我内心出发的，是我心灵的需要。事实上，我是在一种封闭的环境中写自己的作品的。我不怎么注意别人，也很难对别人作出评价。有一点是肯定的，那就是这个社会干扰不了我。当然，我不能说我就对外界的某种潮流、理论等完全无动于衷"。

荐读理由

《长恨歌》是王安忆长篇小说的代表作品，曾获第五届茅盾文学奖。女主人公王琦瑶也成为当代中国文学人物形象群中典型的人物形象之一。

小说以女主人公王琦瑶大半生的情爱辗转铺开。王琦瑶从拎着荷叶边的花书包的女学生，到“沪上淑媛”，再到“上海小姐”；从16岁到19岁，从弄堂的阁子间到爱丽丝公寓；从上海人家的女儿到中年男人的“金丝雀”。虽然只有三年时间，王琦瑶却在虚实相生的旧上海完成了人生最初的转变。

当经历了时事的变迁，再次回到上海，住进平安里三十九号，并在弄口挂了护士牌子的王琦瑶，已是骨子里浸了上海市井精神，成熟而丰满的王琦瑶了。她与康明逊上演的藏猫猫般的爱情纠葛是全篇的华彩乐章。

当王琦瑶出现在20世纪80年代上海舞会上，她作为旧时代“上海小姐”成了舞会的一个符号，在这里结识了老克腊。老克腊，上海80年代的摩登青年，以固守上海旧时尚为激进的摩登青年。经历了40年繁华与尘埃的王琦瑶，要竭力抓住就要溜走的人生尾巴，这名昔日的“上海花”也因此将耗尽最后的鲜艳。

王琦瑶的人生悲歌跨越了20世纪40到80年代的历史洪流，其间的上海已是沧海桑田：抗战胜利的歌舞升平、国民党的溃败、新中国的诞生、城市工商业的社会主义改造、三年自然灾害、“文化大革命”、改革开放，但我们看到的只是各种各样发生在闺阁、弄堂里的小故事。王安忆说“我个人认为，历史的面目不是由若干重大事件构成的，历史是日复一日、点点滴滴的生活的演变。譬如上海街头妇女着装从各色旗袍变成一式列宁装，我关注的是这样一种历史”。

先睹为快

站一个至高点看上海，上海的弄堂是壮观的景象。它是这城市背景一样的东西。街道和楼房凸现在它之上，是一些点和线，而它则是中国画中称为皴法的那类笔触，是将空白填满的。当天黑下来，灯亮起来的时分，这些点和线都是有光的，在那光后面，大片大片的暗，便是上海的弄堂了。那暗看上去几乎是波涛汹涌，几乎要将那几点几线的光推着走似的。它是有体积的，而点和线却是浮在面上的，是为划分这个体积而存在的，是文章里标点一类的东西，断行断句的。那暗是像深渊一样，扔一座山下去，也悄无声息地沉了底。那暗里还像是藏着许多礁石，一不小心就会翻了船的。上海的几点几线的光，全是叫那暗托住的，一托便是几十年。这东方巴黎的璀璨，是以那暗作底铺陈开。一铺便是几十年。如今，什么都好像旧了似的，一点一点露出了真迹。晨曦一点一点亮起，灯光一点一点熄灭。先是有薄薄的雾，光是平直的光，构出轮廓，细工笔似的。最先跳出来的是老式弄堂房顶的老虎天窗，它们在晨雾里有一种精致乖巧的模样，那木框窗扇是细雕细作的；那屋披上的瓦是细工细排的；窗台上花盆里的月季花也是细心细养的。然后晒台也出来了，有隔夜的衣衫，滞着不动的，像画上的衣衫；晒台矮墙上的水泥脱落了，露出锈红色的砖，也像是画上的，一笔一划都清晰的。再接着，山墙上的裂纹也现出了，还有点点绿苔，有触手的凉意似的。第一缕阳光是在山墙上的，这是很美的图画，几乎是绚烂的，又有些荒凉；是新鲜的，又是有年头的。这时候，弄底的水泥地还在晨雾里头，后弄要比前弄的雾更重一些。新式里弄的铁栏杆的阳台上也有了阳光，在落地的长窗上折出了反光。这是比较锐利的一笔，带有揭开帷幕、划开夜与昼的意思。雾终被阳光驱散了，什么都加重了颜色，绿苔原来是黑的，窗框的木头也是发黑的，阳台的黑铁栏杆却是生了黄锈，山墙的裂缝里倒长出绿色的草，飞在天空里的白鸽成了灰鸽。

上海的弄堂是形形种种、声色各异的。它们有时候是那样，有时候是这样，莫衷一是的模样。其实它们是万变不离其宗，形变神不变的，它们是倒过来倒过去最终说的还是那一桩事，千人千面，又万众一心的。那种石窟门弄堂是上海弄堂里最有权势之气的一种，它们带有一些深宅大院的遗传，有一副官邸的脸面，它们将森严壁垒全做在一扇门和一堵墙上。一旦开进门去，院子是浅的，客堂也是浅的，三步两步便走穿过去，一道木楼梯在了头顶。木楼梯是不打弯的，直抵楼上的闺阁，那二楼的临了街的窗户便流露出了风情。上海东区的新式里弄是放下架子的，门是镂空雕花的矮铁门，楼上有探身的窗还不够，还要做出站脚的阳台，为的是好看街市的风景。院里的夹竹桃伸出墙外来，锁不住的春色的样子。但骨子里头却还是防范的，后门的锁是德国造的弹簧锁，底楼的窗是有铁栅栏的，矮铁门上有着尖锐的角，天井是围在房中央，一副进得来出不去的样子。西区的公寓弄堂是严加防范的，房间都是成套，一扇门关死，一夫当关万夫莫开的架式，墙是隔音的墙，鸡犬声不相闻的。房子和房子是隔着宽阔地，老死不相见的。但这防范也是民主的防范，欧美风的，保护的是做人的自由，其实是想做什么就做什么，谁也拦不住的。那种棚户的杂弄倒是全面敞开的样子，牛毛毡的屋顶是漏雨的，板壁墙是不遮风的，门窗是关不严的。这种弄堂的房屋看上去是鳞次栉比，挤挤挨挨，灯光是如豆的一点一点，虽然微弱，却是稠密，一锅粥似的。它们还像是大河一般有着无数的支流，又像是大树一样，枝枝叉叉数也数不清。它们阡陌纵横，是一张大网。它们表面上是坦露的，实际上却神秘莫测，有着曲折的内心。黄昏时分，鸽群盘桓在上海的空中，寻找着各自的巢。屋脊连绵起伏，横看成岭竖成峰的样子。站在至高点上，它们全都连成一片，无边无际的，东南西北有些分不清。它们还是如水漫流，见缝就钻，看上去有些乱，实际上却是错落有致的。它们又辽阔又密实，有些像农人散播然后丰收的麦田，还有些像原始森林，自生自灭的。它们实在是极其美丽的景象。

延展阅读

《启蒙时代》

王安忆写过多部以“老三届”生活为题材的小说，《启蒙时代》是很有深度的一部。许多“老三届”的读者读了《启蒙时代》，产生了强烈的共鸣感和对往昔的回忆。那个时代的经历，已经深深地刻在他们的心上，“从来不需要想起，永远也不会忘记”。那既是磨难，也是人生的财富。王安忆没有渲染社会的动荡和人生的变故，而是着力描写特殊的时代背景下一代人心灵的成长，写一代人的历史命运。对“70 后”、“80 后”的青年人来说，这部小说会像一个遥远的、充满神秘感的故事，但“代沟”并不一定成为阅读的障碍，由于隔膜而好奇，反而会有探究的愿望。

《透明的红萝卜》

莫言　著

一个人无论写出多少作品，他的作品都是对童年的记忆。

推荐版本：

- 作家出版社（1986 年）
- 山东文艺出版社（2002 年）

关于作者

莫言，原名管谟业，1955 年出生于山东高密县，中国当代著名作家。

童年的莫言体验过真正的贫困和饥饿。在极“左”路线的统治下，农村社会普遍被饥饿感笼罩。莫言的家庭成分是中上农，不能领救济粮，甚至过年时还要去邻居家讨饺子吃。政治上的歧视、物质上的贫瘠，莫言备受压抑地度过了他的童年时代。这样惨淡的年景和黑暗的心境，在莫言的小说中也可以见到。

莫言最初的文学启蒙来源于闲暇时的阅读。小学三年级时，莫言读了《林海雪原》《青春之歌》《钢铁是怎样炼成的》等作品；12 岁时读小学五年级，因“文化大革命”爆发辍学回家，以放牛割草为业，在家阅读了《三国演义》《水浒传》，无书可读时甚至读《新华字典》。宽广无垠的文学世界在莫言有限的生活视野中打开了一扇门。

在特定的时代，人们成长和发展的线路是有限的。“文化大革命”结束后，莫言曾经到县棉油厂干临时工；参加解放军来到渤海边上，站岗之余依旧喂猪、种菜。1979 年，莫言调至解放军总参谋部，历任保密员、政治教员、宣传干事。还不到而立之年的莫言，已经经历过人生的酸甜苦辣，体验了社会底层的不同角色。

1981 年，莫言开始进行文学创作，发表第一篇作品《春夜雨霏霏》。1984 年秋入解放军艺术学院文学系学习。

1985 年，莫言发表中篇小说《透明的红萝卜》，这部作品引起了文坛的注意。莫言的作品充满着“怀乡”以及“怨乡”的复杂情感，被归类为“寻根文学”作家。另一方面，莫言深受魔幻现实主义作家威廉·福克纳和加西亚·马尔克斯的影响，行文中带有传奇意味。莫言在他的小说中构造独特的主观感觉世界，天马行空般的叙述，陌生化的处理，塑造神秘超验的对象世界，带有明显的“先锋”色彩。

1986 年，莫言发表成名作《红高粱》，反响强烈，被读者推选为《人民文学》1986 年“我最喜爱的作品”第一名。莫言的写作风格素以大胆见称，小说中总是充满进攻型的语言，背后演绎着一段现代革命的历史。故事中那片广袤狂野的高粱地，也被描绘成一个把历史、传统、城乡纵横交错的辽阔绚丽空间。此后，莫言进入创作高峰，先后完成了《酒国》《丰乳肥臀》《十三步》《红耳朵》《传奇莫言》等一系列作品。《十三步》中出现了神秘的南美洲魔幻写实，描写一个人的“变身”，以华丽的语言带出一浪接一浪的神秘。《酒国》则以充满浪漫色彩的描写，绘画出一个盛产名酒地方的故事。这些作品都取材于童年里那片压抑、神奇的高密土地。张大春在为《红耳朵》作序时曾说：“千言万语，何若莫言！”

在世界上，莫言的作品获得了众多读者的喜爱。2006 年，日本福冈市政府宣布，将“第 17 届福冈亚洲文化奖”的大奖授予中国作家莫言。莫言成为继巴金之后获此奖项的第二位中国作家。日本诺贝尔文学奖获得者大江健三郎认为，莫言是中国问鼎诺贝尔文学奖的人选。

莫言的很多重要的作品被翻译成各种文字出版。《红高粱家族》有英文、法文、德文、意大利文、日文等译本；《丰乳肥臀》被译为英文、法文等语言。《檀香刑》有越南文、日文、意大利文、韩文、法文版本等等。许多国家还出版过莫言的多种中短篇小说集和散文集。

荐读理由

《透明的红萝卜》是莫言的成名作，1985 年在《中国作家》第二期发表。

《透明的红萝卜》的创作灵感来源于莫言的梦境，而究其根本，连作者本人都不能清楚地说明红萝卜到底象征了什么。作家莫言曾说："有一天凌晨，我梦见一块红萝卜地，阳光灿烂，照着萝卜地里一个弯腰劳动的老头；又来了一个手持鱼叉的姑娘，她叉出一个红萝卜，举起来，迎着阳光走去。红萝卜在阳光下闪烁着奇异的光彩。我觉得这个场面特别美，很像一段电影。那种色彩、那种神秘的情调，使我感到很振奋。其他的人物、情节都是由此生酵出来的。当然，这是调动了我的生活积累，不足的部分，可以用想象来补足。"

故事发生在"文化大革命"时候的农村。虽然温饱都没有保障，但生活中也还是有理想的，因此就有了苦中作乐的意思在里面。小说围绕三组人物展开：黑孩儿、老铁匠和小铁匠、小石匠和姑娘。这三组人物似乎都是独立的，但作者用一种淡淡的哀伤情绪把这三个点串联起来，用一种朦胧的气氛把这些人物笼罩起来，从而又使这几组人物浑然一体。

两代铁匠之间的师徒情是多种感情交织在一起的。小石匠和姑娘的情感，很真实地反映了农村中青年男女的爱情。他们既有受封建意识束缚的一面，又有自由的一面，作者把在极端贫困生活下的农民的心理变化，很准确地写了出来，当时的普通农民的郁闷心情，苦中作乐，坚韧忍耐都从人物的活动中表现了出来。

黑孩儿是作者着墨较多的一个角色。黑孩儿从一出场就被定位为弱者，他才十岁左右而且相比同龄的小孩又矮又小，在初冬的时节，身上还只穿着他闯关东的父亲留下的一条污渍斑斑的大裤衩。他受到后娘残酷的虐待，过早地背上了生活的重负，和大人一样参加劳动挣工分，还要承受某些人的羞辱和痛打。在常人看来，在这样的恶劣的环境下，一个毫无自卫能力的小孩是无法存活下来的。然而这样存活下来的黑孩儿却有着坚韧的生命力，对于生活中的苦难黑孩儿始终没有反抗，他以巨大的毅力承受着小铁匠的奴役、打骂，老铁匠的冷漠无情，拉风箱的吃力、炙烤，他似乎早就习惯了这种非人的生活，他坚忍地活在苦痛的现实中。作为一个弱者的黑孩儿以一种自虐的方式表示自己的强大。正是这种隐忍才造就了黑孩儿坚韧的生命力。

虽然《透明的红萝卜》描写了一段时间不明、神秘而飘渺的岁月，但是我们依然可以发现，这段岁月是莫言童年生活的再现。莫言认为，一个人无论写出多少作品，他的作品都是对童年的记忆，他所有的作品就是一个个人的自传。因此童年记忆在作家的创作中是很重要的。黑孩儿的身上有着莫言童年的印记，一定程度上，黑孩儿是童年莫言的一个象征。

莫言说过："一个作家一辈子可能写出几十本书，可能塑造出几百个人物，但几十本书只不过是一本书的种种翻版，几百个人物只不过是一个人物的种种化身。这几十本书合成的一本书就是作家的自传，这几百个人物合成的一个人物就是作家的自我。"莫言还说过："如果硬要我从自己的书里抽出一个这样的人物，那么，这个人物就是我在《透明的红萝卜》里写的那个没有姓名的黑孩儿。"莫言通过黑孩儿来诉说他少年时代吃过的苦，生活环境的寂寞荒凉，无人理睬却又耽于幻想的那一段时光。因此透过黑孩儿我们可以更好地理解莫言，理解莫言作品的内涵。

先睹为快

秋天的一个早晨，潮气很重，杂草上，瓦片上都凝结着一层透明的露水。槐树上已经有了浅黄色的叶片，挂在槐树上的红锈斑斑的铁钟也被露水打得湿漉漉的。队长披着夹袄，一手里拤着一块高粱面饼子，一手里捏着一棵剥皮的大葱，慢吞吞地朝着钟下走。走到钟下时，手里的东西全没了，只有两个腮帮子像秋田里搬运粮草的老田鼠一样饱满地鼓着。他拉动钟绳，钟锤撞击钟壁，"嘡嘡嘡"响成一片。老老少少的人从胡同里涌出来，汇集到钟下，眼巴巴地望着队长，像一群木偶。队长用力把食物吞咽下去，抬起袖子擦擦被络腮胡子包围着的嘴。人们一齐瞅着队长的嘴，只听到那张嘴一张开——那张嘴一张开就骂："他娘的腿！公社里这些狗娘养的，今日抽两个瓦工，明日调两个木工，几个劳力全被他们结零打碎敲了。小石匠，公社要加宽村后的滞洪闸，每个生产队里抽调一个石匠，一个小工，只好你去了。"队长对着一个高个子宽肩膀的小伙子说。

小石匠长得很潇洒，眉毛黑黑的，牙齿是白的，一白一黑，衬托得满面英姿。他把脑袋轻轻摇了一下，一绺滑到额头上的头发轻轻地甩上去。他稍微有点口吃地问队长去当小工的人是谁，队长怕冷似的把膀子抱起来，双眼像风车一样旋转着，嘴里嘈嘈地说："按说去个妇女好，可妇女要拾棉花。去个男劳力又屈了料。"最后，他的目光停在墙角上。墙角上站着一个十岁左右的男孩子。孩子赤着脚，光着脊梁，穿一条又肥又长的白底带绿条条的大裤头子，裤头上染着一块块的污渍，有的像青草的汁液，有的像干结的鼻血。裤头的下沿齐着膝盖。孩子的小腿上布满了闪亮的小疤点。

延展阅读

《丰乳肥臀》

该书是一部波澜壮阔的“史诗性”大书，是莫言进行民间史诗性书写的成功试验。小说中描写母亲含辛茹苦地抚育着一个又一个儿女，并且视上官金童为生命一般重要，其用意在于说明：人永远是宇宙中最宝贵的，生命具有无可争辩的意义，生命的繁衍生息自然就具有无与伦比的重要意义。生命的传承、沿袭是人类赖以永恒存在的源泉。宇宙中的一切事物，因为有了生命的存在才显示了自身的价值和意义。

另一方面，母亲是无私，是爱，是奉献，是生命的载体。对母亲由衷的尊敬与感恩，也表明了人们对生命的终极崇拜和热爱。由此我们似乎可以看出作者的母性意识或女性意识在小说中起着主导作用。创造社会历史的可能是男性为主，创造生命历史的，或说人类历史的却是母亲，生命源初的女性。

1997 年，《丰乳肥臀》夺得中国有史以来最高额的“大家文学奖”，作者获得高达十万元人民币的奖金。

《笨花》

铁凝　著

虽然他们最终可能是那乱世中的尘土，历史风云中的尘土，但却是珍贵的尘土，是这个民族的底色。

推荐版本：人民文学出版社（2006 年）

关于作者

铁凝，当代女作家，1957 年生，现任中国作家协会主席。

铁凝出身于知识分子家庭，父亲是著名画家铁扬，母亲是声乐教授。中学时代，铁凝酷爱文学并开始创作。1974 年，她的处女作——一篇高中作文《会飞的镰刀》发表。1975 年，高中毕业的铁凝为了心爱的文学而放弃了留城、参军，自愿赴河北博野县农村插队。1975 年至 1978 年在农村务农的四年，铁凝写出《夜路》《丧事》《蕊子的队任》等短篇小说，发表于《上海文艺》《河北文艺》等文学期刊。

1979 年，铁凝调保定地区文联《花山》编辑部，任小说编辑。1980 年，出版短篇小说集《夜路》，在文坛崭露头角。两年后，其短篇小说《哦，香雪》使铁凝一举成名。《哦，香雪》描写一个农村少女香雪在火车站用一篮鸡蛋向一个女大学生换来一个渴望已久的铅笔盒，表现了农村少女的纯朴可亲和对现代文明的向往。这篇作品是铁凝早期风格的代表，获当年全国优秀短篇小说奖。铁凝的早期作品描写生活中普通的人与事，特别是细腻地描写人物的内心，从中反映人们的理想与追求、矛盾与痛苦，语言柔婉清新。同年，中篇小说《没有纽扣的红衬衫》获全国优秀中篇小说奖，它描写一个少女复杂矛盾的内心世界和纯真美好的品格。根据《没有纽扣的红衬衫》改编的电影《红衣少女》获本年度中国电影“金鸡奖”“百花奖”最佳故事片奖。

1984 年，铁凝的《六月的话题》获全国优秀短篇小说奖，随之她调入河北省文联任专业作家。1985 年年初，在中国作家协会第四次会员代表大会上，铁凝当选为中国作家协会理事，成为该协会有史以来最年轻的一位理事。翌年当选河北省文联副主席。

此后，铁凝的作品转向对古老历史和女性自身的反思，并先后发表了中篇小说《麦秸垛》和《棉花垛》，标志着铁凝步入一个新的创作时期。1988 年，铁凝写成第一部长篇小说《玫瑰门》，它一改铁凝以往理想的诗意境界，透过几代女人生存竞争间的较量厮杀，撕开了生活中丑陋和血污的一面。

自 1975 年开始发表作品，铁凝至今已发表文学作品约 150 余万字。1996 年，铁凝开始担任河北省作协主席，2006 年 11 月出任中国作家协会主席，她还是中共 16 届、17 届中央候补委员。

荐读理由

《笨花》是铁凝长篇小说的代表作品。小说取材清末至上世纪中叶中国乱世时段，以冀中平原上的笨花村的日常生活为背景，以向氏家族两代人的生活为主线，将中国那段变幻莫测、跌宕起伏、难以把握的历史巧妙地融于乡土风情的刻画之中，时代波澜和世态风情结合得天衣无缝，二者又和人物命运的展示相得益彰。

“笨花”是当地人对本地棉花的俗称。对于题目的选取，铁凝曾经这样解释：“‘笨’和‘花’这两个字让我觉得十分奇妙，它们是凡俗、简单的两个字，可组合在一起却意蕴无穷。如果‘花’带着一种轻盈、飞扬的想象力，带着欢愉人心的永远自然的温暖，那么‘笨’则有一种沉重的劳动基础和本分的意思在其中。我常常觉得在人类的日子里，这一轻一重都是不可或缺的。在‘笨’和‘花’的组合里，也许还有人类生活一种延绵不断的连续性吧，一种积极的、不懈的、坚忍的连续性。这种连续性本身就是有意味的，在有些时候，它所呈现的永恒价值比风云史本身更能打动我。”

《笨花》截取了自清末民初到20世纪40年代中期近50年的历史断面，铁凝将此形容为“乱世中的风云”。“《笨花》的主人公们，我内心储藏了很多年的这些人就活在那段历史中。这本身对我的写作就是一种挑战。但我必须正视他们生存的那个背景，我以为每个人都有他生存、生长的根基和依托的，这个乱世给他们的生活、命运带来一些或偶然或必然的变化，他们才不是来无影去无踪的。这段历史确实很难把握，我试着去触摸和把握这段历史，或者说通过触摸这段历史去刻画活动在其中的一群中国凡人。所以我更愿意说，这部小说有乱世中的风云，但书写乱世风云和传奇不是我的本意，我的情感也不在其中，而在以向喜为代表的这个人物群体身上。虽然他们最终可能是那乱世中的尘土、历史风云中的尘土，但却是珍贵的尘土，是这个民族的底色。我还侧重表现在这个历史背景下，这群中国人的生活，他们不败的生活之意趣，人情之大美，世俗烟火中的精神空间，闭塞环境里开阔的智慧和教养，一些积极的美德，以及在看似松散、平凡的劳作和过日子当中，面对那个纷繁、复杂的年代的种种艰难选择，这群人最终保持了自己的尊严和内心的道德秩序。一个民族的强韧和发展是离不开我们心中理应保有的道德秩序的，它会使一捧尘土也能够熠熠生辉。疾行在21世纪的我们为什么有时候要回望历史？也许那本是对我们心灵的一次又一次回望吧。也许因了我们正在疾行向前，才格外应该具备回望心灵的能力。让我们携带上我们本该携带上的，而不至于在不断的前行中不断地丢失。”

《笨花》与铁凝以往作品的不同之处在于，它一改此前作者所关注的女性命运、专注个人情感世界的基调，而是以冀中平原的一个小乡村的生活为蓝本，以向氏家族为主线，用现实主义的手法，以朴素、智慧和妙趣盎然的叙事风格，将中国那段变幻莫测、跌宕起伏、难以把握的历史巧妙地融于“凡人凡事”之中。铁凝将这部作品形容为“结实、简朴、准确、温润”，“与之前的任何一部作品均无可比性”。

有评论称《笨花》为铁凝最好的长篇小说。

先睹为快

西贝家的院子窄长，被南邻居向家高高的后山墙影罩，向家的表砖墙便成了西贝家的一面院墙。于是村人对西贝家的院子也有了歇后语：西贝家的院子——一面儿哩（理），用来形容人在讲理时只说一面之词。站在向家房上往下看，西贝家的院子像条狭长的胡同，房门也自朝一面开着。受了两棵大槐树的笼罩，院子显得十分严谨。吃饭时，西贝家的人同时出现在这狭长的“胡同”里，坐在各自的房门口一字排开。他们是：最年长的主人鳏夫西贝牛；西贝牛的大儿子西贝大治；二儿子西贝小治，以及他们的妻室。再排开去是西贝家的第三代：长孙西贝时令，长孙女西贝梅阁，以及最小的孙子残疾人西贝二片。西贝家的第三代均为长子大治所生，小治无子女。这个次序的排列，从来有条不紊。他们或蹲或坐在各自的位置，用筷子仔细打捞着碗中的饭食。西贝家的饭食在村里属中上，碗中米、面常杂以瓜薯，却很少亏空。

西贝牛矮个子瘪嘴，冬天斜披着一件紫花大袄，大袄罩住贴身的一件紫花短袄，一条粗布“褡包”紧勒住腰，使他看上去格外暖和，站在当街更显出西贝家生活的殷实。即使在夏天，西贝牛的紫花汗褂，纽扣也严紧。西贝牛外号大粪牛，这外号的获得，源于西贝牛的耕作观。西贝牛种田，最重视的莫过于肥料——粪，而粪又以人粪为贵。人粪被称为大粪，全家人也极尊重大粪牛的见识，遗矢时不是自家茅房就是自家田地，从不遗在他处。由于施肥得当，水也跟得上，西贝家的庄稼便优于全村了。当然，西贝牛的耕作秘密还不仅如此，他的耕锄、浇水规律可谓自成体系。这样，在西贝家耕作的不多田亩里，就收获了足以维持碗中餐的粮食和瓜菜。碗中餐丰裕了，大粪牛站在当街便可以俯视全村了。大粪牛的眼光是高傲的，他对村人在耕作上的弊病，历来是心中有数。其中最使他怜惜的是南邻居向家的耕作态势。向家虽然院墙高大，土地广阔，处事讲究时尚，有时还显超前，但对土地却懈怠，全家人常忙于自己，置土地于不顾。对此，大粪牛只看在眼里记在心里，并不开口或批评或建议，大粪牛是一位缄默的庄稼人。

西贝牛的大儿子西贝大治，长相不似西贝牛，他体格高大，头部却明显偏小，前倾的脖子，赤红的双颊，使人想到火鸡。当地人把火鸡叫做变鸡，变鸡不在家中饲养，那是闹市上卖野药的帐篷里的观赏物。那时卖药人在篷中摆张方桌，方桌上罩块蓝洋布，火鸡便站在蓝洋布上实施着脸色的变化，忽红忽绿。火鸡是帐篷的中心，卖药人站在火鸡旁边喊着：“腰疼腿疼不算病，咳嗽喘管保险……”火鸡是个稀罕，这个稀罕俯视着患者，给患者以信心。大治的脸像火鸡，行动也像火鸡，走路时两条长腿带动起滚圆的身子，一颠一颠。但他不笨，会使牲口，西贝牛的诸多种田方案，主要靠他实施。西贝大治冬天也披一件紫花大袄，但里面不再套短棉袄，而是一件浸着油泥的白粗布汗褂，突出的肚子把汗褂绷得很紧。大治会使牲口，还会喂牲口，家里的一匹黑骡子，让他喂养得比高血马还壮大。这骡子十分温顺、勤勉，完成各种差事常常一溜小跑。它拉水车，水车便有超常的转速，丰沛的水在垄沟里汹涌。而南邻向家浇地时，两挂水车的水势汇在一条垄沟里，水仍然是萎靡不振。大治相貌不似父亲，但做派像，也是少言寡语，遇事心中有数。和乡亲对话时，常操着一副公鸭嗓儿做些敷衍，用最简单的回答方式，应付着对方复杂的问话。你说，今年雨水大晴天少，庄稼都长了腻虫，快晴天吧。大治准敷衍着说："嗯。"你说，今年不下雨，旱得庄稼都"火龙"了，快阴天吧。大治准也说："嗯。"那声儿就像鸭叫。

延展阅读

《大浴女》

这是作者的另一部精品。

本书在社会的大背景和家庭的小环境中，描写了女主人公尹小跳备尝艰辛的成长过程与情感历程：因母亲的红杏出墙和小妹的失足丧命，她背负了学生的精神负累，并疏远了与母亲的关系；妹妹尹小帆事事与她较劲，与其说是亲人，不如说是对头；她一往情深地痴恋着的大明星方竞，走近了之后才发现是一个只图占有不愿付出的大俗人。作品像是用一个高倍显微镜，细切而又精微地透视了一个中年女性在各种因素羁绊下事倍功半的一生，并通过女主人公的经历与感触，重新审视并扣问了亲情、爱情与友情，深入揭露了女性与男性、女性与时代之间难以协调的内在矛盾，将思想深度和艺术力度合而为一。

《王朔文集：我是你爸爸》

三朔　著

一切虚妄的价值、观念都被嘲笑，一切假仁假义的理想主义都被讽刺。

推荐版本：云南人民出版社（2004 年）

关于作者

王朔，祖籍辽宁，1958 年出生于南京，出生后不久，便随父母来到北京郊区的一个部队大院生活。在北京念完中学后进入海军北海舰队当兵。当兵期间开始从事文学创作，1980 年退伍回京，在药品批发商店任业务员，1983 年辞职开始专业写作，至今已创作了大量的中长篇小说和影视剧本、文艺批评。王朔是中国 20 世纪最有争议的作家之一，有批评者因其文风称之为“痞子文学”，形成了一种有趣的“王朔现象”。

“王朔现象”的产生有着不可否认的社会因素，更是与王朔使人震惊的创作观和独特的小说风格分不开。早在 20 世纪 80 年代中期，王朔便认为，读者和观众的需求永远都是第一位的，是至高无上的，自己的文化艺术个性和趣味选择是次要的。他所讲究的是以自我个性的发展来适应读者和市场需求，而不是要市场和读者去适应自我个性的发展。他公然宣称谁要戏就给谁写，率先给自己的作品开价，并且公开地讨价还价，把文字的价格炒了上去。这使文人不再受制于统一的稿酬标准，从死要面子变为公开议价。从此文化不再仅是传统文人面向知识分子的阳春白雪，也成为大众娱乐消遣的产业，给当代文坛带来一股浓郁的商业时代的气息。作为“文化个体户”的王朔将文学推入市场，视大众需求为生产的动力，以赢利为目的，在中国文学领域首创消费文学的概念。同时，王朔巧妙地利用了电视电影的大众传播作用，不断扩大影响。仅 1988 年一年，王朔就有四部作品被改编为电影。由王朔编剧的电视连续剧《渴望》和《编辑部的故事》一经播出，就在全国上下引起巨大反响，赢得了社会各阶层的一致喜爱和好评。他开创了中国影视文学的娱乐化先河，对中国影视文学产生了巨大的影响。

王朔的成功，除了精明的商业头脑外，更重要的是因为他的小说切中了改革开放新时期大部分迷茫的中国人的心理软肋。王朔一开始便以底层市民阶级的代表出现在文坛，并以其独特的方式说出了众多受挫及失意的中国人的心里话。他的作品蕴含着巨大的失落感，表达了“文化大革命”结束后数年内整整一代人的总体精神特征。他们对理想和文化的厌弃和对未来的空虚及渺茫已成为一种时代病，形成一种压抑、空虚的大众文化意志。王朔笔下众多的“痞子”形象就是这种大众文化意志的外化：他们抛弃一切政治羁绊、传统重负，他们调侃一切，从而达到潜意识的快意的释放。在王朔那里，一切虚妄的价值、观念都被嘲笑，一切假仁假义的理想主义都被讽刺，反映出了在市场经济大潮初起之时市民阶层反叛传统、反文化、个人主义、实用主义等现代大众意识的精神内核。

荐读理由

早在 1992 年，华艺出版社就出版了一套《王朔文集》，分为“纯情卷”、“矫情卷”、“挚情卷”、“谐谑卷”四本，在文坛引起轰动。因为此前只有德高望重的著名作家才能出版文集，所以文集颇有些“盖棺定论”的味道。而王朔作为初出文坛不到十年的小字辈，又写的是“流俗”的大众文学，竟也出版了文集，在当时可谓是开先河之举。2004年，云南人民出版社再次出版《王朔文集》，又丰富补充了王朔此后的一些小说和文章，包括《过把瘾就死》《顽主》《玩的就是心跳》《橡皮人》《随笔集》《我是你爸爸》《千万别把我当人》《看上去很美》《篇外篇》9卷。

收录于《顽主》卷的同名中篇小说《顽主》，讲述了一个荒诞的故事。“顽主”在北京方言中指那些不务正业的小混混，小说中的顽主——无业青年杨重、于观、马青成立了一个替人解难、替人解闷、替人受过的三“T”公司。他们为沽名钓誉的作家宝康组织文学颁奖，替没法赴约的肛门科大夫与女朋友约会，扮演心甘情愿受妻子骂让妻子解气的丈夫，为溺死的孩子开追悼会等等。顽主们内心深处其实是想努力活出些价值来，然而这些在“文化大革命”中长大、挣扎在80年代经济大潮中的年轻人，由于找不到自己的位置，最终还是沦为了一群没有正当职业、生活空虚无聊的末路英雄。他们玩世不恭，能说会道，在社会的边缘游荡，成为放纵人生的游戏者。然而，他们实际上是在无奈地通过自嘲来表达内心的抗争，当读者明白他们其实也知道自己身陷困境的时候，他们内心深处的绝望和无声的呐喊更加震动人心。由此可见，王朔笔下的顽主是一个反叛的形象，在强大的现实敌人面前，他们的力量如此弱小，只能采取一种自我放逐的方式来迂回地反抗。围绕着三“T”公司的兴衰，小说也表现了改革开放之际纷繁复杂的社会景象，以及人们的各种心态，包括病态的人格、行为和种种不尽如人意的现象，用调侃、玩耍的方式对此进行了嘲讽，表达了对旧秩序、旧道德观的反思、批判和对人生的深刻思考。

《顽主》卷中收录的另一篇著名作品《动物凶猛》写于1991年，曾被改编为电影《阳光灿烂的日子》。主人公马小军是生活在军队大院里的孩子，小说以他为线索，讲述了“文化大革命”期间这群无人管束的军队大院子弟的生活，充斥着暴力和无所事事，以及朦朦胧胧的爱情。他们逃课、谈恋爱、打群架，由于“不必学习那些后来注定要忘掉的无用的知识”而使自身的动物本能获得了空前的解放。他们深知自己的未来已被框定于固定的范畴之内，所以他们一点儿也不担心自己的前途，因此在现实生活中就只剩下随处发泄的精力、四处寻找刺激的欲望、自以为是的狂傲、随波逐流漂泊不定的心灵。王朔刻意在小说中营造了一种不确定的因素，比如经常提到他撒了谎，这篇小说是在编一个虚构的故事，或对某一情节是否真实无法辨认，让那个虚幻狂躁的年代显得更加难以捉摸。

在这些作品中，王朔也有着难以忽视的硬伤。其中最为明显的就是人物的类型化——几乎每部作品中都有痞子，而每一个痞子的性格又相差无几。但总体上来看，将王朔的创作放在改革开放30年的时代背景中，他的意义还是存在的。今天再读王朔的作品，读者仍然能够感受到一种愉悦，在愉悦过程中也会有所思索，这大概就是王朔的价值所在。

先睹为快

“你怎么这么奴颜婢膝，低三下四的！”马林生厉声呵斥儿子，“有什么话好好说，不要哼哼唧唧的，像条狗似的摇尾乞怜。你是叫我打怕了还是装孙子？”

马锐是来请求父亲批准出去玩一会儿的。但他没有直截了当地提出请求，而是在饭后主动积极地去刷碗，扫地，擦桌子，把一切归置完了，像个有事要求主人的丫环把一杯新沏的茶和一把扇递到正腆着肚子剔牙的马林生手里，自己站在一边不住地拿眼去找爸爸的视线，磨磨蹭蹭地不肯走开，没话找话地问：“还有什么要我干的么？”“您想不想擦一把？我帮您打水去。”

从那次父子俩交过心之后，他就一直是这副样子，殷勤、恭顺、事无巨细一概请示惟马林生的马首是瞻。尤其是他那双眼睛，说是狗一样忠诚一点不夸张。处处察言观色，镜子般地只反映爸爸的喜怒哀乐，爸爸笑，他就显得快活；爸爸愁，他就显得忧悒；就连看电视，父子俩的感情起伏跌宕也是同步的。

马林生对此腻歪透了。他还没有自大到想在家里建立个一主一仆的小朝廷，称孤道寡，四处横行。可儿子怎么就先主动当上了小太监？马林生是个苦出身，一辈子没有作威作福过，同时他又觉得起码是拿中级知识分子的标准要求自己。知识分子嘛，知书达礼，到哪儿都得是文明、进步、现代的代表，跟谁打交道都得是不卑不亢不冷不热，既令人刮目相看又不使人感到气焰逼人。这样才舒服，大家才亲切。弯腰弓背，诚惶诚恐，这样的嘴脸知识分子不但做不来（或者说刀不架在脖子上做不来），也受不了别人这样做，这样下作——哪怕是冲着自己来。叫人恶心！

“你就不能把腰板挺起来？”马林生痛斥着马锐，“大声说：‘我要出去玩！’我还能吃了你？正当的要求为什么就不能用堂堂正正的方式来表达？你瞧你，你哪还像个男子汉……”

马林生最后这句话本来是不想说的，脱口而出险些没咬着自己舌头，这话太伤人了。

马锐倒似乎没太介意爸爸的措辞，他像个棉花床垫似的，对任何挤压都不产生弹力，使用力量愈大反倒瘪了下去。他垂眉低眼站在爸爸面前，加倍作出一副可怜巴巴的样儿。他当然不必计较什么男子汉不男子汉的，他的年龄只能说是个男孩儿。

马林生自己就像个所谓的男子——汉么？他想想也觉得没什么参照，一个过于高大近乎虚幻的形象赫然出现令标榜他的人也同时感到气馁。

“去玩吧。”马林生快快地说。

延展阅读

《我的千岁寒》

本书实际上是王朔近年来的五部作品的合集，其中包括《我的千岁寒》、北京话版《金刚经》《唯物论史纲》《宫里的日子》以及剧本《梦想照进现实》的小说版、调侃性的影视评论《与孙甘露对话》。《我的千岁寒》取材于《六祖坛经》，写的是主人公慧能悟道的传奇故事，慧能从一个不识字的樵夫，成为享誉青史的一代宗师，被西方人称作“东方耶稣”，这个小说以历史为主干，也融入了作者自己的哲学思考和人生观。

《受活》

阎连科 著

那些亦真亦幻、虚实相间的叙述，对那段历史来说却达到了“神似”的效果，它比真实的历史还要“真实”。

推荐版本：北京十月文艺出版社（2009 年）

关于作者

阎连科，河南嵩县人，1958 年生，1985 年毕业于河南大学政教系，1991 年毕业于解放军艺术学院文学系。1978 年应征入伍，历任济南军区战士、排长、干事、秘书，第二炮兵电视艺术中心编剧，一级文学创作员，其作品曾获军内外文学奖 20 余次。其作品被译为日、韩、法、英、德、意大利、荷兰、西班牙、葡萄牙等 10 余种语言，在近 20 个国家出版发行。

如今，阎连科可谓是中国当代文坛最重要的作家之一。他通过写作，一步步从农村走向城市，但他的创作题材还总是关乎他的家乡，关乎那群或坚忍、或淳朴、或愚昧残酷的乡亲。这个外表显得非常宽厚、随和的人，内心却充满了冲突。他曾说：“写作者最基本的是和世界建立一种什么样的关系。我特别烦小说的日常化、庸俗化，我希望自己的小说有丰富复杂的含义，我觉得没有激情没有愤怒就不要去写长篇，但我的小说还是灰，很少能看到人与人、人与社会之间温暖、真诚的关系，到处是冷漠和残酷，与人、与社会、与历史都构成了一种紧张激烈的关系。”

阎连科的大部分作品都以乡土生活为题材，他以其独特的叙事风格，书写了黄土地深处人生苦难的命运之歌、人性悲情之歌。作者常运用寓言式的手法，向我们揭示和展示着民族的苦难之旅和命运的厚重，作品中既有鬼魅叙事的神秘气息，也有着乡村看客的无情，让读者在唏嘘中唤醒许多生命深处的东西。当今作家大多移居城市，距离乡土已经越来越远，不仅在语言上受到普通话的强势影响，对于今天乡村的生活也日渐陌生，在这样一种状态下，阎连科对农村的写作仍然具有鲜活的生命力，关键在于他能够把握住乡村中那些一成不变的东西。

写作对于阎连科来说，是一个痛苦的旅程，他希望自己的长篇小说中具有某种疼痛的感觉和荒诞的意味，这种荒诞又肯定是与我们的现实发生某种联系的。他在写作中对自己有诸多苛求，每一次写作他都希望能与前作有极大的差别，这也导致了他的每一部作品都风格迥异。有批评家曾经讲过："我们或许可以判断出某一位作家最好的作品是什么，但是对于阎连科的作品究竟哪本最好，大家很难取得一个共识。”这也就是阎连科与其他作家的不同。

阎连科不是一个受过系统大学教育的人，他的第一学历是高中辍学。他曾这样自我评价："我对文学的了解其实是非常割断、片面、阶段性的，这就是读书少的结果。另外，我读书没有那么庞杂，一个作家可能需要读很多书，比如读哲学、风俗学、心理学等等，我在这方面接触是很少的。和其他人相比，我读书总是慢半步，需要经过一段时间的沉淀，大家都在说一本书好的时候，我可能会去找来看看。”或许正是由于这样的读书方式，使他不会轻易受到庞杂的思想的相互影响，而塑造出鲜明的个人语言与风格。在写作状态上，他也是一个“守旧”的人，始终坚持手写书稿，因为身体状况欠佳，连续写作一段时间后颈椎和腰椎就会疼痛，或许这也是他作品中疼痛感的一个来源吧。

荐读理由

本作是第三届老舍文学奖优秀长篇小说唯一获奖作品，2003 年度中国小说排行榜长篇小说第一名，第二届“21 世纪鼎钧双年文学奖”获奖长篇小说。老舍文学奖组委会在颁奖辞中说道：“《受活》是一部具备探索性试验性的小说，对特殊历史时期的整体把握，既真实生动又出人意料，作品对深度的追求使它当之无愧地成为一部优秀作品。”组委会强调，在某种程度上，《受活》是一部特殊历史时期的“民族精神史”。

受活的意思是指享受、快活，小说虚构了一个叫受活庄的地方。这是一个遗世独立、鲜为人知的村落，长年处于政府管辖之外，所有村民都天生残疾，视健全人为另类。但是这些残疾人都身怀绝技，能够表演健全人无法表演的杂技节目。主人公柳县长异想天开，想用重金购买列宁的遗体放在当地的山上以发展旅游经济，在筹款的过程中，受活庄被柳县长惊喜地发现了，于是，这个由残疾人组成的村庄开始了走向外部世界的不归路。村民们组建了“绝术团”，在柳县长的带领下赴全国各地出卖自己的绝技，最后却以悲剧收场，村民的钱被抢劫，柳县长的荒唐举动也受到了惩罚。

小说的写作缘起于阎连科 1991 年在《参考消息》上看到的报道，说的是苏联解体后俄罗斯保护列宁遗体的经费短缺，此外他还听说过一个盲人村，于是作者将它们联系在一起，就有了“受活”这样一个基本由残疾人组成的村庄，有了县长欲筹款购买列宁遗体，修建纪念堂，发展当地旅游致富的荒唐梦想，有了这些残疾人离开故土，为筹款为发财而登台演出的悲剧命运。全书最值得注意的人物——柳县长，是用漫画夸张的手法塑造的一个非常独特的干部形象，他被权力异化，被“土皇帝”式的东方政治文化异化，被生前死后的愿望摆弄得荒诞而残酷。另一位主人公，受活庄的村民领袖茅枝婆则希望村民过上好日子，可从“合作社”时代开始，她把受活庄带入了政府的体制之内，从此为受活庄带来数不尽的灾祸，几十年来，让受活庄重新成为体制之外的桃花源是她的最终理想。作者试图通过这桩疯狂事件，来描绘当前社会发展带给人们的混乱感受和内心焦灼不安的思绪，内容上涉及包括如何看待当前改革和发展在内的一些敏感话题。如果从故事本身来说，它仿佛是虚拟的、想象的，但那些亦真亦幻、虚实相间的叙述，对表现那段历史来说，却达到了“神似”的效果，它比真实的历史还要“真实”，比纪实性的写作更给人以震撼。它充满奇诡地把席卷中国的非理性的、撕心裂肺的激情推到喜剧高峰，令人震撼。但《受活》写得非常冷静，让读者看到的不是滑稽剧，而是非常震撼的真实。

小说在细节上还有以下几点值得注意之处。第一，《受活》全部用河南西部方言写成。第二，《受活》每一章都附加了注释，与正文共同构成小说。注释一方面解释了文中的难以理解的方言，另一方面则主要是为叙述历史服务，用巧妙的技术手段将情节在历史与现实间穿梭。第三，《受活》的章节与页码全都用单数标明，让全书笼罩在一种不稳定的危机感中。

先睹为快

你看哟，炎炎热热的酷夏里竟落了一场雪。是场大热雪。

一夜间，冬天又折身回来了。也许是转眼里夏天走去了，秋天未及来，冬天紧步儿赶到了。占理儿说，日子中的时序是因循着规矩的，一二三四，甲乙丙丁，春夏秋冬，这是万千年的顺序。谁都明清晓白，春夏秋冬各是三个月，虽有时春日缩一些，然夏日必定胀一些；偶或中秋季缩一节，冬季也必然会伸展一节儿。再一说，四季中的温润、热酷、爽适与寒冷，也是一日紧贴了一日缓缓变着的，依序渐进哩。链条哦，一段儿锁着一段儿，自个锁了别个儿，自个也被别个儿紧锁着。就是昨儿热一点，今儿猛丁冷一些，那冷也还是热天里的凉，不是冬天里的寒。可是，这年的酷夏里，时序乱了纲常了，有了羊角风，在一天的夜里飘飘落落乱了规矩了，没有王法了，下了大雪了。

真是的，时光有病啦，神经错乱啦。

小麦已经满熟呢。一世界漫溢的热香却被大雪覆盖了。昨夜磨好的割麦的镰，初时和磨石一块儿搁在屋檐下，来日就都埋在了雪里，磨刀石边上的半盆水，结了冰又被白雪掩去了。前半夜还嗡嗡飞着咬着的响蚊子，悄没声息了。受活庄里的人，睡觉时先是赤裸裸在床上摇着大蒲扇、软纸扇；扇子不够呢，就把草帽握在手里扇。身边放了一张布单也是不盖的，至多是到了下半夜，用那花布单子遮掩着孩娃们的肚脐眼。

这天下半夜，先是刮了一阵风，谁都迷着眼去扯拽单子盖，可寒气却从单子缝中往人的身上扎，往心肝脾胃里拧，就又起床去箱里柜里翻。毛毯、棉衣、本该铺在床底的褥子扯出来就盖在身子上。瞌睡沉重的年轻人，懒得半夜起床，困萎着身子试图扛过去，谁知却是通宵没睡着。眼是闭了一夜哩，一整夜却是醒着呢。

来日，各家推开屋门儿，女人们都一色儿惊叫道："呀——下雪啦！五黄六月的大热雪。"

男人们一色儿推开屋门呆一会，叹上一口气，说："操！大热雪，又要荒年哩！"

孩娃们一色儿有光有彩地唤："啊！下雪啦……啊！下雪啦……"像日子又过到了新年了。

庄子里瘸子家的小药店，生意比来日凭空火旺了，卖出去的都是专门治头痛、发烧、咳嗽的药。

菊梅家的姜也让左右邻居拿完了，熬喝姜汤了。茅枝婆的房檐下，去年晒的随风起舞的红青椒也给村人们摘走了，去煮发汗的辣汤了，只剩两串儿青椒的根把儿，在一根线上穿挂着，仍然随风摆动呢。辣椒水喝了比姜汤还能发汗哩，就是你得咬紧牙关喝下去。

延展阅读

《风雅颂》

这是作者的另一部精品。

杨科是清燕大学的教师，当他提着耗费了五年光阴完成的研究专著《风雅颂》的书稿回到家时，迎接他的竟然是妻子与副校长赤条条躺在床上的场景。很快，杨科副教授被清燕大学的领导们送进学校的附属精神病院。在精神病院，他被院长指派给病人们讲解《诗经》，竟得到大学里从未有过的礼遇，病人们反响无比强烈，掌声雷动。杨科赶紧落荒而逃，回到耙耧山深处的老家。县城天堂街的那些坐台小姐成了他最勤奋的学生。最后，杨科领着天堂街的小姐们和一批专家、教授奔往“诗经古城”，继续朝着被孔子删掉的冥冥存在的《诗经》遗篇逃亡。本书表达了作者在现代生活的罅隙中挣扎生存的疲惫感和浓厚的“回家”情怀，被阎连科称为“精神自传”，又因为有诋毁北京大学的嫌疑而引起广泛的争议。

《人面桃花》

格非 著

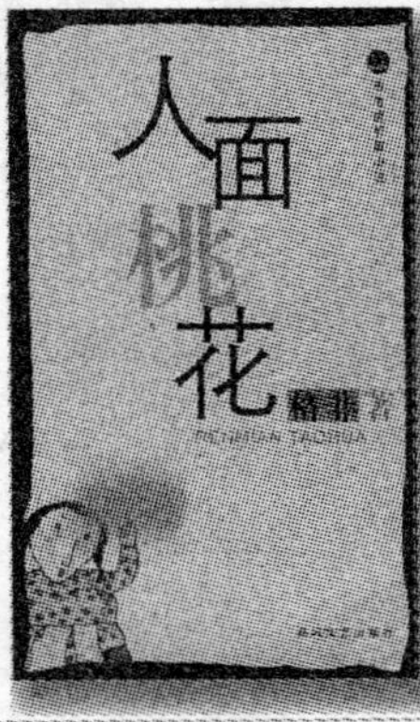

没有什么比“现实主义”这样一个概念更让我感到厌烦了。

推荐版本：春风文艺出版社（2004 年）

关于作者

格非，原名刘勇，1964 年出生于江苏丹徒，1981 年在华东师范大学中文系攻读汉语言文学专业，毕业后留校任教，2000 年调入清华大学中文系，现为清华大学中文系教授，主讲写作、小说叙事学等课程。格非于 1987 年发表成名作《迷舟》，这篇具有浓郁抒情性的小说，却被作者隐去了故事的关键情节，引起文学界的广泛关注。在格非的创作中，传统小说对完整剧情的恪守被这个空缺完全消解，而写实的叙事方式也因为这个空缺而变得疑点重重。从此，格非便以“叙述空缺”被称为先锋派小说创作的领军人物。随后，1988 年发表的中篇小说《褐色鸟群》更是令人匪夷所思，曾被认为是当代中国文坛最难解的一篇小说，是人们谈论先锋文学时必提的作品。

格非一直在写作中寻找自身的意义，孜孜不倦地追求着纯文学。所以写作对于他来说并不仅仅是谋生的手段，更重要的是文学构成了精神皈依的乌托邦。他最擅长的就是在小说结构上做到出人意表。他像建造迷宫一样搭砌他的小说，以此获得一种智力上的趣味。格非的迷宫主要以人物内在意识的错综复杂来形成线圈式的迂回，有缠绕、冲突与意识的消散和断裂。他认为人们所见到的现实，其实是抽象的、先验而空洞，他试图通过描写人和物的相互脱离来揭示这层关系。在这样错位的情景中，人已经变成了若有若无的虚幻，自身经历的事件比传说还要虚无缥缈，作者借此表达每个人的生活都是处在不能被证实又永远逃不出相似的陷阱的状态之中。

格非的作品蕴含着与众不同的审美格调，优雅、精致而纯粹，还有一种珍贵的矜持，充满了神秘主义的诗性。正如作者自己所说："没有什么比'现实主义'这样一个概念更让我感到厌烦了。种种显而易见的，或稍加变形的权力织成了一个令人窒息的网络，它使想象和创造的园地寸草不长。"而格非本身的经历也使他对于命运和偶然有更为深刻的体验。第一次高考落榜的格非即将听从家里的安排学习木匠，这时一个素不相识的小学校长前来探访。他因为自己所在的乡里没有人上大学而感到气愤，听说落榜的格非曾在学校里排名第一，便推荐他去县里的中学复读。陌生人、偶然、命运的改变，这些因子成为格非许多小说中的经典模式。神秘的命运转折向作者展示了人生中不确定的一面，出于这样的思想，格非开始构建自己作品中的神秘主义特性。他沉醉于深邃的思考，编制扑朔迷离的故事，制造引人入胜的悬念。他精心营造的叙述过程常常是令人迷失方向的"小径分叉的花园"。他一面钻研西方现代主义小说的奥义，学习普鲁斯特、博尔赫斯；同时又继承古典小说的传统，文字间有深深的中华文化烙印。格非就这样游走于古典与现代之间，讲述人生如梦的故事。他用神秘主义的怀疑眼光审视这个世界，颠覆了理性主义和科学知识定义下的真实。

格非始终坚持用规范、纯粹的语言写作，立足于词语本身的信息量，以繁复、深邃、多层面的叙述保证了意义的传递，同时赋予文字以特殊的魅力。他的文字精准细腻，因此其作品在翻译成外文时信息的耗损能够降到最低限度。基于语言这方面的特点，当情节趋缓或近于停止的时刻，格非的叙述还在延展不停，于是语言表现为一种悬浮的状态。这就使读者更加重视瞬间性的顿悟和第一感受，它表明了一种独特的理念：瞬间便是永恒，永恒亦是瞬间。

荐读理由

《人面桃花》是格非耗费十年心血完成的一部精致的长篇小说。作者的写作功底直抵小说细节的每一个末梢，可谓精雕细琢，一丝不苟。它既是格非文风转折和自我超越的一次重要尝试，同时也可看做是当代中国文人创作接近经典的有效标志。格非创作《人面桃花》时受邀旅居于法国南部一个偏僻的村庄。令人惊讶的是那里的农民都非常尊崇法国的传统文化，对普鲁斯特等本土小说家的经典文学作品津津乐道。这种文化自信让格非非常羡慕，同时也为中国古典文学传统的没落而惋惜。这一背景使他在写作《人面桃花》时自觉地脱离了西方视野，尝试将中国化的古典小说元素融注于作品中。

小说也正是在着力描写乡土中国的生死离合，横跨清末到民国这一段动荡的岁月。故事开始于光绪二十七年春天，罢官回到家乡普济的陆侃神秘消失，他的女儿陆秀米开始第一次独自面对这个世界。几天后，革命党人张季元以养病为名来到了普济。在陆秀米的眼中，张季元就是这个神秘世界的象征：他联络地方革命党、购运枪支、准备起义。而对于张季元来说，这个他暗中渴慕的美貌少女的存在使他对革命的信念产生了动摇。两人之间的情感于暗中滋生并迅速成长，但随着革命党的覆灭，张季元也以猝死而告终，丫鬟在收拾阁楼时发现了他的日记，并交给了陆秀米。从此陆秀米的人生发生了翻天覆地的改变，她第一次接触到那个神秘的世界，渐渐了解到张季元与母亲的特殊关系。由于承受不了这样的冲击，陆秀米的心理状态变得极不稳定，最后她只能用肉体的疼痛来挽救即将崩溃的精神世界。后来陆秀米嫁给了别人，在出嫁的路上被强盗劫走。数年后她重回普济推行改革，却遭到彻底的失败，陆秀米身陷囹圄，家破人亡。陌生人的到来与命运预料之外的转变是《人面桃花》的主要叙事结构。纵观每一个来到普济的陌生人，他们或是革命党、或是土匪、或是军官，无一例外都给这个村庄的生活带来变化，仿佛一颗颗投入湖心的石子，掀起故事发展的波澜。神秘的陌生人悄无声息地改写了普济人的命运，小说也借助这些外部力量而得到充足的叙述动力。而格非在他的惯用叙事手段之外，摒弃了对结构迷宫的痴迷，把笔墨的重点放在描述文中人物角色为实现自我、追寻大同世界而作的无谓努力。

正如前文所说，《人面桃花》里蕴含着深厚的中国古典文学元素。陆秀米与张季元之间建立在日记上的超越现实的爱明显带有古典意味，这种试探和压抑、朦胧的觉醒和想象的体验，是典型地结合了人情美和人性美的中国传统爱情观。此外，不像当代很多文学作品快速地展开情节，格非在小说中穿插了大量的风景描写，来突出普济这个地方的特色，具有浓重的色彩感。这和格非想写一部地方志的初衷是相吻合的。格非用冷静和沉思完成了对现实的超越，在精神层面上实现了历史与现实的深刻反思。《人面桃花》不仅让读者再一次体验到阅读经典的快乐，更重要的是从精致完美的叙事中看到了一个民族乌托邦的精神寓言。它既是一个个鲜活个体的生活史，也是一个民族的精神史。

先睹为快

她已经是第二次看见衬裤上的血迹了，一个人伏在井边搓洗了半天。几只蜜蜂嗡嗡闹着，在她身前身后飞来飞去。蜜蜂的叫声使她的担忧增加了。她觉得肚子疼痛难挨，似有铅砣下坠，坐在马桶上，却又拉不出来。她褪下裤子，偷偷地用镜子照一照流血的地方，却立刻羞得涨红了脸，胸口怦怦直跳。她胡乱地往里塞了一个棉花球，然后拉起裤子，扑倒在母亲床上，抱着一只绣花枕头喃喃道：要死要死，我大概是要死了。她的母亲去了梅城舅姥姥家，卧房空无一人。

现在的问题是，父亲下楼来了。

这个疯子平时很少下楼。只是到了每年的正月初一，母亲让宝琛将他背到楼下厅堂的太师椅上，接受全家的贺拜。秀米觉得他原本就是一个活僵尸，口眼歪斜，流涎不断，连咳嗽一声都要喘息半天。可是，今天，这个疯子，竟然腿脚麻利、神气活现地自己下楼来了，还拎着一只笨重的藤条箱。他站在海棠树下，不慌不忙地从袖子里掏出手绢来擤鼻涕。难道说他的疯病一夜之间全好了不成？

秀米看见他带着箱子，似乎要出远门的样子，无意间又瞥见手中衬裤上棕褐色的血痕，一时心慌意乱，便冲着前院大叫起来：宝琛，宝琛。歪头宝琛……她在叫家里的账房，可惜无人应答。地上的花瓣、尘灰，午后慵倦的太阳不理她；海棠、梨树、墙壁上的青苔，蝴蝶和蜜蜂，门外绿得发青的杨柳细丝、摇曳着树枝的穿堂风都不理她。

“你叫唤什么？！不要叫。”父亲道。

他缓缓转过身来，把那脏兮兮的手绢塞入袖内，眯缝着眼睛瞅着她，目光中含着些许责备。他的嗓音像被砂纸打磨过的一样，低沉而喑哑。她还是第一次听见他和自己说话。由于终年不见阳光，他的脸像木炭一般焦黑，头发如飘动的玉米穗，泛出褐黄。

“你要出门吗？”秀米见宝琛不在，只得稳了稳心，壮起胆子来问了他一句。

“是啊。”父亲说。

“要去哪里？”

父亲嘿嘿笑了两声，抬头看了看天，半晌才道：“说实话，这会儿我也还不知道呢。”

“你要去的地方远吗?”

“很远。”他脸色灰灰地支吾了一声，一动不动地看着她。

“宝琛，宝琛，歪头宝琛，死狗宝琛……”

父亲不再理会她的叫声。他缓缓走到秀米的跟前，抬起一只手，大概是想摸摸她的脸。可秀米尖叫了一声，从他的手底下逃开了。她跳过竹篱，站在菜园里，歪着头远远地看着他，那条衬裤在手里绞来绞去。父亲摇摇头，笑了一下。他的笑容像灰烬，又像石蜡。

就这样，她看着父亲提着箱子，佝偻着背，不紧不慢地出了腰门。她的脑子里乱七八糟的，心头怦怦乱跳。不过，父亲很快又踅了回来。水獭似的脑袋从门外探进来，似笑非笑，一脸害羞的样子，眼睛东瞅西看。

“我要一把伞。”他小声说，“普济马上就要下雨了。”

这是父亲留给她的最后一句话，当时她并不知道。秀米抬头看了看天，没有一朵云，蓝幽幽的，又高又远。

延展阅读

《褐色鸟群》

这是作者的另一部精品。

这是一部可以从不同角度解读的小说，公然颠覆了传统的文学理论。故事讲述了“我”与一个叫做“棋”的女人之间似是而非的往来，探讨了回忆与现实之间的不可辨认性。通过断裂的叙述、时间空间的回环反复，让读者不断地考究事情的真实与否。不断重现的相似情节不仅不能使存在变得可靠，反而使它们变得似是而非。小说怪诞的情节更像是意识的自由展开，感官的混乱交织就如同梦境一样，虽然很多细节在逻辑上自相矛盾，却又体现了人潜意识中的真实想法。

《额尔古纳河右岸》

迟子建 著

她表达了对尊重生命、敬畏自然、坚持信仰、爱憎分明等等被现代性所遮蔽的人类理想精神的彰扬。

推荐版本：北京十月文艺出版社（2005 年）

关于作者

迟子建，中国作协会员，黑龙江省作家协会副主席，一级作家。

1964 年的元宵节，迟子建出生于中国的最北部——黑龙江省北极村。她的父亲是小学校长，母亲是广播站的广播员，因为生在元宵节，父母给她取乳名为“迎灯”。

1983 年，迟子建开始进行文学创作；1984 年，从大兴安岭师范学校毕业；1985 年，开始在《人民文学》上发表文章；1987 年，迟子建进入北京师范大学与鲁迅文学院合办的研究生院学习；1990 年毕业后到黑龙江省作家协会工作至今。

迟子建的作品风格被概括为“怀伤之美”。她受俄罗斯文学影响很大，既因个人的喜好，也因家乡黑龙江毗邻俄罗斯，地理位置的相近带来风土人情的近似，从而携带着天然的亲切感。迟子建曾说：“俄罗斯的文学大师都是让我觉得尊敬的。他们身上有大悲悯的气质，强烈的忧患意识和道德感，在俄罗斯作家身上体现得最充分。他们才是真正的‘底层关怀’的作家。他们的作品气韵饱满，气势博大……他们的作品都直逼人心深处，在揭示社会和人性的罪恶时，又让人体味到了正义和人性的美，非常了不起。”

自1983年以来，迟子建已经发表作品500万字，出版著作40余部。她的主要作品有长篇小说《树下》《晨钟响彻黄昏》《伪满洲国》《越过云层的晴朗》《额尔古纳河右岸》，小说集《北极村童话》《白雪的墓园》《向着白夜旅行》等，散文随笔集《伤怀之美》《我的世界下雪了》等。她的《雾月牛栏》曾获得第一届鲁迅文学奖、《清水洗尘》获第二届鲁迅文学奖，小说《世界上所有的夜晚》获第四届鲁迅文学奖全国优秀中篇小说奖。2003年她又获澳大利亚“乔伊斯基金会”设立的“悬念句子文学奖”。

2008年，迟子建凭借散文作品《光明在低头的一瞬》获得第三届冰心散文奖。《光明在低头的一瞬》，文章不长，写她在俄罗斯一座教堂的经历，在教堂里，她看到了喜爱的画家鲁勃廖夫的壁画，然而当她从画上收回目光低下头来的一瞬，却看到了一位正在安静地打扫祭坛烛油的老妇人。她描写了老妇人的外形动作和对清扫烛油职责的虔敬，感慨道：“她的劳作是安然的，而我从她身上，看到了另一种永恒的光明：光明的获得不是在仰望的时刻，而是于低头的一瞬。”

迟子建获得三次鲁迅文学奖、两次冰心散文奖、一次茅盾文学奖，是中国当代文坛上极为耀眼的女作家。

荐读理由

2008年，第七届茅盾文学奖颁奖典礼在茅盾的故乡乌镇举行。这一次的颁奖典礼，将女作家迟子建的作品《额尔古纳河右岸》推向了荣誉顶峰。

《额尔古纳河右岸》最初刊登在《收获》杂志上，问世以来即受到文学界的广泛关注。该书讲述了东北少数民族鄂温克人的生存现状及百年沧桑，作者以一位年届九旬的鄂温克族最后一位女酋长的自述口吻，讲述了鄂温克民族人民令人景仰的生存历程。

小说开头即进入了女酋长的回忆：“我是个不擅长说故事的女人，但在这个时刻，听着刷刷的雨声，看着跳动的火光，我特别想跟谁说说话。达吉亚娜走了，西班走了，柳莎和玛克辛姆也走了，我的故事说给谁听呢？”

在九旬女酋长的讲述中，一副无比动人的民族史诗在读者眼前缓缓展开。鄂温克族猎民沿着黑龙江流域迁徙游牧，他们打猎、捕鱼、放养驯鹿，既从大自然中获取生活资料，又小心翼翼地守护着森林，充当丛林的卫士。可是伴随着现代文明的发展，这片宁静而祥和的丛林生活被开发者的脚步打乱了。属于大自然的民族在现代化与城市化进程中，不得不不断地进行抗争和抵抗，以此获得生存的机会。小说关注的是一个很小的民族与群体，此中以小见大，以一曲对弱小民族的挽歌，写出了人类历史进程中的悲哀。

迟子建这样评价自己的作品：“如果说我的这部长篇分为四个乐章的话，那么第一乐章的《清晨》是单纯清新、悠扬浪漫的；第二乐章的《正午》沉静舒缓、端庄雄浑；进入第三乐章的《黄昏》，它是急风暴雨式的，斑驳杂响，如我们正经历着的这个时代，掺杂了一缕缕的不和谐音。而到了第四乐章的《尾声》，它又回到了初始的和谐与安恬，应该是一首满怀憧憬的小夜曲，或者是弥散着钟声的安魂曲。我不知道自己谱写的这部心中的交响曲是否会有听众。我没有那么大的奢望要获得众生的喝彩，如果有一些人对它给予发自内心的掌声，我也就满足了。”

茅盾文学奖评委会则对《额尔古纳河右岸》给予了这样的评价：“迟子建怀着素有的真挚澄澈的心，进入鄂温克族人的生活世界，以温情的抒情方式诗意地讲述了一个少数民族的顽强坚守和文化变迁。这部‘家族式’的作品可以看做是作者与鄂温克族人的坦诚对话，在对话中她表达了对尊重生命、敬畏自然、坚持信仰、爱憎分明等等被现代性所遮蔽的人类理想精神的彰扬。迟子建的文风沉静婉约，语言精妙。小说具有诗史般的品格和文化人类学的思想厚度，是一部风格鲜明、意境深远、思想性和艺术性俱佳的上乘之作。”

先睹为快

我是雨和雪的老熟人了，我有90岁了。雨雪看老了我，我也把它们给看老了。如今夏季的雨越来越稀疏，冬季的雪也逐年稀薄了。它们就像我身下的已被磨得脱了毛的狍皮褥子，那些浓密的绒毛都随风而逝了，留下的是岁月的累累瘢痕。坐在这样的褥子上，我就像守着一片碱场的猎手，可我等来的不是那些竖着美丽犄角的鹿，而是裹挟着沙尘的狂风。

西班他们刚走，雨就来了。在这之前，连续半个多月，太阳每天早晨都是红着脸出来，晚上黄着脸落山，一整天身上一片云彩都不披。炽热的阳光把河水给舔瘦了，向阳山坡的草也被晒得弯了腰了。我不怕天旱，但我怕玛克辛姆的哭声。柳莎到了月圆的日子会哭泣，而玛克辛姆呢，他一看到大地旱得出现弯曲的裂缝，就会蒙面大哭。好像那裂缝是毒蛇，会要了他的命。可我不怕这样的裂缝，在我眼中它们就是大地的闪电。

安草儿在雨中打扫营地。

我问安草儿，布苏是不是个缺雨的地方，西班下山还得带着雨？

安草儿直了直腰，伸出舌头舔了舔雨滴，冲我笑了。他一笑，眼角和脸颊的皱纹也跟着笑了——眼角笑出的是菊花纹，脸颊笑出的是葵花纹。雨水洒下来，他那如花的皱纹就像是含着露珠。

我们这个乌力楞只剩下我和安草儿了，其他人都在早晨时乘着卡车，带着家当和驯鹿下山了。以往我们也下山，早些年去乌启罗夫，近年来到激流乡，用鹿茸和皮张换来酒、盐、肥皂、糖和茶什么的，然后再回到山上。但这次他们下山却是彻底离开大山了。他们去的那个地方叫布苏，帕日格告诉我，布苏是个大城镇，靠着山，山下建了很多白墙红顶的房子，那就是他们定居的住所。山脚下还有一排鹿圈，用铁丝网拦起，驯鹿从此将被圈养起来。

我不愿意睡在看不到星星的屋子里，我这辈子是伴着星星度过黑夜的。如果午夜梦醒时我望见的是漆黑的屋顶，我的眼睛会瞎的；我的驯鹿没有犯罪，我也不想看到它们蹲进“监狱”。听不到那流水一样的鹿铃声，我一定会耳聋的；我的腿脚习惯了坑坑洼洼的山路，如果让我每天走在城镇平坦的小路上，它们一定会疲软得再也负载不起我的身躯，使我成为一个瘫子；我一直呼吸着山野清新的空气，如果让我去闻布苏的汽车放出的那些“臭屁”，我一定就不会喘气了。我的身体是神灵给予的，我要在山里，把它还给神灵。

延展阅读

《伪满洲国》

该书是迟子建的代表作之一。作者追溯《伪满洲国》的写作动机，那还是在北京鲁迅文学院求学期间萌生的。1990 年，迟子建毕业回到哈尔滨，拥有了一间属于自己的小屋，终于可以安定而踏实地读书和写作了。这时《伪满洲国》的写作念头又不可遏止地浮现出来。在接下来的七年时间里，作者着力进行一些中短篇的写作，从这种写作中获得了文字的锻炼，同时，仍然注意搜集《伪满洲国》的历史资料，这里既有从图书馆复印来的，也有从书店购置的，更宝贵的是从一些旧书摊寻到的。到了 1998 年，作者觉得《伪满洲国》的意象在其心中愈来愈丰满，创作的冲动已经出现，于是又集中做了两个月的资料，到了四月迎春初放之时，便开始了写作。

《香椿树街故事》

苏童　著

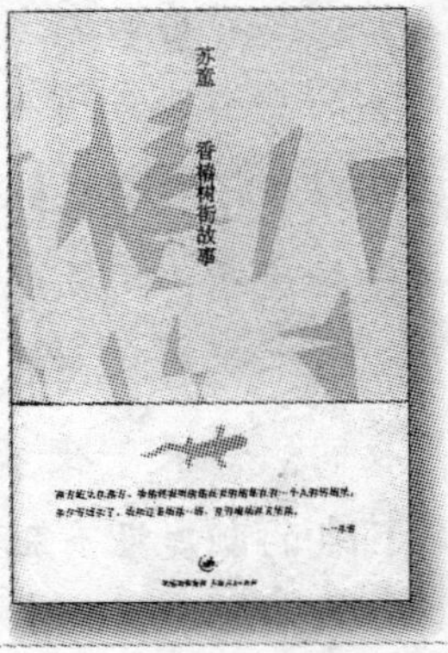

既有阴暗与暴烈，也有温暖和温情；既有冷峻与尖锐，也有体恤和悲悯。

推荐版本：上海人民出版社（2008 年）

关于作者

苏童，原名童忠贵，原籍江苏扬中，1963 年生于苏州，“苏童”这个笔名的意思大致就是“苏州的童忠贵”。他于 1980 年考入北京师范大学中文系，1984 年分配到南京艺术学院工作。1986 年调到《钟山》杂志担任编辑，1991 年转为中国作家协会江苏分会驻会专业作家。

苏童于 1983 年开始发表小说，最初并没有引起文坛的注意。1987 年年底在《收获》杂志上发表的《一九三四年的逃亡》，使得苏童突然被汇入“先锋派作家”的行列，这篇中篇小说据说前后修改五次，费时三年，它并没有可以明晰归纳的故事和主题，而是以激越的抒情意味和强烈的叙述节奏引人注目。1988 年年底在《收获》杂志上发表的《罂粟之家》，使得苏童能够作为“先锋派作家”的代表人物之一被写入文学史中，这个关于地主家族颓败没落的故事，内涵相当丰富，苏童以一种舒缓纯净的风格化语言从容地讲述出来，使得故事明白晓畅而又不失深邃诡秘的气息，小说散发着浓浓的历史忧郁而又与传统意义的“悲剧”保持着微妙的距离。

1989年以后，苏童的风格有所变化，实验性的成分明显减弱。1989年年底发表于《收获》杂志的《妻妾成群》虽然也显示了具有“先锋”意味的语言感觉和叙事方法，但更多地体现出苏童某种回归“传统”与“古典”的“故事性”的意向。这篇书写民国女性婚姻悲剧的小说，后来被著名导演张艺谋改编成电影《大红灯笼高高挂》，使得苏童的名字在国际影坛和国内大众中不胫而走。流畅而优雅的叙述，为读者所熟悉的题材类型，以及电影的传播效应，使得苏童在中国80年代后期崛起的那一批“先锋小说家”中，拥有最多的读者。

进入90年代和新世纪，苏童还陆续发表、出版了长篇小说《米》《我的帝王生涯》《紫檀木球》《城北地带》《武则天》《蛇为什么会飞》《碧奴》《河岸》，中短篇小说集《红粉》《伤心的舞蹈》《南方的堕落》《刺青时代》《离婚指南》等作品。苏童的小说，大多取材于已逝去的“历史”，但“历史”在小说中已经被虚幻化，留存的只是一些碎片式的意象与情境，因而，苏童又被文学批评家顺理成章地纳入“新历史小说家”的名下。苏童的那些小说中，有着某种传统士大夫对旧日生活依恋、融入的态度，又时常流露着忧伤、颓败的情调和气息。苏童尤其擅长刻画女性人物的细腻心理，对于“红颜薄命”这种主题意向的抒写投入且富有韵味，在苏童如歌如诉的叙事中，女人的心性与命运总是散发着浓郁的末世情调，感人至深。苏童还非常擅长描写中国江南小城普通家庭的生活，对人物的表现，对江南小城生活情态的表现，以及对江南风习人情的表现，都可以说是达到了浑然天成的境界。

荐读理由

《香椿树街故事》由一系列发生在“香椿树街”上的故事构成，包括《骑兵》《古巴刀》《舒家兄弟》《刺青时代》《西窗》《白雪猪头》《人民的鱼》等中短篇小说，生动地再现了某条南方老街上一群少年的残酷青春以及和街坊邻里间发生的种种日常生活故事。

与苏童在《一九三四年的逃亡》等小说中虚构的“枫杨树乡”不同，“香椿树街”是以苏童少年时代成长的苏州城北的一条小街作为原型的。“香椿树街”上沉积了苏童关于南方的童年记忆，那是晦暗的日常生活和阴郁的少年往事，是在现代性进化论视野之外的时间迟滞的历史片段，透露着季节轮换、人事轮回的古典情调和颓废诗意。著名文学评论家王德威曾经以“南方的堕落与诱惑”为题论述苏童的小说风格特征：“南方或者是巫蛊蔽障的原始国度，或者是淫靡虚浮的末世天堂”，“一种奇异的族类在此生老病死，一种精致的文化在此萎靡凋零”。“南方的堕落与诱惑”印证了南方作为一种腐败存在的独特魅力。不同于传统意义上雅致柔美的古典美和富有浪漫风情的现代美，苏童为中国文学中的江南书写提供了一种与众不同的独异想象。

在晦暗的香椿树街上，行走着一群成长中的少年，这些少年的成长轨迹是苏童在以回视的视角眺望童年和少年时代所经历的生活和往事时释放出来的生命体验和文学想象，是关于一个独特时代的独特记忆。这些少年成长于“文化大革命”那段荒芜而混乱的岁月中，懵懂而盲目的情欲携带着它特有的神秘气息活跃在这些少年躁动的青春生命中。然而这样的情欲在那个荒芜的年代却得不到有效的疏导，所带来的往往只是短暂的甜蜜之后深深的失落，乃至某种毁灭性的后果。在那个混乱的年代，根植于人性深处的暴力、血腥、欲望，像幽微的花朵在暗夜中开放，苏童在《香椿树街故事》中，以精致的叙事展示了那个年代无所不在的压抑与暴力所构成的巨大阴霾，以及少年成长过程中狂暴的内心情感的扭曲的释放。可以说，苏童提供了一个不一样的“文化大革命”的书写，它并不标示主流意识形态，并不直接地对那个历史性的灾难进行否定而控诉，而是将“文化大革命”作为模糊的时代背景，从少年的视野表现日常的灰暗和绝望、躁动的青春与梦想，以及对于暴力的迷恋和激情，以这样的方式构建出“另类”的、然而也许是更贴近民间真实生活的“文化大革命”的记忆。

苏童的《香椿树街故事》中，既有阴暗与暴烈，也有温暖和温情；既有冷峻与尖锐，也有体恤和悲悯。从苏童关于琐碎的日常生活悲欢的叙述中，我们可以读到藏污纳垢的底层生存本相，也可以体味到市井百姓间令人温暖的民间伦理，这些民间伦理常常背对着喧嚣的大时代行走，以其坚韧的生命力穿越历史的残酷，给予读者深深的感动。

先睹为快

我表弟左林是个罗圈腿，这意味着他无论如何努力，腿部以及膝盖是无法合拢的。我姨父左礼生将这不幸归咎于左林幼时对一匹木马的迷恋，也不知道有没有科学根据。那是一匹从街道幼儿园淘汰下来的木马，苦命的大姨当时还健在，是幼儿园的保育员。她利用关系，花五毛钱为儿子买下了这件庞大的礼物。她知道这礼物对丈夫也有益，有了木马，左礼生就不用天天趴在床上给儿子当马骑了。那匹木马我小时候也见过，却无缘一试，左林不让别人骑。我记得马身蓝色的油漆已经剥落，马头两侧的手柄经过无数个孩子的抓捏，很像一对活生生的光滑而油腻的马耳朵。左林从早到晚骑在木马上摇晃，他在木马上吃饭，看连环画，有时候困了，就抱着马头睡着了，左林就是那么自私，宁肯抱着木马睡，也不让别人骑。

左林9岁那年冬天，我大姨在幼儿园门口出了车祸，她双手提着孩子们的两个尿桶在结冰的街上走，结果被煤店运煤的卡车撞了。就隔了一夜，好端端的大姨像一只惊鸟似的飞走，飞走再也不回来了，也应了大姨讲的鬼故事里的圈套，任何东西都会变成魔鬼，任何魔鬼都擅长变戏法，最后不知是尿桶魔鬼还是煤渣魔鬼变了这个恶毒的戏法，把大姨自己变没了。据我母亲他们回忆，给大姨办丧事的时候他们便发现左林的腿不对劲，他不会跪。他跪着的时候两个膝盖井水不犯河水，并不拢，人好像盘腿坐在地上。大家当时处在混乱与哀恸之中，有人上去搬弄过左林的腿，弄了几下，没用，也就算了，那样的场合谁还顾得上讨论左林的腿形问题呢。过了很长时间左礼生带左林去看骨科医生，他扒下儿子的裤子问医生，我儿子不会是罗圈腿吧？医生说，就是罗圈腿呀。左礼生急了，在医院里等着医生手到病除，医生却告诉他，你儿子的腿形矫正不过来了，也没有必要矫正，不碍什么事，只不过走路难看一点。左礼生对医生的话是信任的，同时也不盲从，他认定儿子的腿与木马有关，回家后就把那匹木马当柴火劈了。左林那天的尖叫声引来了半条街的邻居，孩子们面对那匹被毁的木马心情复杂，一方面感到可惜，一方面忍不住地幸灾乐祸，而大人们对左礼生的劝慰引起了他更大的愤怒。骑马骑马，左礼生挥舞着柴刀说，骑马骑出个罗圈腿，我劝你们以后别让孩子骑马，木马也别骑！

左林是个罗圈腿。我们香椿树街上的孩子崇拜胳膊上有老虎刺青的三霸，崇拜断了一根食指的阿荣，甚至崇拜练拳击的豁嘴丰收，却没有人瞧得起我表弟左林。大家认为左林走路不仅是难看，而且可笑，他站立的时候两条腿似乎永远准备夹一件什么东西，如果他确实是骑在一匹马上，我们会敬仰他，可惜他不是在内蒙古的大草原上，我们香椿树街除了几条狗、几只猫，还有王德基家不顾卫生禁令擅自养的一群鸡，连一头小毛驴也不产，连地头蛇三霸也无马可骑，他左林能骑什么呢？左林唯一可骑的是我大姨留下来的旧自行车，他借助黄昏暮色的掩护，在街上偷偷地骑车玩，总有人无事生非，斜刺里插出来拽住他的自行车。下来下来，我骑车，你来追！有人特别喜欢出左林的洋相。有人喜欢看左林出洋相。他们互相挤眉弄眼，目光的焦点对准了左林的腿。左林弯着腿站在人们的视线里，他那两个可怜的膝盖似乎在艰难地喘息着，就像牢笼里的困兽在喘息，然后左林奔跑起来，他徒劳地向劫车人高喊道，停住，给我停住！他的两只膝盖也依次发出了嘶哑的呼喊声，黄昏的香椿树街两侧响起了一片笑声——为什么左林一奔跑大家就发笑呢，说起来你不会相信的，左林的膝盖在奔跑时会发出声音，它们会尖叫，它们甚至还会哭泣。

如果左林是一棵树就好了，树永远不需要立正，随便怎么长得歪歪斜斜的，都无人在意。可左林不是树，是人就会听到立正的命令，这命令对绝大多数人是容易执行的，人人都能立正，我表弟左林却立不正。

延展阅读

《我的帝王生涯》

出版于1993年的《我的帝王生涯》是苏童糅合写实手法和现代技巧创作的一部长篇小说。作品通篇采用第一人称“我”的叙述，讲述一位名叫端白的懵懂无知的王子，在老太后权力欲望的操纵下，经由一连串偷龙换凤的阴谋，僭登龙位，成为燮国的傀儡皇帝，最终又被罢黜的故事。苏童以“伪自传”的形式，虚拟一位“废帝”对当年宫廷生活的回忆，然而，苏童的叙事野心远大于一位废帝的荒唐往事，他返回到中国两千多年的宫闱轶事间，堆砌、造作出许多中国人耳熟能详的情节桥段：垂帘听政、阉官弄权、兄弟阋墙、后妃争宠、藩镇贾祸、卧薪尝胆，烛影摇红的诡谲、南朝风月的颓靡、瀛台泣血的凄艳、靖难之变的暴虐，狸猫换太子式的深宫疑案、乾隆下江南式的微服历险，等等。熟悉中国历史的读者在阅读这个高潮迭起的精彩故事时会不断地遭遇似曾相识的情节关目，而又在特异的语境中刷新着自己的阅读经验，获得新鲜的阅读感受。无疑，《我的帝王生涯》很容易被视作一部历史小说，但苏童的“故事”抹去了所述内容的历史纵深，其具体的年代背景并没有可考的史实依据，而是完全架设在一个虚构的空旷想象之上，显然，苏童的主要兴趣并不在于历史，而在于观察人的心理和精神气质的细致变化过程，以及个人处在某种极端环境中所作出的特殊反应。正如苏童所言：“小说里的红粉鬓影和宫廷阴谋只是雨夜惊梦，小说里的灾难和杀戮也是我对每一个世界每一堆人群的忧虑和恐慌，如此而已。”

《在细雨中呼喊》

余华 著

关于死亡的叙述几乎涵盖死亡的各种形态与各个层面。

推荐版本：作家出版社（2008 年）

关于作者

余华是中国当代最有影响力的作家之一，1960 年生，1984 年开始发表小说，是中国大陆先锋派小说的代表人物，与苏童、格非等人齐名。其作品被翻译成英文、法文、德文、俄文、意大利文、荷兰文、挪威文、韩文、日文等多种语言在世界范围内出版。他的长篇小说力作《活着》和《许三观卖血记》均入选了由百位批评家和文学编辑评选的“90 年代最具有影响力的十部作品”。1998 年获意大利格林扎纳·卡佛文学奖，2002 年获澳大利亚悬念句子文学奖，2004 年获法国文学骑士勋章，其长篇小说《活着》由张艺谋执导拍成电影。

余华的小说充满了血腥，暴力与死亡密不可分。他非常善于以令人恐怖的方式描述死亡的过程。余华就像一个嗜血的艺术家，站在死亡者的身边，细细地鉴赏着走进死亡的每一个细节，于是我们在余华的小说中看到了许许多多的死亡场景，几乎每个人都以死亡为最后的归宿。有人曾对余华的暴力与死亡作品做过统计，大量关于死亡的叙述几乎涵盖死亡的各种形态与各个层面，贯穿于余华所有时期的文本，成了余华小说不变的主题，带有否定一切、怀疑一切的特质。余华曾说："暴力因其形式充满激情，它的力量源自于人内心的渴望，所以它使我心醉神迷。"这种迷恋只能说是一种形式因素，并非他写作的终极目标。他小说中的生活是变态的、扭曲的，小说里的人物与情节都处于非常态、失去理性的真实之中。而这种他所谓的真实，并不是指生活真实，因为他觉得生活真实其实是不存在的，生活是一种真假混合、难以区分的事物，所以余华的创作都是在努力更加接近真实。

余华这种暴力美学的创作倾向和特殊的童年经历是分不开的。余华的父母是医务工作者，他童年的大部分时间都在父母工作的医院四处游走。而在大多数情况下，余华常常一个人来到离家不远的医院太平间，那里的各种血腥场景，对他世界观的形成起到了重要的影响。因此，早期创作中的血腥与暴力是余华对这个世界之本质的基本指认。也由于童年生活的关系，余华常在小说中运用独特的儿童视角，对成人世界、童年记忆和人类生存境遇作了原生态的还原，借助读者对童年美好生活的外部追忆来完成美与丑的对照。余华以一种极端的手法让我们直面人类的生存状态，让人们认识到人的暴力本能这藏于人内心的魔鬼时时刻刻都在威胁着人们的生存，以引起高度的反思与警醒。在余华眼中，由欲望驱动的暴力和现实世界的混乱并未得到认真的审视，所以他坚持以一个艺术家、一个作家对这个社会的良心和责任感来发现生活中的恶，这种暴力书写的目的就在于揭示被掩盖与粉饰的世界的真相。

在小说结构上，余华常采用时间线索来构架全文，他把物理时间转换为心理时间，几个时间交错叙述，把时间进行分裂、错位，呈现出多重象征。在叙述态度上，余华追求罗兰·巴特的"零度写作"，即一种剥离自我的叙述方式。余华的小说几乎不掺杂任何个人的想法，完全是机械地陈述。这并不是缺乏感情，更不是不要感情，相反，他恰恰是将澎湃饱满的感情降至冰点，让理性之花升华。

荐读理由

《在细雨中呼喊》是余华的第一部长篇小说，它以儿童叙述回忆的视角展现了人作为一种生命个体存在的生存境遇。小说对苦难记忆场景的冷静描写，对主人公精神、心理困境的描绘，和对人性、生存、历史的思考等等，可以使人们更加清醒地领悟昨天而体会到存在、生活的真意，从而在面对生存的苦难时能够有一种宽容与抚慰的力量。

这部作品与作者以往的风格不太相同，是余华由冷静、血腥、暴力向温情、和缓、细腻的过渡，已经渐渐流露出的情感体验与他的小说过去所推崇的冰冷是不一样的。但余华讲述的也并非是一个充满阳光和爱的童年经历以及小说是以主人公孙光林的成长经历作为叙述的主线，余华用冷静的、娓娓叙述的笔调讲述他不幸的童年经历以及成长过程中的无助和迷茫，令人在震惊之中有一种沉重的感触。胆小懦弱的主人公孙光林在整个成长过程中，充满了无尽的孤独。童年时期他没有感受到人生的温暖与安全，生活中充斥着辱骂、暴力、恐吓，精神上更没有丝毫的安慰。6 岁时，孙光林被送到外乡给别人当养子，恰恰是这一段时光让孙光林微微体会到安宁和稳定，也有了和朋友们的友情。然而命运再一次将他抛弃了，五年后养父自杀、养母不知去向，茫然无依的他只得再回到曾经的家乡。自此他成了彻底的多余人，他自己也在孤独的指向下越走越远，完完全全成为置身事外的旁观者，自己的两个兄弟也对他冷漠疏远。他逐渐被排斥在整个家庭之外，在孤独和寂寞中成长，以前的生活经历对于成人之后的孙光林来说没有任何快乐的记忆，恐惧、敏感是那时永恒的心灵主题。

余华的叙述在时间的自由穿梭与转换之中，又加入了父辈，包括他的亲生父母以及养父养母、祖父等几代人的生活经历和命运，时间的背景很广阔。在那个年代里，儿童的成长过程严重缺乏爱与温情，社会伦理体系混乱，道德管束无力，充斥着一种无秩序的混乱状态。

这一切又通过儿童视角讲述出来，非常规的阐释与创造使成人世界的黑暗与苦痛得到放大，取得了震撼人心的效果。尤其是对苦难场景的冷静、客观描写，和对主人公精神、心理困境的描绘，更让人觉得残酷、压抑和挣扎。其实从某种意义上说，这是余华借助孙光林的所见所感在历史与记忆的恍惚中完成了一次个人经验的表达。每一个人都是一个复杂而独立的生命形态，都有自身的逻辑命运，这部小说试图传递的信息是人们面对过去比面对未来更有信心。因为未来充满冒险和未知，而过去则已经确定，曾经的惊奇、恐惧将转化成幽默和甜蜜。

与其说《在细雨中呐喊》是余华在写人生的回忆，倒不如说作品本身更有它的现实意义。作者尝试着把根植于人性的恶，无论是那些直露的、隐藏的还是不自知的，一一摆出来，就像小说中巷子里那个牙医把拔出来的牙摆成一排放在桌子上一样，于是人们能够借此看到从自己身体中抽离的恶。所以这本书不仅仅带给读者对生活的悲伤，还能让人在恶的映衬下看到生命中的善，因此在悲凉无奈中也透露出一点柔软，如同飓风过后，一片狼藉残枝，但阳光总会再次温暖地投射在这新生的土地上。

先睹为快

1965年的时候，一个孩子开始了对黑夜不可名状的恐惧。我回想起了那个细雨飘扬的夜晚，当时我已经睡了，我是那么的小巧，就像玩具似的被放在床上。屋檐滴水所显示的，是寂静的存在，我的逐渐入睡，是对雨中水滴的逐渐遗忘。应该是在这时候，在我安全而又平静地进入睡眠时，仿佛呈现出一条幽静的道路，树木和草丛依次闪开。一个女人哭泣般的呼喊声从远处传来，嘶哑的声音在当初寂静无比的黑夜里突然响起，使我此刻回想中的童年的我颤抖不已。

我看到了自己，一个受惊的孩子睁大恐惧的眼睛，他的脸形在黑暗里模糊不清。那个女人的呼喊声持续了很久，我是那么急切和害怕地期待着另一个声音的来到，一个出来回答女人的呼喊，能够平息她哭泣的声音，可是没有出现。现在我能够意识到当初自己惊恐的原因，那就是我一直没有听到一个出来回答的声音，再也没有比孤独的无依无靠的呼喊声更让人战栗了，在雨中空旷的黑夜里。

紧随而来的另一个记忆，是几只白色的羊羔从河边青草上走过来。显然这是对白昼的印象，是对前一个记忆造成的不安进行抚摸。只是我难以确定自己获得这个印象时所处的位置。

可能是几天以后，我似乎听到了回答这个女人呼喊的声音。那时候是傍晚，一场暴雨刚刚过去，天空里的黑云犹如滚滚浓烟。我坐在屋后的池塘旁，在潮湿的景色里，一个陌生的男人向我走来。他穿着一身黑色的衣服，走来时黑衣在阴沉的天空下如旗帜一样飘荡着。正在接近的这个景象，使我心里蓦然重现了那个女人清晰的呼喊声。陌生男人犀利的目光从远处开始，直到走近一直在注视着我。就在我惊恐万分的时候，他转身走上了一条田埂，逐渐离我远去。宽大的黑衣由于风的掀动，发出哗哗的响声。我成年以后回顾往事时，总要长久地停留在这个地方，惊诧自己当初为何会将这哗哗的衣服声响，理解成是对那个女人黑夜雨中呼喊的回答。

我记得这样一个上午，一个清澈透明的上午，我跟在村里几个孩子后面奔跑，脚下是松软的泥土和迎风起舞的青草。阳光那时候似乎更像是温和的颜色涂抹在我们身上，而不是耀眼的光芒。我们奔跑着，像那些河边的羊羔。似乎是跑了很长时间，我们来到了一座破旧的庙宇，我看到了几个巨大的蜘蛛网。

应该是更早一些时候，村里的一个孩子从远处走过来。我至今记得他苍白的脸色，他的嘴唇被风吹得哆哆嗦嗦，他对我们说：

“那边有个死人。”

死人躺在蜘蛛网的下面，我看到了他，就是昨天傍晚向我走来的黑衣男人。虽然我现在努力回想自己当初的心情，可我没有成功。回想中的往事已被抽去了当初的情绪，只剩下了外壳。此刻蕴含其中的情绪是我现在的情绪。陌生男人突然死去的事实，对于6岁的我只能是微微的惊讶，不会出现延伸的感叹。他仰躺在潮湿的泥土上，双目关闭，一副舒适安详的神态。我注意到黑色的衣服上沾满了泥迹，斑斑驳驳就像田埂上那些灰暗的无名之花。我第一次看到了死去的人，看上去他像是睡着的。这是我6岁时的真实感受，原来死去就是睡着了。

此后我是那么地惧怕黑夜，我眼前出现了自己站在村口路上的情景，降临的夜色犹如洪水滚滚而来，将我的眼睛吞没了，也就吞没了一切。很长一段时间里，我躺在黑暗的床上不敢入睡，四周的寂静使我的恐惧无限扩张。我一次次和睡眠搏斗，它强有力的手使劲要把我拉进去，我拼命抵抗。我害怕像陌生男人那样，一旦睡着了就永远不再醒来。可是最后我总是疲惫不堪，无可奈何地掉入了睡眠的宁静之中。当我翌日清晨醒来时，发现自己还活着，看着阳光从门缝里照射进来，我的喜悦使我激动无比，我获得了拯救。

延展阅读

《十八岁出门远行》

这是作者的另一部精品。

这部小说广泛吸取了西方现代化的表现手法，在内容与形式方面都进行了大胆的创新。小说讲述了一个青年在山路上和出故障的卡车司机遭遇当地人抢劫的故事。它的语言非常独特，作者在叙述与描写的时候，注重的不是客观世界的本来面目，而是它们在自己心中的感觉，细腻的个人体验充满了整个小说文本。小说自始至终充满了种种不确定的、令人难以捉摸的情境，而这一切在逻辑上又是准确无误的。故事的多种可能性消解了情节本身的意义，让人感受到一种由悖谬的逻辑关系与清晰准确的行为之间的对立统一所产生的梦幻般的美感。

《他的国》

韩寒 著

因为现实已经那么现实了，我们何苦还那么现实呢？

推荐版本：万卷出版公司（2009 年）

关于作者

韩寒是中国当代一位备受争议的青年作家，1982 年出生于上海市。他在初中时就开始有文章发表，并以体育特长生的身份升入上海市松江二中。高一时，韩寒以《杯中窥人》一文获得第一届“新概念作文大赛”一等奖，随后因为期末考试七门功课不及格而留级，经新闻媒体报道之后引发了社会舆论关于“应试教育”和“素质教育”以及“学校应当培养全才还是专才”等一系列教育问题的激烈讨论。韩寒在第二次因为七门功课不及格而留级之后，主动申请退学。辍学之后，他成为职业作家。

韩寒于 1999 年开始创作他的第一部长篇小说《三重门》，2000 年由作家出版社出版，该书一经出版就引起极大的轰动，至今销量已超过 200 万册。这部小说讲述的是中学生林雨翔厌倦应试教育的故事，少男少女的青春萌动，在这里以桀骜不驯的姿态表现出来，反讽调侃的叙述语气，夹杂着少年老成的玩世不恭和针对成人世界的尖刻，显示出韩寒对同代人生活和心理敏锐的洞察力和精湛的表现力。《三重门》的热销使得“韩寒现象”再次成为社会舆论的焦点话题之一。此后，韩寒又出版了杂文集《零下一度》《通稿2003》《就这么漂来漂去》《可爱的洪水猛兽》《漂移中国》，小说《像少年啦飞驰》《长安乱》《一座城池》《光荣日》《他的国》等文学作品。同时，韩寒还成为一名职业赛车手，并且在2009年成为中国职业赛车史上迄今为止唯一获得过场地赛和拉力赛双料年度总冠军的赛车手。

韩寒于2005年开通博客，该博客如今已成为中国乃至世界上访问量最高的博客之一。2006年3月2日，韩寒针对文学评论家兼书商白烨的一篇题为《“80后”的现状与未来》的博文撰写了一篇题为《文坛是个屁，谁也别装逼》的博文，就白烨提出的“‘80后’写手是否可称为‘作家’”“‘80后’是否已进入文坛”等议题提出不同的见解。韩寒与白烨的论战很快成为网络热点话题，引起广泛的关注与讨论。2006年9月至2007年，韩寒又就中国现代诗歌的优劣问题与一些诗人展开论战。2008年，韩寒的博客开始广泛关注公共事件，就时事热点发表自己的评论。如今，韩寒的博客已经成为全球受众面最广的个人意见发布平台，韩寒也成为中国最具影响力的“公共知识分子”之一。韩寒于2009年当选为《南方周末》年度人物、《新世纪周刊》年度人物、《亚洲周刊》年度风云人物，2010年当选为“全国中小学生最喜爱的当代作家”，入选美国《时代周刊》“全球最具影响力的一百人”。2010年7月，由韩寒出品的杂志《独唱团》第一辑历经波折终于上市。

韩寒的生活经历和文学作品都备受争议。有的人对“韩寒现象”表示不屑，认为韩寒只不过是一个玩世不恭、愤世嫉俗的毛头小子；也有的人对韩寒满怀褒扬和期待，认为韩寒是当今时代的“青年意见领袖”，相信韩寒能成为“下一个鲁迅”。无论如何，以韩寒为代表的“公民写作”，即在博客、微博以及BBS论坛和新闻跟帖中，对突发事件和社会热点畅所欲言、直陈时弊，已经成为当下中国血气蒸腾的一种声音，在中国公民社会的建设进程中发挥着不容忽视的重要作用。

荐读理由

《他的国》出版于2009年，是韩寒最新的一部长篇小说。小说的主人公名叫左小龙，生活在上海郊区一个偏远的小城镇亭林镇。亭林镇是韩寒的故乡，不过小说中的“亭林镇”已经消退了现实的色彩，就如同莫言笔下的“山东高密乡”、苏童笔下的“枫杨树乡”一样，只是作者想象出来的一个虚构世界。小说的叙述从容不迫，与小镇的生活节奏十分吻合，然而，看似随意而平静的叙述语调所展现出的，却是一个荒诞的世界图景。以“文化搭台，经济唱戏”为政策的亭林镇，热衷于招商引资，引来的外地务工人员人数众多，导致本镇居民纷纷失业；引来的工厂污染超标，导致小镇的生物发生变异，老鼠变得像猫一样大，牛长成了大象一般，然而，小镇上的人却并不为此而担忧，反而兴高采烈地开展“生态旅游”，继续推动小镇的“经济崛起”。左小龙生活在亭林镇，见证并参与着这一切，最终以一种荒诞的方式结束了自己的生命。韩寒还在小说中把自己化为荒诞世界的一部分：亭林镇之所以发生物种变异，是因为韩寒作品的出版商路金波的工厂印制韩寒的作品《毒》，产生了严重的环境污染。

关于为什么要表现这种荒诞的主题，韩寒在接受凤凰卫视《非常道》节目的采访时曾作出这样的回应：“因为现实已经那么现实了，我们何苦还那么现实呢？而且在我们国家，你也知道人都很现实，但是都不能说现实，所以你就只能荒诞一点。”的确，《他的国》所展示的小镇世界看似荒诞而畸形，实则却是现实的折射和变形，那些为了政绩而不计环境污染的贪婪官员，那些为了利润而丧失公德心的无良商人，那些为了追逐眼前利益而破坏家园生态的鼠目寸光的居民，以及那些在大楼底下围观左小龙的“不明真相”的群众和一小撮“别有用心”的人，无一不是现实社会中被片面追求经济增长的狭隘观念以及种种人性的劣根挤走良知的各色人物的映照。轻松的语调背后蕴涵着作者沉重的关怀，细细阅读，会发现字里行间密密麻麻地隐藏着韩寒对现实诸多的讽刺与无奈。

韩寒在他的杂文中曾写道："人生的第一次说谎是从上小学时写作文开始的，而说真心话是从上中学时写情书开始的。"当谎言已成为谋生的一种必要手段，当言不由衷成为人在公共领域的一种生存常态，这样的社会现实，无疑是可悲的；而在这样的社会中，一个总是想说、总是要说、总是敢说真话的人，无疑是可贵的。韩寒的魅力，正在于他在一个言论自由尚不充分的语境中，总是以自己的独特方式，诉说着真实的想法，揭露着现实的黑暗。在这个意义上，《他的国》是一个以荒诞的方式反映现实的杰出样本，是一部充满胆识和智慧的勇敢创作。

先睹为快

左小龙骑着他的摩托车绕着亭林镇开了三圈，因为这个下午没有任何事情可以做。昨天他听说燃油将要涨价，于是在加油站加满了汽油，结果今天一看，涨价的是柴油，于是心情有些郁闷。他首先觉得自己是做大事的人，不应该去贪图这些小便宜，这不是他的性格，但是最郁闷的是，既然决定义无反顾地去贪了，结果一如既往地没有贪着。

这个下午阳光高照，这春天让人说不出感觉。一切春天的感觉之所以美好是因为人总是在冬天想得比较多。这台摩托车是左小龙新买来的，他耗费了自己几乎所有的积蓄。这意味着不能摔车，因为没钱维修。但是左小龙从骑摩托车开始到现在从来没有摔过，他天生有强大的平衡能力，除了利弊轻重和人际往来他经常平衡不好外，摩托车和自行车他从来都能完美平衡。但是自行车对他来说太慢了，在他很小的时候，已经开始开摩托，他风雨无阻有事没事都要骑，千里江陵一日还。这台摩托车只开了一年，是因为到里程数报废了。折合下来等于绕了地球好几圈。

他是那么喜欢摩托车，因为他觉得那是男人力量的延伸。我相信如果枪支开放，他一定拥有一支，因为那同样是力量的延伸。可惜的是，不仅枪支不开放，连摩托车都禁了。看来政策的宗旨是为了让男人难以延伸。

这春天的气息浓郁得让摩托车引擎的空燃比都发生了变化。左小龙想找个地方去调整一下他的摩托车，因为没有以前快了。亭林镇是个很小的地方，很迷你，反正就是迷你，不能迷我，所以当地的有为青年都去了大城市里。剩下的都是阿猫阿狗们，不大气，不成大气，不成大气候。

但左小龙觉得，他不能接受大城市，大城市虽然大，但容不下一台摩托车。小地方虽然小，但可以让你随意停。他发现路边新开了一个修车铺，开进去后缓慢放下支脚，环看四周。左手边有一个扳手，长三分米。正对着是一扇窗，窗外是他们的中央院子，院子外面放着柴油桶，可以爬上去然后翻出这个房子，右手边是清洗化油器的汽油，一米外有一包烟和打火机，打火机是有用的，因为桌子上还有个烟屁股。地上插着插座正在烧水，水会在两分钟开。

左小龙暗自想，这环境真是太容易防身了。如果从屋子里出来的是他的仇人，在仇人操家伙前，他可以有扳手防身，如果敌人的家伙比自己的家伙长，那水炉砸过去敌人肯定够呛，屋里的人被制服以后，如果外面涌来他的帮手，左小龙则可以用打火机点燃化油器边的汽油，用扳手砸开窗，跳出去以后顺着柴油桶一蹬，然后柴油桶就倒地，自己则可以翻出围墙，顺利脱身。

真是很安全，在这里没人可以暗算我。左小龙的内心发言道。

延展阅读

《一座城池》

这是作者的另一部精品。

该书是出版于2006年的一部长篇小说，韩寒在这部小说中，以批判性的视角对社会现实给予了犀利的讥讽。“一座城池”可以说是关于当今社会的一个寓言，主人公“我”和几个青少年伙伴，从上海逃到这个城市，却发现并没有逃出原来的社会，到处都是一样的压制和阴暗，到处都依然埋伏着陷阱和丑恶。敲诈勒索、假冒伪劣、围观爆炸的愚昧人群，以权谋私的邪恶警察，一边放着《让世界充满爱》、一边殴打顾客的餐馆，韩寒抓住中国当下社会中比较普遍的黑暗现象加以提炼，揭示出当代生活的某种虚假性。韩寒的语言颇为精到，叙述也相当老练，幽默、反讽等技巧使用得十分圆熟。韩寒的笔如同无形的刀锋，不动声色地剖开社会的界面，在这个截面上，小说夸张而又逼真地勾画着种种现象。读者在韩寒笔锋的引领下，追随着身为“逃犯”的“我们”以底层人的视角透过时代的缺口窥视到游离于现实和怪诞之间的某种真实，那种人们常常会因为习以为常或不敢细想而对其麻木不仁的真实，借由韩寒的笔，读者重新发现了它。

散文、杂文与随笔

SANWEN ZAWEN YU SUIBI

外国

中国

《思想录》

〔法〕帕斯卡尔　著

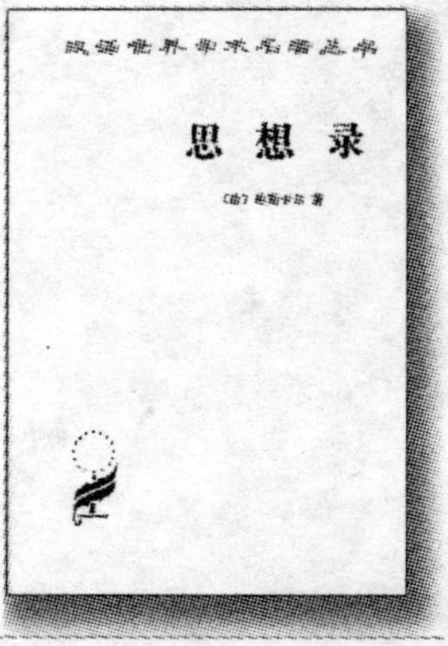

本书以论战的锋芒、思想的深邃以及文笔的流畅而成为世界思想文化史上的经典著作。

推荐版本： 商务印书馆（1997 年）　何兆武译

关于作者

布莱兹·帕斯卡尔（1623—1662），法国 17 世纪天才的物理学家、数学家、哲学家，在理论和实验两方面都为科学的发展作出了突出的贡献，曾有“天才的世纪”之称。几何学上他发现了帕斯卡尔六边形定理、帕斯卡尔三角形；物理学上他发现了气压的帕斯卡尔定理；他还发明了水银气压计、世界上第一台手摇计算机。对科学的狂热使科学家投身事业如同献身上帝一样的虔诚和执著，帕斯卡尔以天才的头脑和旺盛的激情焚膏继晷地进行科学研究，疲惫的生活严重地损害了他的健康。从 18 岁起，他没有一天不在病中，24 岁又曾因中风而瘫痪在床，39 岁便英年早逝。帕斯卡尔从自己的病痛里，看到了人生意义的深处，同时看到了世人的浅薄和愚昧，因此他皈依了宗教，在散文、哲学、宗教上也取得了卓越的成就。

帕斯卡尔因为在病痛中看到了神迹，所以终其一生为信仰辩护，为上帝布道。他最主要的方式是通过对人性的揭示，让世人知道他们是如何地离不开宗教、离不开信仰。帕斯卡尔首先从人与自然的关系入手，来揭示人卑微的地位。在他看来，面向广袤的自然界，人只是自然中的一颗微粒，甚至连微粒也算不上；面向丰富的精神世界和无穷的知识，我们的了解又极其有限，既浅薄又鄙陋。可以说，人类所面对的是两个无穷的世界，两个没有极限的虚无。由于感官本身的局限，我们对事物的认识均只能在一定的限度之内，更不可能于改造世界中有何作为，在大自然面前，人们只能感到恐惧、惊奇和赞美。基于这样的认识，帕斯卡尔对人性和人生的看法是十分悲观的。他曾这样写道："人不外是一个充满错误的主体，假如没有神恩，这些错误就是自然而然而又无法免除的。"在帕斯卡尔的笔下，人只是一个偶然的存在，一个无意义的生物。他们毫无目的地来到这个社会，并随着社会的无序而盲目奔走。在他们的心里，没有最终的生活目的，充斥着烦恼和不安。他们追求虚荣，但一旦有了荣誉，又觉得不过如此；他们想尽办法娱乐，也仅仅是为了发泄内心的焦虑和积郁。这些负面的情绪来源于人类自身，因为人类对幸福的追求没有止境，即便暂时获得幸福，也不会因此而感到满足。欲望膨胀，追求不止，这样一种生活态度势必导致人类始终处在不满的状态，而烦恼也就不可能有片刻的停息。

帕斯卡尔对人性的看法，既得自对人类个体的心性分析，又来源于对社会历史的整体把握。在他看来，人类的自私和贪婪不仅决定了个体对生活的无目的追求，而且决定了整个社会的虚伪、狡诈和无意义生存。正如作者所说："人不外是伪装的，不外是谎言和虚假而已，无论是对自己也好还是对别人也好。"他们既欺骗自己，欺骗上帝，同时也欺骗同类。在他们之中，不仅信仰缺失，就连友谊也是虚伪的。而解决这一切的终极办法唯有净化心灵、皈依宗教，重建一个健全的精神家园，帕斯卡尔为人类的灵魂拯救提供了启示般的指引。

荐读理由

1670年，《思想录》在法国首版。本书以论战的锋芒、思想的深邃以及文笔的流畅而成为世界思想文化史上的经典著作，对后世产生了深远影响，被认为是法国古典散文的奠基之作。它与《蒙田随笔集》《培根人生论》并称为欧洲近代哲理散文三大经典。《思想录》以特有的揭示矛盾的方法，对人作了全面的分析，认为人不能不追求真理却达不到真理；不能不追求善良却达不到善良；不能不追求幸福却达不到幸福。所求的达不到，达到的非所求，这就是人的悲剧。贫困的生活、令人绝望的专制、失意的爱情固然痛苦，但那些人们自以为是幸福的东西其实也是充满了危险和不幸。

在《思想录》里，帕斯卡尔一起笔就对象征着逻辑和理智的"几何学精神"与象征着直觉和非理智的"敏感性精神"作了如下区别：在几何学里，原则都是显而易见的，但却脱离日常生活；而敏感性精神，原则就在日常生活之中，并且就在人人眼前。几何学家的心灵在于以清晰明白的概念对事物的定义，并由之而演绎出众多的逻辑推论。而敏感性心灵所面对的事物错综复杂，不可能将它们简化为几个原理，更不可能予以确切的定义，它需要的是凭着直觉一眼就能判别事物的实质。帕斯卡尔作这样的区分，意在对直觉思维即感性思维的强调，并将其放在科学思维即理性思维之上。

帕斯卡尔认为人文科学要实现其解放应该进行的一种革命，那就是："真正的雄辩会嘲笑雄辩，真正的道德会嘲笑道德，真正的哲学会嘲笑哲学。"帕斯卡尔要嘲笑的哲学，是那些以科学理性为基座并以笛卡尔为代表的一种哲学。他们的理论过分抬高人对自然的认知和改造能力，过分强调人的理性的一面，似乎整个世界包括人类自身都在它所拟定的轨道上机械地行走，没有偶然，没有跳跃，没有人的血肉感性。这是一种乐观主义哲学。它把世界安排得井井有条，并相信凭着几条数学原则便可把整个世界看透。然而在帕斯卡尔看来，类似的豪言壮语只能说明哲学家们的浅薄、无知和狂妄，是人类心智不健全的表征，被他称之为“跛脚的精神”。

《思想录》中另一个著名观点就是“打赌”的逻辑。帕斯卡尔认为相信上帝的精神状态比无神论状态更积极，因为后者的心中空无一物。而对于上帝是否存在，就像是在进行一场赌博，相信上帝存在得到的回报是永恒而无限的快乐，如果认为上帝不存在，尘世的生活就丧失了神圣的满足感，人的心中会充满痛苦。在这样的前提下，怀疑的总比不相信要好，怀疑的结果能够给予人希望。无论上帝存在的可能性多么微小，微弱的光总比彻底的黑暗要好。在这个意义上，从不相信到相信是一种解脱、精神的解放。即使上帝不存在，相信者也并没有真的损失什么，而上帝如果真的存在，相信者就赢得了一切，无神论者则丧失了一切，这也是直觉与非理性的胜利。

《思想录》含有丰富的启蒙意义，从神圣与精神大于世俗的权力出发，在强力、见解、判断、人性等诸多问题上提出了具有永恒价值的政治哲学与伦理学领域的问题。作为一部哲学散文集，它语言优美，具有极强的可读性和启发性。

先睹为快

谁会希望跟一个以这种方式讲话的人作朋友呢？谁会从人群中间挑出他来，好向他倾谈自己的事情呢？谁会在自己的苦痛之中求助于他呢？而且最后，我们又能派定他的一生有什么用处呢？

事实上，有着这样不理智的人作为敌人，才是宗教的光荣；而他们的反对之对宗教的危害又是如此之微不足道，以致它们反而有助于奠定宗教的真理。因为基督教的信仰几乎就仅仅在于确定这两件大事，即人性的腐化和耶稣基督的赎罪。所以我认为：如果他们不是以他们道德的圣洁而有助于显示赎罪的真理，那么至少他们也是出色地在以如此之违反人性的感情而有助于显示人性的腐化。

对于人，没有什么比他自己的状态更为重要的了，没有什么比永恒更能使他惊心动魄的了；因而，如若有人对丧失自己的生存、对沦于永恒悲惨的危险竟漠不关心，那就根本不是自然的了。

他们之为物和其他的一切事物都迥不相同：他们甚至担心着最细微的小事，他们预料着这些小事，他们感觉着这些小事；就是这个人，日日夜夜都在愤怒和绝望之中度过，惟恐丧失一个职位或在想象着对他的荣誉有什么损害，而正是这同一个人明知自己临死就会丧失一切，却毫无不安、毫不动情。

看到在同一颗心里而且就在同一个时间内，既对最微小的事情这样敏感，而对最重大的事情又那样麻木得出奇；这真是一件邪怪的事。这是一种不可思议的玄妙，是一种超自然的迟钝，它标志着，是一种全能的力量造成了这种情况。

人性必定是有着一种奇特的颠倒，才会以处于那种状态为荣，居然会有任何一个人能处于那种状态，看来是无法置信的。然而经验却使我看到了这种人的数量是如此之多，以至于假如我们不知道混在其中的人大部分都是模仿别人而并不是真正那样，这件事的本身就足以令人惊讶不止了。这些人都只是风闻别人说世上最时髦的事就在于这样的行为偏激。这就是他们所谓的摆脱羁绊，他们在极力模仿。然而要使他们理解他们在这样追求别人的尊重时，他们是怎样地在欺骗自己，并不是难事。这决不是博得别人尊重的办法，我甚至在世俗的人们中间也要这样说，——只有他们能健全地判断事物，懂得能以成功的唯一途径就是使自己表现诚恳、忠实、有见识并且能够为自己的朋友效劳而有用，因为人们天然所爱的只是对自己可能有用的东西。现在，我们听说有一个人摆脱了自己的羁绊，他不相信有一个上帝在监视他的行动，他自以为是自己行为的唯一主宰，并且他认为只对自己本人负责；那么这对我们有什么好处呢？

延展阅读

《致外省人书》

这是作者的另一部精品。

1656年初，詹森教派的发源地罗亚尔港处于耶稣会势力的威胁之下，当时耶稣会的影响很大，甚至可左右梵蒂冈教廷。帕斯卡尔为维护詹森教派而加入了论战。他以书信为论文，连续发表集结成《致外省人书》，其中收录的每一封信都是来自生活的思想精华，其优美的文学风格对法国文学产生了持久的影响。帕斯卡尔的实证论创造了一个新型的论辩风格，起笔于读者自身的现实遭遇，以无比的说服力把他或她引向预期的结论，无论是讨论奇迹，还是神的恩泽，甚至是螺线和数学，他都能十分清晰地阐述明白。

《孤独漫步者的遐想》

〔法〕卢梭　著

他一方面不相信人能完全社会化，另一方面又不相信人可以完全回归自然。

推荐版本：

●译林出版社（2006 年）　钱培鑫译

●北京十月文艺出版社（2005 年）　徐继曾译

关于作者

卢梭（1712—1778），法国著名启蒙思想家、哲学家、教育家、文学家，18 世纪法国大革命的思想先驱，启蒙运动最卓越的代表人物之一。他是《百科全书》的撰稿人之一，主要著作有《论人类不平等的起源和基础》《社会契约论》《爱弥儿》《新爱洛伊丝》《忏悔录》等。

卢梭出生于瑞士日内瓦一个钟表匠的家庭，母亲因生他难产去世。卢梭的母亲遗留下不少小说作品，这些作品在卢梭懂事后成为他的启蒙读本。卢梭的父亲嗜好读书，时常为卢梭诵读妻子的小说，有时甚至通宵达旦。可以说，卢梭对文学的热爱与父母的影响密不可分。在家中，卢梭通读了许多使他受益终生的经典著作，他的广泛阅读培养了其对古希腊、罗马英雄的崇拜及其对民主自由精神的追求。父亲的教诲与历史典范的影响，使卢梭深深体会到了自由思想和民主精神的可贵。

与其他启蒙思想家不同，卢梭是一名钟表匠的儿子，从下层社会走进法兰西的思想界。其他启蒙思想家，如孟德斯鸠、伏尔泰、狄德罗等人，都出自上流社会，过着安逸富足的生活。而卢梭当过学徒、仆人、伙计、随从，像乞丐一样进过收容所，在经过长期勤奋的自学和个人奋斗之后，才逐渐步入社会中层，成了音乐教师、秘书、职业作家。这就使他有条件把这个阶层的情绪、愿望和精神带进18世纪的文学。卢梭的第一篇引起全法兰西瞩目的论文《论科学与艺术》中那种敢于反对“人人尊敬的事物”的战斗精神和傲视传统观念的叛逆态度，以及《论人类不平等的起源和基础》和《社会契约论》中对社会不平等和奴役的批判，对平等、自由的歌颂，都是卢梭个人经历的投射。

卢梭认为，一切权利属于人民，政府和官吏是人民委任的，人民有权委任他们，也有权撤换他们，直至消灭奴役压迫人民的统治者。这就是人民主权思想。

在哲学上，卢梭主张感觉是认识的来源，坚持“自然神论”的观点；强调人性本善，信仰高于理性。

在社会观上，卢梭坚持社会契约论，主张建立资产阶级的“理性王国”；主张自由平等，反对大私有制及其压迫；提出“天赋人权说”，反对专制、暴政。

在教育上，他主张教育的目的在于培养自然人；反对封建教育戕害、轻视儿童，要求提高儿童在教育中的地位；主张改革教育内容和方法，顺应儿童的本性，让他们的身心自由发展。

荐读理由

《孤独漫步者的遐想》又译为《漫步遐想录》，是卢梭最后的作品。书中收录了十篇散文，是卢梭在弥留之际与自己灵魂的对话。

在遐想中，卢梭将自己的内心完全坦露。在散文的第一篇中，卢梭用一种“甘于万劫不复的命运”的情绪为自己人生最后的善言奠定了一种冷静的情绪。他觉得世间的一切对他而言都结束了，他不再有邻人、同类、兄弟，自己只是从自己的居处跌至这里，与这个陌生的星球无关。这种虚设仿佛是一种神奇的预言，如同卢梭在《社会契约论》中的拟构，尽管“约”定“俗”成之时卢梭不在现场见证，它却预见了启蒙运动的兴起和法国大革命的成功。卢梭将这十篇散文命名为“梦”实际上是一种“自骗”，绝非真的“甘于命运”，而恰恰是一种不甘的嗟叹。

卢梭的孤独充满着自我心灵肉搏、挣扎的印痕。这十篇散文中的卢梭仍然是充满矛盾的。他真实面对自己的内心，“我见过许多言谈比我更博学的人。他们与他们自己研究的哲学毫无关系。他们研究宇宙，探究他们的排列，是为了向别人显示自己的才学，就像出于好奇而去研究他们偶尔发现的某种机器那样；他们研究人生，是为了夸夸其谈，而不是为了自我的认识；他们专心学习，是为了教育别人，而不是启迪自己的内心……至于我，如果我去学习，那么是为了认识自己，而不是为了教育别人。我一直认为，充分认识自己是教育他人的前提”。

卢梭的孤独来源于他一方面不相信人能完全社会化，另一方面又不相信人可以完全回归自然：他在《论人类不平等的起源和基础》中曾提到，人生来是自由、平等、自足和无偏见的，自然状态下的人没有理性，却幸福和善良；历史让人类进入文明，却也让人不幸和不道德。但是这种矛盾又是真诚的，卢梭从未想要在这最后的文字中为自己辩解，因为他的骄傲，也因为他十分清楚，自己的梦不可能理想地实现。他眼前的门一扇一扇关上，时间关在门外，那些阴谋、诡计、陷阱都匆匆逃离，唯独剩下的依旧是黑暗中的孤独求索。

散文中展露了卢梭推崇感情、赞扬自我、热爱大自然的思想，同时它也凭着自身放出的光耀，照亮了无数在世俗社会中卑污的灵魂。这漫步当然是身体的漫步，卢梭在漫步中品味大自然的美景，采集植物标本；同时也是心灵的漫步，卢梭在其中与自己的心灵亲切交谈，毫无矫饰，从中获得慰藉；它更是文学的漫步，卢梭在这儿不仅创造了“遐想”这种新的文学体裁——散文，更开创了浪漫主义文学的先河。这本小书也成为法兰西最优秀的散文作品。

先睹为快

我在世间就这样孑然一身了，既无兄弟，又无邻人，既无朋友，也无可去的社交圈子。最愿跟人交往，最有爱人之心的人竟在人们的一致同意下遭到排挤。他们以无所不用其极的仇恨去探索怎样才能最残酷地折磨我这颗多愁善感的心，因此把我跟他们之间的一切联系都粗暴地斩断了。尽管如此，我原本还是会爱他们的，我觉得，只要他们还是一个人，他们是不会拒绝我对他们的感情的。然而他们终于在我心目中成了陌生人，成了从未相识的人，成了无足轻重的人，因为这是他们自己的本愿。而我脱离了他们，脱离了一切，我自己又成了怎样一个人了呢？这就有待于我去探索了。不幸，要进行这样的探索，我就不能不对我的处境先作一番回顾：我必须通过这番思索，才能从他们转为谈我自己。

十五六年以来，我一直处在这样一种奇怪的景况中，依然觉得这仿佛是春梦一场。我总想象我是受着消化不良的折磨，老是在做着噩梦，总想象我就要摆脱一切痛苦，醒来时可以跟我的朋友们重新欢聚一堂。是的，毫无疑问，我一定是在不知不觉之中，从清醒转入沉睡，或者，说得更确切些，从生转入死。我也不知怎样被排除于事物的正常秩序之外，眼看自己被投入无法理解的混沌之中，现在还是什么也看不清。我越是对我当前的处境进行思考，越是不明白我现在置身何处。

延展阅读

《社会契约论》

这是作者的另一部精品。

又译《民约论》，是卢梭于1762年写的作品。该书分为四卷，分别论述了：社会结构和社会契约、主权及其权利、政府及其运作形式以及讨论几种社会组织。

卢梭相信，一个理想的社会建立于人与人之间而非人与政府之间的契约关系。与约翰·洛克一样，卢梭认为政府的权力来自被统治者的认可。卢梭声称，一个完美的社会是为人民的“公共意志”所控制的，虽然他没有定义如何达成这个目标，但他建议由公民团体组成的代议机构作为立法者，通过讨论来产生公共意志。

社会契约论的主要表述是探究是否存在合法的政治权威，“人是生而自由的，但却无往不在枷锁之中”。他所说的政治权威在我们的自然状态中并不存在，所以我们需要一个社会契约。在社会契约中，每个人都放弃天然自由，而获取契约自由；在参与政治的过程中，只有每个人同等地放弃全部天然自由，转让给整个集体，人类才能得到平等的契约自由。

虽然卢梭喜爱仁君胜过其他的政府形式，但对此他表达得含糊其辞。他阐明政府必须分成三个部分：主权者代表公共意志，这个意志必须有益于全社会；由主权者授权的行政官员来实现这一意志；最后，必须有形成这一意志的公民群体。他相信，国家应保持较小的规模，把更多的权利留给人民，让政府更有效率。人民应该在政府中承担活跃的角色。人民根据个人意志投票产生公共意志。如果主权者走向公共意志的反面，那么社会契约就遭到破坏；人民有权决定和变更政府形式和执政者的权力，包括用起义的手段推翻违反契约的统治者。

《社会契约论》中主权在民的思想，是现代民主制度的基石，深刻地影响了逐步废除欧洲君主绝对权力的运动，以及18世纪末北美殖民地摆脱英帝国统治、建立民主制度的斗争。美国的《独立宣言》和法国的《人权宣言》及两国的宪法均体现了《社会契约论》的民主思想。

《爱默生随笔》

〔美〕爱默生　著

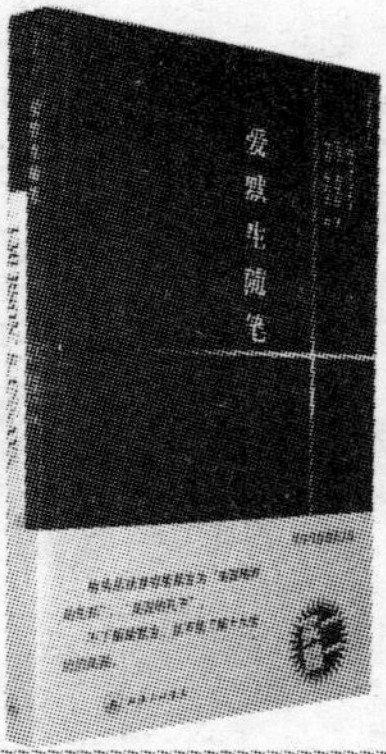

深邃的思想给人以力量，文笔凝练机警又不失幽默。

推荐版本：上海三联书店（2008 年）　朱红杰、李敏译

关于作者

爱默生（1803—1882），美国著名的散文家、思想家、诗人。他的作品不但在美国本土传诵一时，成为其民主、自由传统的一部分，而且已经成为世界性的文化遗产，融入人类不自觉的思想背景之中。他用爱憎分明的态度来审视人生，对于现代社会的丑恶感到出奇的愤怒，笔触间可见世道人心。

爱默生出生于马萨诸塞州波士顿附近康考德村的一个牧师家庭。在他不到 8 岁时，父亲就去世了，由母亲和姑母抚养长大。1812 年，他被送到了波士顿拉丁学校就读。1817 年 10 月，他入读哈佛大学并且被任命为新生代表，这一年爱默生只有 14 岁。在校期间，他阅读了大量英国浪漫主义作家的作品，丰富了思想，开阔了视野。1832 年，爱默生到欧洲各国游历，结识了浪漫主义先驱华兹华斯和柯尔律治等人，他们的先验论思想对爱默生思想体系的形成产生了很大影响。这段经历也被他记载在《英国人的性格》（1856）中。从欧洲回到波士顿后，爱默生在康考德一带从事布道，发表了很多接近于亚里士多德学派风

格的演说，重要演讲稿有《历史的哲学》《人类文化》《目前时代》等。爱默生还经常和他的朋友梭罗、霍桑、阿尔柯、玛格利特等人举行小型聚会，探讨神学、哲学和社会学问题，并创立了“超验主义俱乐部”。

1840 年爱默生担任超验主义刊物《日晷》的主编，进一步宣扬超验主义思想。后来他把自己的演讲汇编成书，这就是著名的《论文集》。《论文集》第一集于 1841 年发表，包括《论自然》《论超灵》《论补偿》《论友谊》等 12 篇论文。1844 年，《论文集》第二集也出版了，这部著作为爱默生赢得了巨大的声誉，他的思想被称为超验主义的核心，他本人也被誉为“美国的文艺复兴领袖”。1847 年和 1867 年，他又分别出版了两册《诗集》，此外，爱默生的代表作品还有《代表人物》（1850）、《英国人的性格》（1856）等，其中大多是散文随笔。其诗歌、散文都颇具特色，有人评价爱默生的文字时曾说：“爱默生似乎只写警句。”他的散文随笔思辨性非常突出，常常以深邃的思想给人以震撼的力量；其内容也非常广泛，时而纵观历史，时而剖析人生，纵横捭阖，既深刻又气度非凡。其文笔凝练机警又不失幽默，犹如格言，使得要表达的内容能够深入浅出，形成典型的“爱默生风格”。有人说，他的文字所透出的气质“既充满专制式的不容置疑，又具有开放式的民主精神；既有贵族式的傲慢，更具有平民式的直接；既清晰易懂，又常常夹杂着某种神秘主义……”

爱默生的散文随笔，可以说是美国散文史上的一个里程碑。他本人也被尊为近代“美国文艺复兴”的旗手，在 19 世纪美国思想史和文学史上占有十分重要的地位，并对美国民族文学产生了深远的影响，与其同时代的作家梭罗、惠特曼和后来的作家艾米莉 · 狄金森和弗罗斯特等人都受其影响很大。

荐读理由

本书收录了《论自然》《论自助》《论爱情》《论礼物》《论友谊》《论圆》《论美国学者》《论美》《论历史》等爱默生随笔中的代表作，集中反映了他的文艺思想和哲学思想。

《论自然》被称为美国超验主义的宣言，是超验主义理论的渊薮，爱默生也凭此文奠定了超验主义领军人物的地位。超验主义发源于单一神教，同时又接受了浪漫主义的影响，强调人本主义哲学思想，反对权威，主张个性解放，打破神学和教会的宗教束缚，认为人能超越感觉和理性直接认识真理，强调知觉的力量，认为自然界中的一切事物都是精神的象征。

《论自然》集超验主义思想之大成，爱默生在开篇写道："我们为什么不可以也跟宇宙建立一种直接的关系呢？为什么不能有一种凭直觉而不是依靠传统的诗歌与哲学？为什么不能有一种不是依据他们的历史传统而是直接启示我们的宗教呢？"连续三个语气强烈的反问以全新的独立眼光来看待自然界。随后，他用优美的文字阐述了大自然的丰富意蕴。作者眼中的自然界其实是人的精神化身。爱默生认为人只有在孤身独处时才能发展各种内在的天赋，而"为了寻得孤身独处，人有必要走出书斋，退出社会，回归自然"。所以他主张归隐田园，修身养性。同时爱默生又写道，"自然界即外界多种事物给予的完整的印象"，表明了他将纷繁的世界看做有机整体的浪漫主义自然观。接下来作者强调了人与自然界的和谐一致，这也是爱默生浪漫主义思想的主体。在他看来，精神渗透人的心灵和自然界，物质为精神之象征。世界万物有其表状，也有其内涵。宇宙间存在着一种无所不容、无所不在、扬善抑恶的力量，他称之为上帝或超灵。超灵为人所共用，每个人的思想都存在于超灵中，人以直觉观能同他交流。爱默生赞美人的发展潜力无限，推崇人的至高无上，提出"人就是一切，世界为人而存在，人决定自己的命运，人要自信、自尊、自助”。这是对美国资本主义上升时期拜金主义的否定。

爱默生的另一名篇《论自助》现在仍是美国文学中经常被引用的作品。其基本思想内容在于每个人都应该依赖于自己的心灵感悟，都应该自助。在《论自助》中作者认为，每一个人在自己的天性中都存在着“神性”，因此有能力不借助中介与自然直接沟通。借助于道德情操的直觉，每个人都可以凭自身的努力感受到最高的真理，这种观念实际上是在反抗英国教会这一精神权威对新大陆居民的思想控制。他还提到要通过人与自然的直接接触来摆脱外界的帮助，让造物主进驻到人们的心中。他在《论美国学者》中也说道：“奔向生活的千万民众绝不能永远靠外国宴席上的残羹冷炙来喂养。”这种对自助自立精神的倡导，在独立后相当长时间内为美国脱离英国束缚、发展自身文化起到了积极的影响。爱默生对人类精神性的推崇，对独立之人格的赞美，打破了物质世界、感性世界及经验世界的种种限制。它的文章让人理解生活是为了发掘自我、表达自我、充实自我。这种人本主义思想和自立精神就像指南针一样，为人类的灵魂指引正确的航向。

先睹为快

一个人只有摆脱了一切外援，独立于天地之间，我才会看到他的强大与成功。他旗下每增加一名新兵，他就变得虚弱些，难道一个人还不如一座城？别有求于人，在千变万化之中，只要你立稳了台柱，不久就一定有人出现支持你周围的一切。谁如果知道力量是与生俱来的，知道他的软弱是因为他从自身之外别的地方寻求善，有了这种领悟，谁就会毫不质疑地依赖自己的思想，立即纠正自己，挺身而立，驾驭自己的躯体，创造奇迹；恰如一个靠双足站立比一个用头倒立的人有力一样。

前些日子我读了一位著名画家的诗作，这是些独特而且不落俗套的作品。在这种诗句中，不论其主题是什么，心灵总能听到某种告诫。诗句中所注入的感情比它们所包含的思想内容更可贵。相信你自己的思想，相信凡是对你心灵来说是真实的，对所有其他人也是真实的——这就是天才。披露蛰伏在你内心的信念，它便具有普遍的意义；因为最内在的终将成为最外在的——我们最初的想法终将在上帝最后审判日的喇叭声中得到响应。尽管心灵的声音对每一个人来说都是熟悉的，但是我们认为，摩西、柏拉图和弥尔顿最了不起的功绩是他们蔑视书本和传统，他们论及的不是人们想到的，而是他们自己的思想。人应当学会的是捕捉、观察发自内心的闪光，而不是诗人和伟人们的圣光。但是，人们却不加思索地抛弃自己的思想，就因为那是自己的思想。在每一部天才的作品中，我们都可以找到我们自己抛弃了的那些思想：它们带着某种陌生的尊严回到我们这儿来。伟大的艺术作品给我们最深刻的教诲就是，要以最平和而又最执著的态度遵从内心自然而然产生的念头，即使与其相应的看法正甚嚣尘上。否则，明天某个人便将俨然以一位权威的口吻高谈那些同我们曾经想到、感受到的一模一样的想法，而我们却只好惭愧地从他人手中接受我们自己的想法。

每个人在受教育过程中，总有一天会认识到：妒忌是无知，模仿是自杀。不论好歹，每个人都必须接受属于他的那一份，广阔的世界里虽然充满了珍馐美味，但是只有从给予他去耕耘的那一片土地里，通过辛勤劳动收获的谷物才富有营养。赋予他体内的力量，实质上是新生的力量。只有他自己才知道他能干什么，而且他也只有在尝试之后才能知晓。一张面孔、一个人物、一桩事情在他心中留下了印象，而其他的则不然。这并不是无缘无故的。这记忆中的塑像并非全无先验的和谐。眼睛被置于某束光线将射到的地方，这样它才可能感知到那束光线。大胆让他直抒自己的全部信念吧。我们对自己总是遮遮掩掩，对我们每个人所代表的神圣意念感到羞愧。我们完全可以视这意念为与我们相称、而又有益的意念，所以，应当忠实地宣扬它。不过，上帝是不会向懦夫揭示他的杰作的，只有神圣的人，才能展示神圣的事物。当一个人将身心倾注到工作中，并且竭尽了全力的时候，他就得到了解脱和欢乐。否则，他将为自己的言行忐忑不安，得到的是没有解脱的解脱。在其间，他为自己的天赋所抛弃，没有灵感与他为友，没有发明，也没有希望。

延展阅读

《代表人物》

这是作者的另一部精品。

本书辑录了作者对一批人类文明进程中的代表人物的研究体会，包括柏拉图、蒙田、莎士比亚、拿破仑等等。爱默生结合美国历史与文化的发展，分析了九位伟人与人类自身进步不可或缺的关系。同时，作者认为学习他们的经验、借鉴他们的教训，对现代人摆正在历史中的位置、对一个民族保持开放的胸襟、促进文明的发展和活力至关重要。这虽是对美国民众而言，但无疑有着更普遍的意义。

《舞者之歌：邓肯自传》

〔美〕伊莎多拉·邓肯　著

邓肯是一位纯粹的理想主义者。作为20世纪最富传奇色彩的女性、反对传统舞蹈和传统婚姻的前卫人物，无论生活和事业，她只听从内心的召唤。

推荐版本：上海远东出版社（2005年）　叶肯昕、陈静芳译

关于作者

她天生拥有为舞蹈而生的思想，没有上过一天舞蹈学校，从6岁起就在家中开办舞蹈班，以自由与灵魂之舞反抗虚伪社会。作为20世纪最富传奇色彩的女性、反对传统舞蹈和传统婚姻的前卫人物，直至今天，她依然被很多人记着。她就是“现代舞之母”——伊莎多拉·邓肯。

1877年，邓肯诞生于美国圣弗朗西斯科的一个平民之家。她的母亲是一名音乐教师，带给了她音乐和舞蹈的天赋。她认为当时盛行的芭蕾舞是刻板做作的，不符合人类的天性。为了实现自己的舞蹈理想，她首先抛弃了当时舞蹈界必备的古典芭蕾束胸衣和足尖鞋，薄衣赤足起舞，使舞蹈回归到纯粹自由的境界。她这种革命性的舞蹈思想，轰动了20世纪初的欧美舞台。

邓肯是一位纯粹的理想主义者。无论生活和事业，她都只听从内心的召唤。在美国，有媒体攻击她的“赤足”“裸腿”行为，认为有伤风化，甚至把一套黑礼服寄给她……在巴黎，许多大剧院老板高价

邀其演出，条件是须用他们选定的服装，都被邓肯拒绝了。她预言："不久你们会看见所有的送花仙子都会与我的服装相同!"果然，这话很快应验了，许多花店的送花女纷纷效仿起邓肯的衣束，且生意兴隆，因为人们发现：那不是丑，而是天然的美、自由的美!

桀骜不驯、特立独行的个性也使邓肯的经历跌宕起伏：她新创的舞蹈方式大受欢迎，敢于追求爱情但又拒绝婚姻的枷锁、拥有两名非婚生儿女……邓肯一生的际遇，本身就是以女性的自我觉醒为音乐跳出的一段现代舞蹈。赤足裸腿曾为她赢得"圣洁的伊莎多拉"的美名；恋爱绯闻、同居生子、对苏联政府的同情，也给她带来不少骂名。然而，最令邓肯痛苦的，不是艺术上的瓶颈，不是爱情上的挫折，不是金钱上的困境，而是她的孩子们的早夭。孩子们给她带来的欢乐远比艺术多。但当她满怀希望，想把他们培养成未来的舞蹈大师或者音乐大师时，残酷的命运却将他们带走了。

1920 年，邓肯去苏联时认识了一个俄罗斯的天才诗人叶赛宁，他俩相差 17 岁，但这并不妨碍他们相爱。一向蔑视婚姻的邓肯和他结婚了，然而由于争吵、不合最终使两个人分道扬镳。1925 年 12 月 28 日凌晨，叶赛宁在他和邓肯一起住过的一个旅馆房间里自杀身亡。那年，他刚满 30 岁。

就这样，在起起落落、吵吵嚷嚷的人生大戏中，邓肯越来越伤心，终日沉浸于酗酒狂欢之中。1927 年 9 月 14 日，在坐车时，她被卷进轮胎的丝巾勒死，以如此戏剧性的方式结束了她惊世骇俗的一生。

据说，她死前的最后一句话是：

"朋友们，再见了，我将走向光荣。"

荐读理由

真实地记录个人生命的历程，就是在创作一部伟大的作品。虽然如此，却少有人胆敢真实地描述自己的人生。

——《邓肯自传·前言》

林语堂读完《邓肯自传》后，喟叹道：“她不仅是20世纪以来第一位跳舞艺术家，而且是一位光明磊落、人格伟大的奇女子，一位愤世嫉俗、抱有大志的革命者，更是一位极富情感、灵动颖悟、深好文学思想的艺术女神！”

这本自传具备一流诗歌的语言、优秀小说的叙事能力、女艺术家独有的才情、纯真的大自然般的人性和赤裸的坦白勇气……无论生命体验还是艺术见解，邓肯的感觉都好极了，比作家和诗人的还要好。

伊莎多拉·邓肯，20世纪初风靡欧美的现代舞者，自幼家境清贫，却勤奋好学，倾心于音乐、舞蹈和文学，尤其对古希腊艺术神往不已。她酷爱大自然，留意从自然界的和谐律动中汲取创作灵感，比如鸟儿怎么翱翔、蝴蝶如何翩舞、风儿怎样吹拂枝条、湖面如何荡起涟漪……她说：“我的舞蹈是我的生来之物，是出自天然的……”“真正的舞蹈是一种恬静的表现，它受制于内心情感的深层节奏。”她主张现代舞应向古希腊体育精神学习，着重表现生命高涨的美和力，展示人体的活性、激情、本能和天赋。她认为解放人的精神应先从解放肉体开始，应打破传统习俗对躯体的禁锢，一个人只有身体自由了，灵魂才可能自由……她大胆地简化服装，用一种透明纱衣取代旧的束腰短裙，她说：“裸体的人身是如何美丽洁雅，如果每个人都有洁雅的心地。相反，过度的掩饰倒是一种丑行……”她反对那种忸怩作态的商业表演，提倡艺术要将个人真实的灵魂淋漓地张扬、抖落出来……林语堂赞道：“最近50年欧洲艺术舞之产生，实由邓肯一人的魅力提携而来。”邓肯是用灵魂和诗歌跳舞的人，而她的人生、她的爱情，也如舞蹈般绚烂而忧伤。邓肯完成的是一次将音乐、诗歌、身体、社会理想和艺术哲学交融在一起的创举。

在《邓肯自传》题记中，她写道：“我追求的全部就是要使生命变成舞蹈，使重浊的变为轻盈，让灵魂化作飞鸟，冲上云霄……”

自传还没写完，邓肯就意外地被柔软的丝巾勒死……这真是不可思议的结局。天主用最美丽的方式带走了她，而芸芸众生也许会在某一个时刻，遇到她的文字，感受到内心中埋藏已久的灵魂——我的爱，我的自由……

先睹为快

我日以继夜待在工作室，企图通过身体的律动，表现出人类精神的神圣性。有时我会静静地站立好几个小时，两手交叠在胸前，贴住心窝。我的母亲看见我如此长时间纹丝不动地站着，好像进入失神状态，往往会变得很紧张。但我正在探索（而且最终我也发现）所有动作的主要泉源、原动力、各种不同动作所源自的中心、舞蹈创作的镜影，也就是从这个发现，产生了我日后创办学校的舞蹈理论。芭蕾舞学校教导学生，这种泉源来自于以脊椎为基础的背部主轴，“从这支主轴”，芭蕾舞老师说，“手臂、腿和躯干必须自由活动。”结果使舞者形同一具傀儡。这个方式产生了机械化的动作，配不上崇高的灵魂。相对的，我则是在找寻精神表现的来源，将之注入于全身，使之充满动人的光辉——这离心力反射出灵魂的影像。数月后，当我已学会将我所有的力量集中于此一泉源时，我发现此后只要我一听到音乐，则音乐的声波及频率便会流泻于我体内光辉的泉源中，它们自己会反射出心灵的影像，不是大脑的镜像，而是灵魂的影像，我便可以用舞蹈将它们表现出来。我常试图对其他艺术家解释我的艺术首要的基础理论。斯坦尼斯拉夫斯基曾在他的著作《我的艺术生活》中，提及我曾告诉他的这个理论。

这似乎很难以文字言说，但是当我在课堂上，对着所有学生，甚至是年纪最小、资质最差的孩子说：“用你的心灵倾听音乐。当你用心倾听时，难道没有感觉到内心深处的自我正在觉醒，藉由其力量，你难道没有感觉到你已抬起头，提起手臂，缓缓走向光明?”他们全都明了。我认为这种觉醒是舞蹈的第一步。

甚至当这些年纪最小的孩子们明白之后，就连他们走路或进行一切的活动，都保有一种灵性的力量与优雅，那并不是与生俱来存在于肢体的活动之中，或来自脑部的创造。这就是为什么我学校里年纪相当小的孩子们，出现在特罗卡第罗或大都会歌剧院面对广大的观众时，能像磁铁般吸引观众的注意的原因，而这通常只有非常伟大的艺术家才拥有这般的魅力。但是当这些孩子较大以后，物质文明的交互影响便将这种力量从他们身上夺走了，于是他们丧失了他们的灵感。

我童年及年轻时的特殊环境，造就我将这种力量发展得很好，而在我人生中不同时期的历练，使我能够不受外在因素的影响，独自沐浴在这种力量之中。所以，在我相当可怜地努力想获得世俗的情爱之后，我有了突然的转变，并重回到这股力量之中。

之后，当安德烈腼腆而表示歉意地对自己的行为作出说明时，我花了好几个钟头，滔滔不绝地对他谈论舞蹈艺术及我理想中的新学校，而且我必须说，他似乎从未感觉无聊或厌烦，反而以极亲切的耐心和同情心，听我为他解说我所发现的每一个动作。我还梦想从第一个动作，不假思索地衍生出一系列动作，即第一个动作自然的反射。我已将这动作就几个主题发展出不同的变化——诸如第一个动作是恐惧，接着是原本哀伤情绪产生的自然反应，这股哀伤的情绪会引发哀悼之舞或一个爱的动作；这个动作的开展就像花瓣绽开，此时舞者会表现出香气飘扬的动作。

延展阅读

《欧姬芙——美国女画家传奇的一生》

欧姬芙（1887—1986），20 世纪美国最著名的女画家，美国艺术史上第一位开画展的女画家。她大半生在新墨西哥州的沙漠中隐居度过，从 31 岁成为职业画家起，一直画到生命的终点。然而世间关于她的爱情、她的言行、她的画却纷纷扬扬传出许多神秘的传说。作者霍格瑞夫以精致的文笔，为读者描绘了独一无二的欧姬芙如画一般的人生。

《说吧，记忆》

〔美〕弗拉基米尔·纳博科夫 著

由精微细节和油画般的摹写构成的时光之链，一个杰出的小说家和文体家的抒情回忆。

推荐版本：上海译文出版社（2009 年） 王家湘译

关于作者

弗拉基米尔·纳博科夫（1899—1977），俄裔美国小说家、诗人、文学批评家、翻译家，1973 年因其终身成就被美国授予国家文学金奖。他的一生传奇色彩颇浓：1899 年出生于俄国圣彼得堡的一个贵族家庭，1917 年的革命使他家失去了一切财产；父亲带着他流亡欧洲 20 年；1940 年因为妻子薇拉的犹太人身份，为躲避纳粹迫害而移民美国；在美国因《洛丽塔》的发表而名利双收，随后带着写书赚来的财富回到了欧洲，和妻子住在瑞士一家五星级宾馆直到去世。

作为一个移民作家，纳博科夫将欧洲贵族趣味与传统修养带进美国文化，同时又持有深刻而世故的批判与讽刺眼光，这使得他的作品具有特殊的文化品味。他的成名作《洛丽塔》成功地将大众文化与经典题材嫁接到一起，以荒唐的喜剧形式反映精神流亡者在物质丰裕、人欲横流的美国生活中的遭遇。纳博科夫用俄文写了大量的文学作品，译成英文的就有 20 多个短篇和 9 部长篇小说。他用英语写了 6 部长篇小说，除成名作《洛丽塔》外，还有《普宁》《微暗的火》《阿达》

《文学讲稿》和自传《说吧，记忆》等。

纳博科夫是一个十分有个性的作家，他曾侨居柏林15年，却声称不曾读过卡夫卡的作品，德语水平只限于在超市买香肠。对一个能够用俄、英、法三种语言自由写作的语言天才来说，这实在令人难以置信。还有，他十分眷恋自己的故土，称自己是一个“俄罗斯作家”。他在《说吧，记忆》里说，为了保证自己从俄国抢救出来的最后财富——俄语——不流失，在剑桥，他如教徒抄经一般每天抄写俄语词典；在柏林，他拒绝学习德语——那种“难听的语言”。成名后，旅居瑞士的纳博科夫陆续将前半生的俄语作品译成英文，将后半生的英文作品译成俄语。直到他辞世后，俄罗斯才首次出版了他的作品，那些指责他“毫无俄罗斯骨血”的批评家们开始用“浸透着俄罗斯骨血的一生”为他定名。

从1940年到1959年，纳博科夫先后在斯坦福大学、韦尔斯利学院、康奈尔大学、哈佛大学讲授俄罗斯和欧洲文学以及文学创作。他对学生的苛刻是有名的，上课的时候——“座位都已经派了号，不再更换。不准说话，不准吸烟，不准编织，不准读报，也不要睡觉，看在上帝的份上，请记笔记”。考试的时候——“一副清醒的头脑，一份试卷，加上墨水和思考，简写熟悉的姓名，例如包法利夫人。不要用修辞掩饰无知。除非有医生的证明，否则任何人也不得上厕所”。而且，据说他的课程并不是“讲”的，而是“念”的，用他俄语腔的英语，一字一句念他的备课笔记。

纳博科夫是一名严谨至极的作者，在表述自己的观点与意见时，运思选材，遣词造句，都尽可能使其能稳妥地支撑其观点。京剧艺术大师梅兰芳之子、著名翻译家梅绍武生前谈及翻译纳博科夫作品时说：“纳博科夫好用生僻的古典字，一般字典上找不到，翻译他的书得备一本《韦伯斯特国际大词典》。他的文笔十分晦涩，就像一位西方评论家说的那样，头一遍让你云里雾里，第二遍理出些头绪，第三遍才能茅塞顿开，发现其中阳光灿烂无比。”

那么，在纳博科夫锐利的眼光下，怎么样才能算是一个合格的读书人呢？纳博科夫的答案是：要有不掺杂个人感情的想象力和艺术审美趣味。

纳博科夫除了是一位伟大的小说家之外，也是一名出色的昆虫学家(所以他在《变形记》中分析甲壳虫得心应手)。在昆虫学界，他是世界上最有名的鳞翅昆虫学家之一，他对蝴蝶的迷恋和研究绝不次于他的文学事业。他在20世纪40年代曾经负责哈佛大学比较动物学鳞翅目昆虫研究项目，其间所写的论文赢得了同行的尊敬。从20世纪80年代末起，科学家们开始重新考察他的昆虫研究论著，不断重估它的价值。

荐读理由

纳博科夫是20世纪最重要的移民作家之一，许多人从他的小说中了解到其长期流亡异国的经历。他的自传《说吧，记忆》是一本回忆集，由纳博科夫以前发表在《大西洋月刊》《纽约客》《党人评论》和《哈珀杂志》等著名刊物上的互有联系的15篇文章构成。

这些文章的时间跨越37个年头，文中叙述的地点也经常改变，从圣彼得堡到法国海滨城市圣纳泽尔，又从巴黎到美国，分别写到他的父母、兄长、姐妹等家族人物，也涉及不少与他们相关的重大历史事件。对于自己的家庭，纳博科夫在书中没有作太多的描述，但在情感方面，作者在他的妻子薇拉身上不惜笔墨，还用很大的篇幅描写了他年轻时的一段恋情。

纳博科夫所生活的时代，正是被人津津乐道的俄国文学史上的“白银时代”，阿赫玛托娃、茨维塔耶娃、普宁、曼德里施塔姆、布罗茨基等文学名家，在纳博科夫的笔下熠熠生辉：优雅精细的贵族家庭教育，爱好艺术而藏书万卷的父母，从中可以窥见俄罗斯深邃悠远的文化传承。作家在回忆中注入了对童年以及童话般的俄罗斯的深切怀念。风景如画的维拉庄园，飘雪的圣彼得堡，清澈纯净的夏日苍穹，隐蔽着美丽蝴蝶和各种奇妙生物的乡野山林，这些童年时期的自由成长之地，连同记忆中的初恋和纯真的俄罗斯少女，都被纳博科夫深深铭记，它们像普鲁斯特的玛德琳娜点心和蝴蝶美丽的鳞翅一样，只要轻轻一瞥，就能将沉淀在记忆深处的往昔唤起。纳博科夫说："生动地追忆往昔生活的残留片段似乎是我毕生怀着最大的热情来从事的一件事。"这部集子初版叫做《确证》——"是我确实存在过的确证"，所以那些失去的亲人、楼宇、庄园、地位、珠宝、藏书和爱情，在作者的文字中获得了另一种生命。

作为20世纪公认的杰出小说家和文体家，纳博科夫的语言有着明澈清晰的独特韵味。他没有遵循西方忏悔式传记的书写传统，而是在书中发挥自己独特的想象力，把他的经历与回忆中产生的一些想象巧妙地糅合在一起。他对往昔的回忆并非是兴之所随，而是有着精确的细节探索和细致如工笔油画般的摹写。与其说这是原生态的记忆片段，不如说它是经过作家打磨的精致的时光之链。也有人认为，这本自传是解读他的小说的绝好密码，因为回忆本身即是幻想和现实之间的某种隐蔽的桥梁。

先睹为快

摇篮在一道深渊上晃动，而常识告诉我们，我们的存在只是一道短暂的光缝，介于两片黑暗的永恒之间。尽管两者是相似的双胞胎，人看出生以前的深渊，通常比看他（以每小时大约四千五百下心跳）前往的那个更镇静一些。然而，我知道有一位年轻的时间恐怖症患者，在第一次观看他出生前几个星期拍摄的家庭电影时，经历过某种类似恐惧的心情。他看到一个几乎毫无变化的世界——同样的房子，同样的人——于是他认识到他根本就没有存在于此，也没有人会为他的缺席而悲伤。他望见他母亲在一扇窗口里挥手，那陌生的动作令他不安，仿佛是某种神秘的告别。但尤其使他害怕的是看见一辆崭新的婴儿车停在门洞那里，带有一具棺材自满的、侵犯的气氛；甚至那也是空的，好像在相反的事件过程里，正是他已经粉身碎骨。

这样的幻想，年轻人并不陌生。或者，换一种说法，最初与最后的事物经常倾向于拥有一种青春期的特征——除非，有可能，它们为一种可敬而严格的宗教所指引。自然期望一个发育完全的人接受两个黑色的虚空，前面的与后面的，像他接受两者之间的奇异梦境一样若无其事。想象，永生者与不成熟者的至高乐趣，应当受到限制。为了享用生命，我们不应当过多地享用它。

我反抗事物的这种状况，我感到了这一冲动，要把我的反抗释放出来，警戒自然。一次又一次，我的头脑作出了巨大的努力，来辨认我的生命两端非个人的黑暗中最微弱的个人的闪光。黑暗仅仅是那道时间之墙造成的，它把我和我青肿的拳头与一个没有时间的自由世界分隔开来，这是我乐于同浑身涂抹得俗丽之极的野蛮人共有的一个信条。我曾在思想中返回——我返回时思想毫无希望地越来越窄——到遥远的地带，在那里摸索某个秘密的出口，最终仅仅发现时间的监狱是环形的并且没有出路。除了自杀，我什么都试过。我曾脱去我的身份，以便把自己当作一个司空见惯的幽灵，并潜入我出生之前即已存在的国度。我曾在心中忍受过维多利亚时代女小说家和退休中尉的自暴自弃的陪伴，他们记得前生曾经是罗马大道上的奴隶信使或是拉萨柳树下的先知。我曾经翻乱了我最陈旧的梦境，寻找钥匙和线团——同时我要说我彻底抛弃了弗洛伊德的那个粗俗、杂乱、根本上属于中世纪的世界，还有它对性符号的古怪之极的寻觅（仿佛在莎士比亚作品里寻找培根式的离合诗）和它嫉妒的小胚胎，它们在那天然的藏身之所，窥视着它们父母的爱情生活。

延展阅读

《纳博科夫传：俄罗斯时期（上下册）》

出于对纳博科夫的无限热爱，新西兰学者布莱恩·博伊德教授以卓越的才情写出了与纳博科夫的成就匹配的传记。本书从纳博科夫的家族历史与完美童年写起，到纳博科夫一家踏上美利坚国土前一刻结束，在时间段上与纳博科夫的《说吧，记忆》刚好重合。在这部享誉世界的纳博科夫评传中，博伊德以一个学者的深邃，一个理想读者的洞察力，一个讲故事好手的天资，勾勒纳博科夫生平跌宕，专注于刻写其“生命纹理”。纳博科夫毕生创作中所有精心埋藏的典雅谜题，向读者发出的狡黠挑战，都被他一一破解，博伊德教授从此被誉为最优秀的“纳博科夫爱好者”，最权威的纳博科夫传记作者。

《洛丽塔》

这是作者的另一部精品。

纳博科夫学识渊博，才华横溢，他的创作包括诗歌、剧作、小说、传记、翻译、象棋与昆虫学方面的论文等大量作品，但他主要是以小说闻名于世，而最为人们所熟知的，无疑是充满争议的作品《洛丽塔》。小说的绝大部分篇幅是死囚亨伯特的自白，叙述了一个中年男子亨伯特与一个未成年少女洛丽塔的不伦之恋。《洛丽塔》最令人叹服的成就之一就是，作为一个移民作家的纳博科夫比绝大多数土生土长的美国作家更逼真地创造了美国的社会和文化背景。和纳博科夫笔下的许多人物一样，亨伯特是一个极端个人主义的艺术家。他想象力丰富，但近于偏执。他追求的所谓的“美感”既有艺术华丽的诗意，也充满了情感堕落者阴暗的罪恶感。作为他的欲望对象，洛丽塔只不过是亨伯特意识的产物，是他异想天开地企图从外部的现实和时间中抢夺出来的一个幻想。

《惶然录》

〔葡〕费尔南多·佩索阿 著

我不知道明天将会带来什么。

推荐版本：上海文艺出版社（2004 年） 韩少功译

关于作者

费尔南多·佩索阿（1888—1935），出生于葡萄牙。尽管在中国佩索阿比较“冷门”，但在西方世界，佩索阿赢得了众多当代评论家的一致褒奖，他被评论家们誉为“欧洲现代主义的核心人物”，以及“杰出的经典作家”“最为动人的”“最能深化人们心灵的”写作者等等。诺贝尔文学奖得主萨拉马戈认为，代表 20 世纪精神的作家只有三人：卡夫卡、佩索阿和博尔赫斯。

佩索阿的父亲是政府普通公职人员兼《新闻日报》音乐评论撰稿人，母亲出身于亚速尔群岛一个小贵族家庭。虽然出生于葡萄牙，但佩索阿童年的大部分时间都是在南非度过的。父亲早逝，母亲再嫁，佩索阿的继父是葡萄牙驻南非德班领事，因此佩索阿随着母亲与继父一起迁居南非。佩索阿自幼便显示出了英文写作的过人能力。在开普敦大学读书时，他的英语散文获得了维多利亚女王奖。

1912 年，佩索阿和葡萄牙的文学青年在英法新文艺思潮的影响下发起了一场文艺复兴运动，并创办了三本文学刊物——《流放》《葡萄牙未来主义》和《奥尔菲乌》。这几本文学刊物虽然寿命不长，但在当时影响甚大。在文艺复兴运动的推动下，佩索阿更加执著于写作。1914 年，他一气呵成完成了大型组诗《牧人》。随后，他分别以阿尔贝托·卡埃罗、阿尔瓦罗·坎波斯和里卡尔多·雷斯三个笔名，创作出了许多思想和风格各异的诗歌及散文作品。佩索阿这三个常用笔名的出现，标志着他开始形成了自己的创作系统和别具一格的风格。

在生活中，佩索阿理智面对现实。他对生活中的每一个细节都持有纯粹的、满腔的热情。“我不会为失去的童年而哭泣。但是我为一切事情哭泣，因为它们都与我的童年有关，因为他们都要失去。……我过去的一切都并非有意为之，甚至与过去某一刻情感相连的怀旧都不是。一个人的感受是瞬间的，一旦过去成为翻过去的一页，故事还在继续，但是已经不是在这本书上。”佩索阿的写作非常矛盾和低调。“对于我来说，写作是对自己的轻贱，但是我无法停止写作。”他担心自己的写作会使自己变成一个下等人，又说对完美的欲望会妨碍写作。可是他还是坚持写，因为“寻找比收获本身更有意思”。

1935 年，佩索阿因患肝病过世。在他过世的前一天，他留下了最后一段文字：“我不知道明天将会带来什么。”

佩索阿在世时出版的作品并不多，大部分作品都是在他逝世后，由他的朋友路易斯·德·蒙塔尔沃整理出版。目前，已经出版的佩索阿全集包括 11 卷诗集、9 卷散文、3 卷书简。此外还有一些作品尚在进一步的发掘和整理中。

荐读理由

《惶然录》是佩索阿晚期随笔结集，都是“仿日记”片断体。它是作者的代表作之一，是一部曾经长期散失的作品，后来由众多佩索阿的研究专家们搜集整理而成。

本书也是一部略带忧郁气息与自传性质的书。作者在序言中虚构了一位主人公，这位虚构的神秘的主人公展现出生活隐秘的细节和潜意识的思想：睡梦、雨夜、孤闭、生活的单调重复……佩索阿曾经这样评价这位虚拟的多重身份的主人公："我们中的每一个人都比一个人更丰富，比很多人更丰富，比我们自己每一个人的无限增殖更丰富。这就是为什么一个无视周围一切的人，也可以因周围的一切而高兴或者悲愁。"一个人不是一个认知的统一体，他生活的同时也在分裂着自己。

作者在随笔中的立场时有变化，有时是个精神化的人，有时则成了物质化的人；有时是个个人化的人，有时则成了社会化的人；有时是个贵族化的人，有时则成了平民化的人；有时是个科学化的人，有时则成了信仰化的人……这是变中有恒，异中有同，是自相矛盾中的坚定。

有人说，伟大的作者都在描述虚无，费尔南多·佩索阿当然也不例外，他也许是最想看清虚无之地的人，但即使最终的虚无也无法吓退一个真正的思想者，"我总是在思考，总是在感受，但我的思想全无缘故，感觉全无根由，我正在一脚踏空，毫无方向地空空地跌落，通过无垠之域而落入无限"。

费尔南多·佩索阿并不主张行善，因为他认为行善是干涉别人生活的一种恶行，让受施的人成为不义之人。他也许是在追求一种说不清的高贵。有了虚无的底色，费尔南多·佩索阿对一切的态度就得益于理解，对于生活，他说他失去了战斗精神；对于死，他说，只有死，人才能获得真正的自由；对于爱情，他说，爱情不过是习惯套语，其实我们每个人爱的不过只是自己，如果这样说还不清楚，那来看看他的解说："在性爱中，我们通过另外一个人的身体媒介，寻找自己的愉悦。在非性爱中，我们通过自己已有的观念的媒介，寻找自己的愉悦。手淫者也许是可怜的造物，但就实而论，他是合乎逻辑的自爱者，只有他才是既不伪饰也不自欺的人。"而即使能得到短暂的愉悦，我们还会受累于爱，这一点有过恋爱经历的人也都知道。因为爱即意味着某种程度的占有，而占有就是被占有。

费尔南多·佩索阿对他自己的作品留下这样的期许："我没有更多的疑问，眼中也没有未来。如果我留在来访者的留言簿上的东西，有一天被人读到并且给他们的旅途助兴，那就不错了。如果没有人读到它，而且没有读到它的人们因此而少一些扫兴，那也很好了。"

此外，值得一提的是本书的编译者韩少功。韩少功是中国著名作家，他是1985年倡导"寻根文学"的主将，提出"寻根"的口号，并以自己的创作实践了这一主张。其比较著名的有《爸爸爸》《女女女》等，表现了向民族历史文化深层汲取力量的趋向，饱含深邃的哲学意蕴，在文坛产生了很大的影响。

先睹为快

会计的诗歌和文学

带着与灵魂同样扭曲的一种微笑，我镇定地面对自己生活的前景，除了永远闭锁在道拉多雷斯大街办公室里并被人们包围以外，那里不会有更多的东西。我有足够的钱来买吃的和喝的。我有可以安身之处，并且有足够的闲暇来做梦、写作以及睡觉——我还能向神主要求什么？还能对命运抱何种期望？

我有巨大野心和过高的梦想，但小差役和女裁缝也是这样，每一个人都有梦想。区别仅仅在于，我们能否有力量去实现这些梦想，或者说，命运是否会通过我们去实现这些梦想。这些梦境悄然入心之时，我与小差役和女裁缝们毫无差别，唯一能够把我与他们区分开来的，是我能够写作。是的，这是一种活动，一种关于我并且把我与他们作出区别的真正事实。但在我的内心深处，我与他们是同一回事。

我知道，在南海中有一些岛屿，有宏伟的世界主义激情和[……]。但我可以肯定，即便整个世界被我握在手中，我也会把它统统换成一张返回道拉多雷斯大街的电车票。

也许，永远当一个会计就是我的命运，而诗歌和文学纯粹是在我头上停落一时的蝴蝶，仅仅是用它们的非凡美丽来衬托我自己的荒谬可笑。

我会想念会计M的，但想念某个人这件事，怎么能与真正提拔的机会相比？

我知道，我晋升为V公司的主管会计的那一天，会成为我生活中最伟大的日子之一。我怀着预知的苦涩和嘲讽明白这一点，但是又明白这将是事物必然如此的全部结果。

作为符号的V先生

V先生，我经常发现自己被V先生所困惑。这个人是我时间的主宰，是我生活中白天时光的主宰，除了这些让人偶感不便之处以外，他的在场对于我来说意味着什么？

他待我不错，总是有足够友善的姿态同我说话——如果不计特殊情境之下出于个人心烦而对我表现出来的怠慢，而那种怠慢，他事后也用来对付任何人。那么我为什么要把他思来想去？他是一种象征？是一种创作动力？他对于我来说意味着什么？

V先生。我现在记起了他，就像我知道我在怀旧的未来将对他油然有所感念。在那个时候，我将平静地生活在郊区什么地方的一个小房子里，享受平宁的存在，不会去写作我眼下同样没有写作的书；而且，作为一事无成的继续，我将提出我眼下使用的各种不同借口，以避免真正地面对自己。或者，我将被拘于一间破房子，承担着我彻底的失败，混在一些梦境破灭之时却仍然自命不凡的社会渣滓之中，与一些既无力旗开得胜又无能转败为胜的乏味庸众为伍。那时，不管我在哪里，我都将对我的老板V先生和道拉多雷斯大街上的办公室生出怀旧的思念，我眼下日复一日单调的生活，将会成为我从未体察过的爱的记忆，成为我从未有过的胜利。

V先生。我从未来的角度看他，就像我此时此地看他一样清楚：中等身高，体格结实，粗声粗气，特有的拘谨与慈爱，爽朗与精明，粗鲁与和蔼。不仅仅是钱使他出人头地成为老板，你可以从他青筋暴出而多毛的手臂，从他的脖子，强壮然而并不过分粗肥的脖子，从他乌黑、整齐修剪过的小胡子上结实而红润的脸颊看出这一点。我看着他，看着他精力旺盛然而审慎有度的手势，他的眼睛反射出世事洞明的光芒。我的困难在于，如果我有些恼他，我的灵魂却会因他的微笑而愉快，那是一种开朗的、人的微笑，暖如巨大人群的热烈欢呼。

也许，V先生普通以及几乎粗俗的形象之所以如此经常困扰我的智力，之所以如此使我心神不定，其原因十分简单：我的生活中没有别的什么人比他的地位更重要。我想这一切具有某种符号的意义。我相信，或者差不多相信，对于我来说，在一种远方的生活里，这个人将比今天的他意味着更多东西。

延展阅读

《佩索阿诗选》

1988年，社会科学文献出版社在佩索阿诞辰100周年之际出版了张维民译的《佩索阿诗选》，收录佩索阿诗作百余首。

《单行道》

〔德〕瓦尔特·本雅明 著

“他的哲学兴趣针对的完全不是无历史的存在，而恰恰是在时间上最确定的、不可逆转的事物。”（阿多尔诺）

推荐版本： 人民文学出版社（2006 年） 李士勋译

关于作者

瓦尔特·本雅明（1892—1940），德国现代卓有影响的思想家、哲学家和马克思主义文学批评家，被称为是“欧洲最后一名知识分子”。

瓦尔特·本雅明生于德国柏林一个富有的犹太家庭。本雅明曾在弗莱堡、慕尼黑、柏林和波恩研究哲学。1919 年以《德国浪漫主义的艺术批评观》一文获得波恩大学博士学位，但未能顺利取得大学教授资格。他的教授职位论文《德国悲剧的起源》曾被法兰克福大学否决，其评价是“如一片泥淖，令人不知所云”。但具有讽刺意味的是，如今该书却成为 20 世纪文学批评的经典。

当《德国悲剧的起源》被法兰克福大学否定后，本雅明在柏林以一个自由作家和翻译家的身份维生，兼及精神病理学的研究。1933 年，他被纳粹驱逐出境，移居法国，并成为“社会研究所”成员。为了躲避盖世太保，1940 年又移居至西班牙边境小镇，在此写下了许多重要的作品，如《论歌德的“亲和力”》《德国悲剧的起源》《单行道》《机械复制时代的艺术作品》《1900 年左右的柏林童年》。

这一时期，本雅明转而撰写有关巴黎拱廊街和19世纪文化的论文，这项研究的目的是诊断和分解。在这一原始冲动的驱使下，不朽的“拱廊街”工程脱颖而出，本雅明足足花了13年才使其接近成型。在这一工程的中心耸立着沉思的波德莱尔，但本雅明力图揭示的是诗人不完整的一面。

本雅明对空间具有一种特殊的敏感性。他一生中在不少城市生活过，如柏林、法兰克福、巴黎、马赛、佛罗伦萨、那不勒斯、莫斯科，他善于从空间透视人的生存状态，特别是人在城市中的生存状态。本雅明赞扬超现实主义，认为它把时间转变成了空间，把不可避免的历史变迁变为神秘的当下构成的世界。在时间中，人是被动的存在物，但在空间中，想象力能够移动他的肘，向各个方向伸展，把单个自我化成众多自我。

1917年，本雅明与朵拉·苏菲·波拉客结婚，1928年两人分居，两年后离婚。

本雅明的身份丰富而多样。正如理查德·卡尼所描绘的：“他既是诗人神学家，又是历史唯物主义者，既是形而上学的语言学家，又是献身政治的游荡者……在纳粹德国，他是一个犹太人；在莫斯科，他是一个神秘主义者；在欢乐的巴黎，他是一个冷静的德国人。他永远没有家园，没有祖国，甚至没有职业——作为一个文人，学术界不承认他是他们中的一员。他所写的一切最终成为一种独特的东西！”

1940年9月27日，本雅明于西班牙一个边境小镇被迫自杀。

荐读理由

本雅明几乎将一生奉献于写作。他沉溺于波德莱尔和17世纪各国戏剧家的作品，但采用了迂回曲折、穿针引线的手法，这使他的许多作品显得不够完整。他是这样评价自己的做法的：对于伟大的作家来说，完成的作品的分量要轻于他们毕生写作的短简残篇。因为只有性格比较软弱和精神比较散漫的人才能从完整中获得无与伦比的快感，感觉到他们因此而重获生命。在天才看来，每一次中断，以及命运的每一次沉重打击，都像他温柔的睡眠本身一样降临到旁边的工作间。在这个工作的周围，他画了一个由短简残篇构成的迷人的圆圈，即他的传世名作《单行道》。

之所以叫“单行道”，阿多尔诺在他编选的《本雅明文集》的导言中曾回答了这个问题：“他的哲学兴趣针对的完全不是无历史的存在，而恰恰是在时间上最确定的、不可逆转的事物。因此题目叫做‘单行道’。”

本书是本雅明的一部意象集。书中含有格言、笔记和杂感等各种形式。它的语言晦涩，寓意深邃，往往令人反复咀嚼、思之再三仍不得要领。

书中收录的意象都是作者生活的时代中的真实事物，比如邮票、加油站、早餐室、中国古董、手套、时钟、建筑工地、海报、啤酒馆等，还有梦境。本雅明对这些事物的处理不是找一堆概念来辅佐，而是直接从事物本身深挖下去，找出文化深处与人的感性、理性深处的暗流。在物体背后，书中传达出的是作者对他那个时代的哲学、文学、政治和社会等许多领域现实问题思考的结晶。

《单行道》一书展现在我们面前的就是那些筑基于特定意义关联的实事，面对作者捕捉到的这些实事，现有的概念思维没有了用武之地，恰恰通过这样的思维短路，那实事间潜在的意义关联才跃然眼前，人面对实事的判断能力重又被激发了出来。因此，阿多尔诺写道：“本雅明首次在 1928 年出版的《单行道》一书并不像人们粗粗翻阅时所想象的那样是一本断想集，而是一本意象集。”

本雅明所关注的这些事物已随着时间而逝，但是本雅明的思想却仍然新鲜，对当今世界的学术、思想界依然产生着巨大的影响。

先睹为快

观点对于社会生活这部巨大的机器来说好比机油；人们不是站到一台涡轮机前用机油浇它。人们只是将其中的少许一点点儿注到那些必须熟悉的、被掩盖着的铆钉和缝隙上。

一种民间的习俗告诫说，早晨不要空着肚子诉说梦境。在这种状态下，醒来的人实际上仍然处于梦的魔力之中。也就是说，洗濯身体只能唤醒身体的表面及其可见的运动功能，而灰色的梦境即使在早晨盥洗的时候仍然顽固地留在更深层，甚至牢牢地粘附在醒来后第一个小时的寂寞中。谁要是怕和白天接触，不管他是怕见人还是为了内心的宁静，谁就不想吃东西并鄙弃早餐。他以这种方式回避夜与昼这两个世界的断裂。如果不能在祈祷中做到这一点，那就只有小心翼翼地通过焚烧梦境来表明把精力集中于早晨的工作是正确的，不然就只能导致生活节奏的混乱。在这种精神状态下说梦是灾难性的，因为一半仍然忠于梦境的人在言语中泄露了它，并不得不等待它的报复。更近代的说法是：他出卖了自己。他已经长大，不再需要做梦的幼稚来保护，这时候他触及了没有优势的梦境并泄露了自己。因为只有从彼岸，即从明亮的白昼出发，梦境才可以从占优势的回忆中被说出来。梦的这个彼岸只有在另一种净化中才可以达到，这种净化类似洗濯身体，但却又完全不同。它是通过胃来进行的。空腹的人说梦就像说梦话似的。

对于批评家来说，更高一审法院是他的同行。不是公众。更不是后世。

后世不是忘却就是赞美。只有批评家面对作者。

……概括地说，批评家的艺术是：创造口号而不背叛理念。缺乏批评的口号把思想高价出售给时尚。

公众不得不总是受委屈，然而又总是感到必须由批评家来代表自己。

为了看望一位女友，我来到里加。她的房屋、她的城市和她的语言，我都不熟悉。没有人期待我，没有人认识我。我孤零零地在大街上走了两个钟头。就这样我再也没有看到她。每家的大门口都喷出一道火舌，每一块墙角石都迸出火花，每一辆有轨电车都像救火车似的疾驶而来。她很可能从一个大门里走出来，正拐过墙角，也可能正坐在电车里。但在我们两个之中，无论如何，我必须成为第一个看见另一个的人。因为，假如她将目光的导火索先埋到我身上——那我可能会不得不像一座火药库似的飞上天空。

一个极其混乱的城区，一张街道之网，多年来一直被我回避着，有一天，它突然在我心中变得清晰起来，那是一个我曾经爱过的人搬进那里去的时候。那情景就像有一架探照灯被放置在他的窗子里并用光束把那个地区割得七零八落。

阶级斗争的想象会把人引入歧途。在阶级斗争中涉及的不是决定谁胜谁负的力的较量，也不涉及凭较量的结果决定胜者好、败者坏的搏斗。这样想意味着浪漫主义地掩盖事实。因为资产阶级可能会在斗争中胜利，也可能失败，无论如何，她都会因其内部的矛盾注定要走向灭亡，因为在她的发展过程中，这些矛盾是致命的。问题仅仅是她自己灭亡呢，还是通过无产阶级之手。三千年文化发展的持续和终结将取决于这个问题的答案。历史对这两位糟糕的没完没了永远扭打着的斗士的真相一无所知。

延展阅读

《发达资本主义时代的抒情诗人》

本书是本雅明论波德莱尔的专著。波德莱尔对 19 世纪中期巴黎的现代性体验的考察深深吸引了本雅明。从这个被资本主义商品世界异化了的抒情诗人的目光出发，本雅明希望能重新阅读处于资本主义工业革命初期的巴黎。在书中，本雅明与波德莱尔一起对第二帝国时期的巴黎“渐次熄灭的煤气灯、把人固定在土地上的住房牌号、日渐堕落成商品生产者的专栏作家”发出挽歌式的哀叹，一起作为“城市的闲逛者”躲在人群里注视着这个嘈杂的商品物质世界，一起对急剧变化的社会现实发出慨叹，却又在结尾处理性而忧郁地击碎了波德莱尔的现代主义英雄之梦。本雅明独特的视角、细致的观察和内心的敏锐，使得这部构筑在浩瀚的引文之上的辉煌之作更多了一份诗意的绵长。

《群星灿烂的年代》

〔俄〕伊凡·巴纳耶夫 著

一切有头脑的人注定要遭受那些可怕的痛苦和磨难。一切有才能的俄国人不知怎么都活不长……

推荐版本：上海译文出版社（1995 年） 刘敦健译

关于作者

伊凡·巴纳耶夫（1812—1862），出版家、作家，出身于俄国贵族家庭，曾与涅克拉索夫合编《现代人》杂志多年，始终与别林斯基、车尔尼雪夫斯基、杜勃罗留波夫等革命民主派作家并肩战斗，活跃在当时进步文艺圈的中心，无论是文学功业还是政治品质都有颇高的声誉。他在 19 世纪 40 年代创作的小说曾享誉一时。回忆录《群星灿烂的年代》记录了当时的俄国文坛，重要人物无一遗漏，影响巨大，从中可以看出巴纳耶夫具有非凡的散文写作才能。

荐读理由

19 世纪是俄罗斯现代启蒙的高潮期，亦是其文学力量参与社会变革最疾猛的岁月。从“十二月党人”开始，贵族和平民知识分子运动风起云涌，文学犁刀对民族冻土的耕种之深，能量之巨，举世罕见。

巴纳耶夫的《群星灿烂的年代》，向我们展示了 19 世纪 30 至 50

年代的文学生活图景。其中，写得最令人神往、愉悦的，当属别林斯基小组聚会的那些章节。

巴纳耶夫自1834年在《杂谈》上第一次发现别林斯基的文章起，即强烈地被吸引住了："它那大胆的、最新的精神……这不就是我许久以来渴望听到的那种真理的声音吗?""读完全文后，别林斯基的名字对我来说已变得十分珍贵……从此，再也不放过他的每一篇文章了。"

别林斯基小组的前身是由斯坦克维奇（1813—1840）发起的"文学哲学小组"。自该小组1831年创始，别林斯基、巴枯宁、卡特科夫、克柳什尼科夫、阿克萨科夫……这一班人几乎每晚都聚集在包特金家，讨论文学、美学、哲学的各种问题，朗读自创或翻译的作品，并试图对世上所有问题发表见解。虽观点不一，甚至有严重分歧，但灵魂的亲近总能使他们及时地消除误解。这个心灵家族是自由、充实而快乐的，他们的性情与能力总能神奇地互补，"每个人得到的东西都成为大家共同的财富"。激烈与宁静、冷峻与温馨、苛刻与宽容、凝重与诙谐……巴纳耶夫看到了一片浪漫而庄严的精神风光。

别林斯基滚烫而笔直的秉性惊动了巴纳耶夫，他清晰地感觉到这位同龄人血管里那股由俄罗斯命运巨石激起的澎湃。其时，别林斯基生活上极为窘困，他参与的《莫斯科观察家》已入不敷出。1839年10月，经巴纳耶夫力荐，别林斯基赴圣彼得堡主持《祖国纪事》评论专栏，开始了他一生中最璀璨和成熟的创作生涯。

30年代的莫斯科，除了斯坦克维奇—别林斯基小组外，还有赫尔岑、奥加廖夫主持的小组，后者更注重对社会民生和体制问题之研究。1834年，该小组的主要成员一并被捕，数年的流放之后，赫尔岑、奥加廖夫、别林斯基、格拉诺夫斯基、巴纳耶夫等人正式团聚，彼此倾心相待，结下兄弟般的情谊，赫尔岑坚定的现实立场对别林斯基们影响尤深。

40年代的圣彼得堡，在别林斯基生命的最后几年里，像雨后蘑菇圈一样，围绕这棵大树又迅速冒出一簇更青春的额头：雅泽科夫、安年科夫、卡韦林、丘特切夫、涅克拉索夫、屠格涅夫、陀思妥耶夫斯基、冈察洛夫……其中的大多数都将在俄国文学史上找到自己的席位。

他们终生都将感激命运的安排：让自己的人生和伟大的别林斯基紧紧靠在一起。但他们更有理由仇恨命运：仅仅数年，他们就再也见不到那位圣徒了。

1848 年 5 月，37 岁的别林斯基永远告别了俄罗斯。13 年后，另一位更年轻的天才杜勃罗留波夫之死，把人们再次领到了别林斯基的墓前。巴纳耶夫在《杜勃罗留波夫葬礼随想》的篇尾说道：

“一切有头脑的人注定要遭受那些可怕的痛苦和磨难。一切有才能的俄国人不知怎么都活不长……”

他不幸说出了这本书里最沉重的一句话。

先睹为快

返回莫斯科以后，我极为高兴地看到，别林斯基、包特金，还有卡特科夫等人之间的一切误会已经消除，他们的关系极为和睦。

我见到别林斯基时，他的心情十分畅快……离开莫斯科的日期已经临近，他的生活面临着转折，因此他变得生气勃勃。所有的朋友中只有康斯坦丁·阿克萨科夫一人以忧郁、惋惜，有时甚至是懊丧的心情看待别林斯基。他不理解一个莫斯科人怎么能够冷漠无情地离开莫斯科……

这批朋友每天晚上大都在包特金家里聚会……谈起话来通常兴奋而又热烈。话题是根据黑格尔的观点谈论艺术，他们用这种观点严格分析普希金和其他当代诗人的作品。莱蒙托夫具有否认一切的、拜伦式的倾向，因此怎么也无法适合这种新的观点。别林斯基为此感到极为苦恼……他看出这个初露头角的诗人显示出巨大的诗的力量；他在《祖国纪事》上发表的每一首新诗都使别林斯基如痴如醉，——然而这些诗中却没有一丝一毫调和的气味！不过他们对莱蒙托夫表示谅解，认为他还年轻，刚刚开始迈步；他们聊以自慰的是：他拥有一切条件，随着时间的推移将会成为一个完美的、伟大的艺术家，登上创作的顶峰，即具有艺术上的恬静心情和客观态度……克柳什尼科夫本人也有一点否定一切的成分，他非常喜爱莱蒙托夫的才华，对有关诗人的某些闲言闲语相当尖刻地加以嘲笑；卡特科夫和康·阿克萨科夫则在聚会时朗诵自己翻译的海涅、弗莱里格拉特及其他当代德国诗人的诗。卡特科夫朗诵时通常绘声绘色，他双手交叉，两眼向上翻着，姿势十分优美……

我永远也忘不了这些晚间聚会……

为了探讨那些在今天，即过了20多年以后看来是可笑的问题，他们花费了多少青春的时日、朝气蓬勃的精力和智力啊！有多少次他们热血沸腾、心向神往，又有多少次彷徨于迷途啊！……然而这一切并没有白费。对真理的探索从来不会一蹴而就……这个小组将在俄国发展的历史上占据重要地位……它培养和造就了学术和文学领域里一批最热情、最高尚的活动家。

我的整个心灵都被别林斯基和他的朋友们吸引住了。我的思想受到他们的激励，在他们的影响下也开始活跃起来……

我返回莫斯科以后过了几天，别林斯基带来他对费·格林卡《波罗金诺周年纪念》一书所写的一篇书评，要念给我听一听；这篇书评他已寄给《祖国纪事》，供其发表。

“您听听吧，”他对我说，“迄今为止，我好像还从未写过这么热烈、这么坚定的表明我们信仰的文章。我把这篇东西读给米舍尔（巴枯宁）听，他听了以后非常兴奋——您知道，他的看法还是有些价值的！反正不必多说，我自己觉得这篇文章是搞成功了……”

别林斯基随即开始给我读这篇文章。不论是在此以前还是以后，我从未见过他读得那么激动、那么热情。

别林斯基朗读时的那种如痴如醉的情绪和这篇文章极为庄重、充满激情的语言使我的神经受到了震撼……别林斯基本人的神经显然也在强烈地颤动……

延展阅读

《巴纳耶娃回忆录》

这是巴纳耶夫夫人的回忆录，讲的也是19世纪40年代的事情，补充了巴纳耶夫的《群星灿烂的年代》，具有较高的史料和文献价值，展示了俄国文学中一个主要派别——革命民主派的文学运动。作者巴纳耶娃爱憎鲜明，对赫尔岑、车尔尼雪夫斯基、涅克拉索夫、杜勃罗留波夫等进步作家的坚强意志、正直人格、高尚品德和献身精神的描述十分传神，以亲历者的身份深情缅怀了那段光荣的历史。

《人间词话》

王国维　著

以传统词话形式，融中西美学研究成果，创造性地把艺术境界分为三种形态。

推荐版本：

- 四川人民出版社（1981 年）
- 上海古籍出版社（2007 年插图本）

关于作者

进入王国维（1877—1927）故居，迎面便是八个鎏金大字“学贯中西，博大精深”。用这八个字来评价王国维其人其学问可以说没有夸大其词，王国维以其短暂的一生做到了令人景仰的高度。连鲁迅先生也曾在《热风·不懂的音译》一文中说道：“他才可以算一个研究国学的人物。”鲁迅先生的话虽然简朴，但是我们依然可以体味到其语言之下的赞赏意味。梁启超评价他是“不独为中国所有而为全世界所有之学人”，可见王国维的学术研究已经达到国际水准，属于世界并享有国际声誉。

王国维于1927 年突然离世，享年50 岁。他的死因被众说纷纭而莫衷一是。其中有一种观点认为他的死很大程度是因为其生性忧郁。这很容易让人想到卡夫卡，同样的忧郁，同样令人瞩目的成就。但以“忧郁”这个词来形容学识博大精深、著述宏富、通晓英、日、法诸国文字的王国维恐怕不免单薄。郭沫若曾说过：“他留给我们的是他知识的产物，那好像一座崔嵬的楼阁，在几千年的旧学城垒上，灿然放出了一段异样的光辉。”

外表保守、依然拖着大辫子的王国维是近代学术史上开一代新风气的先行者，他从事文史哲学研究数十载，成果颇丰。他把西方哲学、美学思想与中国古典哲学、美学相融合，研究哲学与美学，又将其所学运用到了对中国古典文学的研究上，取得了丰硕的成果，令人敬仰。他在35岁之后，致力于经史、古文字考证，一生批校古籍200多部，被郭沫若称为“新史学开山”。综其学术生涯，他生平学无专师，自辟门户，在哲学、文学、美学、史学、古文字学、教育学、图书管理学、版本目录学等方面均有较深的造诣。稍看一下他的生平大事年表就会发现，他确是日日耕耘于学术研究，以自己笃实的态度、科学的方法取得了卓越的成就和杰出的贡献。

国学大师陈寅恪是王国维的生前好友，在王国维逝世一周年忌日，清华大学立“海宁王静安先生纪念碑”，碑文便是由陈寅恪撰写的，陈寅恪先生认为王国维的学术成就“几若无涯岸之可望、辙迹之可寻”。他从三个方面总结了他的学术内容和治学方法，即“取地下之实物与纸上之遗文互相释证”“取异族之故书与吾国之旧籍互相补证”“取外来之观念与固有之材料互相参证”。陈寅恪为王国维作挽联道：

十七年家国久魂销，犹余剩水残山，留与累臣供一死；

五千卷牙签新手触，待检契文奇字，谬承遗命倍伤神。

是啊，这位在自我小天地里走出的大学者虽然已经离我们远去，但其人其事其学仍值得我们追慕。

荐读理由

王国维一生著述汗牛充栋，多为各种学术贡献，对一般读者有阅读意义的便只有《人间词话》一书，对古典诗词稍有了解的读者便可以涉猎，这样说当然不是抹杀这部著作本身的价值，它在中国古代文学批评史上也具有集大成的地位。这本已经达到相当高度的著作可以大大提升读者的鉴赏能力及品位，甚至品读这本书本身也是一种阅读享受。

《人间词话》形式上承袭了相传已久的诗话、词话的形式，但是这本书是作者接受了西洋美学洗礼过后的研究成果，“境界说”是《人间词话》的核心，统领沟通着全书的其他主张。王国维把艺术境界分为三种基本形态，“上焉者，意与境浑；其次，或以境胜，或以意胜”。“‘红杏枝头春意闹’，着一‘闹’字，而境界全出。‘云破月来花弄影’，着一‘弄’字，而境界全出矣”之论断，一语道破玄机，正是“境界”说的鲜活例证。

书中王国维还谈到了治学的三种境界，“古今之成大事业、大学问者，必经过三种之境界。‘昨夜西风凋碧树，独上高楼，望尽天涯路’，此第一境也。‘衣带渐宽终不悔，为伊消得人憔悴’，此第二境也。‘众里寻他千百度，蓦然回首，那人却在灯火阑珊处’，此第三境也”。这段话已被人传为经典，从中我们看到了王国维的治学精神，不仅使我们心生敬慕，更让人看到一个专执于学术的大家境界。

在诗人与现实的关系上，王国维主张：“诗人对宇宙人生，须入乎其内，又须出乎其外，入乎其内，故能写之，出乎其外，故能观之；入乎其内，故有生气，出乎其外，故有高致。”这精辟的话语透显出了作者朴素的唯物因素和辩证法睿智。

作为词的评论集，书中有许多术语，如“写境”与“造境”、“隔”与“不隔”、“有我之境”与“无我之境”等等，我们在品读时其实不必深究其概念究竟为何，我们带着陶渊明所提倡的“不求甚解”“得意忘言”态度才能深得其中滋味。

先睹为快

有有我之境，有无我之境。“泪眼问花花不语，乱红飞过秋千去”、“可堪孤馆闭春寒，杜鹃声里斜阳暮”，有我之境也。“采菊东篱下，悠然见南山”、“寒波澹澹起，白鸟悠悠下”，无我之境也。有我之境，以我观物，故物皆著我之色彩。无我之境，以物观物，故不知何者为我，何者为物。古人为词，写有我之境者为多，然未始不能写无我之境，此在豪杰之士能自树立耳。

白石写景之作，如“二十四桥仍在，波心荡、冷月无声”、“数峰清苦，商略黄昏雨”、“高树晚蝉，说西风消息”，虽格韵高绝，然如雾里看花，终隔一层。梅溪、梦窗诸家写景之病，皆在一“隔”字。……

问“隔”与“不隔”之别，曰：陶、谢之诗不隔，延年则稍隔矣。东坡之诗不隔，山谷则稍隔矣。“池塘生春草”、“空梁落燕泥”等二句，妙处唯在不隔，词亦如是。即以一人一词论，如欧阳公《少年游》咏春草上半阕云：“阑干十二独凭春，晴碧远连云。千里万里，二月三月，行色苦愁人”，语语都在目前，便是不隔；至云“谢家池上，江淹浦畔”，则隔矣。白石《翠楼吟》：“此地。宜有词仙，拥素云黄鹤，与君游戏。玉梯凝望久，叹芳草、萋萋千里”，便是不隔；至“酒祓清愁，花消英气”，则隔矣。然南宋词虽不隔处，比之前人，自有浅深厚薄之别。

“生年不满百，常怀千岁忧。昼短苦夜长，何不秉烛游”、“服食求神仙，多为药所误。不如饮美酒，被服纨与素”，写情如此，方为不隔。“采菊东篱下，悠然见南山。山气日夕佳，飞鸟相与还”、“天似穹庐，笼盖四野。天苍苍，野茫茫，风吹草低见牛羊”，写景如此，方为不隔。

延展阅读

《宋元戏曲史》

这是作者的另一部精品。

郭沫若曾经说过，王国维的《宋元戏曲史》和鲁迅的《中国小说史略》“毫无疑问，是中国文艺史研究上的双璧。不仅是拓荒的工作，前无古人，而且是权威性的成就，一直领导着后学”。

《美学三书》

李泽厚　著

求美、悟美、知美之必读书。

推荐版本：

- 天津社会科学院出版社（2003 年）
- 安徽文艺出版社（1999 年）

关于作者

李泽厚，著名哲学家，湖南长沙人，生于 1930 年 6 月，1954 年毕业于北京大学哲学系。1988 年当选为巴黎国际哲学院院士，1998 年获美国科罗拉多学院荣誉人文学博士学位。现为中国社会科学院哲学研究所研究员、巴黎国际哲学院院士、美国科罗拉多学院荣誉人文学博士。

李泽厚成名于 20 世纪 50 年代，以重实践、尚“人化”的“客观性与社会性相统一”的美学观卓然成家。80 年代，李泽厚不断拓展其学术论域，促引思想界在启蒙的路径上艰难前行。90 年代，李泽厚客居美国，出版了《论语今读》《世纪新梦》等著作，对中国未来的社会建构给予沉甸甸的人文关怀。

其主要著作有《批判哲学的批判——康德述评》《我的哲学提纲》《中国思想史论》《美学论集》《美的历程》《华夏美学》《美学四讲》《走我自己的路》《世纪新梦》《论语今读》《己卯五说》《历史本体论》等。

荐读理由

《美学三书》是李泽厚先生全面、系统地论述自己美学思想的三本专著——《美的历程》《华夏美学》和《美学四讲》。作者成名于20世纪50年代的美学论战中，被认为是与朱光潜、蔡仪相并列的三派之一。此三本则为作者美学思想在“文化大革命”后的延伸，其特色是现代哲学观念与传统文化精神的融合。

《美的历程》是对中国数千年文学艺术所作的鸟瞰式的宏观美学把握，提出了诸如“龙飞凤舞”“狞厉的美”“儒道互补”的楚汉浪漫主义、“人（文）的觉醒”、佛像雕塑、山水绘画三品类等重要观念，发前人之所未发。

《美的历程》是中国美学的经典之作，凝聚了作者李泽厚先生多年的研究。他把中国人古往今来对美的感觉玲珑剔透地展现在大家眼前，如此感性，如此亲切。《美的历程》是“一部中国美学和美术史，一部中国文学史，一部中国哲学史，一部中国文化史”，著名哲学家冯友兰读过此书后发出由衷的赞扬。

正如易中天所说，“《美的历程》一书真是写得英姿勃发，才气逼人……实际上，《美的历程》是可以当作艺术品来看待的。它充分地表现着李泽厚的艺术魅力”。这确实是一件不可多得的艺术珍品。然而李泽厚的艺术珍品又何止《美的历程》一部呢?《华夏美学》，与《美的历程》合称为“美学双璧”的另一部划时代的著作，等待着我们去挖掘、去吸收。

《华夏美学》则从传统理论出发，比前书更为深入地谈论了华夏文化强调理欲交融的非酒神型特征。书中作者多有精辟之语和点睛之见。在李泽厚看来，华夏美学是指以儒家思想为主体的中华传统美学；它的悠久历史根据在于非酒神型的礼乐传统之中，它的一些基本观点、范畴，它所要解决的问题，它所包含的矛盾，早已蕴含在这个传统根源里。因而，如何处理社会与自然、情感与形式、艺术与政治、天与人等等的关系，如何理解自然的人化和人的自然化，成为华夏美学的重心所在。

李泽厚的美学富有原创性与体系性的品格，是拥有哲学—历史纵深的追根溯源的“男人美学”，而不是尼采所嘲讽的局限于艺术鉴赏的“女人美学”。

《美学四讲》则是作者从“自然的人化”的观念出发，立足于“人类学本体论”，建立宏观理论体系，结构严密，气魄恢宏，不单回应了现时流行的中外各美学流派，而且从哲学高度，以主体的实践和积淀，统一社会与自然，探讨美与人的本体存在、美感与心理情感的“数学方程式”等问题提出美学与人类命运相关联的前景。

全书分四部分依次回答四个问题：美学是什么，美是什么，美感是什么，艺术是什么。其中所讲的美学是哲学美学，是美的哲学。美属于哲学范畴，研究的是美的本质问题，而美感则属于心理学范畴，研究的是审美心理的问题。但是它们都可以从哲学的高度，从人类学本体论出发，用“自然的人化”观念来探讨，于是，归根到底关于美与美感到底是什么的问题又可以用“自然的人化”来解释。因此，“自然的人化”既是研究美与美感的出发点，又是美与美感的归宿。

十多年来，《美学三书》一直畅销不衰，成为了解和研究美学的人必读的经典之作，其影响超出了美学学科的范畴。这一现象恰恰证明了作者反复申说的一个重要观点，美学是中国人追求的最高境界。求美学真相，悟美学大道，做中国至人，让我们从《美学三书》开始。

先睹为快

一个更大的问题是，如此久远、早成陈迹的古典文艺，为什么仍能感染着、激动着今天和后世呢？即将进入新世纪的人们为什么要一再去回顾和欣赏这些古迹斑斑的印痕呢？如果说，前面是一个困难的艺术社会学的问题，那么这里就是一个有待于解决的、更为困难的审美心理学问题。马克思曾经尖锐地提过这个问题。解决艺术的永恒性秘密的钥匙究竟在哪里呢？一方面，每个时代都应该有自己时代的新作，诚如车尔尼雪夫斯基所说，尽管是莎士比亚，也不能代替今天的作品；艺术只有这样才流成变异而多彩的巨川；而从另一方面，这里反而产生继承性、统一性的问题。譬如说，凝冻在上述种种古典作品中的中国民族的审美趣味、艺术风格，为什么仍然与今天人们的感受爱好相吻合呢？为什么会使我们有那么多的亲切感呢？是不是积淀在体现在这些作品中的情理结构，与今天中国人的心理结构有相呼应的同构关系和影响？人类的心理结构是否正是一种历史积淀的产物呢？也许正是它蕴藏了艺术作品的永恒性的秘密？也许，应该倒过来，艺术作品的永恒性蕴藏了也提供着人类心理共同结构的秘密？生产创造消费，消费也创造生产。心理结构创造艺术的永恒，永恒的艺术也创造、体现人类传流下来的社会性的共同心理结构。然而，它们既不是永恒不变，也不是倏忽即逝、不可捉摸。它不会是神秘的集体原型，也不应是“超我”或“本我”。心理结构是浓缩了的人类历史文明，艺术作品则是打开了的时代魂灵的心理学。而这，也就是所谓“人性”吧？

重复一遍，人性不应是先验主宰的神性，也不能是感官能满足的兽性，它是感性中有理性，个体中有社会，知觉情感中有想象和理解，也可以说，它是积淀了理性的感性，积淀了想象、理解的感情和知觉，也就是积淀了内容的形式，它在审美心理上是某种待发现的数学结构方程，它的对象化的成果是本书第一章讲原始艺术时就提到的“有意味的形式”。这也就是积淀的自由形式、美的形式。

美作为感性与理性，形式与内容，真与善、合规律性与合目的性的统一，与人性一样，是人类历史的伟大成果，那么尽管如此匆忙的历史巡礼，如此粗糙的随笔札记，对于领会和把握这个巨大而重要的成果，该不只是一件闲情逸致或毫无意义的事情吧？

俱往矣。然而，美的历程却是指向未来的。

延展阅读

《美学原理美学纲要》

意大利克罗齐著，朱光潜译。克罗齐（1866—1952），意大利哲学家、美学家、历史学家、文学批评家。自幼受到良好教育，因其家境富裕，得以毕生从事学术研究和政治活动，晚年创建“意大利历史研究院”，一生著述颇丰。《美学原理美学纲要》是其第一部著作，作品对 20 世纪初欧洲出版的最重要的历史、哲学及文学作品均有评论，同时对其“精神哲学”进行了系统的阐述。它所讨论的不只是普通的美学问题，尤其涉及美学在整个哲学中的地位，审美活动与其他心灵活动的区分和关系。作者反对从作为经验科学的心理学观点去研究美学。他把精神活动分为认识和实践两类，称认识活动是美学和逻辑学的对象，实践活动是经济学和伦理学的对象。他的全部美学都从一个基本概念出发，那就是：直觉即艺术。

《旧时月色》

董桥　著

旧时的往事难忘，月色的诗意撩人。

推荐版本：江苏文艺出版社（2003 年）

关于作者

董桥，祖籍福建晋江，1942 年生，原名董存爵，毕业于台湾成功大学外文系，曾在英国伦敦大学亚非学院进修多年。历任香港《今日世界》丛书部编辑、英国国家广播公司制作人及时事评论员、香港《明报月刊》总编辑、香港《读者文摘》总编辑等职，现任香港《苹果日报》社长。董桥文笔典雅雄健，同时兼具英国散文的渊博隽永与明清小品文的灵动情致，为当代中文写作另辟蹊径，深获广大读者的钟情，历年来在台湾、香港、大陆出版文集数十种。

董桥虽然是商业化、娱乐化大报的掌门人，但他的文章却出人意料的静谧儒雅、云淡风轻。董桥巧妙地利用自己商人的身份，在与社会的广泛接触中、在商业决策的多方考量中把握时代、体悟人生。借此他可以随时获得最新的信息，无论是与人、与生活、与世界的关系都非常紧密，每天都生活在这样的环境中，人的心灵也会慢慢从虚无缥缈的悬空状态落入踏踏实实的地面上来。董桥说他有两个世界，“一个是自己读书、写作的世界；一个是要应付事业、社会，应付所有的人事问题的世界”。他每天从工作场所回到家里，必须先洗个澡，把一天的喧嚣和浮躁洗掉，再到书房或者阳台静心凝神，沉淀思想，从而进入那个文学的世界中。

董桥幼年家境殷实，他身上也延续了家族中的奢华风气，文章中也多见雍容华贵和高层次的文化品位。他至今仍坚持用笔写作，对自己在文学上的要求几近苛刻，把每一次写作都当成超越和挑战。由于他的文章大多是应报纸专栏邀请而写作，会受到字数和截稿时间的束缚，所以他在写作时更加重视从整体上构想整个文章的铺排方法，而不拘泥于字句的选用。真要在两千字左右的文章中把话说清楚，把道理讲明白，是非常考验作者对文章结构整体把握的能力的。董桥已经练就了约稿方要求写多少字他就能写多少字的本领，这还是拜他的音乐特长所赐。他将爵士乐中脱离节拍约束的即兴曲调和旋律节奏应用于写作中，把字和句按照一定的节拍来安排，对于断句的节点、语句的长短，都能以一种难以言说的音乐感来控制。

董桥贯通中西的教育背景，对他独特文风的塑造有着决定性的影响。他上学期间一直都接受着中英双语教育，儿时在东南亚长大，此后也多年居住于印度尼西亚和新加坡。东南亚保留了众多华侨下南洋时带去的中国文化传统，同时又居住着大量来自欧美的殖民者。这样庞杂的生活环境使董桥在语言学习上获益良多。多掌握一种语言就等于打开了一扇全新的文化之窗，所以董桥透过英语的窗子，获得了对环境、社会、世界的新看法，从而建立了自己与众不同的写作风格。他会尝试把自己的作品翻译成英语给外国人看，根据他们的反映来进行调整。他也深受英国人保守性格的影响，投射到文章中，就是含蓄渐进，只提供暗示而决不点透，留给读者足够的自我联想空间。虽然董桥非常了解西方文化，但他骨子里还是一个坚持中国传统的老派文人。他旅居国外多年，也愈发看重个人的归属感和身份认同，所以他时刻告诫自己必须要保持中华民族的文化与个性。他既是一位优秀的作家，更是一位清醒的知识分子。

荐读理由

《旧时月色》远别于董桥散文的其他文集，该书的选编宗旨以“阅读作者个人”为特色，有董桥个人自传的色彩。旧时的往事难忘，月色的诗意撩人，贯穿文集主体的是作者对旧时文化的迷恋。作为一个身居海外的作家，董桥不免要怀旧，这种文化乡愁影印在《旧时月色》众多怀旧的散文中，用他自己的话说：“不曾怀旧的社会注定沉闷、堕落。没有文化乡愁的心注定是一口枯井，我顺着营造小说丝丝缕缕的敏感追寻走过的从前，烟柳拂岸，暮云牵情，笔底斑驳的记忆和苍茫的留恋，偶尔竟渗出一点诗的消息。”

董桥散文对故园旧情的追忆，感情平淡，没有大悲，有的只是怀恋，对人对事的怀恋，对人和事所体现出的文化色彩的缱绻情谊，在追忆中，赋予人物以古典情韵。作者着力在描绘人物时让他们具有古典美，比如《旧日红》一文中描写萧姨的穿着打扮时写道，“长年穿着浅色丝绸旗袍，花白的头发梳得丝丝服帖，圆圆的发髻永远插着一枝翡翠发簪，宽宽厚厚油绿得谁也舍不得雕琢，只沿着四围阳刻一道细致花边”；《念青室情事》中写念青先生的鼻子，“高挺的一管鼻子像水墨画里的山势，鼻尖下方一抹淡淡的须影是枯笔扫出来的山中小径”。不仅人物的穿着打扮有古典气派，就连长相作者也喜欢使用具有文化色彩的中国水墨画来描绘，由此可见作者对传统文化的钟爱与痴恋。董桥自幼生长在爱好古玩的家庭，所以他笔下的人物或多或少也都是同道中人。《石头记》里的祁先生喜欢收藏奇石，“这块石头该是上海豫园‘渐入佳境’四方艇上那座太湖石‘美人腰’立峰的女儿。那是两三米高的天工神品刃”，“文姨喜欢湖蓝色的绸缎，萧姨喜欢浪子燕青夜会李师师的细笔扇子”。这些散文中的人物充满古趣禅意，作者在细密的追忆当中，再现那片旧时月色，留恋那片旧时月色，也即留恋文化传统。同时对人物的命运，董桥也流露出一丝关怀，对云姑、对文姨、对念青先生，作者有着深深的同情。

《旧时月色》中的散文写故园旧事，也写海外见闻，这类文章已不是纯粹的叙事文体，而是谈天说地、评事论人，在这类说理文章当中，也流露出董桥对文化的依恋。比如《书店老板娘死了》中描写美国一家书店的老板娘去世了，作者作为她的一个老顾客的怀念之情。但有趣的是，作者的怀念并不是因为与老板娘之间的交情，而是因为留恋书店的文化氛围。《伦敦公园清谈》则写的是在伦敦的见闻，同时作者也不忘对文化传统作眉批。在这许许多多的篇章中，作者或说事，或说人，但念念不忘的是对文化的描述，而且对文化的留恋已不单单局限于中国文化，对世界上一切优秀文化，作者都怀有一种痴恋之情，在他身上，体现出中国传统士大夫的超然与雅趣，同时对文化迷失的一种怆然。

董桥用饱满的感情去写作，又巧妙地把感情融合在文章中，不轻易点破旨趣，让读者自己细细品味，在回味之中感受到作者的情怀。这样的文章古朴典雅，意蕴悠远，正如古典诗歌，讲究韵味，这种淡淡的美学风格又与他所书写的文化乡愁的情绪融合在一起，可谓相得益彰。

先睹为快

我偏偏爱说我是遗民。近日坊间邂逅几柄漂亮的旧折扇，阮性山民国三十六年画梅花的那柄题了集句七绝：“短墙缺处插疏篱，始见寒梅第一枝；独有高人爱高洁，为渠费尽雪桥诗。”另一面郭若愚一九四四甲申夏天画的也是墨梅，只题“庭空月无影，梦暖雪生香”；右下角钤了一枚白文方章“梅清石瘦斋”。这样的风月当是遥远的绝响了。寒梅清幽，灵石清癯，配起时下这满城新潮和满街俗物，不啻在老橡树上系一根黄丝带，浑似千瓣心香。

劫后的意识形态，值得依恋的正是这些残留的旧时月色，跟卧薪的忧郁倒是没有干系了。不必效魏国管宁之安复社稷，不必效徐广收泪抱怨“君为宋朝佐命，吾乃晋室遗老”，那些都是末期政治消渴病人，喜欢隔帘偷窥新贵的宠妾，为了撩来翩跹的绮思。文化遗民讲品味，养的是心里一丝傲慢的轻愁：急管繁弦杂梵声，中人如梦又如醒；欲知此夜愁多少，试记街前长短更。老家收过一幅赵眠云的字，录的是谭延闿这一路诗作。那光绪进士谭组庵当过都督，当过“国民政府委员会”主席，当过“行政院”院长，这些诗的趣味远比他的宦海格局高得多了。他的法书先学刘石庵，中年专意钱南园和翁松禅两家，晚年参米南宫，比他卖字的弟弟谭泽闿的墨迹稀世。我只有一柄谭延闿写的扇子，写书中仙手李北海刻碑并非世上传说是亲手刻的，猜想是家里有刻工专为他刻，“古刻工皆妙手人也”！小小箑头天高地大，字字骨力雄厚得惊人。

我一九六〇年夏末辞别老师亦梅先生到台湾读书。一九八〇年我从英国回香港做事，老师已经离开印尼万隆回厦门定居了，却常过来香港和满堂子孙欢叙天伦。八十二三了，一身铜皮铁骨硬朗得要命。一年孟冬，老师来香港过年，星期六下午到我家聊天，说起他早年镇宅之宝王冕墨梅册页，近来有人出美金高价要买，弄得他心绪不宁。那本册页我一九五八和一九五九年在万隆煮梦庐里翻过好几回，还经老师逐页给我指点，册页所附历代文士的题咏后来也都影印在老师诗集的附录里，八成以上我都背诵得出。我劝老师不要卖，老师说：“这已经不是第一回的诱惑了。你该还记得萧姨吧？她千叮万嘱要我留给子孙。斯文都扫地了，留一件是一件，她说。”

萧姨跟老师同龄，长年穿着浅色丝绸旗袍，花白的头发梳得丝丝服帖，圆圆的发髻永远插着一枝翡翠发簪，宽宽厚厚油绿得谁也舍不得雕琢，只沿着四围阳刻一道细致花边。我忍不住赞美两声，萧姨乐透了：“傻小子，这叫大雅不雕，内府的上好水种啊！等你讨个俏媳妇儿萧姨送你做聘礼!”她是苏州人,嫁给一位华侨巨富,守寡多年,家业靠成材的独子张罗,那几年越发火红了。萧姨天天拜佛画画吟诗吃燕窝,细腻的粉红肤色衬着精巧端庄的五官,简直钱慧安的淡彩工笔仕女。

老师说,上海当年有个鸳鸯蝴蝶派的文人团社叫星社,社里骚人墨客都是萧姨父亲的诗友画友,萧姨家里藏了一柜子清末民初大小名家的精品。一天下午,老师刚在书房里给我改好一首七律习作,萧姨来了,顺手拿去一看,夸我终于摸出旧诗的窍门:“轻愁写得够古秀了!”她那天兴致好,硬拉老师和我到她家喝下午茶。万隆天气四季清新微冷,萧姨一身粉蓝旗袍,套上一件薄薄的墨绿毛衣,连老师都说她标致:“冷艳全欺雪,余香乍入衣……”没等老师念完,老美人先白了他一眼:“老豆腐馊了,还吃!”

延展阅读

《今朝风日好》

这是作者的另一部精品。

出自丰子恺的“今朝风日好,或恐有人来”,既是欢迎有趣味的读者来书房一观的意思,也是今天的董桥对美好生活、美好事物依然执著的期盼。本书印刷精美,咖色旧皮封面,烫金字体,手掌大小的小开本,仿佛自己就是一本西洋古书。董桥在书中谈论了书籍的装帧、纸张、材料,也把自己的书瘾毫不保留地与读者分享,随着他的讲述,读者寻书、读书、藏书的情趣也将染上一层古韵和古香。

《爱与孤独》

周国平　著

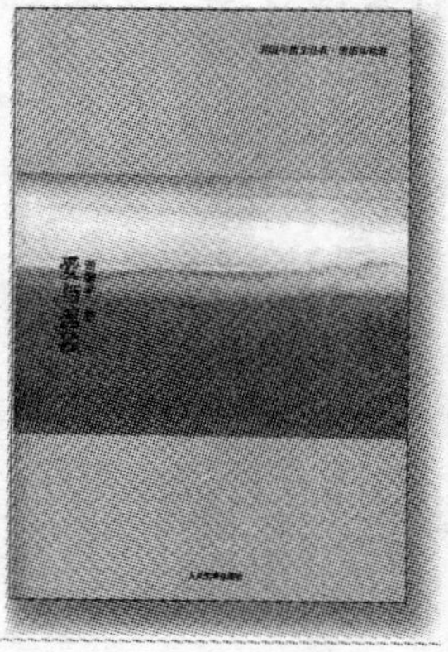

精神生活的普遍平庸化是我们时代的一个明显事实。

推荐版本：人民文学出版社（2009 年）

关于作者

周国平，1945 年生，中国当代著名中青年散文家、哲学家，作品以其文采与哲思赢得了读者的青睐。

周国平有读书的癖好，在他少年甚至童年时代便已见端倪。1962 年，周国平在考上北大哲学系后，尽管哲学是“凌驾于一切科学的学科”，但他对课外书还是有浓厚的阅读兴趣。上课时，课桌上摆着教科书，课桌下却是托尔斯泰、陀思妥耶夫斯基、屠格涅夫、易卜生等文学家的著作。与此同时，他还醉心于写诗、写日记，积累感受。“现在看来，当年我在文学方面的这些阅读和习作并非徒劳。”周国平说，“我在哲学上的趣味大约是受文学熏陶而形成的。”

1978 年，周国平考入中国社会科学院哲学系读研究生，先后获哲学硕士、博士学位。1981 年进入中国社会科学院哲学研究所工作至今。主要著作有《苏联当代哲学》（合著）、学术专著《尼采：在世纪的转折点上》、随感集《人与永恒》《尼采与形而上学》、诗集《忧伤的情欲》《只有一个人生》、散文集《善良丰富高贵》、自传《岁月与性情》

《今天我活着》《爱与孤独》等，译著有《论辩证法的叙述方法》（合译）、《偶像的黄昏》、《希腊悲剧时代的哲学》等。其中《周国平文集》中的两则寓言《白兔和月亮》和《落难的王子》被选入了初中教材。

周国平的哲学散文是众多写作方式的融合与升华，形成了他独特的写作特色，他的哲学散文更侧重于把哲学生活化或者应用化，然而并不是刻意去生活化。周国平的散文中满溢着对生命的敬畏感，他鼓励人们要积极地面对人生，要饱含热情地好好活着。他认为人生或许是徒劳的，命运是不可改变的，可以改变的只是我们对生命的态度。

周国平用文学的方式在谈哲学。在周国平的哲学散文中，所表达的感悟仍是围绕着那些古老的哲学问题，例如生命的真谛、人生的意义、死亡、性与爱、自我、灵魂和超越等等。人生的意义、生命的真谛与哲学的关系，这是周国平一生所追求的，而生与死，正是这两种思想的终极命题，让周国平更加深刻地看到了人生和生命过程中的哲学意义。把情感升华至哲学的高度，把哲学融入情感世界之中以文学、散文的形式阐释出来。

另一方面，周国平的哲学散文也包含了哲学学术，因为哲学是一个知识积累和整理的过程，哲学作为一门学科来说，也需要知识的搜集和整理，但是哲学如果仅仅是以学术的方式出现，这就是离开哲学的根本了，所以周国平的哲学散文就采取另一种表达方式，把哲学学术和现实生活相联系，脱离了哲学家和散文家的界限，把对生活中的欢乐、痛苦，还有坚强和执著等生活感悟通过哲学散文的形式表达出来。

周国平的作品虔诚地探索现代人精神生活中的普遍困惑，重视观照心灵的历程与磨难，寓哲理于常情中，深入浅出，平易之中多见理趣。

荐读理由

《爱与孤独》秉承了周国平的一贯风格，收录其中的均为短文短句。文章虽短，却是以大音希声的姿态、仿佛蜻蜓点水的轻柔，囊括了宇宙间至高、至深奥的道理。手捧《爱与孤独》，既像是老友之间的喃喃细语，赘述着生活间琐碎杂芜的往事；又像是天边漂泊的高渺的回声，仿佛天外飞音，倾诉着宇宙间的奥妙。

本书共分十辑，分别为：人人都是孤儿；爱情不风流；女人和男人；性爱迷宫；婚姻的悖论；家和亲情；孩子和教育；生命中的无奈；人性研究；水上的落叶。

周国平的散文包含了极为生动的人文关怀。这些关怀从极其细微的一点出发，生发到社会中的每一个个体之间。正如他在文中所说：

"生命纯属偶然，所以每个生命都要依恋另一个生命，相依为命，结伴而行。生命纯属偶然，所以每个生命都不属于另一个生命，像一阵风，无牵无挂。每一个问题至少有两个相反的答案。"

"孤独源于爱，无爱的人不会孤独。也许孤独是爱的最意味深长的赠品，受此赠礼的人从此学会了爱自己，也学会了理解别的孤独的灵魂和深藏于它们之中的深透的爱，从而为自己建立了一个珍贵的精神世界。"

"孤独是人的宿命，它基于这样一个事实：我们每个人都是这世界上一个旋生旋灭的偶然存在，从无中来，又要回到无中去，没有任何人任何事情能够改变我们的这个命运。是的，甚至连爱也不能。凡是领悟人生这样一种根本性孤独的人，便已经站到了一切人间欢爱的上方，爱得最热烈时也不会做爱的奴隶。"

周国平在散文中表现出一种很自觉的强烈的批判意识，在他的散文里有一个思想核心——关注人的精神生活。他认为"精神生活的普遍平庸化是我们时代的一个明显事实"，并把其主要表现概括为三点：

信仰生活的失落、情感生活的缩减、文化生活的粗鄙。对此持批判态度的人可分为救世者和自救者两类，前者是具有强烈的社会责任；而后者是比较个人化的知识分子，他们更加关注自己独立的精神探索和文化创造活动，与俗世保持距离。

从周国平的思想和散文创作来看，毫无疑问他是属于自救者。正因为他坚守自己的人文精神立场，他关注现实世界中生活的个人，却没有知识分子的精神导师式的优越感；关注公共空间，却拒绝做时代或人民的代言人，这保证了他极为清醒、独立的批判立场。

周国平的哲理散文具有很强的思辨性，既充满着对人的存在意义的终极关怀，也从人的存在走向人的生存，贴近人的日常生活。在关注人的存在时，他认为人只有在寻找意义的过程中才能使人成为一种精神性的存在，同时作者以批判性的角度来关注人的世俗生活，揭示人在生存中只有放弃对意义的追寻过程，才不至于在日益商业化、世俗化的时代丧失人的精神性。周国平是在这个意义上来坚守人文精神的。

先睹为快

凡人群聚集之处，必有孤独。我怀着我的孤独，离开人群，来到郊外。我的孤独带着如此浓烈的爱意，爱着田野里的花朵、小草、树木和河流。

原来，孤独也是一种爱。

爱和孤独是人生最美丽的两支曲子，两者缺一不可。无爱的心灵不会孤独，未曾体味过孤独的人也不可能懂得爱。

由于怀着爱的希望，孤独才是可以忍受的，甚至是甜蜜的。当我独自在田野里徘徊时，那些花朵、小草、树木、河流之所以能给我以慰藉，正是因为我隐约预感到，我可能会和另一颗同样爱它们的灵魂相遇。

不止一位先贤指出，一个人无论看到怎样的美景奇观，如果他没有机会向人讲述，他就决不会感到快乐。人终究是离不开同类的。一个无人分享的快乐绝非真正的快乐，而一个无人分担的痛苦则是最可怕的痛苦。所谓分享和分担，未必要有人在场，但至少要有人知道。永远没有人知道，绝对的孤独、痛苦便会成为绝望，而快乐——同样也会变成绝望！

交往为人性所必需，它的分寸却不好掌握。帕斯卡尔说："我们由于交往而形成了精神和感情，但我们也由于交往而败坏着精神和感情。"我相信，前一种交往是两个人之间的心灵沟通，它是马丁·布伯所说的那种"我与你"的相遇，既充满爱，又尊重孤独；相反，后一种交往则是熙熙攘攘的利害交易，它如同尼采所形容的"市场"，既亵渎了爱，又羞辱了孤独。相遇是人生莫大的幸运，在此时刻，两颗灵魂仿佛同时认出了对方，惊喜地喊出："是你！"人一生中只要有过这个时刻，爱和孤独便都有了着落。

延展阅读

《周国平论人生》

本书是周国平的一部散文集，收入了《在义与利之外》《自己的园地》《精神栖身于茅屋》《心灵的空间》《有所为必有所不为》《每个人都是一个宇宙》《幸福是灵魂的事》《寻常的苦难》《死亡不是一个思考的对象》《失去的岁月》《困惑与觉悟》等散文作品。文句精炼，富有哲理，耐人寻味。

在《周国平论人生》中，周国平强调寻找人的存在意义，其实是强调一种形而上的精神性生活，但面对世俗化社会的物质潮流尤其是许多人在为生存而奔波的情况下，这很容易被认为是一种贵族式的理想主义，因此他所界定的人文主义并不排斥人的世俗幸福："人在世上生活，必须维持肉体的生存，也必须与他人交往，于是有肉身生活和社会生活。肉身生活和社会生活所满足的是人的外在的功利性需要。在此之外，人还有内在的精神性需要，其实质是对生命意义的寻求。这种需要未得到满足，人就会觉得自己是一个盲目的存在，并因此而感到不安，精神生活也是人的生活的不可缺少的维度。"这就是说，人的世俗幸福是人文精神的必要条件，但人对生命意义寻求的精神生活更是不可缺少的维度，而只有在人的精神生活的统摄下，人的全部才是有意义的，不至于走向虚无。

《稀世之鸟》

周涛　著

在世俗的强大手掌笼盖之下，耀亮过了，尽管迅忽，也许就是一切稀世之物的品格和命运吧？

推荐版本：解放军文艺出版社（1990 年）

关于作者

周涛，祖籍山西榆社，1946 年生，少年随父迁居新疆。1969 年毕业于新疆大学中文系，现为新疆军区创作室主任，著有诗集《八月的果园》《神山》《牧人集》《兀立荒原》《野马群》《周涛诗全编》等，散文集《稀世之鸟》《游牧长城》《深夜倾听海》《我醉欲眠》《天地一书生》《周涛散文》（上、中、下）等。曾获全国第二届新诗奖，第二届、第三届、第七届中国人民解放军文艺奖，第一届鲁迅文学奖和全军八一奖等，是当代中国最具个性魅力和文学气质的优秀作家之一。

20 世纪 80 年代，周涛是“新边塞诗”的领军人物，他对新疆各族人民的生活、风俗习惯、民族心理有细致入微的体察，以粗犷、雄奇、刚健、深沉悲壮的艺术风格丰富了新诗的审美空间，开了一代诗风。

周涛在他的诗歌创作达到巅峰时，开始转攻散文创作。对此，周涛说：“我花了 20 年，经历过通彻心脾的疑惑、思考、实践、寻找，真正完成了诗。但我忽然发现，在诗的领域内我的对手太强了，他们以惊人的洞察力和才气以及对现实的直觉把握，向我摆出一个又一个阵势，竟是一些我前所未见的棋局。”于是周涛审时度势、及时调整自己的写作路线，进入当时文学创作最薄弱的散文领域，以其作品的质量和数量成为当代卓有影响的几位散文大家之一。

周涛写诗成为诗人，写散文成为散文家，进入21世纪，周涛又改写小说，并已陆续发表。无论是诗歌、散文还是小说，周涛都把他对新疆这片热土的热爱毫不保留地倾注到文字中。余秋雨曾这样评价周涛："他对我来说是远方的山，就个人而论，我相信他与我的一些个人的成长经历和人生风格有一些差别。但是这个差别就是互相仰望的理由、互相惊讶的理由。在中国文化的发展过程中，新疆文化的地位肯定高于人们所想象的那样的地位。我相信新疆这块地方，或者比新疆更大的地方是中华文化拓展自己生存空间，然后改变自己存在本质的一个前沿。我想周涛的意义就在这儿，他把这块土地上曾经有过的时间意义上的一种力量和他本来所具有的一种空间意义上的力量组合起来了，组合在一个生命体上，变成一种当代话语。而这种当代话语不是一般意义上的采风，而由于它通过自己的生命来体现，所以一直保持着一种高贵。”

荐读理由

《稀世之鸟》是周涛的第一本散文集。集子里收录的文章气势恢宏，放达潇洒，浑然天成而无匠气。巍巍至昆仑、纤弱至雏雀小草，无不遣入笔端，而又无不被汇入一种超凡脱俗的气韵，一种对人生与历史茫若星河般深邃的思索。

文集的首篇《哈拉沙尔随笔》长达15000多字，可谓散文世界的庞然大物了。“哈拉沙尔”指的是位于天山南麓的焉耆盆地，《哈拉沙尔随笔》就是一篇以焉耆盆地的人事景观为描写对象的作品。文章写了严酷而冷漠的“北方嘴唇”，写了“中国的犹太人”，写了师父马洪武的家，写了左宗棠的后代，以及由此而浮现的令人不堪回首的历史画面，写了“抚回庄小住”，写了中坊寺的感受，写了开都河的怀念与惆怅。这种避开了现成思路的以描写人事为主的选择及构建，并非出自角度或视线方面的投机取巧，相反，恰恰是一种艰巨的感情冒险，深刻地体现了人的生存经验及历史的神秘性，充满了智者的风范。因而，文章的重心不在于抒写“哈拉沙尔”的美丽风光与迷人景致，而在于抒写那里有关回族人的历史旅程与人文精神，并从这一切的洞察之中显示散文创作的宽阔可能性。这就是周涛散文艺术的洒脱和深沉，以及“散文要传达才情”这一创作观念的体现。

在《吉木萨尔纪事》一文中，周涛表示他特别不满那些“在现实中占有了幸福，也在精神上占有了痛苦”的奇异呻吟，他说：“我决计在写这篇散文时避开一切可能让读者感到晦气与压抑的东西，剥掉笼罩在那段回忆之上的政治气候的乌云，去还原生活本身蕴存着的情致、生机。”于是，他经由诸如黄色土道、父亲、村夜的风、亲爱的麦子、猫与“难忘的猪”之类的似随意非随意的描写，写出了人与环境的被动而又主动的默契或和谐，写出了种种既平凡又并不平凡的理趣情致，以及那些虽然单调遥远但又贴近人的生存境遇的苦涩达观的回忆。追踪回忆或发挥回忆，几乎构成了周涛散文的主要艺术思维方式。在这里，当然不仅仅是《吉木萨尔纪事》，周涛众多的作品以它们自身的审美价值形态，向读者阐释了作者选择“避开”的真正意义：散文不是以华丽旖旎纤巧优美的叙述去记录或复现众所周知的景观物理人事，也不可能是专门制造压抑、失落感的艺术场所，更不是毫无节制或不求含蓄蕴藉地记录政治气候的单调工具，而是为了精神发现的创造，为了自己灵魂的声音，为了新鲜的画面与独到的境界，为了把读者的情感触角引向更深远、更博大、更富有人类良知的精神家园中去。

先睹为快

我没动。我惟恐惊飞了它们，更害怕错失这一幕最后的瞬间。我目不转睛且随之慢慢挪动，我已经不是在看两只鸟儿，而是在看一双不死的情爱之魂于光天化日之下现形！我当然想到了化蝶的梁祝，随之在耳边飘曳出那优美的小提琴协奏曲；我当然还想到了哈姆雷特的独白，“活着呢还是死？这是个问题”，如此等等。

这对朱鹮肯定是不会存在离婚的问题了，因为只有一对；它们显然更不用考虑计划生育的问题，因为即将绝种；但是难道它们不该考虑一下生态平衡的问题吗？老鼠那么猖獗，苍蝇那么密集，许多伟大的物种都在丑恶的包围中不堪忍受弃世而去，你俩是不是也打算这样呢？诚如是，这便是一次美的绝灭。

美的绝种是对强大世俗丑恶力量的抗议，也是留给这世间的惟一悲剧。它就是要让你永远无法弥补。

只是，朱鹮，你这样做不是太残酷了吗？留给丑恶去耕耘不是太缺乏责任感了吗？

朱鹮终于首尾相衔，一前一后飞走了，低低飞绕于绿阴丛中，留下了我们的包厢和一座空舞台。

朱鹮飞走了，惟一的一对儿。

不知它们能躲过几只瞄准的枪口？在索溪峪，它们还有可能延续生存下去吗？我有点儿担忧。这时，我毫不搭界地突然想起两句诗来：

生如闪电之耀亮

死如彗星之迅忽

只是，我又何苦去为一对鸟的命运担忧？

在世俗的强大手掌笼盖之下，耀亮过了，尽管迅忽，也许就是一切稀世之物的品格和命运吧？伟人忧国，愚人忧鸟。

延展阅读

《捉不住的鼹鼠》

这是作者的另一部精品。

本书从作者150万字的散文中选取20万字最具代表性的作品，时间跨度近20年，被评为周涛所有散文集中最为精粹的一本。周涛的散文创作站在诗歌的肩膀上，因而能够从容地步入散文世界的广阔领域和纵深地带。其作品中的大气、崇高感、饱满诗意和深沉智慧是一种令人赞叹的魔力。周涛散文是诗与思的融合，是中亚和北方的一座高峰，无疑也是当代中国散文的骄傲。通过这本散文集，读者可以充分领略这位诗人、散文家笔下飞扬的激情、混血的华美与恢宏的精神气象。

《山居笔记》

余秋雨　著

以直接感悟的方式探访、思考和书写中华文明。

推荐版本：文汇出版社（1998 年）

关于作者

余秋雨，当代作家、学者。1946 年出生于浙江余姚。1962 年毕业于培进中学，1966 年毕业于上海戏剧学院戏剧文学系。“文化大革命”期间，余秋雨的父亲被诬陷错划为“右派”，叔父遭到红卫兵及造反派的残酷迫害而含冤自尽。1969 至 1971 年，余秋雨赴江苏吴江县太湖农场劳动（即下放五七干校）。学校复课后参加过由周恩来总理亲自发起、组织的大学教材编写。1975 至 1976 年在恩师盛钟健先生的帮助下，到浙江奉化县一所半山老楼里苦读中国古代文献，研习中国古代历史文化。余秋雨先后历任上海戏剧学院院长、教授，上海剧协副主席。1991 年加入中国作家协会。

余秋雨以文化散文见长。1962 年开始发表作品。他先后出版了散文集《文化苦旅》《山居笔记》《霜冷长河》《千年一叹》《行者无疆》《摩挲大地》《寻觅中华》等，长篇记忆文学《借我一生》《我等不到了》等，学术专著《戏剧理论史稿》《戏剧审美心理学》《中国戏剧文化史述》《艺术创造工程》《中国戏剧史》《艺术创造论》《观众心理学》等。余秋雨在香港、台湾地区也有很大的影响，其作品始终居于畅销书之列。余秋雨曾被授予“国家级突出贡献专家”“上海市十大高教精英”等荣誉称号。现在还担任99读书俱乐部的荣誉董事长。

余秋雨曾说：“人生的道路也就是从出生地出发，越走越远，由此展开的人生就是要让自己与种种异己的一切打交道。打交道的结果可能丧失自己，也可能在一个更高的层次上把自己找回。在熙熙攘攘的闹市中，要实现后一种可能极不容易。为此，我常常离开城市，长途跋涉，借山水风物与历史精魂默默对话，寻找自己在辽阔的时间和空间中的坐标，把自己抓住。”于是，在《文化苦旅》和《山居笔记》等作品集中，他写下了一篇篇饱含呼唤故土和家园的乡愁散文：《酒公墓》《老屋窗口》《庙宇》《信客》《乡关何处》《漂泊者们》《华语情结》《大伯公》《这里真安静》等。

在余秋雨的作品中，他从自身对故乡的独特体验出发，勾勒出了淡淡的然而却是清晰的故乡、家园、祖国的影子，并通过对土地、家乡与生命的血缘关系进行哲学思考，表达了他把握自我、关爱家园的乡愁情结，使其乡愁散文呈现出“蝴蝶梦中家万里”式的美学意境。

最近几年，余秋雨又被联合国教科文组织、北京大学、中华英才编辑部等机构评为“中国十大艺术精英”“中国文化传播坐标人物”“2007十大学术精英”之首，又被世界华人经济测评体系授予“影响世界100年100位杰出华人奖”。2008年6月上海市政府教育委员会决定建立“余秋雨大师工作室”，主要从事文化散文写作和艺术理论研究。余秋雨已入载了英国剑桥《国际著名学者录》《世界名人录》《杰出贡献者名录》以及美国传记协会的《五千世界名人录》等。

荐读理由

《山居笔记》一书的写作，始于1992年，成于1994年，历时两年有余。为了写作此书，余秋雨辞去了学院的行政职务，不再上班，因此这两年多的时间十分纯粹，几乎是全身心地投入。投入那么多时间才写出11篇文章，效率未免太低，但作者的写作是与考察连在一起的，很多写到的地方不得不一去再去，快不起来。这样认真的态度也使得《山居笔记》更具价值。

余秋雨曾说：“在总体计划上，这本书是我以直接感悟方式探访中华文明的第二阶段记述。”读《山居笔记》，我们仿佛进入了一个历史的隧道，跟随作者一起去体验着一个个历史故事，倾听着他的历史文化思考，或喜或悲或哀或乐。

在《山居笔记》中，余秋雨表明了自己对“史”的尊重，并希望能将这些历史故事、历史事件得以最准确真实地还原，力图使史料严谨真实。“记得有一次为了核对海南岛某古迹一副对联上的两个字，几度函询都得不到准确回答，只得再去一次”；“香港中文大学在山上，我当时为了钻研资料栖居一处设备简单的集体宿舍叫曙光楼，因此有了‘山居’的说法”，这些无不表明作者对“史”考证之详，竭力避免“硬伤”的存在。这是因为“余秋雨历史文化散文的写作对象常常是现实中的历史文化遗迹，而作为历史文化，是被定格了的较为稳定的意识形态，不能妄加改变”。

《山居笔记》收录了不少名篇，以最后一篇为例。最后一篇是《历史的暗角》，讲的是历史上的小人。“小人”是一个很难定义的概念，常是通过“君子”的反义来理解的。余先生花了那么多笔墨写小人，正如他所说，研究小人是为了看清楚小人，给他们定位，以免他们继续频频地影响我们的视线。在文章中余秋雨对小人的行为特征做了分析，并给小人进行了分类，最后还从我们身边对小人的产生和活动空间、存在原因等方面作了精彩的注解。同时也表明了自己对小人的激愤并“需要让自己从心理上强悍起来”的态度。“他们是一团驱之不散的又不见痕迹的污浊之气，他们是一堆飘忽不定的声音和眉眼。”小人的恶陋难缠的嘴脸跃然纸上。我相信，历史上许多钢浇铁铸般的政治家、军事家最终悲怆辞世的时候最痛恨的不是自己明确的政敌和对手，而是曾经给过自己很多逆耳的忠言和突变的脸色，最终还说不清究竟是敌人还是朋友的那些人物。处在弥留之际的政治家和军事家死不瞑目，颤动的嘴唇艰难地吐出一个词——“小人……”，小人的恶毒，可见一斑！

余秋雨认为，小人之为物，不能仅仅看成是个人道德品质的畸形，这是一种带有巨大历史必然性的社会文化现象，这种现象在中国历史上的充分呈现，体现了中国封建社会的人治专制和社会下层低劣群体的微妙结合，结合双方虽然地位悬殊，却互为需要、相辅相成，终于化合成一种独特的心理方式和生态方式。

先睹为快

人们有时也许会傻想，像苏东坡这样让中国人共享千年的大文豪，应该是他所处的时代的无上骄傲，他周围的人一定会小心地珍惜他，虔诚地仰望他，总不愿意去找他的麻烦吧？事实恰恰相反，越是超时代的文化名人，往往越不能相容于他所处的具体时代。中国世俗社会的机制非常奇特，它一方面愿意播扬和轰传一位文化名人的声誉，利用他、榨取他、引诱他，另一方面从本质上却把他视为异类，迟早会排拒他、糟践他、毁坏他。起哄式的传扬，转化为起哄式的贬损，两种起哄都起源于自卑而狡黠的觊觎心态，两种起哄都与健康的文化氛围南辕北辙。

苏东坡到黄州来之前正陷于一个被文学史家称为“乌台诗狱”的案件中，这个案件的具体内容是特殊的，但集中反映了文化名人在中国社会中的普遍遭遇，很值得说一说。搞清了这个案件中各种人的面目，才能理解苏东坡到黄州来究竟是突破了一个什么样的包围圈。

为了不使读者把注意力耗费在案件的具体内容上，我们不妨先把案件的底交代出来。即便站在朝廷的立场上，这也完全是一个莫须有的可笑事件。一群大大小小的文化官僚硬说苏东坡在很多诗中流露了对政府的不满和不敬，方法是对他诗中的词句和意象作上纲上线的推断和诠释，搞了半天连神宗皇帝也不太相信，在将信将疑之间几乎不得已地判了苏东坡的罪。

在中国古代的皇帝中，宋神宗确实是不算坏的，在他内心并没有迫害苏东坡的任何企图，他深知苏东坡的才华。他的祖母光献太皇太后甚至竭力要保护苏东坡，而他又是尊重祖母的，在这种情况下，苏东坡不是非常安全吗？然而，完全不以神宗皇帝和太皇太后的意志为转移，名震九州、官居太守的苏东坡还是下了大狱。这一股强大而邪恶的力量，就很值得研究了。

这件事说来话长。在专制制度下的统治者也常常会摆出一种重视舆论的姿态，有时甚至还设立专门在各级官员中找岔子、寻毛病的所谓谏官，充当朝廷的耳目和喉舌。乍一看这是一件好事，但实际上弊端甚多。这些具有舆论形象的谏官所说的话，别人无法申辩，也不存在调查机制和仲裁机制，一切都要赖仗于他们的私人品质，但对私人品质的考察机制同样也不具备，因而所谓舆论云云常常成为一种歪曲事实、颠倒是非的社会灾难。这就像现代的报纸如果缺乏足够的职业道德又没有相应的法规制约，信马由缰，随意褒贬，受伤害者无处可以说话，不知情者却误以为白纸黑字是舆论所在，这将会给人们带来多大的混乱！苏东坡早就看出这个问题的严重性，认为这种不受任何制约的所谓舆论和批评，足以改变朝廷决策者的心态，又具有很大的政治杀伤力（“言及乘舆，则天子改容，事关廊庙，则宰相待罪”），必须予以警惕，但神宗皇帝由于自身地位的不同无法意识到这一点。没想到，正是苏东坡自己尝到了他预言过的苦果，而神宗皇帝为了维护自己尊重舆论的形象，当批评苏东坡的言论几乎不约而同地聚合在一起时，他也不能为苏东坡讲什么话了。

那么，批评苏东坡的言论为什么会不约而同地聚合在一起呢？我想最简要的回答是他弟弟苏辙说的那句话：“东坡何罪？独以名太高。”他太出色、太响亮，能把四周的笔墨比得十分寒碜，能把同代的文人比得有点狼狈，引起一部分人酸溜溜的嫉恨，然后你一拳我一脚地糟践，几乎是不可避免的。在这场可耻的围攻中，一些品格低劣的文人充当了急先锋。

延展阅读

《文化苦旅》

该书是余秋雨先生的代表作，主要是以余秋雨先生在全国各地的文化之地的游览过程为线索，思想非常深刻，语言也极有震撼力，揭示了中国文化巨大的内涵，其中对人性的拷问也极为深刻。整本书向读者展示了先生渊博的文学和史学功底，以及书中丰厚的文化感悟力和艺术表现力。该书也为当代散文领域提供了崭新的范例。

当中一篇《沙原隐泉》，仅 2500 字，纯粹写景和抒情的散文，却写得如诗如画。此文的主要内容是作者在敦煌县内沙漠地上，独自一人爬人沙山，然后又下山欣赏一湾清泉的过程和所见所感。文中，余秋雨是如此描绘沙山之美：“光与影以最畅直的线条流泻着分割，金黄和黛赭都纯净得毫无斑驳，像用一面巨大的筛子筛过了。日夜的风，把山脊、山坡塑成波荡，那是极其款曼平适的波，不含一丝涟纹……”在美学家和作家的笔下，“光”“影”.“线条”不再是一些只纯是理论没有生命的字词，而是能感应作者内心深处的字眼。

《成年礼》

筱敏 著

任何一位知识者，对自己民族的文化沙漠期的形成，都负有责任。

推荐版本：鹭江出版社（2010 年）

关于作者

筱敏，女，1952 年生于广州，当代诗人和散文家。1969 年初中肄业后，她在山沟里的通讯站当工人，一直到 1971 年。蛮荒的、纯真的山野激发了筱敏的创作热情，她开始在值班日志的背面写诗。在写诗的同时，她也创作一些中短篇小说。早期的诗歌有《米色花》《瓶中船》等。

筱敏后期的创作则以散文为主。当被问及创作形式的变化时，筱敏认为，这一变化是很自然的。她说道："每个人都有自己观察和感受世界的方式，即使都是内心有诗性的人，相互之间也有很多不同，其表现形式自然也有很多不同。一个人认识自己其实很不容易，一个写作者要找到最适合自己的表达形式更不容易，可能有的人很聪明也很幸运，一下就找到了，但我比较笨，我一直在寻找自己最自如的文体形式，多年来都处在寻找的过程中，诗、小说、散文我都尝试过，相对而言散文的数量更多一些，因为我在那里看到自由伸展的可能性更多一些。散文作为一个容器很宽敞，可以说是广阔无边的文体，从柏拉图式的对话录，到波德莱尔式的诗，从尼采式的思想断片，到赫尔岑式的浩繁叙事……都可以容纳其中，它规则最少，自由度最大。但我也遇到一个麻烦，它是否能容虚构的人物？因为没法解决这个麻烦，我前两年出版的《幸存者手记》还是只好叫做长篇小说。当然，形式上叫做什么并不重要，重要的是找到最自如的表达方式。”

筱敏的散文作品主要有《喑哑群山》《女神之名》《理想的荒凉》《成年礼》《阳光碎片》《风中行走》《捕蝶者》《记忆的形式》等。筱敏的作品关注人类自身的境遇，涉及自然、社会、历史、革命、自由、民主、知识分子、家庭和女性等各方面。

她的创作分为两个阶段，以1989年为分界线。筱敏曾说：“在那（1989年）之前，我对现实世界的看法基本来自主流意识形态，而那之后，我感到有非常多的问题需要自己重新认识，这种最终撬动根基的重新认识对于我是艰难和痛苦的，也需要时间。认识的曲折自然会在我的文字中留下痕迹，这也是我从这时开始侧重于散文的一个原因，清理自己的思想毕竟用散文来表述比较方便，而诗歌难以清晰表述。我反应慢，做事慢，从认识到书写就更慢，加上别的一些原因，比如出版发表的周折，可能就形成了几年的时间落差吧。”

在后期的创作中，筱敏和她的作品都执著于坚守当代知识分子的良知和责任。筱敏认为，“如果说左拉们的行动能力是一个太高的要求，那么退一步说，知识分子至少应该是具有独立思想能力的人，他们关注社会的历史和现实，并且发出自己的而不是国家的或者大众的声音。由于他们是独立的个体，关注方向和思维方式自然有差异，这就给我们提供了多元的视角认识我们的现实，而不是盲从于一元的国家意识。问题是，发出声音也不容易，这个权利还需要自己去争取，不能期待别人的恩赐。我敬佩那些介入的、有行动能力的知识分子，他们的存在使我们警醒。至于另外一些学有很多知识的人，却只热衷于利用其知识谋权获利，毫不在意破坏社会生态，那和知识分子完全是两回事”。

荐读理由

《成年礼》是筱敏的代表作品。本书是作者十余年散文创作的自选集，汇集了筱敏作品的精华。在《成年礼》中，作者以历史、革命、责任、知识分子、女性的多方面话题反思当下，具有普遍的现实价值。也就是说，《成年礼》既是筱敏毕生创作的一份礼物，也是洗涤读者、净化心灵的一份献礼。

在《成年礼·自序》中，筱敏说她的自我意识的生长是从中年时开始的，个人作为主体的成长需要穿过蒙昧和焦虑，需要经受沉寂、绝望和痛苦，需要契机，需要精神之光的引领。“在不适宜成长的气候和环境里，生长必须是一件坚执的事情。这也是一个理想主义者和唯美主义者所倾心的事情。”在此意义上，《成年礼》是筱敏作为理想主义者的个人言说，是一次由个人经验出发、沿着精神之光的引领进行的思想旅程。

《成年礼》聚焦“文化大革命”的回忆和描述。这部作品的内容和筱敏的个人经历息息相关。

筱敏曾说，写作当然与个人相关。童年和少年的经历在人的一生中非常重要，我们可以看到很多作家总是在反复书写自己童年和少年时代的故事，而我在少年时代遇上“文化大革命”，这是没法回避的事情。但并不是有相似经历的人就关注相似的事情，人和人的差异太大了，每个人的观察和记忆方式都不同，有的人的注意会停在这个时段，有的人会停在那个时段，即使对同一个时段的记忆，不同的人也相去很远。还有些人并不停留，把个人经历一路甩在后面。其实在所谓的“文化大革命”时期，我个人的经历平淡，家庭的经历也平淡，我只是个擦了一点边儿的边缘人，一个胆怯的旁观者。有的人神经比较粗壮，拿得起放得下，他们自身经历了很大的跌宕，过后内心的波澜却比较容易平复。而有的人神经纤弱，拿起来固然不容易，一旦拿起了又放不下去，外在的生活或许跌宕不大，但内心的波澜怎么也平复不了，甚至时间越长越是剧烈蔓延。我觉得我属于后者。现在有一种比较普遍的看法，认为“文化大革命”是这个国家历史的一个特殊时段，它突然发生了反常的事情。但我不这么看。我认为它是我们这个国家历史长河的一个自然段，相对比较集中地显露了我们政治和社会生态的特点，而这些特点向前是有本源的，向后是有延续性的。如果我们认为它只是一个特殊时段，那么当下就真的摆脱了特殊转入正常了吗?当下我们确实要面对许多新问题，而且比“特殊年代”更复杂，有的甚至更严酷、更极端，我以为相当多的新问题是从老问题中生出来的，我们要面对的依然还有许多是老问题。

先睹为快

我用注视正剧的目光注视我成长的时代，虔敬是我们这一代的基本素质。我的身量矮小，尽管踮着脚尖，也无法看到舞台中心的情景。除了在晃动的缝隙中偶然一瞥，我所看见的只能是飞扬到半空的事物，并借这缤纷的色彩编织我想望中的剧情。于是我自己的园地中长起一片初生的小树林：巴黎公社、乌托邦、伊加利亚共产主义……这一切，就跟众多的童话故事在讲述了主人公历经艰险和苦难之后，必定结束于“从此以后他们就幸福地生活在一起”一样，让人在生活的惶惑中，时时紧抱美丽的幻想。如同幼儿需要童话的喂养，一种对社会生活的幻想适时地出现在我的少年时代，我从不认为是一种不幸，尽管成年以后，谁都会明白童话和幻想不是真的。

任何一场以民主和社会平等为号召的革命，都可以使民众成为充满幻想的少年。我不认为任何一个简单的标签，例如“浩劫”，或者“权术”，就可以把一个民族的一段重要历史摁进某个凹陷处，使人们的目光可以冷漠地从那里一掠而过。一如洋学者所说："到目前为止，'文化大革命'一直被作为一个简便的标签用来描述从1966年开始的这一时期，但还没有对它本身的含义作进一步的探讨。"因为当我们的学者注视它的时候，总觉得自己羸弱无力，于是便把视线挪开了，结果那简便的标签就成了有效的封条。

我绝非学者，只是在回想自己的少年时代的时候，我同样有一种心衰力怯的感觉。我所能拾起的，只是一些十分琐屑的粉末和碎片，照此逻辑，我只能长成粉末碎片，但我希望会有某些反逻辑的事情发生。

那个非常的年代，我在干什么呢？我在跳猴皮筋；爬树和翻围墙；弄一些大小纸盒子养蚕和小兔子；一听说哪里发生了武斗事件，就满城乱跑去找我姐姐，看她是不是还好好地活着，像早晨出门的样子。接着，物质特别匮乏的时期开始了。我每天不断地去排队，为煤、柴、鱼肉和菜、红糖和粗盐、肥皂、火柴、不要布票的人造棉布……我学会了识别野菜和朽木上长出来的木耳，学会了做煤球，晒白菜干，腌制腊肉和咸鸭蛋，在没有阳光的屋后筑起栅栏，养鸡和种葱……我在长大，就像我的小鸡在长大一样，但没有人像我注意小鸡脱去绒毛的过程那样，注意我在什么时候开始变声，甚至连我自己也不知道。这样，在我满14岁的时候，就去当学徒工，开始我理想中从不允许的庸常生活。机械，枯燥，卑微，无足轻重。此后14年的做工岁月，使我充分理解了"一颗永不生锈的螺丝钉"的含义。

我是在爬树和翻围墙的日子里，开始了我杂乱无章的阅读的。阅读事实上构成了我最重要的生长经历。少年时代远离电视这种信息强权的怪物，也算是我们的一大幸运。

现在的知识者一致断言，我们这一代被荒废了，因为我们成长于一个文化的沙漠时期。然而，当我进入阅读之中，焦渴地四处窥探、张望，竟慢慢地靠近腹地的时候，我学着知识者的观望方式回首一瞥。我发现知识者的断言也并非全对，他们习惯上是不检视他们自身的。我以为我们的上一代人（常常正是他们对我们摇头叹息）也并非就享有了水草肥美。其实文化的沙漠期早就开始了。1966年之前的很大一片封域里，我们都看不到一株独立生长的大树，几丛被不断修剪的灌木，星点随季节来去的花草，是构不成绿洲的。这其实是一场沙暴得以瞬息覆盖全国的一个重要原因。任何一位知识者，对自己民族的文化沙漠期的形成，都负有责任。

我们不再能找到一名知识分子，这些本该充当社会的良心和理性的人都噤声了，不仅噤声，可能真的已经消失了。事实上，不再说话的知识分子，与根本就不存在有什么区别呢？我们现在只愿意为此控诉强权，却不愿为此检视知识者为反抗强权做了一些什么，承担了一些什么。

延展阅读

《阳光碎片》

这是作者的另一部精品。

本书是筱敏近年来对于革命、理想、专制与自由等主题进行深入考察后，用流畅而极富感染力的笔触写下的专题性作品集。全书分六辑，收录了46篇文章。“遥想法兰西”“德意志暗影”“俄罗斯诗篇”“感知中的阳光”，将个人记忆与作为社会运动的历史糅合在一起，探讨了革命、自由与理想的真正含义，指出无论在怎样的壮烈与卑劣时代，人类都应该葆有自己的自由与尊严。“记忆：1966—1976”“散叶”两辑则以作者的亲身经历和感念为诱因，追问历史真相，探视自己的灵魂，抒写生命的诗意，敏锐而感人。

《退步集》

陈丹青 著

文化传统的缺失、人文气息的消散，这既是实质上的退步，更是心智上的退步。

推荐版本：广西师范大学出版社（2005 年）

关于作者

陈丹青是当代中国著名画家、文艺评论家。祖籍广东，1953 年出生于上海，1978 年恢复高考时，考入中央美术学院油画系研究生班。1980 年毕业后留校任教，并以油画《西藏组画》赢得广泛赞誉，蜚声海内外。1982 年，陈丹青以自由画家身份移居纽约，2000 年回国后任清华大学美术学院教授、博士生导师，同时主持“陈丹青工作室”。2005 年 3 月，因不满现行高校教育体制辞职，回归了他曾经熟悉的自由的艺术家生活。

陈丹青思维敏锐，并有一种稳定而深沉的力量，不仅在绘画领域，他的文艺评论和散文随笔也别有韵味，引人入胜。至今已出版《纽约琐记》《陈丹青音乐笔记》《多余的素材》《退步集》《退步集续编》《荒废集》等多部散文集，拥有大量读者。他的散文涉及绘画、音乐、影像、城市、教育等方面，用冷峻的眼光审视社会，秉承一个知识分子的公道良心，对诸多不合理的现象作出辛辣的批评。

陈丹青的散文，具有强烈的个人风格。他的文章十分注重个人感觉的体悟，直来直去，畅快淋漓。往往心之所想，笔力所及，完全不拘泥于章法成规，思维到哪里就写到哪里，体现出心性自由后语言的解放。他的感情坦荡真率，强调独立、自我、个人的意识，也承袭了上海老派文人那种源自生命本性的克制与精致。他自觉地把绘画、造型技巧运用到写作中，词语和语句就是他的颜料，在画布上涂抹时既灵动又精确。

陈丹青2002年在“美术同盟”与艺术青年对话，当被人问及最大的爱好是什么时，陈丹青只回答了两个字：“发呆。”“发呆”是陈丹青的一种生活方式，也是写出有价值文章所需要的沉淀过程。或许由于绘画较之文学是一种更为抽象的艺术，所以陈丹青能够以犀利的视线直抵事物之本质，既关注现实，又超离于现实之上。作为一个成功的艺术家，陈丹青在名与利上已经收获颇丰，花费这么多精力著书写作，是因为他觉得这是自己的责任。他文章中的思想性、非功利性和艺术性如一股清泉，灌注进当今文坛。

荐读理由

本书取名“退步”，暗指对百年中国人文艺术界种种进步观念的自省和追问。书中收录了陈丹青2000年回国后五年间写作的部分文章。作者敏锐的洞察力、生动的细节刻画让人印象深刻。书评人黄集伟说：“陈丹青虽是个画家，但很多散文家写不出他一样的文字。另外，读者们虽不是他本人，但这个‘海龟派’笔下文化与语境的‘隔膜’与‘无助’，乃至‘欲拒还迎’的心态每个人都不难感同身受。”

陈丹青关心的重点并不全然在美术上，《退步集》里所收的文章在形式上也显得杂乱，有演讲整理稿、访谈纪录、应研讨会要求而写的书面发言稿，也不乏专论文章，范围遍及绘画、都市规划、摄影、学校、教育等方面。陈丹青说自己不像画家，又讨厌评论家的恶名，不愿被称为知识分子，宁肯当个“老知青”。这也反映出他广泛涉猎各个领域，在每一行都努力发出自己坚持的声音。

《退步集》的“退步”可以从两个小角度来审视。首先，陈丹青在《退步集》里收录了他引起轩然大波的辞职报告。因为对教育行政化和美术教育体制的不满，他毅然辞去了清华大学美术学院的教授职务，并把自己的想法明明白白地写在辞职信里。此外，有数篇演讲稿都对现代城市建设进行了评述，明确指出城市建设的杂乱无章，没有心理景观，只有建筑景观及行政景观，而行政景观更是外行领导内行，让北京成了现代建筑的试验场。这两方面的退步最可怕之处就在于反而呈现出了进步的“虚假繁荣”。表面上看，我们的教育在与西方接轨，在形式上与国外看齐，城市建设突飞猛进，高楼拔地而起。但这种现代化的背后，是文化传统的缺失、人文气息的消散，这既是实质上的退步，更是心智上的退步。

《退步集》中表达的观点非常庞杂，其中有几点值得注意。首先，作者十分直接地探讨了中国人对生命个体的轻贱。中国人不把自己当人看，许多人恶劣卑鄙的原因是由于从小别人就那么对待他，使他不知道对待别人时还能有什么其他的方式。陈丹青回忆了“文化大革命”时期上海美专毕业生的生活，以及 1978 年至 1980 年的中央美术学院，他把所了解的暴力、强权、人侮辱人、人欺负人的事件一一道来，讲述了身边那些遭受暴力与侮辱的受害人的生活。进而将话题延伸到今日的学术界，揭示了学者被行政权力绑架、价值观被行政权力扭曲的现状。其次，是常识与记忆、发展与进步的关系。作者将当代中国大规模的毁灭性建设运动，归结为“文化分裂症”。我们的心理所期许的景观，处处来自西方文明，指向西方文明，我们要在自己的国土上再造一个欧美。这一点在逐渐走向社会的“80 后”、“90 后”群体中表现得更为明显，他们所受的教育、所追逐的品位，无不向西方，尤其是美国看齐。这种自己摧毁自己的历史记忆，自己割断自己的传统常识，以“发展”与“进步”的名义伤害自己文化的行径，国人无不是深深裹挟其中而不能自拔。

先睹为快

编辑在电传里问：什么因素、什么时刻使你萌生了、确认了要当一名“艺术家”的想法？

我不知道，也不记得。至今我羡慕能够留起络腮胡子的人，我真想知道是什么因素、在什么时刻，他们的胡子开始“萌生”，并“确认”为络腮胡子，而我却没有。

编辑又问：面对现在艺术学院最年轻的艺术学生，如果他不知道您，会如何？

在今年出席的几次座谈会上，“最年轻的学生”递给我的字条会有这样的提问：“请谈谈您的初恋，还有中年的欲望。”底下加个小括弧，歪歪斜斜写着：“一定要回答呀！”我“会如何”呢？我说，在我的青少年时代，男生女生根本不讲话。至于中年的欲望，请诸位等到中年再问吧。

编辑还问：听说两次您的流泪，一次是在伦勃朗画前，一次是在学生面前。

胡说！我从未在“伦勃朗”或“学生”面前流过泪。在别的时刻或场合，我确曾纵容过自己的眼泪，有时，那简直是欢欣的经验，但除非“刑具伺候”，我绝不招供详细，直到我愿意将之转化为别的叙述方式。罗兰·巴特在他追念亡母的著作《明室》中，母亲以及母亲的照片是贯穿全书的话题，可是在书中的大量照片里既没有他的母亲，也没有他自己。他坦白，但什么也没交代。他说：

“我要发表心灵，而不公开隐私。”

年轻的达利初访毕加索：“先生，我今晨抵达巴黎，没去卢浮宫，先来看您！”

毕加索应声答道：“你做得对！”

艺术家自当如是看自己。凡·高同志要算是倒霉的，但他在给亲兄弟的信中说："有一天，全世界会用不同的发音念我的名字。"

这算是"隐私"还是"心灵"？20 世纪初，据说散在巴黎蒙马特高地的"盲流画家"中有位老兄每天早起将脑袋伸出阁楼天窗对着大街吼叫着：我是天才，我是天才！

看来我不配是个艺术家，不因谦虚，或因我是中国人。少年时，我在穷山沟里好像曾经躲进被窝偷偷默念过"我是天才"之类的谵语，因是过期太久的陈年"隐私"，可以"发表"，聊供读者笑一笑。当代中国艺术家总算敢于公开求声名，放狂话，遑急旷达，旷达而遑急，似也渐与西方人连同一气。我就不止一次在国中关于艺术的文字中读到引自安迪·沃霍的话：

"每人出名五分钟。"

20 多年前，我时或被人告知我已出了名。近年回转来，小小美术圈的同行居然依旧记得"陈丹青"。只是这点若有若无的小名声，与"我自己"有什么关系？是什么关系？每见围上来要求签名的"最年轻的艺术学生"，我总是感到委屈而失措：替他们委屈，替他们失措。我签，但即便是伦勃朗或毕加索此刻坐在正对面，我一定不会走上去要求签个名。我会目不转睛看他们，假如能够，我愿为他们捶背，洗脚，倒尿壶。齐白石说他甘愿给青藤八大磨墨理纸当走狗，绝对真心话。

编辑的电传还说：即使现在，也有人不断在对《西藏组画》做解读。不见得吧，要真是那样，我该怎样解读这"不断的解读"？那是我的"声名"还是"我自己"？关于那些画，倒是四川美院一位学生说得最痛快。他生长在拉萨，与我老交情，看到后来一拨拨画家跑去画西藏，他脱口而出：打倒陈丹青！

上个礼拜我遇见了陈丹青，真的！还是在湖北，讲座过后，同学们又挤过来要签名。忽然人丛里钻出一位能说会道的小姑娘，江西人，属羊，与我闺女一般大——大家哄笑了：原来这姑娘与我同名义同姓——名叫“丹青”的同志我知道好几位，同名同姓，现前面见，却是第一回——我们彼此瞪着，傻笑，不知如何是好。她要是个男子，与我同龄，我就可以模仿安迪·沃霍聪明而善良的恶作剧，聘请这位陈丹青为我抛头露面开讲座。不是吗？在众人的朗声哄笑中，我俩终于并排站站好：这回是我要求与“陈丹青”合个影。

临了，陈丹青同志一定要我为她写句话，我就写：

丹青：你怎么也叫陈丹青？接着签了我的名。

但随即我就后悔了：凭什么人家不能也叫陈丹青？我该这样写：

丹青：我也名叫陈丹青。

延展阅读

《退步集续编》

这是作者的另一部精品。

本书出版于2007年，与《退步集》相比，《退步集续编》的话题有所调整，教育、城市的议论相对减少，人文与艺术的剖析相对增加。陈丹青走进历史，追溯古今，试图更为清晰地描述当今文化的种种境况，在书中较多地谈论了鲁迅、文艺复兴和木心先生，特别是关于鲁迅的三篇长文，别具一格，是全书的亮点所在。如果说陈丹青在《退步集》中的犀利、老辣是一个提问者的姿态，那么到了《退步集续编》中，由于逐步对国内现实加深了了解，他不仅提出问题，而且还试着给出解决的方法。

《山南水北》

韩少功 著

这船不光是在空间里航行，而是在中国历史文化的画廊里巡游。

推荐版本：作家出版社（2008 年）

关于作者

韩少功，1953 年生于湖南长沙，曾用笔名少功、艄公等。韩少功 1968 年初中毕业后被下放到湖南省汨罗县的农村插队，1974 年调县文化馆工作，开始发表作品。1979 年加入中国作家协会并发表短篇小说《月兰》，在文坛崭露头角。曾任《天涯》杂志社社长。他的《西望茅草地》和《飞过蓝天》分别获 1980、1981 年全国优秀短篇小说奖，2002 年获得由法国文化部颁发的法兰西文艺骑士奖章。

韩少功是“寻根文学”的倡导者，1985 年他发表在《作家》杂志上的《文学的根》提出了“寻根”的口号。秉承湖湘文化精神且深受乡土情结影响的韩少功认为文学应该根植于民族文化的土壤里，根不深则叶不茂。在他看来，中国悠久深邃的民族文化尤其是地域文化里积蓄着巨大的生命底蕴和民间活力，只有立足于这样根深的文化土地里，才能让创作硕果累累。在积极倡导理论的同时，韩少功也不遗余力地进行小说创作与实践。他主动远离繁华喧嚣的现代都市，到湖南真正具有原始湘楚文化气息的乡土中去感受和探究，将创作之根深深扎在地域文化的血肉中，表现了向民族历史文化深层汲取力量的趋向，饱含深邃的哲学意蕴。在他看来，中国传统文化有“制度”和“非制度”之分，他认为传统文化中更多需要肯定和弘扬的是“非制度”的，存在于野史、传说、边地风俗以及道家思想和禅宗哲学中的文化精华；而对以儒家学说为核心的、被体制化了的“规范”文化，类似于迂腐的礼乐教化，则持拒斥、否定、批判的态度。20世纪80年代的韩少功以强烈的“寻根”意识，探寻文化规范对自由生命的制约，拷问制度化状态下人类生命和人类文明由起源向末日退化的形态，从中发掘出人性中的惰性和冥顽不化的国民劣根性，也完成对传统文化的一次批判。他塑造了许多畸形的人物形象，象征着顽固、丑恶、无理性的生命本性和无情、古老、封闭、近乎原始状态的文化惰性。

韩少功对艺术形式进行着不懈追求与突破，随着寻根文学热潮的退却，他开始了对新乡土小说的尝试。1996年，他的小说《马桥词典》出版，引起广泛争议。这部作品完全按照词典的体例编排，通过独立的词条和独立的叙事笔记将古老的湘楚文化诠释得恰到好处，可以说是一部真正的中南地区乡村文化生活词典，同时它又是一部形散神聚的长篇小说，几千年的历史演绎悉收囊中。近年来，韩少功的写作风格又有所变化，开始尝试创作思想笔记体小说。他隐居到湖南乡下，每天在纯粹自然的环境中思考、写作。虽然韩少功在艺术形式上不断追求创新，但他内心深处对乡土情结的认同的依恋始终是其作品中不变的主题。由于他对楚巫文化和《离骚》浪漫传统的推崇，在他以强烈的忧患意识审视民族劣根性的同时，以寓言、象征等艺术手段，重新复活了楚文化中光怪陆离、神秘绮丽的神话意味，为作品涂抹上神秘的色彩，给读者留下无穷的回味与思考。

荐读理由

2000年至2006年，韩少功每年大约有一半时间隐居在湖南汨罗县距他当年插队的村庄仅20公里的八溪峒。隐居期间他写了大量的随笔，后结集为《山南水北》。这部文集是第四届鲁迅文学奖优秀散文杂文奖中唯一全票通过的获奖之作，韩少功也借此被评为华语文学传媒大奖·2006年度杰出作家。《山南水北》共收录99篇随笔，其题材涉及人生、自然、社会和文化等诸多方面，是近十年来中国散文创作领域的重要作品之一。

《山南水北》中的文章多为写实作品，记录了作者对山野自然和民间底层的深入体察，他用细腻的笔调勾画了生动的人物和神奇的亲历。置身乡村生活中，韩少功深刻地体会到了乡村的恬淡、惬意，这是在城市里完全找不到的感觉。一切的感官在这里都是美妙的享受，美丽恬静的乡村生活能够为人的感官去蔽，使之突破原来的盲区，重新觉醒，恢复对天籁之音的感应。在《耳醒之地》一节，韩少功描述了感知启蒙过程及其带来的康复的愉悦。在这清幽的地方住下之后，人的感知也自然有了变化。凭着一双耳朵，人就可以读出鸟群中发生的事情，甚至读出它们的闺房隐私。不仅耳根，眼睛的感觉也渐渐复苏，显得神清目明，尤其是对月光的感受。如同从争权夺利的官场返回田园的陶渊明在南山下发现菊花一样，从城市归来的韩少功也在水面上发现了飞流的月色。

再次熟悉了这块土地的常态生活之后，一些知青时期沉淀许久的东西也随之浮了上来。《时间》《相遇》《老公路》《秋夜梦醒》等文章无不表露了一些相同的信息和风格。作者在其中回忆了一些或苦难、或甘甜的记忆，比如丧父之痛、雪中送炭的人、过去的伙伴……通过亲近乡土世界，也通过亲近自己那些隐秘的情感，作者得以与过去的自我重逢。因此《山南水北》中的杂文是充满了怀旧味道的，充满了怀旧者感伤与忧郁的气质。当然，怀旧必然包含了反思，而未经反思的生活终究是没有意义的。有人说《山南水北》是“新寻根”之作，也有人说这是一次“精神寻根”行为，无论哪方观点，都意味着作者写作姿态的再调整。他从感性出发而非从理性出发来观察周围的世界，所见的万物似乎都具有灵性，它们的生命力蓬勃向上，显示着自然的丰沛和博大。不仅是草木和动物，《寻找主人的船》中的那条船，在作者笔下似乎也具有生命力，无人划桨却独自漂流。所有这些其实都体现了韩少功对自然的亲近和礼赞，他以自己的经历用五官、心灵来感知乡村大地上的事和物，在生活中把对自然本真的细腻感受转化为对大地乡野深挚的爱。韩少功用欣悦和深情的笔调描绘山居生活，描绘与之为邻的贫寒却不乏宽厚与大度的乡民，真诚地与民同乐。于是他的笔下便有了神通广大的山间神医塌鼻子、充满灵性的邻家盲女等一组鲜活生动的乡民群像，围绕他们发生的故事个个精彩鲜明。他们身上既有乡间人的智慧，也有不可避免的局限，但所有的人物都是那样可爱、可敬、有趣。

这是一本对生活与文化不断提出问题的集子，是一个亲历者挑战思想意识主流的另类心灵报告。在《山南水北》中，韩少功力图将被文明社会草率忽视的乡村意义融入正在迅速更新的中国现实中去，将他故乡的山水人民嵌入新的中国文化版图中去，这是韩少功赋予《山南水北》的重要意义。

先睹为快

我一眼就看上了这片湖水。

汽车爬高已经力不从心的时候，车头大喘一声，突然一落。一片巨大的蓝色冷不防冒出来，使乘客们的心境顿时空阔和清凉。前面还在修路，汽车停在大坝上，不能再往前走了。乘客如果还要前行，投访蓝色水面那一边的迷蒙之处，就只能收拾自己的行李，疲惫地去水边找船。这使我想起了古典小说里的场面：好汉们穷途末路来到水边，幸有酒保前来接头，一支响箭射向湖中，芦苇泊里便有造反者的快船闪出……

这支从古代射来的响箭，射穿了宋代元代明代清代民国新中国，疾风飕飕又余音袅袅——我今天也在这里落草？

我从没见过这个水库——它建于上个世纪70年代中期，是我离开了这里之后。据说它与另外两个大水库相邻和相接，构成梯级的品字形，是红色时代留下的一大批水利工程之一，至今让山外数十万亩农田受益，也给老山里的人带来了驾船与打鱼一类新的生计。这让我多少有些好奇。我熟悉水库出现以前的老山。那时作为知青，我常常带着一袋米和一根扁担，步行数十公里，来这里寻购竹木，一路上被长蛇、野猪粪以及豹子的叫声吓得心惊胆战。为了对付国家的禁伐，躲避当地林木站的拦阻，当时的我们贼一样昼息夜行，十多个汉子结成一伙，随时准备闯关甚至打架。有时候谁掉了队，找不到路了，在月光里恐慌地呼叫，就会叫出远村里此起彼伏的狗吠。

当时这里也有知青点，其中大部分是我中学的同学，曾给我提供过红薯和糍粑，用竹筒一次次为我吹燃火塘里的火苗。他们落户的地点，如今已被大水淹没，一片碧波浩森中无处可寻。当机动木船"突突突"犁开碧浪，我没有参与本地船客们的说笑，只是默默地观察和测量着水面。我知道，就在此刻，就在脚下，在船下暗无天日的水深之处，有我熟悉的石阶和墙垣正在飘移，有我熟悉的灶台和门槛已经残腐，正在被鱼虾探访。某一块石板上可能还留有我当年的刻痕：一个不成形的棋盘。

米狗子，骨架子，虱婆子，小猪，高丽……这些读者所陌生的绰号不用我记忆就能脱口而出。他们是我知青时代的朋友，是深深水底的一个个故事，足以让我思绪暗涌。30年前飞鸟各投林，弹指之间已不觉老之将至——他们此刻的睡梦里是否正有一线"突突突"的声音飘过？

巴童浑不寝，夜半有行舟。这是杜甫的诗。独行潭底影，数息身边树。这是贾长江的诗。云间迷树影，雾里失峰形。这是王勃的诗。野旷天低树，江清月近人。这是孟浩然的诗。芦荻荒寒野水平，四周唧唧夜虫声。这是《阅微草堂笔记》中俞君祺的诗。……机船剪破一匹匹水中的山林倒影，绕过一个个湖心荒岛，进入了老山一道越来越窄的皱褶，沉落在两山间一道越来越窄的天空之下。我感觉到这船不光是在空间里航行，而是在中国历史文化的画廊里巡游，驶入古人幽深的诗境。

延展阅读

《爸爸爸》

这是作者的另一部精品。

这部作品是中国当代最优秀的中篇小说之一，通过描写一个原始部落鸡头寨的历史变迁，展示了封闭、凝滞的民族文化形态。作品以白痴丙崽为主人公，通过对他的刻画，勾勒出人们对传统文化的某种畸形病态的思维方式，表达了作家对传统文化的深刻反思与批判。丙崽是一个未老先衰却又总也长不大的孩童形象，外貌奇怪猥琐，只会反复说两个词："爸爸爸"和"×妈妈"。但这样一个缺少理性、语言不清、思维混乱的人物却得到了鸡头寨全体村民的顶礼膜拜，被视为神仙的代言人。缺少正常思维的丙崽正显示了村民们愚昧而缺少理性的病态精神症状。在鸡头寨与鸡尾寨发生争战之后，大多数男人都死了，而丙崽却依然顽强地活了下来。

《沉重的肉身》

刘小枫　著

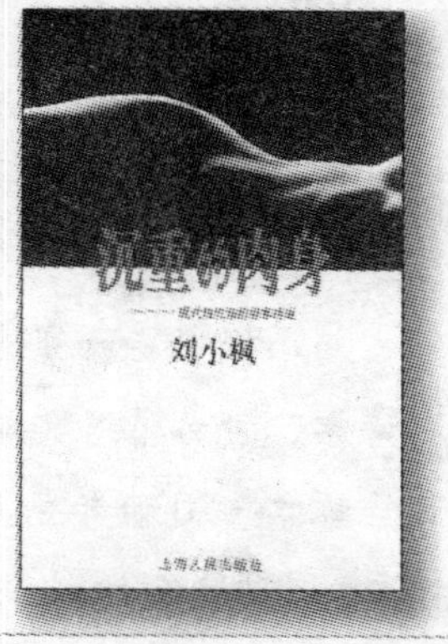

自由的叙事伦理学不说教，只讲故事。

推荐版本：上海人民出版社（1999 年）

关于作者

刘小枫，1956 年出生于重庆。他在《个体信仰与文化理论》的序言里记录了自己青少年时期的经历：其父“念小学未毕，然一生嗜读古书”，“我自幼常听他念东坡、廖平、沫若的贤人经”，“高中最后一年有点醒事，偷读旧体诗、新诗、小说。高中毕业下乡落户后，才开始自修。友人从城里每隔两月寄几本欧洲古典小说，还帮我借旧高中英文教本，偷音乐理论书和唐宋笔记小说。三年半务农，成了全把式农民，也还读了些杂书。返城后在重庆图书馆做学徒工，这个原为纪念罗斯福总统建的图书馆有不少英文书。借书有限制，目录还是可以随便看。闲翻英文书目录卡片给我很大刺激，若不通西文，等于半盲，于是开始自学法语。不久大学开考，我的考分不高不低，进了外语学院。大学四年，多不务专业，有计划地读文史哲书”。

1982 年，刘小枫大学毕业，考进北京大学读研究生，专业是美学。1986 年，他硕士毕业，进入深圳大学任教，同年出版了第一部个人作品《诗化哲学》。

1993年起，刘小枫任香港中文大学中国文化研究所研究员、北京大学比较文化研究所兼任教授。现任中国人民大学中文系客座教授、香港汉语基督教文化研究所学术总监、香港中文大学中国文化研究所荣誉研究员，并为中山大学哲学系教授、比较宗教研究所所长。

刘小枫主要研究方向系基督教思想史、古希腊思想史、中西方古典诗学、古希腊语文学、古典拉丁语文学、德国近现代思想、宗教—政治哲学。20余年中刘小枫笔耕不辍，著有《拯救与逍遥》《沉重的肉身》《诗化哲学》《走向十字架的真》《现代性社会理论绪论》《个体信仰与文化理论》《刺猬的温顺》《圣灵降临的叙事》等，随笔集《我们这一代人的怕与爱》等。

荐读理由

《沉重的肉身》收录了作者刘小枫随笔八篇，作者用清新流畅的文笔解读了一批现代作家的经典之作，并通过复叙事使一个个沉淀在我们生活中习以为常的伦理问题真正成了问题。毕希纳、昆德拉这些卓越的叙事思想家的叙事在刘小枫的复叙事中重新又鲜活了起来，呈现着新的意义。

正如《沉重的肉身》的副标题“现代性伦理的叙事纬语”所言，这本书集中讨论了现代性伦理问题。所谓伦理，其实是“以某种价值观念为经脉的生命感觉”，“伦理学是关于生命感觉的知识，考究各种生命感觉的真实意义”。伦理学有两种：理性的和叙事的。理性伦理学探究生命感觉的个体法则和人的生活应遵循的基本道德观念，进而制造出一些理则，让个人随缘而来的性情通过教育符合这些理则。叙事伦理学则通过叙述某一个人的生命经历触摸生命感觉的个体法则和人的生活应遵循的道德原则的例外情形，某种价值观念的生命感觉在叙事中呈现为独特的个人命运。理性伦理学关心道德的普遍状况，叙事伦理学关心道德的特殊状况，而真实的伦理问题从来就只是在道德的特殊状况中出现的。由于现代性伦理与叙事乃是一体的，现代性伦理其实就是依据个人的心性而非既定道德体系进行的叙事，“一种叙事，也是一种生活的可能性、一种实践性的伦理构想”。从中不难看出，现代性伦理并非基于某种规范的说教，而必然呈现为纷繁杂多的状态。

而现代性伦理，指的是人民伦理和个体自由伦理。时下人们正身不由己地从人民伦理中脱身出来，转向个体自由伦理。《沉重的肉身》的叙事纬语从人民伦理转到自由个体伦理，主要围绕中欧两位当代作家的叙事，以探讨两种不同的个体自由伦理的差异。《沉重的肉身》一书志不在现代性伦理的理论建构，而在具体探究一些作家在其作品中呈现出来的现代性伦理。本书谈到的作家（导演）有毕希纳、丽莲、昆德拉、卡夫卡、基斯洛夫斯基等，谈到的作品则有《丹东之死》《牛虻》《生命中不能承受之轻》《笑忘录》《被背叛的遗嘱》《小说的艺术》，电影《薇罗丽卡的双重生命》《红·白·蓝》《永无休止》《盲目的机遇》《十诫》等。通过对这些作家和作品的再叙述与再阐释，刘小枫指出小说（包括电影等一切叙事形式）存在的唯一理由，“就是个体偶在的喃喃叙事，就是小说的叙事本身：在没有最高道德法官的生存处境，小说围绕着某个个人的生命经历的呢喃与人生悖论中的模糊性和相对性厮守在一起，陪伴和支撑每一个在自己身体上撞见悖论的个人捱过被撕裂的人生伤痛时刻”。在这个意义上说，“自由的叙事伦理学不说教，只讲故事，首先是‘陪伴的伦理’”。

作为生活在人民民主社会中的一员，刘小枫对人民伦理予以了充分批判，认为“人民民主的伦理制度化地勾销了个人在生活中感受实际的困惑、作出自己的选择、确立自己的信念的能力”，即抽空了个人，这也是人民伦理社会中的个人道德意识冷漠的根本原因。不过刘小枫并未满足和停留于此。正像他最喜爱的导演基斯洛夫斯基对人之伦理困境的关注超越了社会制度和意识形态那样，刘小枫也借助思想侦探毕希纳的调查发现，指出在积极自由（人民伦理）和消极自由

（自由伦理）之上盘踞着的同为上帝缺席导致的虚无。实际上，个体与自身性情的关系才是伦理的在体性基础。每个人的性情都是一个随机形成的价值感觉秩序，决定了一个人只能这样而不是那样生活。从这个意义上说，个人的伦理问题与政治问题没有直接的关系。政治和社会制度问题解决了，个人的伦理问题并不必然随之解决。这一洞见表明，出入神学与哲学的刘小枫对革命的反省达到了新高度，乃是其超出一般制度论学者之所在。

先睹为快

伦理学自古有两种：理性的和叙事的。理性伦理学探究生命感觉的个体法则和人的生活应遵循的基本道德观念，进而制造出一些理则，让个人随缘而来的性情通过教育培育符合这些理则。亚里士多德和康德就是理性伦理学的大师。有德性的生命感觉，就等于是思辨的才能。叙事伦理学不探究生命感觉的一般法则和人的生活应遵循的基本道德观念，也不制造关于生命感觉的理则，而是讲述个人经历的生命故事，通过个人经历的叙事提出关于生命感觉的问题，营构具体的道德意识和伦理诉求。叙事伦理学看起来不过在重复一个人抱着自己的膝盖伤叹遭遇的厄运时的哭泣，或者一个人在生命破碎时向友人倾诉时的呻吟，像围绕这一个人的、而非普遍的生命感觉的语言虚气。叙事伦理学通过叙述某一个人的生命经历触摸生命感觉的个体法则和人的生活应遵循的道德原则的例外情形，某种价值观念的生命感觉在叙事中呈现为独特的个人命运。理性伦理学关心道德的普遍状况，叙事伦理学关心道德的特殊状况，而真实的伦理问题从来就只是在道德的特殊状况中出现的。叙事伦理学总是出于在某一个人身上遭遇的普遍伦理的例外情形，不可能编织出具有规范性的伦理理则。

荷马、索福克勒斯、但丁、莎士比亚是叙事伦理学的古典大师。叙事伦理学从个体的独特命运的例外情形去探问生活感觉的意义，紧紧搂抱着个人的命运，关注个人生活的深渊。叙事伦理学家们坚持：“每个人都是一个深渊，当人们往下看的时候，会觉得头晕目眩”（毕希纳）；“每一个人的生命都值得仔细审视，都有属于自己的秘密与梦想”（基斯洛夫斯基）。叙事伦理学在个别人的生命破碎中呢喃，与个人生命的悖论深渊厮守在一起，而不是像理性伦理学那样，从个人深渊中跑出来，寻求生命悖论的普遍解答。理性伦理学的质料是思辨的理则，叙事伦理学的质料是一个人的生活际遇。理性伦理学要想搞清楚，普遍而且一般地讲，人的生活和生命感觉应该怎样，叙事伦理学想搞清楚一个人的生命感觉曾经怎样和可能怎样。这并不等于叙事伦理学根本不理会应然——那样就谈不上伦理的道问学了，它只是不从与具体的人身不相干的普遍理则，而是从一个人曾经怎样和可能怎样的生命感觉来摸索生命的应然。听故事的人为叙事中的“这一个”人的个体命运动了感情，叙事语言的虚气就不经意地形塑或改变一个人的生命感觉，使他的生活发生了变化。听故事和讲故事都是伦理的事情。如果你曾为某个叙事着迷，就很可能把叙事中的生活感觉变成自己的现实生活的想象乃至实践的行为。叙事伦理学的道德实践力量就在于，一个人进入过某种叙事的时间和空间，他（她）的生活可能就发生了根本的变化。这种道德的实践力量是理性伦理学所没有的。

延展阅读

《拯救与逍遥》

这是作者的另一部精品。

该书是一次中西思想史的巡礼和对话。中西文化精神的品质存在巨大差异，它们并不能互译，最为根本性的不同就是拯救与逍遥。中国精神中，恬然之乐的逍遥是最高精神的境界，孔子也说“吾与点也”。佛道更不必说。而西方精神，受难的人类通过耶稣基督的上帝之爱而得拯救，人与亲临苦难深渊的上帝重新和好是最高境界。这两种精神品质的差异乃是“乐惠文化”（李泽厚语）与“罪恶”“爱恶”文化，超脱与救赎的精神冲突。本书是在救赎与超脱、拯救与逍遥这两种不同的精神方式之间展开精神冲突的对话。

《大地上的事情》

苇岸　著

宗教般的情感、自然朴素的语言，记录了“大地上的事情”。

推荐版本：中国对外翻译出版公司（1995 年）

关于作者

苇岸（1960—1999），原名马建国。苇岸的一生很短暂，并没有留下太多的作品，但是他的精神力量与人格魅力却使他和他的作品在读者心目中永生。林贤治在纪念文章中曾说：“苇岸的存在，给中国文学的一个最直接而明白的启示是：作家必须首先是一个优秀的人。”

1960 年，苇岸生于北京市昌平区。1978 年考入中国人民大学哲学系，毕业后留校任教。苇岸最初的职业并非文学，而是教授哲学。当问起为什么转行从事写作时，苇岸说：“70 年代末我在人民大学哲学系读书时，校园里正流行朦胧诗，我便喜欢上了诗歌。到昌平执教以后，和诗人海子比邻而居，结识了顾城、黑大春、蓝蓝等，继续写诗。八六年冬，海子向我推荐《瓦尔登湖》。我一连看了两遍，还作了近万字笔记，从此由诗歌转向了散文。”

1982 年，苇岸在《丑小鸭》发表第一首诗歌《秋分》，开始结缘于文学创作。1988 年，苇岸开始写作开放性系列散文作品《大地上的事情》，成为新生代散文的代表性作品。回忆起最初从事散文写作的时光，苇岸曾说：“（我从事散文写作）大约是80年代后期吧。《去看白桦林》《美丽的嘉荫》就是那时写的。1987年8月，我旅行到了黑龙江边上的小镇嘉荫。江对岸有一簇白房子，偶有狗吠和歌声传来。这是一个分界点，它被中国称为北方，俄罗斯却称它为南方。我望着越江而过的飞鸟，感到自卑。我想，总有一天人类会像鸟类那样自由，共同拥有不被边界阻隔的北方和南方、东方和西方。那时人们走在大地上，如同走在自己的院子里一样。”

苇岸恪守着知识分子的良知，这份良知贯穿了他短暂的生命旅程。苇岸敬畏大自然，钟爱农耕文明。他对于工业文明带来的污染、喧嚣、放纵、奢侈，怀有天生的厌恶和抵拒。在他的文学作品中，他热情歌颂田野上的蚂蚁、蜜蜂、喜鹊、野兔、麦子、桦林以及白雪、阳光、星星、月亮。大地上每一个角落的细微变动，都会给他带来不安、关注和牵挂。他被誉为“大地忠贞不渝的歌者”。

苇岸的文学世界敏感而自由，正如他的个性。苇岸从小善良，悲悯万物。他不能看屠宰牲畜，是个素食主义者。如果社会的疾病会带给人类创伤，那么这些创口的疼痛则集中在像苇岸这样敏感的文人身上。面对社会的弊病，苇岸黯然神伤。他曾经预言自己活不过21世纪。

1999年春，苇岸罹患肝癌。疾病迅速恶化，苇岸自觉将不久于人世。在最后的日子里，他抓紧时间整理、修订自己的全部作品，完成了他的第二部作品《太阳升起以后》。正在写作中的《一九九八：二十四节气》将成为未完篇的绝笔，这成为他最大的遗憾。

临终前，苇岸让自己的妹妹马建秀记下了他的忏悔：

“我平生最大的愧悔是在我患病、重病期间没有把素食主义这个信念坚持到底。在医生、亲友的劝说及我个人的妥协下，我没能将素食主义贯彻到底，我觉得这是我个人在信念上的一种堕落。保命大于了信念本身。”

1999年5月，苇岸因医治无效辞世。这位“21世纪最后的圣徒”，年仅39岁。按照苇岸的遗嘱，他请求他的朋友们在播撒骨灰时朗诵他最喜爱的诗歌，弗朗西斯·雅姆的《为他人的幸福而祈祷》。苇岸辞世时，他留给他人的是一片丰盛的祝福。

荐读理由

《大地上的事情》是苇岸的第一部作品集，也是他在世时出版的唯一作品集。这是一部启示录，也是一部赞美诗。苇岸将自然中的生命的美好复制在文本里，再现了一个纯洁的、温暖的本真世界。

这篇散文集由许多札记式的片段组成，记录自然界或作者身边的种种事物，并记录了作者的哲理式感悟和评价。文章所谓的“大地上的事情”，比如蚂蚁窝的样子、熊蜂的尸体、一只飞翔的鸽子、空地上的孩子、黎明时鸟的叫声、五月的麦田、阳台上的两只麻雀等，都是一些往往被人群忽略的事物。但文章的描述方式，却使我们仿佛第一次看到这些事物，兴致盎然地去观察虽微小却蕴含着生命的庄严和奇妙的自然界。

苇岸在《大地上的事情》里以饱含深情的笔墨书写了对季节的怀念：“秋天，大地上到处都是果实，它们露出善良的面孔，等待着来自任何一方的采取。每到这个季节，我便难于平静，我不能不为在这世上永不绝迹的崇高所感动，我应当走到土地里面去看看，我应该和所有的人一道去得到陶冶和启迪。第一场秋风已经刮过去了，所有结满籽粒和果实的植物将丰足的头垂向大地，这是任何成熟者必致的谦逊之态，也是对孕育了自己的母亲一种无语的敬祝和感激。”

苇岸从独特的发生学的角度思考了人与自然的关系史：“人类与地球的关系，很像人与他的生命的关系。在无知无觉的年纪，他眼里的生命是一口取之不尽、用之不竭的井，可以任意汲取和享用。当他有一天觉悟，突然感到生命的短暂和有限时，他发现，他生命中许多宝贵的东西已被挥霍一空。面对未来，他开始痛悔和恐惧，开始锻炼和保健。”苇岸的比喻告诉我们这样几层意思：首先，人与大地之不可分割，就如同人与自己的生命一般，对自然的蹂躏便和糟蹋自己的身体一样愚蠢；第二，自然资源和生命一样是有限的，因而是珍贵的，人年轻时很少想到死亡，是出于对生命无限的错觉，人的文明在对待自然资源时也同样如此；第三，人对自然的认识，应该是从幼稚走向成熟的。懂得害怕，是成熟的征兆，我们现在正开始“痛悔和恐惧”，这并非是一件坏事。

苇岸是大自然忠诚的“观察者”，他赞美自然中最可爱的生灵：胡蜂和各种蜂类、蝴蝶、麻雀、其他飞鸟、林木以及鸟巢……在《我的邻居胡蜂》中，他详细地记录了胡蜂的活，还有极其悲壮的告别场景。在胡蜂离巢以后，文中这样写到书房窗外的情景：“它们为我留下的巢，像一只籽粒脱尽的向日葵盘或一顶农民的褪色草帽，端庄地高悬在那里。在此，我想借用来访的诗人黑大春的话说：“这是我的家徽，是神对我的奖励。”他写蜜蜂：“它们就在我们身边，似一种光辉，时时照耀、感动和影响着我们，也使我们经常想到自己是普通劳动者和舍生忘死的英雄。”他写到处流浪而与自然一体的放蜂人：“他常于现代进程之外，以往昔的陌生面貌，出现在世界面前。他孤单的存在，同时是一种警示，告诫人类：在背离自然、追求繁荣的路上，要想想自己的来历和出世的故乡。”他去看白桦林，说：“我相信，白桦树淳朴、正直的形象，是我灵魂与生命的象征。”在这里，正直是生存的首要条件、方向，同时构成了品质。他赞美羊，因为那是“人间温暖的和平精神”。

《大地上的事情》被诗人林贤治评价为，“体现了托尔斯泰对于真理的宗教般的追求，平易而朴素”。

先睹为快

一

我观察过蚂蚁营巢的三种方式。小型蚁筑巢，将湿润的土粒吐在巢口，垒成酒盅状、灶台状、坟冢状、城堡状或松疏的蜂房状，高耸在地面；中型蚁的巢口，土粒散得均匀美观，围成喇叭口或泉心的形状，仿佛大地开放的一只黑色花朵；大型蚁筑巢像北方人的举止，随便、粗略、不拘细节，它们将颗粒远远地衔到什么地方，任意一丢，就像大步奔走撒种的农夫。

二

下雪时，我总想到夏天，因成熟而褪色的榆荚被风从树梢吹散。雪纷纷扬扬，给人间带来某种和谐感，这和谐感正来自于纷纭之中。雪也许是更大的一棵树上的果实，被一场世界之外的大风刮落。它们漂泊到大地各处，它们携带的纯洁，不久即繁衍成春天动人的花朵。

三

写《自然与人生》的日本作家德富芦花，观察过落日。他记录太阳由衔山到全然沉入地表，需要三分钟。我观察过一次日出，日出比日落缓慢。观看落日，大有守侍圣哲临终之感；观看日出，则像等待伟大英雄辉煌的诞生。仿佛有什么阻力，太阳艰难地向上跃动，伸缩着挺进。太阳从露出一丝红线，到伸缩着跳上地表，用了约五分钟。

世界上的事物在速度上，衰落胜于崛起。

四

这是一具熊蜂的尸体，它是自然死亡，还是因疾病或敌害而死，不得而知。它偃卧在那里，翅零乱地散开，肢蜷曲在一起。它的尸身僵硬，很轻，最小的风能将它推动。我见过胡蜂巢、土蜂巢、蜜蜂巢和别的蜂巢，但从没有见过熊蜂巢。熊蜂是穴居者，它们将巢筑在房屋的立柱、檩木、横梁、椽子或枯死的树干上。熊蜂从不集群活动，它们个个都是英雄，单枪匹马到处闯荡。熊蜂是昆虫世界当然的王，它们身着的黑黄斑纹，是大地上最怵目的图案，高贵而恐怖。老人们告诉过孩子，它们能蜇死牛马。

五

麻雀在地面的时间比在树上的时间多。它们只是在吃足食物后，才飞到树上。它们将短硬的喙像北方农妇在缸沿砺刀那样，在枝上反复擦拭。麻雀蹲在枝上啼鸣，如孩子骑在父亲的肩上高声喊叫，这声音蕴含着依赖、信任、幸福和安全感。麻雀在树上就和孩子们在地上一样，它们的蹦跳就是孩子们的奔跑。而树木伸展的愿望，是给鸟儿送来一个个广场。

六

穿越田野的时候，我看到一只鹞子。它静静地盘旋，长久浮在空中。它好像看到了什么，径直俯冲下来，但还未触及地面又迅疾飞起。我想象它看到一只野兔，因人类的扩张在平原上已近绝迹的野兔，梭罗在《瓦尔登湖》中预言过的野兔："要是没有兔子和鹧鸪，一个田野还成什么田野呢？它们是最简单的土生土长的动物，与大自然同色彩、同性质，和树叶、和土地是最亲密的联盟。看到兔子和鹧鸪跑掉的时候，你不觉得它们是禽兽，它们是大自然的一部分，仿佛飒飒的木叶一样。不管发生怎么样的革命，兔子和鹧鸪一定可以永存，像土生土长的人一样。不能维持一只兔子的生活的田野一定是贫瘠无比的。"

看到一只在田野上空徒劳盘旋的鹞子，我想起田野往昔的繁荣。

延展阅读

《一九九八：二十四节气》

该书是苇岸的遗作。1998 年，为了写作这部作品，苇岸在家附近选择了一块农地，在每一节气的同一时间、地点，观察、拍照、记录，最后形成一段笔记。1999 年在病中写出最后一则《二十四节气：谷雨》。

《一个人的村庄》

刘亮程 著

一个在枯黄田野上劳忙半世的人，终于等来草木青青的一年。

推荐版本：

●春风文艺出版社（2006 年）

●新疆人民出版社（2001 年）

关于作者

刘亮程 1962 年出生在新疆古尔班通古特沙漠边缘沙湾县的一个小村庄里，在那里度过了童年和少年时期。长大后种过地、放过羊，当过十几年乡农机管理员，劳动之余写点文章。他的第一部散文集《一个人的村庄》1998 年由新疆人民出版社初版，引起了文坛的热切关注。2001 年，刘亮程获第二届冯牧文学奖文学新人奖。

刘亮程不是站在一边以“体验生活”的视角来写作，而是写自己真切生活的村庄，写他眼中的、心中的、生于斯长于斯、也终将葬于斯的这一方土地。38 岁以前，刘亮程一直生活在叫黄沙梁的村庄里，干活、吃饭、娶妻、生子，是一个地地道道的农民。不过他一直写诗，也写散文，他的内心里生长着一颗种子，他用文字记录村庄，记录村庄的平静与艰辛，蕴含了诗意也蕴含了无奈。刘亮程的文字朴素而旷远，有人称之为“乡村哲学家”。作家李锐评论他的文章时说：“真是很少读到这么朴素、沉静而又博大、丰富的文字了。我真是很惊讶作者是怎么在黄沙滚滚的旷野里，同时获得了对生命和语言如此深刻的体验。在这片垃圾遍地、精神腐败、互相复制的沙漠上，谈到农民刘亮程的这组散文，真有来到绿洲的喜悦和安慰。”作家李陀则认为刘亮程的才能在于“好像能把文字放到一条清亮透明的小河里淘洗一番，洗得每个字都干干净净，但洗净铅华的文字里又有一种厚重。捧在手里掂一掂，每个字都重得好像要脱手”。

刘亮程对村庄的感情是深沉而渗入生命的，正如他自己所说：“我的生活容下了一头驴，一条狗，一群杂花土鸡，几只咩咩叫的长胡子山羊，还有我漂亮可爱的妻子女儿。我们围起一个大院子、一个家。这个家里还会有更多生命来临：树上鸟、檐下燕子、冬夜悄然来访的野兔。我的生命肢解成这许许多多的动物。从每个动物身上我找到一点自己。我饲养它们以岁月，它们饲养我以骨肉。”人和牲畜，阳光和风，农活和死亡，麦子，苞谷，鸟，这些就是一个村庄的边界。风把门刮开，又很快把门关上，刘亮程就这样记录村庄。“有些东西跑得快，我们放狗出去把它追回来。有些东西走得比我们慢，我们叫墙立着等他们，叫树长着等它们。”他说，“就是我们这些人在拖延时间，我们年轻时被时间拖着跑，老了我们用跑瘸的腿拖住时间”。就在他们拖延的时间里，儿孙们慢慢长大，生生不息，刘亮程的文字仿佛也被这原始的野性张力注入了源源不断的生命，在这片旷野上茁壮成长。

荐读理由

散文集《一个人的村庄》中记录了刘亮程对村庄的挚爱。他对一切乡土的东西毫无保留地赞颂，所有的鸡鸭猫狗、驴马牛牲、草木鱼虫、风土山水，都被他赋予诗情画意般的升华。在这个“隐没在国家的版图中，没有名字，没有经纬度”的村庄中，作者为小心谨慎好不容易才活到老的狗、“宁肯趴着往前走绝不跪着求生存，把低贱卑微的生活得一样自在、风流且亢奋的驴”、“从来就不属于谁的”逃跑的马，还有那个“几乎把她的每个蛋都怜惜地藏起来，孵成了墨黑墨黑的小鸡”的黑夜，以及其他乡村中再普通平凡不过的小畜生们树碑立传。这些小畜生们与人一样拥有生存智慧，有时甚至是人的世界所不能企及的智慧。作者的化身“刘二”就总觉得那头驴“在一个又一个冷寂的长夜，双目微闭，冥想着一件又一件大事。想的异常深远、透彻，超越了任何一门哲学、玄学、政治经济学”。

刘亮程还关心那些“生命简洁到只剩下快乐”的永恒的小虫子，它们一年一年地鸣叫着。在这个风改变了所有人的一生，树一直向空中探路，走出各种声音的村庄，连脆弱的花草也绽放出诗意：“我一回头，身后的草全开花了。一大片。好像谁说了一个笑话，把一滩草惹笑了。……一个人脑中的奇怪想法让草觉得好笑，在微风中笑得前仰后合。”这些日常生活中的平凡事物在作者的眼中都焕发出熠熠光彩，刘亮程对人和物的双重观照也传递了众生平等的思想，让人在所谓大生命与小生命的同死共生中体悟了超越生命的永恒，平抚了现代社会浮躁的心灵。

刘亮程是一个寻梦者，他带领人们去捡拾丢失的梦，而他自己则沉浸在梦里不愿醒来，家园对于他就像他的身体一样，哪怕是极其细微的变化也能在刘亮程心灵里投下深深的影像。他在《村东头的人和村西头的人》里写道：“住在村东头的人，被早晨的第一缕阳光照醒，这是一天的头茬子阳光，鲜嫩洁净，充满生机。光线的质量直接决定着人的内心及前途的光明程度……村西头早晨的影子是残梦，是梦幻与现实的暧昧与交替。这种影子里长大的人，忧郁、怀疑、好妄想。”村东头与村西头的距离在这里仿佛扩大成为一个世界那么大，他不可思议地议论着人们习以为常的事物，并为一种家园深沉的情感所维系着。

而他又是如此的谦逊，“在这个村庄里，文人习惯的优越、闲适态度是没有的，风雅是没有的”，作为农民之子的刘亮程深知庄稼人的生活实质：“一场劳动带来另一场劳动，一群人替换掉另一群人。同一块土地翻来覆去，同一样作物，青了黄，黄了青。”“劳动”这道需要不停擦掉重做的习题，永远地摆在面前。村庄的宁静与和谐的对面是千百年来不可停息的劳作，是农民挥之不去的宿命。所以静美的文字下，也隐藏着作者深深的无奈。他为日日剧变着的家园而悸动，为农民的生存困境而叹息，如实地写下耳闻目睹的一切。以中国农民在苍茫大地上的生死衰荣，庄严地揭示了民族生活中素朴的真理，在对日常岁月的诗意感悟中发掘人心中最根本的价值。

先睹为快

一条狗能活到老，真是件不容易的事。太厉害不行，太懦弱不行，不解人意、善解人意了均不行。总之，稍一马虎便会被人剥了皮炖了肉。狗本是看家守院的，更多时候却连自己都看守不住。

活到一把子年纪，狗命便相对安全了，倒不是狗活出了什么经验。尽管一条老狗的见识，肯定会让一个走遍天下的人吃惊。狗却不会像人，年轻时咬出点名气，老了便可坐享其成。狗一老，再无人谋它脱毛的皮，更无人敢问津它多病的肉体，这时的狗很像一位历经沧桑的老人，世界已拿它没有办法，只好撒手，交给时间和命。

一条熬出来的狗，熬到拴它的铁链朽了，不挣而断。养它的主人也入暮年，明知这条狗再走不到哪里，就随它去吧。狗摇摇晃晃走出院门，四下里望望，是不是以前的村庄已看不清楚。狗在早年捡到过一根干骨头的沙沟梁转转，在早年恋过一条母狗的乱草滩转转，遇到早年咬过的人，远远避开，一副内疚的样子。其实人早好了伤疤忘了疼。有头脑的人大都不跟狗计较，有句俗话：狗咬了你你还去咬狗吗？与狗相咬，除了啃一嘴狗毛你又能占到啥便宜。被狗咬过的人，大都把仇记恨在主人身上，而主人又一股脑儿把责任全推到狗身上。一条狗随时都必须准备着承受一切。

延展阅读

《虚土》

该书是刘亮程的第一部长篇小说。小说讲述了茫茫虚土梁上一座村庄的故事。村庄里一个五岁的孩子一直怀疑自己是否真的出生，或者已经出生却从没有长大，长大的全是别人，全是被别人过掉的生活和被别人做完、废墟一样弃在荒野上的梦。虚土庄的所有事物，都披着一层梦呓般的虚幻色彩。生活的方向被一场一场风吹偏，虚土梁上的村庄常常空无一人。在村庄之外，永远打问不到自己村庄的消息，在村里，永远打问不到自己和家人的一丝消息。《虚土》描绘了一个直觉所能到达的世界。在这个世界里，耳朵、心灵、眼睛孤独地洞开，世界混沌初开般宁静、虚空，任何声响、动静以及天地间事物的微妙变化在这个直觉世界里被捕捉、感知和呈现。

《你的身体是个仙境》

周晓枫 著

越过自恋、唯美和抒情的重重障碍，逼近生存真相。

推荐版本：二十一世纪出版社（2005 年）

关于作者

周晓枫，女，1969 年 6 月生于北京，1992 年毕业于山东大学中文系。曾做过八年儿童文学编辑，2000 年调入北京出版社。出版有散文集《上帝的隐语》《鸟群》《斑纹：兽皮上的地图》《收藏：时光的魔法书》《你的身体是个仙境》等，曾获冯牧文学奖、冰心散文奖、十月文学奖、庄重文文学奖、《人民文学》散文奖等奖项，被《人民文学》与《南方文坛》联合主办的青年作家批评家论坛评为“2007 年度青年作家”。

周晓枫的散文独抒性灵、表达真我，传递个人生命的体验和思考，当散文写作日益成为文人养病的方式时，她的散文却依旧保持着锐利、沉着、优雅的面貌，在当代散文界独具一格。她的散文每篇都带着鲜明的周晓枫散文的标签，它们有着一以贯之的笔调、风格和韵味，依然如故地在沉郁之中尽显狞厉。她说：“但愿我能获得能量和勇气，越过自恋、唯美和抒情的重重障碍，逼近生存真相。”冯牧文学奖的评语认为周晓枫的写作“承续了散文的人文传统，将沉静、深微的生命体验溶于广博的知识背景，在自然、文化和人生之间，发现复杂的、常常是富于智慧的意义联系。她对散文艺术的丰富可能性，怀有活跃的探索精神。她的作品文体精致、繁复，别出心裁，语言丰赡华美，充分展示书面语言的考究、绵密和纯粹。她的体验和思考表现了一个现代青年知识分子为探寻和建构充盈、完整的意义世界所作的努力和面临的难度。她的视野也许可以更为广阔，更为关注当下的、具体的生存疑难，当然，她的艺术和语言将因此迎来更大的挑战”。

周晓枫在新世纪以来的散文中着力表达女性内在的身体经验及其所包含的女性成长的诸多可能性。作为20世纪60年代末出生的作家，她发现了这一代女性在融入了传统女性身体禁忌的革命身体观念的影响下所形成的一种视身体为精神异己，对身体进行自我省察、自我管制的无意识行为。这种心态导致女性在罪恶感的压力下逃避、厌弃、压抑自己有性别的身体，这种对性别的拒绝带来了女性生命成长中无以言说的疼痛。周晓枫以对女性身体的倾听显示着身体的在场，她不同于被炒作得沸沸扬扬的身体写作的重要之处在于，她所叙述的是有伦理、有尊严的身体，它呈现了女性饱含生命痛感的性别认同过程。

周晓枫是尖锐的、华丽的、沉着的，同时又是柔软的、质感的、新鲜的。她以对万物生灵的尊重和对女性成长的关注，在写作中开辟出了一条浸润着鲜活体验与独特智慧的先锋性散文之路。她超越女性写作者自恋、唯美和抒情的种种阻碍，超越读者概念化的、抽象的、天使般的女性期待，以对女性经验的切身体验和绝对个人化的探索精神在当代散文发展中独树一帜。

荐读理由

《你的身体是个仙境》是周晓枫2005年出版的散文集，收录了她22篇散文佳作。在《你的身体是个仙境》一文中，作者结合自身的经历，记述了女性“来自肉体的麻烦”。幼年时期的畸胎瘤不仅让周晓枫承受肉体的疼痛，还带给她难以言说的羞耻。一个年仅 9 岁的小女孩对需要到妇科医治的疾病产生了无比恐惧的想象，于是她撒谎了，因为她也知道不能有“道德上”的传染性，为了荣誉需要有所掩饰。那个被认为不纯洁的妇科手术结束后，作者还受到来自伤口和喜剧电影的折磨——笑的时候震动伤口，疼得忍不住哭。摔倒、打嗝、放屁……这些不能控制的身体行为被周晓枫视为耻辱，她恨不得把自己塑造成一个纯粹精神的存在。除了自己的故事，周晓枫还在文中记述了一个女病人凤梅的遭遇。凤梅是一个不满 19 岁的少女，她不但长相普通，还缺少“女病人应有的优雅的虚弱”。接下来一大段对凤梅的描写，就像是在直接观看生活本身。凤梅每天两次大便，没及时拿到尿壶会失控地尿在床上，毫不避讳地让表哥知道她的生理周期。凤梅不是童话里呼吸着纯氧的爱情公主，她遭遇到的是在生活中随处可见的苦难，这些都是没有经过修饰的、不美的苦难。我们崇高的同情心难以施舍给一个被这样的苦难所纠缠的病人身上，特别是在切身感受到她的粗俗和丑陋以后。

周晓枫在文中写道：“我渐渐失去了最初的同情，长得不好看，还说蠢话，凤梅微胖的肉体制造太多麻烦。”她的描述让这些日常微小的事情无限深入下去，仿佛透过生活的皮毛触及它内在的肌理。生活中的痛苦、真实、希望、幻象和疼痛扑面而来，众多复杂的情绪挤压着读者，让人们为那个充满生活粗糙真实感的凤梅所感动。周晓枫说，女性的成长，要面临那么多险境。从童年时期被不懂事的小男孩惊吓，到令人讨厌的生理现象；从懵懂时期危险的肉体游戏，到成人后的男女情谊，处处充满艰难险阻。

《你的身体是个仙境》的结尾有这样一段话：“我爱的，这即将为你享用的乐园，我已用数十年的苦难建设。它是我点滴储存的赃款，是否，它开始偿还，给我非法的利息和欢愉。”尽管曾带给她无数痛苦的记忆、丑陋的羞耻，身体这个“恶魔”却还是成为她爱的乐园。轻盈和沉重相互交织，让作者游移在生活真实的悲喜之中，这些就是作者所感知到的仙境，所谓身体的仙境，实际就是生命本真琳琅满目的存在。

先睹为快

她的脸和身材都变形得厉害——两年没见了，她刚刚在几十个小时以前做了母亲。我的女友怀抱满身通红的褶皱婴儿，给我古怪的错觉：看陌生人抱着小怪物。这就是女人的幸福。女友向我出示剖腹产的刀口：纱布红红黄黄的渍迹，刀口长得吓人。人们从她的血肉中夺取孩子，从此，她的命被劈开了。

我的腹部有一道相似的伤痕，它跟了我20多年，我都快忘了那是手术刀的业绩了，好像与生俱来，我天生就不完整。9岁那年，它如此醒目，我直起身子或弯腰都疼，身体藏了把折刀似的。

肉体意识通常是由疼痛唤醒的。那天放学途中我有意落在后面，缓慢地蹲下来，背靠涂满炭黑字迹的电线杆，最下面那行斜写的字迹就印在我身后："金明军是条狗！"蝙蝠缭乱地飞，我承受剧疼，却羞于求援。路人黑色的脚在眼前交错。身体的灾难瞬间就把我推入深渊。天黑了，我遭到蒙面世界的抢劫。

大夫后来对妈妈说，畸胎瘤已经体位扭转，再晚来一会儿我就会休克。他诧异我为什么独自忍受那么长时间而不叫喊。他不知道我害羞到什么程度，尤其针对与肉体相关的事情。我幻想自己有鱼一样无声无息的肉体。

或者，我预感到这种不祥的疼痛会带来羞耻。住进妇科，我是多年来病房里年龄最小的患者。肿瘤自我降生就寄存体内，跟着我一起长，如同我的胎儿。妈妈叮嘱我，一旦别人问起，要说做了阑尾炎手术，千万别提妇科。体检时校医怀疑了：阑尾炎手术刀口怎么会在这儿？我坚持妈妈的说法，死不改口。我从9岁起就开始为了名誉而撒谎……像真有了什么可耻的把柄。为避免难堪，我后来尽量不去医院看病，身体不适也习惯忍着。

延展阅读

《雕花马鞍》

这是作者的另一部精品。

该书是一首蒙古长调，这本散文集中的作品总是不急于表露创作目的，而是看重文字在表达过程中缓慢的修饰性，像雕花的马鞍并不是为了提升马匹的速度一样。收录在这个辑子里的作品包括《夏至》《穿过我青春所有说谎的日子》《聋天使》《海平线》《黑夜书》《墓衣》《铅笔》《夜蛾之舞》以及《琥珀》，都是形式上相对一致的长文，具有内在的联系和统一的美感。

诗歌

SHI GE

《曼杰什坦姆诗全集》

〔俄〕奥西普·曼杰什坦姆　著

俄罗斯诗人叶赛宁甚至说过：“有他在写诗，我们还写个什么?”

推荐版本：东方出版社（2008 年）　汪剑钊译

关于作者

在世界文学史上，奥西普·曼杰什坦姆（1891—1938）这个名字是与俄罗斯诗歌紧密联系在一起的：有三位享誉世界的俄罗斯诗人，他们的名字都是曼杰什坦姆——奥西普·曼杰什坦姆、罗阿尔特·曼杰什坦姆、尤利·曼杰什坦姆。这三位诗人的命运也惊人相似：他们都为诗歌作出了杰出的贡献，但一个死于30年代苏联大清洗的远东集中营，一个死于希特勒的集中营，另一个在贫病交加中死于医院。

其中，奥西普·曼杰什坦姆是最年长的一位，也是声望最高的一位，被誉为俄罗斯“白银时代”最卓越的天才诗人。

1891 年，奥西普出生于华沙一个皮毛商人的家庭。他的童年、少年时代主要在彼得堡度过。奥西普的父亲是一个皮毛商人，非常讲究实用，同时又喜好幻想，这种充满悖论的性格通过血液部分地遗传给了他的长子。母亲是一名中学的音乐教师，受过良好的教育，与当时著名的文学史专家温格罗夫有亲戚关系。受到母亲的熏染，曼杰什坦姆自小便养成了对音乐特殊的爱好，音乐成为奥西普的生活支柱之一。

奥西普的作品就是他的生活。以故乡彼得堡为例，它对诗人的生活和创作产生了深刻的影响，按他自己的说法，这是一座令他“熟悉到泪水，熟悉到经脉，熟悉到微肿的儿童淋巴腺”的城市。在某种意义上，彼得堡可以说是曼杰什坦姆精神上的摇篮，这座城市内的所有微妙细节都在奥西普的诗歌中有所体现。

1911年，奥西普考入彼得堡大学，成为新崛起的“诗人车间”的成员。次年，他和古米廖夫、戈罗杰茨基、纳尔布特、阿赫玛托娃一起，创立了阿克梅派。

在俄罗斯“白银时代”的诗歌运动中，曼杰什坦姆是以“石头”诗人著称的，这与他1913年出版的第一部诗集《石头》有关。这部作品不仅得到了世纪初俄罗斯诗坛上的领军人物，如勃柳索夫、勃洛克等的赞誉，也为他赢得了不少诗歌上的同好和崇拜者，几乎与他同时成名的叶赛宁就认为他是一位天生的诗人，甚至说道：“有他在写诗，我们还写个什么？”

奥西普认为坚硬的“石头”是诗歌系统中最重要的形象。诗人打算从“不怀好意的沉重”里创造“奇妙的东西”。在这部诗集中，他把自己的“石头”思想进一步推演，以建筑风景和纪念碑的形象贯穿始终：彼得堡的海军部大厦，圣索菲亚教堂，巴黎圣母院，摩天楼，罗马广场，阿尔卑斯山……诗人在这一切中寻找到度量与和声的典范。在不断地探索和坚持中，庄严、宏伟的风格逐渐构成了奥西普·曼杰什坦姆成熟期诗歌的特征。

1920年后，奥西普先后出版了诗集《哀歌》《第二本书》《诗选》，散文集《埃及邮票》《时间之喧嚣》等，进入了创作的黄金时期，奥西普也赢得了阿克梅派诗歌“第一小提琴手”的称号。

然而遗憾的是，奥西普终身都逃脱不了牢狱之灾。在奥西普后期的诗歌中，也一直回旋着受挫的命运与抗争之主题。他不仅蹲过白军的监狱，也蹲过孟什维克的监狱，还蹲过布尔什维克的监狱。1934年5月，奥西普由于一首对斯大林不敬的诗而被拘禁，罪名是“鼓动反苏罪”，被判处流放沃罗涅日三年。1938 年 5 月，解除流放不久的他，再次被内务部人员秘密逮捕，随后被判决流放到苏联远东的海参崴。数月以后，他在流放地神秘地死去，死因迄今不详。

关于奥西普·曼杰什坦姆的死亡，官方没有发表任何消息，只是在流亡国外的朋友中间举行过一些小型的悼念活动。

1987 年的诺贝尔文学奖得主布罗茨基称：曼杰什坦姆是“一个为了文明和属于文明的诗人”，“他的生和他的死一样，都是文明的结果”，至于他所做的一切“将如俄罗斯语言一样长久地存在”。安德烈·别雷则将奥西普称为“诗人中的诗人”。

荐读理由

该书以 1997 年俄罗斯出版的《曼杰什坦姆诗全集》为蓝本，参照其他文集和全集，对出现异文的版本择善而从，收入诗人的全部作品 500 余首，其中既包括他一生最重要的代表作——呈现了史诗性意味的《石头集》《TRISTIA》《沃罗涅日诗抄》，也收录有他不经意写下的那些打油诗、戏谑诗和寓言诗。

奥西普主张真实写作，他强调写作的具体性、客观性和精确性，倡导诗人恢复词语的原初意义，在主观的抒情中力求客观地呈现，在肯定世俗生活的基础上，对历史进行富含逻辑的哲学思考。他的处女作品集《石头》正是这一理念的践行品：

上帝友善地赋予我们四种元素，
但自由的人却创造了第五种。
这艘被纯洁地建造的方舟
难道不是否定了空间的优势？
任性的水母愤怒地吸附着，
铁锚正在生锈，就像被扔弃的犁铧；

镣铐的三个维就这样被砸断

于是，全世界的海洋都敞开！

在奥西普后期的诗歌中，一直回旋着受挫的命运与抗争之主题，他摆脱了早期对历史、神话、艺术的模拟回忆与朦胧的应和，不再如从前那样在别人的梦幻原型中确立自己的主题，而是直接赤裸地谈论自己，谈论自己的希望和自己的绝望：

我独自一人面对寒冷：

它没有去向，而我没有来处，

一切被熨平，一马平川的旷野

喘息的奇迹正在形成褶皱。

奥西普的这些诗歌的节奏从容不迫，张弛有力。正如文学史专家马·斯洛宁所论："他在格式上的成就之一，就是巧妙地将俗语诗意化，使得俗语经过古典作风之洗炼而显得有力与高尚。"在沃罗涅日时期，奥西普以三本《沃罗涅日诗抄》倾诉了自己与时代的格格不入，预言了世界性的灾难。

我在世纪的心脏。道路迷蒙，

而时间让目标变得遥远——

疲倦的白蜡树手杖，

滋生贫穷的绿藻似的铜锈。

曼杰什坦姆主张新古典主义立场，他曾经这样写道："我希望更新奥维德、普希金、卡图卢斯，而不会满足历史上的奥维德、普希金、卡图卢斯。"以古典主义的艺术为标准，并非意味着因循守旧和无意义模仿，在奥西普看来，"古典主义诗歌是革命的诗歌"，而时代的伟大则引导着他对伟大的艺术的回归。

先睹为快

我在粗大的篱笆中间生活

我在粗大的篱笆中间生活，
探路的强盗或许就在周围逛荡。
风徒然在工厂里服务，
沼泽间的树枝小路伸向远方。

在草原的边沿，细碎的火光闪烁，
黑耕地的夜晚冻彻心肺。
墙壁背后，气恼的主人
穿着俄罗斯皮靴来回走动。

木板已严重地变形——
这棺盖一般的厚木板。
在陌生的人群中我无法安睡——
唯有死亡和阴谋离我不远。

放开我

放开我，交出我，沃罗涅日：
你将丢掉我，或者错过我，
你将失去我，或者归还我，
沃罗涅日是胡闹，沃罗涅日是乌鸦，是匕首……

我应该活着

我应该活，尽管我死过两次，
而洪水已让这座城市失去理智：

它多么美，多么快乐，颧骨多么高，
犁铧下，肥沃的土层多么可爱，
四月耕耘中的草原多么安谧，
而天空，天空——你的布奥纳罗提……

延展阅读

《埃及邮票》

该书是奥西普的散文集，创作于其黄金时期。奥西普毕生创作了大量诗歌，但散文随笔类作品尚属少数。本书是为读者提供奥西普散文类作品的典范之作。

《给一个青年诗人的十封信》

〔奥〕里尔克 著

那么你就接受这个命运，承担起它的重负和伟大，不要关心从外边来的报酬。

推荐版本：生活·读书·新知三联书店（1994 年） 冯至译

关于作者

里尔克（1875—1926），出身于布拉格一个铁路职工家庭，德语诗人，著有诗集《杜伊诺哀歌》《致奥尔弗斯的十四行》和小说《马尔特手记》等。在里尔克大学期间攻读哲学、艺术与文学史。1897 年后怀着孤独、寂寞的心情遍游欧洲各国，会见过托尔斯泰，给大雕塑家罗丹当过秘书，并深受法国象征派诗人波德莱尔等人的影响。第一次世界大战时曾应征入伍，1919 年后迁居瑞士。

里尔克的早期创作具有鲜明的布拉格地方色彩和波希米亚民歌风味，如诗集《生活与诗歌》（1894）、《梦幻》（1897）等。但内容偏重神秘、梦幻与哀伤。著名作品有长诗《祈祷书》（1905）、《新诗集》（1907）和《新诗续集》（1908）。里尔克对事物的体察是深刻而独到的，这也是他诗歌的卓异之处。在里尔克的基本诗歌观念中，诗最需要的不是情感，而是经验，即使是那些不以咏物为主题的诗里，也常有精妙的“物”的形象，营造出一个幽深辽远的世界。

晚年的里尔克思想更趋悲观，代表作为长诗《杜伊诺哀歌》

(1923) 和诸多十四行诗。里尔克的诗歌艺术造诣很高，它不仅展示了诗歌的音乐美和雕塑美，而且表达了一些难以表达的内容，扩大了诗歌的艺术表现领域，对现代诗歌的发展产生了巨大影响。里尔克的作品被视为现代存在主义文学的重要源流之一。

里尔克对中国新诗产生的卓越影响是难以估量的，很少有人能与之比肩。无论是在 20 世纪三四十年代，还是在当下，对中国诗人来说，他都是一位令人仰望的伟大诗人，一位风格卓越、技艺娴熟、情感优美的现代诗歌大师。

荐读理由

里尔克的诗晦涩难懂，打开中国读者大门的，便是这本小册子《给一个青年诗人的十封信》，其内容论及艺术、生活、职业、爱，都是青年最为关注的重点话题。这十封信是里尔克在他 30 岁左右时写给一个青年诗人的。除却诗歌的主业之外，里尔克还是一个永不疲倦的书简家。他一生写过无数比这十封更亲切、更美的信，但是这十封信却浑然天成，无形中自有首尾，包含许多熠熠生辉的句子，宛如真理本身，但又与人的身体实践和精神活动密切相关。这些信是很特殊的，它们虽然是私人信件，但是由于通信者在通信的时候并没有见过面，所以里面就没有多少关于私人生活琐碎事项的讨论，只有比私人生活更私人化的灵魂本性和诗的关系的讨论，这也是里尔克的艺术论和人生论，而且几乎可以说是内心独白式的把他对世界的体悟给诠释尽了。从这些信里可以看出，里尔克并没有奢望收信人能全读懂他的话，也许正因如此，他才说得这么畅快淋漓。

在这十封信中，出现频率最高的两个词是“爱”和“寂寞”。他认为爱是最珍贵的，同时又是最艰难、应该最后完成的事情。所以他告诫青年人不要急匆匆地去体验爱情，因为他需要学习，需要懂得很多之后，才能够完成这最后的壮举。里尔克把爱看得无比神圣，他觉得“只有当这种爱、这温柔和煦的目光扫过时空，扫过遥远的世界的时候，一个人才能够证明自己是活着的”。而与爱相提并论的，便是那永恒的寂寞。里尔克认为寂寞是美的，因此人应该寂寞，必须寂寞。他诚挚地写道：“（你要）负担那悠扬的怨诉给你引来的痛苦。你说，你身边的都同你疏远了，其实这正是你的周围扩大的开始。如果你的亲近都离远了，那么你的旷远已经在星空下开展得很广大。”这种对寂寞的达观和对自我的砥砺无论是在写作历程还是生命旅途中，对人都是大有裨益的。

里尔克的诗都诞生于沉思之中，这十封信也是无韵的诗，处处带着深思熟虑的痕迹，其中的孤独感总是想把读者拉进一种冥想的境地。

先睹为快

你在信里问你的诗好不好。你问我。你从前也问过别人。你把它们寄给杂志。你把你的诗跟别人的比较；若是某些编辑部退回了你的试作，你就不安。那么（因为你允许我向你劝告），我请你，把这一切放弃吧！你向外看，是你现在最不应该做的事。没有人能给你出主意，没有人能够帮助你。只有一个唯一的方法。请你走向内心。探索那叫你写的缘由，考察它的根是不是盘在你心的深处；你要坦白承认，万一你写不出来，是不是必得因此而死去。这是最重要的：在你夜深最寂静的时刻问问自己：我必须写吗？你要在自身内挖掘一个深的答复。若是这个答复表示同意，而你也能够以一种坚强、单纯的“我必须”来对答那个严肃的问题，那么，你就根据这个需要去建造你的生活吧；你的生活直到它最寻常最细琐的时刻，都必须是这个创造冲动的标志和证明。然后你接近自然。你要像一个原人似的练习去说你所见、所体验、所爱，以及所遗失的事物。不要写爱情诗；先要回避那些太流行、太普通的格式：它们是最难的；因为那里聚有大量好的或是一部分精美的流传下来的作品，从中再表现出自己的特点则需要一种巨大而熟练的力量。所以你要躲开那些普遍的题材，而归依于你自己日常生活呈现给你的事物；你描写你的悲哀与愿望，流逝的思想与对于某一种美的信念——用深幽、寂静、谦虚的真诚描写这一切，用你周围的事物、梦中的图影、回忆中的对象表现自己。如果你觉得你的日常生活很贫乏，你不要抱怨它；还是怨你自己吧，怨你还不够作一个诗人来呼唤生活的宝藏；因为对于创造者没有贫乏，也没有贫瘠不关痛痒的地方。即使你自己是在一座监狱里，狱墙使人世间的喧嚣和你的官感隔离——你不还永远据有你的童年吗，这贵重的富丽的宝藏，回忆的宝库？你往那方面多多用心吧！试行拾捡起过去久已消沉了的动人的往事；你的个性将渐渐固定，你的寂寞将渐渐扩大，成为一所朦胧的住室，别人的喧扰只远远地从旁走过。——如果从这收视反听，从这向自己世界的深处产生出"诗"来，你一定不会再想问别人，这是不是好诗。你也不会再尝试让杂志去注意这些作品：因为你将在作品里看到你亲爱的天然产物，你生活的断片与声音。一件艺术品是好的，只要它是从"必要"里产生的。在它这样的根源里就含有对它的评判：别无他途。所以，尊敬的先生，除此以外我也没有别的劝告：走向内心，探索你生活发源的深处，在它的发源处你将会得到问题的答案，是不是"必须"创造。它怎么说，你怎么接受，不必加以说明。它也许告诉你，你的职责是艺术家。那么你就接受这个命运，承担起它的重负和伟大，不要关心从外边来的报酬。因为创造者必须自己是一个完整的世界，在自身和自身所联结的自然界里得到一切。

延展阅读

《马尔特手记》

这是作者的另一部精品。

这本长篇小说是里尔克创作生涯中所达到的第一个高峰。小说叙述一个出身于没落贵族家庭、性情孤僻敏感的丹麦青年诗人的回忆与自白，某种程度上也是作者自身的写照。小说由 71 个没有连续情节、不讲时间顺序的笔记体断片构成，这些断片因为共同的主题——孤独、恐惧、疾病、死亡、爱、上帝、创造等，集中表达了里尔克终生关注的各种精神问题，在精神暗流上构成了一个特殊的有机整体，被誉为现代存在主义最重要的先驱作品之一。

《纪伯伦诗集》

〔黎巴嫩〕纪·哈·纪伯伦　著

——散发着东方气息的善与美的内心世界。

推荐版本：北京出版社（2006 年）　王立译

关于作者

纪·哈·纪伯伦（1883—1931），黎巴嫩著名诗人、哲学家、艺术家。生于黎巴嫩，卒于美国，灵柩运回黎巴嫩后被葬于贝什里圣徒谢尔基斯修道院内。

纪伯伦创作初期以小说为主，后转为以散文诗为主。他的主要文学作品分为阿拉伯文作品和英文作品。其中阿拉伯文作品有短篇小说集《草原新娘》《叛逆的灵魂》，长篇小说《折断的翅膀》，散文集《音乐短章》，散文诗集《泪与笑》《暴风雨》，诗集《行列圣歌》等；英文作品主要有散文集《疯人》，散文诗集《先驱者》《先知》《沙与沫》《人之子耶稣》《流浪者》《先知园》以及诗剧《大地诸神》等。

纪伯伦被认为是20 世纪与泰戈尔比肩的东方文学大师。他们有许多相似之处。他们的作品不仅是“从东方吹来横扫西方的风暴”，也是洗涤东方的圣水。他们内心深怀着对祖国的挚爱，民族的独立、人民的自由幸福是他们奋斗的目标之一。他们都有斐然的艺术成就，有大量卓尔不凡的充满神秘色彩的绘画作品，这些作品体现出了一种源于心灵和思想的深层动力。

荐读理由

在阿拉伯现代文学史上，纪伯伦是一页传奇；在世界文学史上，纪伯伦的艺术风格也是独树一帜。他的作品融合了东西方心灵精髓，超越时空，成为人类永恒的箴言。诗人说，它是诗化的哲学；哲人说，它是充满哲理的诗；恋人在这里看到了爱的定义；艺术家在这里看到灵魂的颜色；年轻人在这里找到火一般的热情；老年人在这里找到了生死之道……您是不是也愿意来领略这位先知隽永不朽的哲思呢!

发表于纪伯伦生命后期的《先知》被公认为其代表作，是他“从少年时即开始酝酿，早已成为身体的一部分”的“伟大成就”。《先知》是作者留给后世的永恒之歌，执笔时年方十八，伴随作者近30年，其去世后才得以和世人见面。整部作品以先知的口吻，用睿智的文字论述了爱、婚姻、生死、律法、善恶、宗教等一系列人生和社会的重要问题，展示出作者善与美的内心世界，也是作者思想的总括。“这本书……那满含着东方气息的超妙的哲理和流丽的文词，予我以极深的印象!”冰心指的“这本书”，便是纪伯伦的《先知》。

《先知》中的28章散文诗是一个整体的结构：以《船的到来》开篇，至《拔锚启航》收尾，中间是一系列篇章——《爱》《婚姻》《孩子》……它们之间既相对独立，又自然而又层次分明地从一个主题转换到另一个主题，形成了它们之间的有机联系。

在《先知》里，纪伯伦除了大量运用传统的比喻手法外，还借鉴了西方诗歌中的梦幻和象征手法；在逻辑思维和形象思维的交替运用中，既树立了新鲜活泼的艺术形象，又蕴含着深沉的哲理。一个“预言者”，一个名叫阿尔美差的女子，她从圣殿里出来，实际上充当了一个“导演”的角色；而在阿法利斯城中等候了12年的亚墨斯达法则是《先知》中的真正“主角”。亚墨斯达法就是纪伯伦讲述真理的“嘴巴”：纪伯伦通过他取得了“合法”的身份进行发言。亚墨斯达法对那些提问所作的一系列回答，充分显示出纪伯伦散文诗的哲理深度和高超的艺术技巧。

《先知》是纪伯伦最优美、最深刻的散文诗作品之一，是他诗歌创作的高峰。这部诗集给诗人带来了世界性声誉，使他当之无愧地置身于20世纪东方乃至世界最杰出的诗人之列。1984年美国国会通过决议，在首都华盛顿中心地段为纪伯伦建立一个纪念中心，以此表示对这位伟大作家的尊重。冰心先生是最早发现和译介纪伯伦作品的中国作家之一，正是她把纪伯伦的代表作《先知》完整地介绍给中国读者。1995年黎巴嫩总统签署命令，授予冰心黎巴嫩最高奖“雪松骑士勋章”，以表彰她为中黎文化交流事业所作的贡献。

除了《先知》之外，《纪伯伦诗集》还包括《沙与沫》及其几十篇著名的画作。《沙与沫》语句精练隽永，折射出作者朝露般的哲思，是其哲理短诗的代表作。纪伯伦散文诗的魅力正在于他近乎神性的哲理。哲理没有损害他的诗歌，因为他的哲理，他的诗歌才得以在精神和艺术上产生超拔。

本书配有30幅作者的亲笔画作，大多为人体画，在那些神秘的形体背后，可悟见生命初始的灵性，体味人类永恒的精神之美。身在俗世，我们亦能在本书的字、画中修炼心灵，达到幸福的人生彼岸。

先睹为快

论劳作

一位农夫说：对我们说说劳作吧。

于是他回答：

你劳作，你才能跟随大地，与大地的灵魂并驾齐驱。

因为懒散会让你变成时代的陌路，会让你落伍于生命的队列，而那队列在庄严自豪的服从中向神靠近。

当你劳作时，你是一管长笛，时光的呢喃从你心间化作音符。

你们之中谁愿做一只芦苇，当乐声齐鸣时它喑哑无声？

你们常被告知，工作是道诅咒，劳动更是不幸。

但我要对你们说，你劳作时，你充盈了大地遥远的梦境，而当那美梦实现时，它会属于你。

你劳作不息时，你才置身于真爱的生命中。

而通过劳作去热爱生命才是通晓了生命的真谛。

倘若你们在辛劳中把生育当作一种苦恼，把抚育生命当作写在你们额上的诅咒，那么我说，只有你们额上的汗水才能洗去这些字句。

你们也常被告知生命是一片黑暗，在你们的疲倦中你们应和着疲倦者的言语。

我也要说，生命确是黑暗，除非有了希冀；

而所有的希冀都是盲目的，除非有了知识；

而所有的知识都是徒劳的，除非有了劳作；

而所有的劳作都是空洞的，除非有了爱；

而当你怀着爱意去劳作时，你就会与自己、与他人、与神结为一体。

那么什么是怀着爱意的劳作？

是从你心底抽取丝线编织布匹，就如同你的爱人要穿上这件衣裳。

是带着深情去建造屋舍，就如同你的爱人要寓居其中。

是温柔地播种，欢愉地收获，就如同你的爱人要享用那果实。

是以你灵魂的气息灌注你创作的一切。

要知道所有被祝福的亡者正环绕着你在观望。

我经常听你们梦呓般低语："那雕刻大理石并在其中看见自己灵魂之形者要比耕田的人高贵。

那追赶彩虹将它随心铺展在布匹上的人，要比为我们织履者更好。"

但我要说，不是在睡梦中而是在清醒的正午时说，那风儿对伟岸橡树的言说不会比对纤纤草叶的更甜美。

而用自己的爱将风声化为甜美歌吟的人才算显贵。

劳作是看得见的爱。

倘若你不能怀着爱而只能带着厌恶去劳作，那你最好放下活计，去坐到寺庙的门口乞待欢欣工作之人的救济。

倘若你漠然地烘烤面包，你烘出的苦面包只能让人半饱。

倘若你不情愿地去榨取葡萄汁，你的不情愿会在美酒中渗下毒液。

倘若你能像天使般歌唱，却又不热爱歌唱，你就蒙住了人们聆听昼夜之音的双耳。

延展阅读

《泰戈尔诗选》

冰心、石真、郑振铎等译。本书包括《飞鸟集》《新月集》《流萤集》《园丁集》《吉檀迦利》等作品，代表了泰戈尔的代表作之一，也是世界上最杰出的诗集之一，它包括300余首清丽的小诗。在作者笔下，白昼和黑夜、溪流和海洋、自由和背叛合二为一，短小的语句道出了深刻的人生哲理，引领世人探寻真理和智慧的源泉。初读这些小诗，如同在雨后的初夏清晨，推开窗户，看到一个淡泊清透的世界，一切都是那么清晰、美好，但其中的韵味却悠长而耐人寻味。还有比这更优美的文字吗？只有在泰戈尔的笔下，读者们才能读到这种天真、稚嫩的情趣。一首首诗仿佛具有一种深不可测的魔力，能看到一切事物的意义，能将我们带到美丽而和平的世界。

《穆旦诗全集》

穆旦 著

我有太多的话，太悠久的感情。

推荐版本：中国文学出版社（1996 年） 李方编

关于作者

穆旦（1918—1977），原名查良铮，诗人、翻译家。出生于天津，祖籍浙江省海宁市袁花镇。曾用笔名梁真，与著名作家金庸（查良镛）为同族的叔伯兄弟，皆属“良”字辈。穆旦1929年入南开中学读书，从此对文学产生浓厚兴趣，开始写诗。当时日寇侵凌，京津首当其冲，他写下了慷慨激昂的诗作《哀国难》。1934年，他将“查”姓上下拆分，“木”与“穆”谐音，得“穆旦”之笔名。1935年，穆旦考入清华大学地质系，半年后改读外文系，继续探索和写作现代诗歌，并在《清华学刊》上发表。那时的穆旦写雪莱式的浪漫派的诗，有着强烈的抒情气质，又有很强的现实感。1937年“七七事变”后，他随清华大学南迁国立长沙临时大学，后又徒步远行至昆明西南联合大学，同年在香港《大公报》副刊和昆明《文聚》上连续发表《合唱》《防空洞里的抒情诗》《从空虚到充实》《赞美》《诗八首》等具有代表性的作品，成为有名的青年诗人。1939年，穆旦在西南联大开始系统接触西方现代派诗歌、文论，创作风格发生转变，并逐渐走向成熟。1942年，穆旦投笔从戎，以助教身份报名参加中国入缅远征军。同年5月至9月，亲历滇缅大撤退，踏着堆堆白骨侥幸逃出野人山。后于1945年9月，根据入缅作战的经历，创作了中国现代主义诗歌史上著名诗篇《森林之魅——祭胡康河上的白骨》，另有相关创作《阻滞的路》《活下去》。

穆旦于20世纪40年代出版了《探险者》《穆旦诗集（1939—1945）》《旗》三部诗集，将西欧现代主义和中国传统诗歌结合起来，诗风富于象征寓意和心灵思辨，成为"九叶诗派"的代表诗人。1941年12月穆旦所作的《赞美》入选人民教育出版社版语文教科书。1949年，穆旦自费赴美留学，入芝加哥大学攻读英美文学、俄罗斯文学。1953年穆旦自美国回到天津，任南开大学外文系副教授，停止诗歌创作而倾毕生之力从事外国诗歌翻译，主要译作有俄国普希金的作品《波尔塔瓦》《青铜骑士》《普希金抒情诗集》《普希金抒情诗二集》《欧根·奥涅金》《高加索的俘虏》《加甫利颂》，英国雪莱的《云雀》《雪莱抒情诗选》，英国拜伦的《唐璜》《拜伦抒情诗选》《拜伦诗选》，英国的《布莱克诗选》《济慈诗选》。所译的文艺理论著作有苏联季摩菲耶夫的《文学概论》（《文学原理》第一部）《文学原理（文学的科学基础）》《文学发展过程》《怎样分析文学作品》和《别林斯基论文学》，这些译本均有较大的影响。

1958年，穆旦被指为历史反革命，被下放到图书馆和浴室做清洁工，先后十多年受到管制、批判、劳改。1975年，他又再度恢复诗歌创作，一举创作了《智慧之歌》《停电之后》《冬》等近30首作品。1977年2月26日，穆旦于凌晨心脏病突发逝世，死前，他在《尽头》一诗中道出了自己的内心独白："而如今突然面对坟墓，我冷眼向过去稍稍四顾，只见它曲折灌溉的悲喜，都消失在一片亘古的荒漠。这才知道我全部的努力不过完成了普通生活。"

荐读理由

本书几乎收录了穆旦的全部诗作，并附有王佐良的评论《论穆旦的诗》和谢冕的《一颗星亮在天边——纪念穆旦》。穆旦是中国新诗派，亦即“九叶诗派”的代表人物，他的诗追求意象与思想的凝合，把传统的主观抒情变为戏剧性的客观化处境，而这种变化也包括思维的转变，集中体现在中国新诗派诗人的反叛性与异质性上。

穆旦在诗歌创作上领先于时代，他有着高超的技巧和成熟的心智。在那段内忧外患的岁月里，往往诗歌创作只看重感情的表达而忽略技巧，然而穆旦不仅非常爆炸性地使用着技巧，而且把它糅合、陶铸成苦难的抒唱。他的语言是常新的，充满了音乐的流动性，看似不经意间便浑然天成。在《赞美》一诗中，穆旦写道“我有太多的话说，太悠久的感情”，这句话的节奏是舒缓的，但是用“太悠久”来形容感情却既突兀又深刻。依然是在《赞美》中，还有这样的句子：“为了他我要拥抱每一个人，为了他我失去了拥抱的安慰。”这是当时英美最现代的“反论”句式，是穆旦大学时代如饥似渴地阅读的英国诗人奥登和艾略特等人正在运用的诗歌技巧。诚如王佐良所言，这些技巧“就在穆旦的指尖上”。但是如果说奥登和艾略特的技巧运用起来还有明显的“工匠气”，穆旦却能够把这种技巧浓缩到他的感情里去，甚至可以说变成感情了，“你给我们丰富和丰富的痛苦”，丝毫没有雕琢的痕迹，却直抵人的灵魂深处，引发共鸣。

穆旦在苦难的岁月里保持着知识分子的良心，在同样需要挣扎求存的现代诗写作中也保持了写作的良心。他把激情牢牢控制在技巧中，正如王佐良所说：“穆旦一方面善于表达中国知识分子的受折磨而又折磨人的心情，另一方面他的最好的品质却全然是非中国的。在别的中国诗人是模糊而像羽毛一样轻的地方，他确实，而且几乎是拍着桌子说话。在普遍的单薄之中，他的组织和联想的丰富有点近乎冒犯别人了。现代中国作家所遭遇的困难主要是表达方式的选择。旧的文体是废弃了，但是它的词藻却逃了过来压在新的作品之上。穆旦的胜利却在他对于古代经典的彻底的无知。”

先睹为快

赞 美

走不尽的山峦的起伏，河流和草原，
数不尽的密密的村庄，鸡鸣和狗吠，
接连在原是荒凉的亚洲的土地上，
在野草的茫茫中呼啸着干燥的风，
在低压的暗云下唱着单调的东流的水，
在忧郁的森林里有无数埋藏的年代。
它们静静地和我拥抱：
说不尽的故事是说不尽的灾难，沉默的
是爱情，是在天空飞翔的鹰群，
是干枯的眼睛期待着泉涌的热泪，
当不移的灰色的行列在遥远的天际爬行；
我有太多的话语，太悠久的感情，
我要以荒凉的沙漠，坎坷的小路，骡子车，
我要以槽子船，漫山的野花，阴雨的天气，
我要以一切拥抱你，你，
我到处看见的人民呵，
在耻辱里生活的人民，佝偻的人民，
我要以带血的手和你们一一拥抱。
因为一个民族已经起来。

一个农夫，他粗糙的身躯移动在田野中，
他是一个女人的孩子，许多孩子的父亲，
多少朝代在他的身边升起又降落了
而把希望和失望压在他身上，
而他永远无言地跟在犁后旋转，
翻起同样的泥土溶解过他祖先的，
是同样的受难的形象凝固在路旁。
在大路上多少次愉快的歌声流过去了，
多少次跟来的是临到他的忧患；
在大路上人们演说，叫嚣，欢快，
然而他没有，他只放下了古代的锄头，
再一次相信名词，溶进了大众的爱，
坚定地，他看着自己溶进死亡里，
而这样的路是无限的悠长的，
而他是不能够流泪的，
他没有流泪，因为一个民族已经起来。

在群山的包围里，在蔚蓝的天空下，
在春天和秋天经过他家园的时候，
在幽深的谷里隐着最含蓄的悲哀：
一个老妇期待着孩子，许多孩子期待着
饥饿，而又在饥饿里忍耐，
在路旁仍是那聚集着黑暗的茅屋，
一样的是不可知的恐惧，一样的是
大自然中那侵蚀着生活的泥土，
而他走去了从不回头诅咒。
为了他我要拥抱每一个人，

为了他我失去了拥抱的安慰，
因为他，我们是不能给以幸福的，
痛哭吧，让我们在他的身上痛哭吧，
因为一个民族已经起来。

一样的是这悠久的年代的风，
一样的是从这倾圮的屋檐下散开的
无尽的呻吟和寒冷，
它歌唱在一片枯槁的树顶上，
它吹过了荒芜的沼泽，芦苇和虫鸣，
一样的是这飞过的乌鸦的声音。
当我走过，站在路上踟蹰，
我踟蹰着为了多年耻辱的历史
仍在这广大的山河中等待，
等待着，我们无言的痛苦是太多了，
然而一个民族已经起来，
然而一个民族已经起来。

1941 年 12 月

延展阅读

《穆旦译文集》

这是作者的另一部精品。穆旦的译文主要有两个方面，一个是英语作品，一个是俄语作品。《穆旦译文集》共分八卷。其中一、二卷收入了穆旦最主要的诗歌译文《唐璜》，第三、四卷收录的是穆旦翻译的拜伦、济慈、雪莱等英美诗人的诗歌，第五至八卷收集的全都是穆旦翻译的普希金等俄国诗人、作家的诗歌和散文。

《北岛诗歌集》

北岛 著

卑鄙是卑鄙者的通行证，高尚是高尚者的墓志铭。

推荐版本： 南海出版公司（2003 年）

关于作者

北岛，原名赵振开，中国当代诗人，朦胧诗代表人物之一。

北岛生于 1949 年的北京，跟随新中国的脚步一同成长。因此，纵观他的作品，是可以看到首都成长的生活印记的。北岛中学就读于北京四中，毕业后从事过许多工作，比如建筑工人、翻译、杂志编辑等等。

1970 年，北岛开始写作。1978 年，北岛与芒克等人创办民间诗歌刊物《今天》。1990 年，在北岛的主持下，《今天》文学杂志在挪威复刊，至今仍在世界各地发行。北岛于 1989 年移居国外，曾一度旅居瑞典等七个国家，在旅居期间仍然进行创作。北岛曾任教于加利福尼亚大学戴维斯分校，还曾是斯坦福大学、加利福尼亚大学伯克莱分校、香港中文大学客座教授。2007 年，北岛收到香港中文大学的聘书，正式搬到香港与家人团聚。至此，北岛 20 多年的漂泊生涯终于结束，他终于可以和家人生活在一起。

北岛的写作开始于动乱后期，反映了从迷惘到觉醒的一代青年的心声。十年动乱的荒诞现实，造就了诗人独特的“冷抒情”的方式——出奇的冷静和深刻的思辨性。他想“通过作品建立一个自己的世界，这是一个真诚而独特的世界，正直的世界，正义和人性的世界”。清醒的思辨与象征意象相结合，是北岛诗显著的艺术特征，具有高度概括力的悖论式警句，造就了北岛诗独有的振聋发聩的艺术力量。

北岛笔耕不辍，著述颇丰，先后出版了《陌生的海滩》《北岛诗选》《在天涯》《午夜歌手》《零度以上的风景线》《开锁》，其他作品有《波动》及英译本、《归来的陌生人》《蓝房子》，散文《失败之书》，散文集《青灯》《午夜之门》等。与李陀合作主编汇集了陈丹青、王安忆、阎连科、阿城等对20世纪70年代的回忆性文字的《七十年代》。其中的代表作品，如《问答》中“卑鄙是卑鄙者的通行证，高尚是高尚者的墓志铭”已经成为经典。

北岛的作品获得了全世界的认可，曾多次获诺贝尔文学奖提名，他的诗集和散文集先后被译成20多种文字出版。北岛先后获瑞典笔会文学奖、美国西部笔会中心自由写作奖、古根海姆奖学金等，并被选为美国艺术文学院终身荣誉院士。

荐读理由

《北岛诗歌集》凝聚了北岛作品中的精华，堪称北岛诗作中的经典。本书收录了许多脍炙人口的作品和耳熟能详的诗句。

他的诗常以意象拼贴为主要手法。据他说他在写作时先写下任何涌现在脑海中的诗行，而后将它们再剪裁拼贴成一首诗。他的诗里的意象体现了庞德所说的：意象是感情和理智在瞬间结合成的复合体。他的诗是作者内心的岩层，由各种意象积成。但有时过密，过于拥挤。

北岛在诗创作中对于诗的形式和表现方法作了一些尝试，关于这个问题，他在为《上海文学》“百家诗会”写的一段《谈诗》的文字中有所说明：“诗歌面临着形式的危机，许多陈旧的表现手段已经远不够用了，隐喻、象征、通感，改变视角和透视关系，打破时空秩序等手法为我们提供了新的前景。我试图把电影蒙太奇的手法引入自己的诗中，造成意象的撞击和迅速转换，激发人们的想象力来填补大幅度跳跃留下的空白。另外，我还十分注重诗歌的容纳量、潜意识和瞬间感受的捕捉。”

以本书收录的诗篇为例，《日子》这首诗的写法，大致上是电影蒙太奇的手法，意象在这里围绕着“日子”这个标题迅速转换，不同的镜头又都指向一个共同的生存状态，看来作者想说这样的日子还没有找到自己的意义。但是，开头和结句告诉读者，这种日子有自己的秘密，而且有自己的过去。《艺术》的意思似乎是想说，在艺术这块领域，统一的太阳已被打碎，艺术的统一性不复存在，而这是后现代主义的观点。《生活》曾经引起争议，一位老诗人曾经批评这首诗，他说问题不在于是否可以说生活是网，而在于要说明生活为什么是网，生活怎样成为网的。

先睹为快

回　答

卑鄙是卑鄙者的通行证，
高尚是高尚者的墓志铭。
看吧，在那镀金的天空中，
飘满了死者弯曲的倒影。

冰川纪过去了，
为什么到处都是冰凌？
好望角发现了，
为什么死海里千帆相竞？

我来到这个世界上，
只带着纸、绳索和身影，
为了在审判之前，

宣读那被判决了的声音：

告诉你吧，世界，
我——不——相——信！
纵使你脚下有一千名挑战者，
那就把我算做第一千零一名。

我不相信天是蓝的；
我不相信雷的回声；
我不相信梦是假的；
我不相信死无报应。

如果海洋注定要决堤，
就让所有的苦水都注入我心中；
如果陆地注定要上升，
就让人类重新选择生存的峰顶。

新的转机和闪闪的星斗，
正在缀满没有遮拦的天空，
那是五千年的象形文字，
那是未来人们凝视的眼睛。

延展阅读

《蓝房子》

这是作者的另一部精品。

该书是诗人北岛的散文集，写他在国内国外的所见、所闻、所忆、所历。北岛的散文如他的诗一样优美、高雅，无论是写人，还是叙事，他都娓娓道来，如谈家常，亲切而自然，使人阅读轻松，有陶然之感。

童话

TONG HUA

《安徒生童话全集》

〔丹〕安徒生　著

它们像“种子”一样藏在我的思想中，一股涓涓细流、一束阳光，或一滴苦酒，就能使它们破土而出。

推荐版本：

- 浙江少年儿童出版社（2005 年）　任溶溶译
- 《安徒生童话》
  中国少年儿童出版社（1986 年）　叶君健译

关于作者

安徒生（1805—1875），丹麦作家，诗人，因为他的童话故事而世界闻名。他最著名的童话故事有《小锡兵》《冰雪女王》《拇指姑娘》《卖火柴的小女孩》《丑小鸭》和《红鞋》等。安徒生生前曾得到皇家的致敬，并被高度赞扬为“给全欧洲的一代孩子带来了欢乐”。他的作品已经被译为 150 多种语言，成千上万册童话书在全球陆续发行出版。他的童话故事还激发了大量电影、舞台剧、芭蕾舞剧以及电影动画的制作。安徒生 14 岁就离开了家乡，在当时世态炎凉的社会里，饥饿和精神上的双重打击以及人们的鄙视充斥着他的少年生活。但安徒生以顽强的毅力，克服了种种困难，最终得以成功。安徒生生前写过三部自传，反映了他自己不幸的身世和遭遇，同时也表现了丹麦的社会矛盾，具有极其深刻的现实性和人民性。这位童话大师一生坚持不懈地进行创作，把他的天才和生命献给“未来的一代”。安徒生童话所取得的巨大艺术成就和思想成就，至今仍无人能够企及。

1835 年，安徒生的第一本童话集问世，其中收入《打火匣》《小克劳斯和大克劳斯》《豌豆上的公主》《小伊达的花儿》四篇童话。这些童话来自安徒生自己的人生经历，根据作者的描述："它们像'种子'一样藏在我的思想中，一股涓涓细流、一束阳光，或一滴苦酒，就能使它们破土而出。"从这一年起，每一个圣诞节都有一本新童话来到孩子们身边。他整整写了43年，直到生命结束共创作了168篇作品，那诗一般的语言、宛转曲折的情节，使他的童话在他生前就已成为世界上拥有读者最多的读物。"丑小鸭""坚定的锡兵""野天鹅""夜莺"……他赋予一切事物鲜活的灵魂，让它们歌唱。

安徒生童话具有独特的艺术风格，即诗意的美和喜剧性的幽默。前者为主导风格，多体现在歌颂性的童话中，后者多体现在讽刺性的童话中。他的创作可分早、中、晚三个时期。早期童话多充满绮丽的幻想、乐观的精神，体现现实主义和浪漫主义相结合的特点。中期童话，幻想成分减弱，现实成分相对增强。在鞭挞丑恶、歌颂善良中，表现了对美好生活的执著追求，也流露出了缺乏信心的忧郁情绪。晚期童话比中期更加面对现实，着力描写底层民众的悲苦命运，揭露社会生活的阴冷、黑暗和人间的不平，作品基调低沉。

安徒生以满腔热情表达了他对人间的爱，对人间的关怀，对人的尊严的重视，对人类进步的赞颂。他的作品很早就被介绍到中国，《新青年》1919年1月号就刊载过周树人翻译的《卖火柴的小女孩》。1942年，北京新潮社出版了林兰、张近芬合译的《旅伴》。此后，商务印书馆、中华书局和开明书店陆续出版了安徒生童话的译本、安徒生传及其作品的评论。新中国成立后，叶君健对安徒生原著进行了系统的研究，直接从丹麦文把安徒生的童话故事全部译成中文。人民文学出版社于1955、1958、1978年多次出版了叶君健译的《安徒生童话选集》，其中《卖火柴的小女孩》还被选入我国小学人教版语文教材。

荐读理由

本书出版于安徒生诞辰200周年之际，是“安徒生诞辰200周年全球庆典”指定版本，由丹麦首相安纳斯·弗格·拉斯穆森在人民大会堂亲自授权，并由丹麦女王专用基金经费资助出版。书中收录了大量由丹麦皇家图书馆提供的珍贵资料，包括安徒生手迹、手稿影印本、剪纸、线描作品。纵览安徒生一生创作的168部作品，其童话以深邃的思想、博大的爱心、独特的个性、高超的艺术，赢得了全世界儿童和成人的尊敬，成为人类阅读史上的一个奇迹。《安徒生童话全集》记录着安徒生的伟大童话和不朽生命的永恒节奏，温暖了儿童的纯真世界，更直抵成人心灵深处。

安徒生的童话故事体现了丹麦文学中的民主传统和现实主义倾向。他的童话脍炙人口，到今天还为世界上众多的成年人和儿童所传诵。《卖火柴的小女孩》《丑小鸭》《看门人的儿子》《皇帝的新装》等名作，既真实地描绘了穷苦人的悲惨生活，又渗透着浪漫主义的情调和幻想。在《卖火柴的小女孩》中，整天没有卖掉一根火柴的小女孩蜷缩在墙角划燃一根根火柴，在微光中，她幻想着圣诞夜的欢乐：桌上铺着雪白的台布、身上插着刀叉的烤鹅冒着热气蹒跚走来……可幻景一闪即逝，元旦的清晨，人们发现她已冻死街头。谁也不知道，还有多少同样的孩子赤足冬夜，安徒生没有办法解决这深刻的社会问题，只好带着深深的悲哀寄希望于天国。

《皇帝的新装》辛辣地讽刺了皇帝的昏庸无能和朝臣们阿谀逢迎的丑态；《夜莺》和《豌豆上的公主》嘲笑了贵族的无知和脆弱；《白雪公主》则表现了作者对人类理想的看法和“真善美终将取得胜利”的乐观主义信念。安徒生晚年最长的童话《幸运的贝儿》还颇具自传色彩。童话的主人公贝儿一生追求至美，追求充满美的艺术境界，当他成功的时刻，当观众们向他欢呼的时刻，当他心爱的女孩将花束向他抛来的时刻，“像索福克里斯在奥林匹亚竞技的时候一样，像多瓦先生在剧院里听到交响乐的时候一样……他心里的一根动脉管爆裂了。像闪电一般，他在这里的日子结束了——在人间的欢乐中，在完成了他对人间的任务以后，没有丝毫痛苦地结束了。他比成千上万的人都要幸运”！这正是安徒生自己一生的追求。

安徒生的童话同民间文学有着血缘关系，继承并发扬了民间文学的朴素清新的格调。他早期的作品大多数取材于民间故事，后期创作中也引用了很多民间歌谣和传说。在体裁和写作手法上，安徒生的作品是多样化的，有童话故事，也有短篇小说；有寓言，也有诗歌。在语言风格上，安徒生是一个有高度创造性的作家，在作品中大量运用丹麦下层人民的日常口语和民间故事的结构形式。

先睹为快

第二天早晨游行大典就要举行了。在头天晚上，这两个骗子整夜不睡，点起 16 支蜡烛。你可以看到他们是在赶夜工，要完成皇帝的新衣。他们装作把布料从织机上取下来。他们用两把大剪刀在空中裁了一阵子，同时又用没有穿线的针缝了一通。最后，他们齐声说：“请看！新衣服缝好了！”皇帝带着他的一群最高贵的骑士们亲自到来了。这两个骗子每人举起一只手，好像他们拿着一件什么东西似的。他们说：“请看吧，这是裤子，这是袍子！这是外衣！”等等。“这衣服轻柔得像蜘蛛网一样：穿着它的人会觉得好像身上没有什么东西似的——这也正是这衣服的妙处。”

“一点也不错。”所有的骑士都说。可是他们什么也没有看见，因为实际上什么东西也没有。

“现在请皇上脱下衣服，”两个骗子说，“我们要在这个大镜子面前为陛下换上新衣。”

皇帝把身上的衣服统统都脱光了。这两个骗子装作把他们刚才缝好的新衣服一件一件地交给他。他们在他的腰围那儿弄了一阵子，好像是系上一件什么东西似的：这就是后裾。皇帝在镜子面前转了转身子，扭了扭腰肢。

“上帝，这衣服多么合身啊！式样裁得多么好看啊！”大家都说。“多么美的花纹！多么美的色彩！这真是一套贵重的衣服！”

“大家已经在外面把华盖准备好了，只等陛下出去，就可撑起来去游行！”典礼官说。

“对，我已经穿好了，”皇帝说，“这衣服合我的身么？”于是他又在镜子面前把身子转动了一下，因为他要叫大家看出他在认真地欣赏他美丽的服装。

那些将要托着后裾的内臣们，都把手在地上东摸西摸，好像他们真的在拾起衣裾似的。他们开步走，手中托着空气——他们不敢让人瞧出他们实在什么东西也没有看见。

这么着，皇帝就在那个富丽的华盖下游行起来了。站在街上和窗子里的人都说：“乖乖，皇上的新衣真是漂亮！他上衣下面的后裾是多么美丽！衣服多么合身！”谁也不愿意让人知道自己看不见什么东西，因为这样就会暴露自己不称职，或是太愚蠢。皇帝所有的衣服从来没有得到这样普遍的称赞。

“可是他什么衣服也没有穿呀！”一个小孩子最后叫出声来。

“上帝哟，你听这个天真的声音！”爸爸说。于是大家把这孩子讲的话私自低声地传播开来。

“他并没有穿什么衣服！有一个小孩子说他并没有穿什么衣服呀！”

“他实在是没有穿什么衣服呀！”最后所有的老百姓都说。皇帝有点儿发抖，因为他似乎觉得老百姓们所讲的话是对的。不过他自己心里却这样想：“我必须把这游行大典举行完毕。”因此他摆出一副更骄傲的神气，他的内臣们跟在他后面走，手中托着一个并不存在的后裾。

（《皇帝的新装》）

延展阅读

《尼尔斯骑鹅旅行记》

这是瑞典著名女作家拉格洛夫众多作品中唯一为少年儿童创作的长篇童话。20 世纪初期，拉格洛夫已经快 50 岁了，应一位小学校长的请求，她答应写一本适合孩子们读的学校地理教育读物。为了创作这部作品，拉格洛夫投入了绝大部分的时间和精力，为这本“富有效益、严肃认真和没有一句假话的书”作了大量的前期工作。她拖着残疾的双腿，忍受着巨大的痛苦，跋山涉水，在全国进行实地考察，了解当地的地理地貌、风土人情、动植物资料，收集当地的民间神话传说，通过不懈努力，终于完成了举世闻名的童话小说《尼尔斯骑鹅旅行记》。这部作品故事情节曲折动人，将童话世界和现实生活有机地结合在一起，用生动活泼的语言介绍了瑞典的历史文物、自然风光，深受瑞典乃至世界各地一代又一代小读者的喜爱，成为世界儿童文学艺术宝库中的珍品，也给拉格洛夫本人和她的国家带来了世界荣誉。

《格林童话》

〔德〕雅科布·格林、威廉·格林　著

几乎每一个会讲故事的孩子，都会讲出一个源于格林童话的故事。

推荐版本：《格林童话全集》

人民文学出版社（2004 年）　魏以新译

关于作者

今天我们读到的《格林童话》，原名为《德国儿童与家庭童话集》，出自德国的一对兄弟雅科布·格林、威廉·格林之手。值得注意的是，格林兄弟并非《格林童话》的原创作者，而是这本童话故事集锦的采集者。

格林兄弟出生于美因河畔哈瑙的一个律师家庭，均曾在马尔堡大学学法律，又同在卡塞尔图书馆工作和任格廷根大学教授，1841 年成为格林科学院院士。格林兄弟是德国的两位博学多识的学者——民间文学研究家、语言学家、历史学家，同时也是日耳曼语言学的奠基人。

雅科布·格林（1785—1863）是德国著名语言学家，曾同浪漫主义者交往，思想却倾向于资产阶级自由派。威廉·格林（1786—1859），德国民间文学研究者、语言学家、民俗学家，曾任大学教授。1837 年，格林兄弟和另外五位教授因写信抗议汉诺威国王破坏宪法而被免去教授职务，这七位教授被称为格廷根七君子。

格林兄弟性格和经历十分相近，因此兴趣爱好也很相似。受浪漫派作家布仑坦诺和阿尔尼姆的影响，1806 年开始，兄弟俩致力于民间童话和传说的搜集、整理和研究工作。他们走访乡野，亲自记录，加以整理，出版了《儿童和家庭童话集》（两卷集）和《德国传说集》(两卷)。《格林童话集》于 1857 年格林兄弟生前出了最后一版，共收童话 216 篇。

格林兄弟采集民间童话有一套科学的方法，善于鉴别真伪，他们的童话一方面保持了民间文学原有的特色和风格，同时又进行了提炼和润色，赋予它们以简朴、明快、风趣的形式。

这些童话表达了德国人民的心愿、幻想和信仰，反映了德国古老的文化传统和审美观念。其中有许多幻想丰富的神奇故事表达出人民的愿望和是非感：贪婪的富有者得不到好下场；被压迫、被歧视的劳动者和儿童经过重重灾难，最后得到胜利；农民和手工业者在受人轻视或凌辱时显示出惊人的智慧，而暴君、地主自以为有权有势，实际上却愚蠢无知，在人前丢丑；忠诚老实、被“聪明人”嘲笑的“傻瓜”总是得到同情和赞扬。

荐读理由

1806 年，格林兄弟前后经过八年的努力，才完成了收集整理的计划，共收集整理了 210 多篇童话故事。“忠实”是他们恪守的收集和记录的原则。另一方面，他们又坚持对语言作必须的清理、加工，以实现完整和统一。哥哥雅科布 · 格林是严谨的史家，弟弟威廉 · 格林文笔优美，他们发挥各自的特长，最终将《格林童话》付梓印刷。

1812 年，《格林童话》第一集出版，包含了 86 篇童话故事。本书一经出版，立刻受到了孩子们的欢迎，他们对书中的故事十分着迷。鉴于此，格林兄弟修改了第一版中的考证部分，润色了故事，形成了《格林童话》的第二集。第二集增加了 70 个故事，内容不断扩充，格林兄弟生前出版（第七版）的故事集有200则，加上圣徒传说多达210则，再加上补遗就有215则。其中以《灰姑娘》《白雪公主》《小红帽》《睡美人》《糖果屋》《青蛙王子》《渔夫和他的妻子》《野狼和七只小羊》《大拇指》《勇敢的小裁缝》《不莱梅的城市乐手》《穿靴子的猫》等篇目最为著名。

出版至今，《格林童话》创造了一个世界性的奇迹：它的实际阅读群体无以计数，在每一个有儿童且有书的家庭中，几乎必有一本《格林童话》或根据它改编的故事。在中国，至少有100种以上的译本和译改本，几乎每一个会讲故事的孩子，都会讲出一个源于格林童话的故事。这些来自民间的未经雕琢的故事是很朴拙的，无论是题材内容还是艺术表现形式，都十分投合孩子们的欣赏趣味和审美心理。这些童话给孩子们的想象世界增添了丰富的素材，而在伦理观念上非常简单直接地满足了孩子们朴素的善与正义观。连格林兄弟自己恐怕也没想到，他们辛苦整理来的这些原始故事素材，不但征服了德国的孩子们，也让全世界的孩子们这么长久地为之着迷。不是《格林童话》选择了孩子，而是孩子选择了《格林童话》。

先睹为快

夏季一个阳光明媚的早晨，一个小裁缝坐在靠窗的台子旁，竭尽全力地做着手中的活儿。

这时，街上走来一个农家妇女，边走边吆喝："卖果酱啦！物美价廉呀！"小裁缝觉得这声音挺悦耳，于是就将一头卷发的脑袋伸出了窗外，喊叫道：

"上这儿来吧，亲爱的太太，您的货这儿有人要！"

农妇手提沉甸甸的篮子，跨上台阶，来到小裁缝跟前，按照他的吩咐打开一只又一只的罐子。小裁缝挨个仔细察看，还把罐子举到鼻子跟前闻了又闻，最后才说道："给我来四盎司，亲爱的太太，半磅也行。"

农妇原来以为找到了好买主呢，她把小裁缝要的那一点点果酱如数称给他之后，就气呼呼地嘟哝着走了。

"愿上帝保佑，"小裁缝嚷嚷道，"这些果酱能给我带来好胃口。"

他从柜子里拿出面包，切了一片下来，把果酱涂在上面。"我心里有数，不会不可口的，"他说，"不过我得先做完这件背心再吃。"

于是，他把涂了果酱的面包放在身旁，继续缝了起来，心里感到美滋滋的，针脚就一针比一针大了。这时，果酱香甜的气味招引来了一群聚在墙上的苍蝇，它们纷纷落在面包上，要品尝一下这美味佳肴。

"哪有你们的份啊?"小裁缝说着把苍蝇赶跑了。苍蝇才不理睬他说了什么，怎么也不肯走，于是落在面包上的苍蝇越来越多了。这下子，小裁缝火冒三丈，随手抓起一条毛巾，朝着苍蝇狠命地打了下去，打死了整整七只苍蝇，有的连腿都给打飞了。

"你可真了不起!"他说道，不禁对自己的勇敢大加赞赏，"全城的人都应该知道你的壮举。"说罢，小裁缝风风火火地为自己裁剪了一条腰带，缝好后，在上面绣了几个醒目的大字："一下子打死七个!""不仅仅是全城，"他突然喊了起来，"还得让全世界的人都知道!"说到这儿，他的心激动得欢蹦乱跳，活像一只小羊羔的尾巴。

小裁缝把腰带系在腰间，打算出去闯世界，因为在他看来，凭着他的英勇无畏精神，再留在小小的作坊里，就大材小用啦。动身前，他四下里搜寻了一番，看看有没有值得带上的东西，却只发现了一块陈干酪，就随手装进口袋里。在门前，他发现灌木丛中绊住了一只小鸟，便捉来放进装干酪的口袋里。

随后，他得意洋洋地上了路。由于个子矮小，他身轻如燕，走起来一点儿也不感到累。

（《勇敢的小裁缝》）

延展阅读

《德语语法》

这是作者的另一部精品。

在采集民间故事的同时，格林兄弟还致力于语言学研究。1806 年至 1826 年间，雅科布编写了四卷巨著《德语语法》。这是一部历史语法，后人称为日耳曼语言的基本教程。在《德语语法》的修订版中，他提出了印欧诸语言语音演变的规则，后人称之为格林定律。他指出，在印欧语系中日耳曼语族历史上，辅音分组演变，在英语和低地德语中变了一次，后来在高地德语中又再变一次。事实上，格林定律只是大体上正确，后来由 K. A. 维尔纳加以补充。不久后，1838 年底格林兄弟开始编写《德语词典》。这项浩大的工程兄弟俩生前未能完成，后来德国语言学家继续这项工作，至 1961 年才全部完成。

《毛毛》

〔德〕米切尔·恩德　著

是谁窃走了我们的时间?

推荐版本：二十一世纪出版社（2009 年）　李士勋译

关于作者

米切尔·恩德，原名为安德烈亚斯·赫尔穆特，德国当代幻想文学作家。德语国家的文学评论界称他“在冷冰冰的、没有灵魂的世界里，为孩子也为成人找回失去的幻想和梦境”。

米切尔·恩德拥有幸福的童年。他于 1929 年出生于德国巴伐利亚风景如画的小镇加米施—帕腾基兴，父亲埃德加·恩德是德国著名的超现实主义画家，母亲是贤惠慈祥的妇女。童年时代，尽管家中条件并不宽裕，但米切尔的精神世界十分丰富。父亲画纸上造型独特的船只和动物，使米切尔大开眼界，为他的想象世界打开了大门；而米切尔家的邻居是马戏之家，小米切尔经常和那些会变魔术会玩杂耍的孩子们一起玩，听他们讲述小小年纪闯荡江湖的见闻，让他对外面的世界充满了向往。

米切尔早年接受的是演员教育，曾经跟随小剧团在德国巡回演出。一线小演员的生活十分艰苦，但这样的生活也让他接受了生活的检验，饱尝人世的酸甜苦辣。这段演出经历为米切尔的写作提供了素材。不久后，米切尔离开小剧团，开始了写作生涯。

刚开始自由写作时，米切尔依靠给电台写影评、给剧团写剧本度日，生活更加困顿，甚至食不果腹。有一天，一个朋友请米切尔·恩德为一本连环画写脚本，他用打字机打下了开头的第一句："火车司机卢卡斯生活在一个小小的国度"，写着写着他思如泉涌，几个月以后，一部长篇儿童小说诞生了。这是一部描写火车司机卢卡斯和他的朋友吉姆·克罗甫以及13个强盗的故事。情节紧张曲折，故事引人入胜。他决定把书转寄给出版社，可是很不走运，他竟然连遭13次退稿。

米切尔并没有放弃，第14次投稿时，他被出版商相中。1960年，米切尔的处女作《小纽扣吉姆和火车司机卢卡斯》终于出版，这也是米切尔·恩德人生的转折点。

1970年，米切尔与妻子英格博格·霍夫曼一起定居意大利，住在罗马以南的阿尔巴纳山区，米切尔为他们的住所起名为"松鼠别墅"。夫妇二人精心布置松鼠别墅，养了许多动物，过着恬淡的生活。在松鼠别墅的14年是米切尔创作的黄金时期，享誉后世的《毛毛》和《讲不完的故事》相继问世，使他成为德国最优秀的幻想文学作家，在欧洲乃至全世界都产生了深远的影响。

凭借这些优秀的作品，米切尔曾获得德国青年文学奖。《讲不完的故事》的发表使恩德获得了12个国内国际重要文学奖，从而使他成为"由一名畅销作家，成为当今德国最为成功的小说家"；这本小说已经被翻译成30多种文字，为恩德赢得了世界声誉。

虽然米切尔·恩德创作了许多成功的儿童文学作品，塑造了毛毛、巴斯蒂安等深受孩子们喜爱的艺术形象，但他本人拒绝承认自己的作品是儿童文学，他甚至根本反对"为了孩子而存在一种特别的文学的说法"。米切尔的作品中，确实有为成年读者创作了具有历险和幻想情节的故事、诗歌和戏剧。恩德把自己视为介于儿童文学和幻想文学之间的作者。他认为他的书不仅是写给儿童看的，也是写给"有童心的成人"看的。

1998 年，慕尼黑的国际青年图书馆内为米切尔·恩德设立了一个博物馆，这是德国第一个为少年儿童作家所设立的博物馆。博物馆内所陈列的东西除了作家遗留下来的家具和用具以及博大的工作藏书之外，还有恩德的通信、手稿、绘画、照片等。这些东西使人们能更好地了解恩德的文学创作活动。

荐读理由

《毛毛》是米切尔的代表作品之一，也翻译为《莫莫》。这部作品被译成了 30 多种文字，发行量高达数百万册，被人称为“毛毛现象”。

主人公毛毛是一个不知来自何方的小女孩，有一天她突然出现在城市的一角，衣衫褴褛，蓬头垢面。开始，人们只是出于好心而帮助她安顿下来并给她接济，但渐渐地，人们发现生活中不能缺少毛毛，因为这个小女孩太特别了。她并没有什么特殊的聪明才智，只是非常善于倾听别人讲话。毛毛是那么会倾听，她能使笨拙的人突然产生绝顶聪明的想法。这不是因为她说了什么或是问了什么而使对方产生这样的想法，不，她只是坐在那里倾听，全神贯注，充满关切。

如果有人以为自己的生活出了岔子，没什么意思，以为自己只是千百万人当中的一员，一个根本就不重要的人，可以像破罐子那样被很快替换，那么他就去向小毛毛讲述这一切，于是讲着讲着，也不知怎么他就明白自己完全搞错了，明白自己原本就是芸芸众生之中独一无二的一个，并且因此而以自己独特的方式显示出对这个世界的重要性。

毛毛的倾听何以能有如此魔力呢？“有些事情需要时间——时间正是毛毛唯一富有的东西。”一贫如洗的毛毛虽不能向人们提供什么物质财富，却将最宝贵的时间毫不吝惜地奉献出来。她花时间听人倾诉，从不加以干扰，使倾诉者能有时间静静地整理自己的思想，挖掘自己，重新发现和认识自己。毛毛就是这样一个非常简单而又非常实在的女孩，她的存在让周围的人们感到无比充实。于是，“找莫莫去”逐渐成了当地人的一句日常用语。

可是好景不长，这个城市又出现了一群神秘的灰先生。他们自称是“时间银行”的职员，向每一个人推销时间储蓄业务。他们告诉大家，只要把节省下来的时间存到时间银行里，就能获得很高的时间利息，然后用这些时间做更多更有益的事情。比如说，每天陪着年迈的聋子母亲闲聊一个小时是多么无益，不如干脆把她送进又好又便宜的养老院；每天花半个小时去探望一个双腿残废的姑娘是多么无益，既然无法娶她，不如中断这种感情。此外，不要玩弄无用的鹦鹉，也不要把宝贵的时间浪费在看电影、唱歌、和朋友聚会上面，每天临睡前的自我反省也应取消，只有这样才能节省出大量的时间，来赚更多的钱，过上更好的生活等等。

灰先生的推销打动了几乎所有的大人，整个城市变得忙碌起来，忙碌却也没了生趣。来找莫莫倾诉的人越来越少，因为这事儿太浪费时间。

毛毛看穿了灰先生的诡计。她在乌龟的带领下，来到时间的发源地，见到了掌管整个世界的时间的霍拉师傅。他告诉毛毛：灰先生是一群时间窃贼，他们完全靠偷窃人的时间生存，而偷来的时间是死了的，因为“时间只有在真正属于其所有者时才是有生命的”。所以靠死亡的东西来维持生存的灰先生实际上什么也不是，他们来自虚无，而一旦他们偷窃不到时间，他们就会回到虚无中去。最后，在霍拉师傅和乌龟的帮助下，毛毛终于消灭了灰先生，并释放了被偷窃的时间，使它们重又回到自己的主人身边。

先睹为快

那些古老的大城市，有的至今仍然存在。当然，那里的生活已经和从前完全不同了。现在，人们乘坐小汽车、电车，有电灯、电话。但在新的建筑物之间，偶然还可以看到一些当年建筑物的遗迹，几根石柱，一扇大门，半段矮墙，偶尔也还能看到一个那样的圆形露天剧场。

毛毛的故事就发生在这样一座大城市里。

出城往南走到郊外，渐渐地可以看到一片片农田，一座座茅屋，离城越远，茅屋就显得越简陋。在一片伞松树林里就隐藏着这样一个圆形露天剧场的废墟。在遥远的古代，它也不是一个豪华的剧场。那时候，它就是为比较贫穷的人们建造的。今天，也就是说，在毛毛的故事开始的时候，那座废墟几乎已经被人们完全忘却了。只有几个考古学教授知道它，不过他们对这座废墟也不再感兴趣，因为那儿再也没有什么好研究的了。再说，那也不是什么了不起的名胜，根本不能与城里的其他古迹相比。因此，假如有几个迷路的游人走到那个地方，他们也只是爬上那一排排野草丛生的座位，大喊几声，拍两张照片，便扬长而去。接着，寂静就重新回到那石头的圆形废墟上，知了重又唱起另一段没完没了的歌，而这一段与前一段似乎没有任何区别。

本来只有住在附近的人们才知道这个废墟。他们在那里放羊，孩子们在那圆形的场地上踢足球，晚上，有时候情侣们在那儿约会。

可是有一天，人们忽然议论纷纷，说最近有人住在废墟里。那是一个孩子，可能还是一个小姑娘。消息不胫而走，但谁也说不清楚，只说那个小孩大概叫毛毛，或者和这个名字差不多的什么名字。

事实上，毛毛的外表看起来确实有点怪，甚至可能会使那些非常爱整洁的人感到有点望而生畏。她个子很小，又十分瘦弱，使人无论如何也不能判定她究竟是八九岁，还是十一二岁。她的头发乱蓬蓬的，是沥青般的黑色卷发，乍一看，好像她从未梳过头，头发也从来没有剪过似的；她的眼睛很大，很美丽，也是乌黑乌黑的；脚也是黑的，因为她几乎总是赤着脚，只有到了冬天才偶尔穿上鞋。那两只鞋也不是一双，对她来说也显得太大。此外，除了她捡来的破烂和人家送给她的东西之外，毛毛就一无所有了。她的裙子是用五颜六色的布块缝起来的，很长，一直拖到脚后跟。外面套着一件肥大的男夹克，袖口向上面挽了好几圈。毛毛不想把袖子剪短，因为她已经想到了自己会长大。是呀，谁知道她长大以后还能不能找到一件这样漂亮，又有那么多兜的很实用的夹克呢！

延展阅读

《永远讲不完的故事》

这是作者的另一部精品。

在德国，《永远讲不完的故事》就像《西游记》在中国那样家喻户晓。小说主人公是一个名叫巴斯蒂安的男孩，胖胖的、有点笨拙，但却很善于讲故事。一天早晨，他在上学的路上，鬼使神差地进了一家旧书店。在那里，他意外地发现了一本奇书：《永远讲不完的故事》，一种不可抗拒的魔力吸引着他。幻想王国在毁灭，天真女皇生命垂危，只要有一个人间的小孩为她起一个新的名字，她和幻想王国就都能得救了，于是，巴斯蒂安被拉进故事之中，意外地成了天真女皇和幻想王国的拯救者。天真女皇为了感谢他，答应让他实现自己在幻想王国里的一切愿望，直到他找到自己真正的愿望为止，从此，巴斯蒂安又开始了他那险象环生的漫长旅行。

《柳林风声》

〔英〕肯尼思·格雷厄姆　著

柳林间的风声在每颗心上吹拂。

推荐版本：春风文艺出版社（2006 年）　杨静远译

关于作者

肯尼思·格雷厄姆（1859—1932），英国的银行家，出生于爱丁堡一个传统的苏格兰家庭，他的童年很不幸，5 岁丧母，随后丧父，几兄弟都由亲戚收养。中学毕业后，他没有钱继续读大学，20 岁进入英格兰银行工作，直到 1908 年，因在银行里被一疯汉用枪击伤而退休。他喜欢自然和文学，业余研究动物和写作，很早就是一位很有名气的作家。

格雷厄姆的母亲因猩红热病逝后，外公外婆把他带到乡间抚养长大。他小时候流连的田野风光，后来成为《柳林风声》中鼹鼠、河鼠、獾与癞蛤蟆先生结伴畅游的世界。虽然格雷厄姆的童年充满烦恼，但他创作出的《柳林风声》的基调却是甜美的，唯有在这些林间动物的身上，生命里蛰伏的希望与爱才能萌芽。柳林间的风声，其实在每颗心上吹拂。

荐读理由

《柳林风声》以蟾蜍、鼹鼠、獾和河鼠的历险故事为题材，讲述了他们丰富多彩的生活，生动地刻画了柳林中的友谊与温情。它不同于一般的童话，而是将有关人情世故的诙谐表述和富于童趣的描述糅合在一起，细细揣摩别有一番韵味。

作者格雷厄姆的儿子绰号叫“小老鼠”。在“小老鼠”6岁的时候，格雷厄姆为他编了一个以动物为主角的童话，一天天地讲给他听。“小老鼠”听得入了迷，连到外地过暑假都不肯去。最后作者只好答应把每天要讲的故事写成信，陆陆续续地寄给他看。后来，这些信件经过整理和修改，就成了《柳林风声》。

本书自1908年问世以来，就成为英国儿童们的心爱读物，成为英国家喻户晓的童话故事。后来，英国作家米尔恩，就是小熊维尼的创造者把这个童话改成了剧本，在每年的圣诞节上演。这本书还被介绍到了其他许多国家。美国前总统罗斯福就很喜欢这本书，曾经看过三遍，而且每次都是一口气看完的，因为太精彩而舍不得看了一半就放下。美国动画大师沃尔特·迪斯尼还把这部童话改编拍成了动画片，让世界上不识字的孩子们也欣赏到了这个极为有趣的故事。经过时间和读者的验证，这部童话成为真正名副其实的儿童文学经典名著。

这本童话中的动物每一个都有着自己独特的性格。癞蛤蟆是个富有的庄园主，喜欢刺激，爱赶时髦，一看到新的事物就想方设法地要得到：游艇、马车、汽车，都像疯了一般地玩过。但他的热情也很容易就会过去，因为又有其他新的东西吸引住他了。这个自恋的家伙常常惹出麻烦，让朋友们头疼不已，他因为偷车被关进监狱后扮成洗衣妇出逃的那段是全书中最让人捧腹大笑的一节。而老成持重的獾则在森林中德高望重，他沉稳、有谋略，值得任何朋友依靠。不管是癞蛤蟆，还是河鼠、鼹鼠，只要他们遇到了麻烦，第一个想到的就是獾。

故事最后朋友们能成功夺回癞蛤蟆庄园，獾起到了至关重要的作用。住在河岸的河鼠喜欢写诗、喜欢交朋友，也很勤劳善良。他第一次遇见鼹鼠的时候，就热情地邀请他一起野餐。他很恋家，可是有一次，在听了鼹鼠讲述航海的趣事之后竟然有了外出流浪的冲动。地底下的鼹鼠有点憨厚的乡巴佬的样子，他忠厚老实，特别看重朋友间的情谊。整个故事就是从他的所见所闻来展开的。这一系列的事件生趣盎然，优美动人，既幽默又温暖，不但孩子们会喜欢，成人同样也会为之着迷。故事里那些对生活的感受，随着读者的年龄增长越发能使之产生共鸣，感到亲切。在故事的结尾，重新夺回庄园的癞蛤蟆终于转变了，和朋友们一起“无比快活地过他们曾被内战粗暴地破坏了的生活，再也没有受到过捣乱或者侵犯的打搅”。结尾部分的描写既充满诗意又不失幽默，让人久久回味。

《柳林风声》是适合围坐在暖暖的火炉边，大家一起听的故事。当在雪地里冷得直打哆嗦的鼹鼠和河鼠终于回到獾先生舒适的家，钻进带着肥皂香味的被窝；当他们第二天起床看见餐桌旁吃着荞麦粥的两只小刺猬时；当癞蛤蟆先生跳上令他心驰神往的那辆豪华汽车，“轰隆”一声发动引擎，然后扬长而去的那一刻，听着故事的眼睛都会迸出光芒，几乎想立刻跳进那个童话世界。

先睹为快

整个上午，鼹鼠都在勤奋地干活，为他小小的家屋作春季大扫除。先用扫帚扫，再用掸子掸，然后登上梯子、椅子什么的，拿着刷子，提着灰浆桶，刷墙，直干到灰尘呛了嗓子，迷了眼，全身乌黑的毛皮溅满了白灰浆，腰也酸了，臂也痛了。春天的气息，在他头上的天空里吹拂，在他脚下的泥土里游动，在他四周飘荡。春天那奇妙的追求、渴望的精神，甚至钻进了他那阴暗低矮的小屋。怪不得他猛地把刷子往地下一扔，嚷道：“烦死人了！”“去它的！”“什么春季大扫除，见它的鬼去吧！”连大衣也没顾上穿，就冲出家门了。上面有种力量在急切地召唤他，于是他向着陡峭的地道奔去。这地道，直通地面上的碎石子大车道，而这车道是属于那些住在通风向阳的居室里的动物的。鼹鼠又掏又挠又爬又挤，又挤又爬又挠又掏，小爪子忙个不停，嘴里还不住地念念叨叨，“咱们上去啰！咱们上去啰！”末了，噗的一声，他的鼻尖钻出了地面，伸到了阳光里，跟着，身子就在一块大草坪暖暖的软草里打起滚来。“太棒了！”他自言自语地说，“可比刷墙有意思！”太阳晒在他的毛皮上，暖烘烘的，微风轻抚着他发热的额头。在洞穴里蛰居了那么久，听觉都变得迟钝了，连小鸟儿欢快的鸣唱，听起来都跟大声喊叫一样。生活的欢乐、春天的愉悦，又加上免了大扫除的麻烦，他乐得纵身一跳，腾起四脚向前飞跑，横穿草坪，一直跑到草坪尽头的篱笆前。

“站住！”篱笆豁口处，一只老兔子喝道，“通过私人道路，得交六便士！”鼹鼠很不耐烦，态度傲慢，根本没把老兔子放在眼里，一时倒把老兔子弄得不知如何是好。鼹鼠顺着篱笆一溜儿小跑，一边还逗弄着别的兔子，他们一个个从洞口探头窥看，想知道外面到底吵些什么。“蠢货！蠢货！”他嘲笑说，不等他们想出一句解气的话来回敬他，就一溜烟跑得没影儿了。这一来，兔子们七嘴八舌互相埋怨起来。“瞧你多蠢，干吗不对他说……”“哼，那你干吗不说……”“你该警告他……”诸如此类，照例总是这一套。当然啰，照例总是——太晚啦。

一切都那么美好，好得简直不像是真的。他跑过一片又一片的草坪，沿着矮树篱，穿过灌木丛，匆匆地游逛。处处都看到鸟儿做窝筑巢，花儿含苞待放，叶儿挤挤攘攘——万物都显得快乐，忙碌，奋进。他听不到良心在耳边嘀咕：“刷墙！”只觉得，在一大群忙忙逯逯的公民当中，做一只唯一的懒狗，是多么惬意。看来，过休假日最舒心的方面，还不是自己得到休憩，而是看到别人都在忙着干活。

延展阅读

《精灵鼠小弟》

这是美国作家 E. B. 怀特所著的三部童话之一（另外两部是《夏洛的网》和《吹小号的天鹅》)，在 1999 年好莱坞把它改编拍成电影，由真人和一只电脑制作的老鼠合演，让倔强而可爱的鼠小弟征服了全世界。书中讲述了美国纽约一个叫利特尔的普通家庭，他们有了一个像老鼠一样大小，长得也像老鼠的男孩斯图尔特。但是一家人没有大惊小怪，更没有唉声叹气。相反，鼠小弟斯图尔特的出现，使得一家人的生活反而变得更加有趣，发生了很多好玩的事儿。故事充满了浓浓的亲情和深深的爱意。特别是鼠小弟斯图尔特充满了冒险精神，他为了寻找自己所爱的小鸟玛加洛，驾驶着微型小汽车，向北前进，乐观地迎接挑战，百折不挠地追求自己的爱。他说："我将一直朝北走，直到我的生命结束。"

《伊索寓言》

〔古希腊〕伊索　著

教人如何处世，如何做好人，怎样辨别是非好坏，怎样变得聪明、智慧。

推荐版本：人民文学出版社（2008 年）　王焕生译

关于作者

伊索（约前 620—前 560），公元前 6 世纪古希腊著名的寓言家。他与克雷洛夫、拉·封丹和莱辛并称世界四大寓言家。他曾是萨摩斯岛雅德蒙家的奴隶，一生被转卖多次，但因知识渊博，聪颖过人，最后获得自由，此后伊索开始环游世界，为人们讲述他的寓言故事，深受古希腊人民的喜爱。传说他经常出入吕底亚国王克洛伊索斯的宫廷。另外还传说，庇西特拉图统治期间，他曾到雅典访问，对雅典人讲了《请求派王的青蛙》这个寓言，劝阻他们不要用别人替换庇西特拉图。公元前 5 世纪末，“伊索”这个名字已在古希腊尽人皆知，当时的古希腊寓言都归在他的名下。

13 世纪发现的一部《伊索传》的抄本中，他被描绘得丑陋不堪，从这部传记产生了很多有关他的故事。比如伊索童年时期是一个哑巴，只能发出奇怪的声音，用手势表达他的意思；再加上他长得又矮又丑，邻居都认为他是个疯子。但是他的母亲非常爱他，时常讲故事给他听；他的舅舅恨这个又矮又丑的外甥，常常强迫他在田里做最艰苦的工作。

母亲去世后，伊索跟着曾照料过他的老人，离家到各地去漫游，因此学到了许多有关鸟类、昆虫和动物的故事。他们在一起度过了许多年快活的日子，后来伊索被牧羊人贩卖，成为奴隶。有一天，伊索梦见幸运之神和气地向他微笑，并把手指放进他的嘴里。醒来后，他意外地发现自己已经可以说话了。伊索曾经靠机智救过朋友和主人的急难；凭机智避免敌人的伤害，解除奴隶的桎梏。伊索并没有写下他的寓言，他完全凭记忆口述。

公元前4世纪与公元前3世纪之交，雅典哲学家德米特里厄斯编辑了第一部伊索寓言集《伊索故事集成》，书中包含早期的伊索寓言故事约200则，可惜的是现在这本书已经亡佚。公元1世纪和2世纪，费德鲁斯和巴布里乌斯分别用拉丁文和希腊文写成两部诗体的伊索寓言。现在常见的《伊索寓言》是后人根据拜占庭僧侣普拉努得斯搜集的寓言及以后陆续发现的古希腊寓言传抄本编订的。从现存作品来看，《伊索寓言》中的故事时间跨度大，各篇的倾向也不完全一样，应不是一人一时之作，可以看做是古希腊人在相当长的历史时期内的集体创作，伊索只是其中的一位重要作者。

荐读理由

《伊索寓言》是古希腊文学的重要组成部分，它的价值并不亚于希腊神话、荷马史诗和悲剧。寓言主体以拟人化的动物、普通人以及神为主要表现对象，通过生动的小故事，或揭示早期人类生活状态，或隐喻抽象的道理，或暗示人类的种种秉性和品行，多维地凸显了古希腊民族本真的性格。《伊索寓言》来自民间，所以社会底层人民的生活和思想感情得到了较突出的反映。如对富人贪婪自私的揭露，对恶人残忍本性的鞭挞，对劳动创造财富的肯定，对社会不平等的抨击，对懦弱、懒惰的讽刺，对勇敢斗争的赞美。还有许多寓言，教人如何处世，如何做好人，怎样辨别是非好坏，怎样变得聪明、智慧。伊索寓言是古希腊人生活和斗争的概况、提炼和总结，是古希腊人留给后人的一笔精神遗产。

《伊索寓言》文字凝练，故事生动，想象丰富，饱含哲理，融思想性和艺术性于一体。其中《农夫和蛇》《狐狸和葡萄》《狼与小羊》《龟兔赛跑》《牧童和狼》《农夫和他的孩子们》《蚊子和狮子》等已成为全世界家喻户晓的故事。它是世界上拥有读者最多的一本书，同时也是世界上最古老的寓言集。在欧洲文学史上，它为寓言创作奠定了基础。公元1世纪的古罗马寓言作家费德鲁斯直接继承了《伊索寓言》的传统，借用了《伊索寓言》中的许多故事，并称自己的寓言是“伊索式寓言”。公元2世纪的希腊寓言作家巴布里乌斯则更多地采用了伊索的寓言故事。这种传统为晚期古希腊罗马寓言创作所继承。文艺复兴以后，对伊索寓言抄稿的重新整理和印行极大地促进了欧洲寓言创作的发展，先后出现了不少出色的寓言作家。世界各国的文学作品甚至政治著作中，也常常引用《伊索寓言》，或作为说理论证时的比喻，或作为抨击与讽刺的武器，书中的精华部分至今仍有积极的现实意义。

《伊索寓言》中的故事主要是受欺凌的下层平民和奴隶的斗争经验与生活教训的总结。寓言通过描写动物之间的关系来表现当时压迫者和被压迫者之间的不平等，谴责当时社会上人剥削人的现象，号召受欺凌的人团结起来与恶人进行斗争。《农夫和蛇》的故事劝告人们不要对敌人仁慈；《狗、公鸡和狐狸》告诉人们要善于运用智慧，战胜敌人；在《狮子与鹿》《捕鸟人与冠雀》《两个锅》等故事里，作者揭露出当政权掌握在贪婪残暴的统治者手中时，贫苦的人是不可能平安地生活下去的。值得注意的是，《伊索寓言》中除了某些特定动物外，其他的动物一般没有固定的性格特征，例如狐狸、狼等，有时被赋予反面性格，有时则受到肯定。这些动物故事无疑是虚构的，然而又非常地自然逼真，与后代寓言形成的典型性格特征是不一样的。

先睹为快

狼与小羊

一只小羊在河边喝水，狼见到后，便想找一个名正言顺的借口吃掉他。于是他跑到上游，恶狠狠地说小羊把河水搅浑浊了，使他喝不到清水。小羊回答说，他仅仅站在河边喝水，并且又在下游，根本不可能把上游的水搅浑。狼见此计不成，又说道："我父亲去年被你骂过。"小羊说，那时他还没有出生。狼对他说："不管你怎样辩解，反正我不会放过你。"

这说明，对恶人做任何正当的辩解也是无效的。

熊与狐狸

有一头熊大肆吹嘘，说他很爱人类，因为他从不吃死人。一只狐狸对他说："但愿你把死人撕得粉碎，而不要危害那些活着的人。"

这故事适用于生活中那些假装善良的恶人。

田鼠与家鼠

田鼠与家鼠是好朋友，家鼠应田鼠所约，去乡下赴宴。他一边吃着大麦与谷子，一边对田鼠说："朋友，你知道，你这是过着蚂蚁一般的生活，我那里有很多好东西，去与我一起享受吧！"田鼠跟随家鼠来到城里，家鼠给田鼠看豆子和谷子，还有红枣、干酪、蜂蜜、果子。田鼠看得目瞪口呆，大为惊讶，称赞不已，并悲叹自己的命运。他们正要开始吃，有人打开了门，胆小的家鼠一听声响，害怕得赶紧钻进了鼠洞。当家鼠再想拿干酪时，有人又进屋里拿什么东西。他一见到有人，立刻又钻回了洞里。这时，田鼠也顾不上饥饿，颤颤惊惊地对家鼠说："朋友，再见吧！你自己尽情地去吃，担惊受怕地享受这些好吃的东西吧。可怜的我还是去啃那些大麦和谷子，平平安安地去过你看不起的普通生活。”

这故事说明，人们宁愿过简单平稳的生活，而不愿享受那充满恐怖的欢乐生活。

狗、公鸡和狐狸

狗与公鸡结交为朋友，他们一同赶路。到了晚上，公鸡一跃跳到树上，在树枝上栖息，狗就在下面树洞里过夜。黎明到来时，公鸡像往常一样啼叫起来。有只狐狸听见鸡叫，想要吃鸡肉，便跑来站在树下，恭敬地请鸡下来，并说：“多么美的嗓音啊！太悦耳动听了，我真想拥抱你。快下来，让我们一起唱支小夜曲吧。”鸡回答说：“请你去叫醒树洞里的那个看门守夜的，他一开门，我就可以下来。”狐狸立刻去叫门，狗突然跳了起来，把他咬住撕碎了。

这故事说明，聪明的人临危不乱，巧妙而轻易地击败敌人。

延展阅读

《意大利童话》

本书发表于1956年，被人们誉为“意大利式的格林童话”“世界文学宝库中的瑰宝”，它是意大利当代最具世界性影响的作家卡尔维诺花费两年的心血写成的。《意大利童话》搜集了近200篇意大利各地的传统民间故事和童话，根据意大利各地几个世纪以来用各种方言记录的民间故事资料，进行筛选编写而成。这本用现代通用意大利语改写而成的童话书，被认为是适合全体意大利人民阅读、并且便于向全世界介绍的“全意大利的童话书”。

《蓝蓝的童话》

蓝蓝　著

在极度匮乏爱的今天，这是多么难能可贵的贡献。

推荐版本：北岳文艺出版社（2003 年）

关于作者

蓝蓝，原名为胡兰兰，当代女作家，1967 年出生，山东烟台人。现供职于河南省文学院，黄河科技大学客座教授、河南省文学院文学研修班导师。

1988 年，蓝蓝毕业于郑州大学新闻系。毕业后，曾任河南省文联《大河》诗刊社编辑、《热风》杂志社编辑等。早在 13 岁时，蓝蓝便开始进行文学创作并发表作品，多年来著有《含笑终生》《人间情书》《情歌》《滴水的书卷》《飘零的书页》《蓝蓝的童话》《梦想城》《大树快跑》《坦克上尉歪帽子》《洛神》等诗歌、散文、随笔、评论、童话等作品集 20 余部。

蓝蓝曾表示，自己写童话是一件十分自然的事情："生在山东渤海湾一个叫大沙埠的村庄，度过快乐的童年后随父母到河南当过工人，上过大学，做过编辑，写过一些诗歌散文和童话，喜欢大自然，热爱孩子们，因为他们是人间没有长翅膀的天使。"

蓝蓝的作品被翻译为多种语言，获得广泛的认可。其出版的作品被收入中小学语文素养文库·中学卷《中外诗歌精品鉴赏》《青春读书课·新课标素质教育必读书》等书。

荐读理由

《蓝蓝的童话》一书共收了22个小短篇和1个长篇（《小狗老李的故事》）。在蓝蓝的童话中，每一篇都有着活泼自由的想象力和诗一样的语言，清新的想象力，幽默的语言，有张有弛的叙述节奏，以及巧妙的悬念设置，一切都在自自然然之中，达到了一种令人欲罢不能的“有趣”的效果。

《没有快乐的东方太子》说的是快乐。《诚实的提提》说的是诚实。《地灵的故事》说的是人与自然的关系。《会跑的树》说的是城市里因不堪污染、沉闷和人类的欺凌，采取集体大逃亡行动的一群树，写得天真烂漫，却又隐含着孩子们也许不容易体会到的酸楚。它里面有一段对话尤其让人感动：“清晨，当两个爱树的孩子问妈妈，树为什么老往上长啊长啊，长得那么高呢。妈妈回答，好孩子，那是因为在低处没有阳光，也没有新鲜空气，他们向天空生长，是想飞走啊。那他们为什么没飞走，妈妈笑了，那是因为他们看到你们俩这么喜欢他们，就留下来不走啦。”老松树听了母子的对话，不忍伤孩子们的心，真的决定不走了，一对杨树兄弟也决定留下来，他们身后大大小小的一群树也都相继停下了脚步。故事的结尾是这样的，“天大亮了，市民们惊奇地发现城市里莫名其妙地失踪了很多树。奇怪的是，那棵原本在公园里的五百多岁的老松树不知怎么出现在东区的一个路口旁。他的身边，靠近幼儿园门口，又多了两棵葱绿的杨树”。

此外，《影子的故事》说的是光明与阴影的关联。若进一步探究，从蓝蓝的童话中，我们还能看得出，她从我国古老的民间童话，以及《安徒生童话》、《格林童话》、卡尔维诺整理的《意大利童话》、圣埃克絮佩里的《小王子》等作品中，获益是很多的。可贵的是，她把这一切滋养都化成自身的血肉，创作出了独特的属于她自己的作品。在她书的封底有这样两行题词：“献给像我的孪生女儿一样纯洁的孩子们”“也献给曾经是孩子们的大人”。

蓝蓝的童话，对自然和精神世界的深刻表达，远远超出儿童和一般人的经验，但它并不拒绝人们的阅读。像所有美好的事物一样，童话是单纯的，它天然地具有让人们热爱的能力。它像自然一样质朴，因此它对写作者更加挑剔。写童话的人，应该具有母性品格，她从自然万物那里继承了爱的繁育能力，同时她也了解它们的脆弱、珍贵，通过它们，她窥见了人生的奥秘和世间的真理。正因为如此，故事从来不是童话的目的，童话是发现，是智慧，准确地说是爱的智慧。在童话的逻辑中，这个世界充满了无数可能性，它是对既定秩序的颠覆，它的因果关系中充满了新奇和发明，它使写作者和阅读者感受到自由和快乐。童话和其他文学作品的区别除了其特有的美学特征外，更重要的在于童话能够直接通向——爱。

蓝蓝的童话有着广阔的视野和理性内涵，她从生活的不同侧面反映出现实困境和人的迷惘。在《地灵的故事》中，她写了人对自然的轻慢和破坏；《树洞》中，她重构了生命和记忆的关系；《一个平常人的平常故事》里，她用神秘的笔触将已知世界和未知世界打通；在自传式的《小狗老李的故事》中，蓝蓝几乎是毫无保留地倾诉了她对生活和世界的全部爱心。在极度匮乏爱的今天，这是多么难能可贵的贡献。

先睹为快

滴哩吧啦城有个姑娘，以前她是个小姑娘，后来她长大了，就成了一个苗条漂亮的大姑娘了。大姑娘有个名字，叫豆娘。豆娘是一种小昆虫，比蜻蜓小一点，绿绿的身体，薄薄透明的翅膀。但我们的豆娘可不是虫子，她是个知书达理的好姑娘，她还有个和她长得一模一样的孪生妹妹。

姑娘大了要嫁人，豆娘总也不慌不忙。“我要为自己挑一个最好的小伙子！”她说。虽然她这么说，可总不见她像别的姑娘那样到大街上或者广场上去，偷偷寻找自己中意的小伙儿。她一天到晚呆在家里，要么看书，要么帮母亲干家务。她的妹妹却爱和别的姑娘们一块儿玩儿啊闹的。时间一长，母亲和父亲都有些着急。

“我们可不想把你留在家里养老，我们还盼着早一天抱上胖胖的外孙哪！”老两口互相做个鬼脸儿，对豆娘说。

豆娘笑了，说：“好吧，明天我就到广场上挑一个最好的女婿来！”

第二天，滴哩吧啦城的居民都知道漂亮的豆娘姐妹要挑女婿的事情了。

广场上来了三个人：一个是英俊的士兵，另一个是城里最有钱人的儿子，还有一个是衣衫褴褛的农夫。三个人都想向豆娘求婚。

豆娘客气地把三个人都请到家里，说：“我要请教你们三个问题，回答完后还要请你们在我家过一夜。”

豆娘的三个问题是：一棵树为什么会跑？世界上最大的耳朵在哪里？人间无所不能的是谁？

有钱人的儿子说：“锯倒了树，拉走它不就是跑了吗？大象的耳朵最大。人间有钱就无所不能。”

大家听了一阵哄笑。

英俊的士兵说：“树会跑是因为人把树移栽到别处了。世上最大的耳朵是听别人说话的耳朵。人间只有英雄无所不能！”

人群中传来赞许的声音。

农夫说：“一年一年，树在时光中奔跑。沉默里有世界上最大的耳朵。人的幻想无所不能。”

豆娘惊奇地看了农夫一眼，微笑着点点头。她的妹妹却一直盯着那个英俊的士兵目不转睛。

到了晚上，豆娘的父亲把三个人分别带到三间屋子里。每个屋子里只有一张床和一个漂亮的大柜子。

“你们有整整一个晚上的时间可以好好想想，看你们这一辈子最希望得到什么。想好了，打开柜子，你应该得到的东西就会出现。”

说完，老人就走了。

有钱人的儿子躺在床上想呀想呀，又想要很高的官位，又想要美女，想来想去，觉得有钱什么都能得到。于是他就对着柜子说：“我要很多很多的金币！”柜门开了，跳出来一只大大的癞蛤蟆，挥着大棒子把他打跑了。

英俊的士兵想：“荣誉是一个士兵最骄傲的装饰，但建功立业得有一匹骏马和一柄宝剑。”

于是他对着柜子说：“我希望得到一匹骏马和一柄宝剑！”

柜子的门开了，当啷啷，一柄宝剑落到了地上，接着，豆娘的孪生妹妹含着泪水走出柜子，哀怨地说：“难道我还不如一匹母马漂亮吗?”

士兵羞愧地红了脸，赶紧上前握住了她的手。

农夫也在屋子里。他站在柜子前，温柔地说：“可爱的姑娘，我什么都不需要。我只要你做我的新娘。”

柜门开了，豆娘微笑着走出来，轻轻地搂住了他的脖子。

……天亮了。豆娘家的大门外突然传来一片欢呼声和音乐声。原来，农夫就是他们年轻的国王，他很早就知道滴哩吧啦城有位美丽的姑娘，为了娶到一个真正聪明善良的新娘，年轻的国王就乔装打扮来到了这里。

这真是一个喜气洋洋的好日子，豆娘和她的孪生妹妹都找到了称心如意的郎君了。只有我，讲了半天，什么也没得到。

延展阅读

《郑渊洁童话全集》

本丛书囊括了郑渊洁 1978 年至 2000 年写的全部童话，共 33 卷本，里面有《大灰狼罗克》《魔方大厦》《舒克贝塔历险记》《皮皮鲁鲁西西全集》等郑渊洁的经典童话作品。

《麦兜麦唛系列》

谢立文编著　麦家碧插画

既深奥又幼稚，既忧郁又乐观的故事。

推荐版本：接力出版社（2002 年）

关于作者

谢立文、麦家碧——被称为“麦爸”和“麦妈”，香港的“麦兜”和“麦唛”是他们的儿子，也是他们最好的作品。

作家谢立文和漫画家麦家碧夫妇是香港近年来十分受关注的创作组合。他们二人的创作打破了香港漫画界武侠称霸的局面，将清新可爱的“麦兜麦唛系列”带入了公众的视线。“麦兜麦唛系列”是以麦兜、麦唛两个可爱的主角创作的丛书。书中叙述了两只快乐小猪的生活故事。这部系列作品于 1988 年开始创作，最初在香港的儿童杂志上刊载，后来逐渐在院校以及知识界流行起来，受众覆盖了不同年龄段、不同身份、不同职业的香港民众。麦兜、麦唛成为繁忙香港中一抹温柔、安静的色彩，无论是大人还是孩子，他们都被麦兜、麦唛那既深奥又幼稚，既忧郁又乐观的故事感染，也触发了各自不同的想象。趣味盎然的《麦兜故事》中到处弥漫着浓浓的香港风情，窄小的高楼，贴满街边的小广告，小人物的快乐，温馨的回忆，苦涩也是淡淡的。那种香港式的幽默和讽刺，在《麦兜故事》里也自然地流露出来。

谢立文笔下的麦兜是一只单亲家庭的小猪，生活在贫困区，它“并不是低能，而是善良”。然而，谢立文既不出身于单亲家庭，也没有住过政府屋村。他家境富裕，出生在沙田，在香港岛长大，读的是香港最好的中学，同学的父母大多是有钱人。用他的话讲：“别说‘大角咀’，就是九龙都很少去。”而选择大角咀，是因为“我知道那是一个旧区，从前有唐楼。我需要这么一个很霉的、很烂的地方。而大角咀这个名字又很有趣，咀，为什么会有大角呢?”

谢立文的出身和他关注的视角截然不同，他所关注的是社会的底层、平凡的港人生活。他曾说：“所谓‘小资’或者‘中产’，他们的特质是有‘余暇’：有时间有闲情去思考一些与现实远离一点点的事情。但发展到某一个阶段，他们想将其再扩大一些的时候，又会觉得空虚，于是回到了人文关怀。这是一个必然的过程。香港已经跨越这个阶段了，只是香港很特别，它的路很曲折，似乎走到一半又走回头了。内地的情况应该是类似的：之前现实主义占主流，到了‘小资’阶段，大家对现实主义厌倦了，希望得到一些虚无飘渺的东西。但我可以预言，很快，这些虚无飘渺又会回归到纯粹的道德层面上。我的创作就是这样，幻想结束了，马尔代夫去过了，下一步呢？回到地面。”

《麦兜麦唛系列》出版后，这个故事迅速遍及电影、动画片以及其周边产业，目前，谢立文和麦家碧已经先后出版了《麦唛成年人童话》《麦唛三只小猪》《微小小说》《春田花花幼稚园》《麦唛天空飞猪》《麦唛旧欢如梦》《麦唛感人至深小故事》《麦唛漫画》《完美故事》《宁静声音》《麦唛圣诞故事》等数十种作品。

荐读理由

这是一个关于在香港土生土长的小猪麦兜的成长故事。灰色的城市，楼宇之间电闪雷鸣，单亲妈妈麦太躺在产床上。一只橘红色的塑料脸盆从天而降，虽然是脸盆，但无端端飘来总有原由，妈妈麦太单纯地想到“好运临盆”的话：“保佑我的孩子像周润发、梁朝伟……”小猪麦兜呱呱落地，他当然没有成为发哥和伟仔，他和我们之间大多数人一样，成为一个上班族、一个普通的负资产者、一个吃饱了饭感谢上苍的庸民。

麦兜是一只单纯乐观的小猪，左眼上有个胎记，喜欢吃鸡腿，只吃肉不吃菜兼贪睡。麦妈妈把所有希望和梦想都寄托在了他的身上，怎奈麦兜却始终是个资质平平且机灵不足、憨厚有余的小人物。麦兜单纯乐观，资质平平，却有很多梦想。希望、失望、希望、失望……一个接一个，都是失败。从小就是草根阶层出身的他也幻想自己的命运能有所转机，生活能过得更精彩。因此麦兜的梦想很多，其中得奥运会金牌和去马尔代夫旅游是他最大的梦想。想做奥运冠军是受了香港帆船运动员李丽珊获得奥运金牌的感召，为此他还亲赴长洲拜师学习帆船技术，结果却学会了失传多年的“抢包山”，这一乡土特种运动的过时绝技完全不合时宜。想去马尔代夫旅游，妈妈却只能带他去香港附近的山头看看。

尽管这样，麦兜仍旧觉得很快乐。麦兜凭他正直善良的“死蠢”创造了他美丽的世界。麦兜或许傻，或许笨，或许慢，在人生的追求中屡屡尝试屡屡失败，但他却把生命过得自自然然，像在做一件简单的事。

麦兜儿时的故事，成人只能以回味和感慨来抒发心情。幼儿园和学校里的故事早就远去了，回味这段当年的快乐时光，每一个成年人，都有说不尽的感慨。感慨时光易逝，感慨美妙好景不在，感慨长大成人后的艰辛。麦兜儿时故事给成人带来的只有回忆和喟叹，麦兜变成负资产人士的故事，可谓一下切中香港草根族的命脉。在大公司裁员、小公司倒闭、资产缩水的状况之下，负资产成为香港经济社会中一个常用的词语。而负资产的人士当中以草根阶层的人数居多，只有这些日日奔忙，不断承受压力在供房、供车的人，才最无承受经济波动的能力，最有机会成为负资产的人。与其说麦兜是某一个香港草民的化身，还不如说是草根阶层的观众在书中看到的就是自己。

先睹为快

即使是一块牛肉，也应该有自己的态度，要慎其独，要善其身，要知道精彩的人生不能只有精肉，还要有适宜的肥油做调配，有雪白的肉筋做环绕，并且还要掌握跳进煎锅时的角度、姿势，以及火候，才能最终成为一块优秀道地的西冷牛排。

我的志愿是做一个校长，每天收集了学生的学费之后就去吃火锅，今天吃麻辣火锅，明天吃酸菜鱼火锅，后天吃猪骨头火锅，老师直夸我：麦兜你终于找到生命的真谛了！

拿着包子，我忽然明白，原来有些东西，没有，就是没有。不行，就是不行，没有鱼丸，没有粗面，没去马尔代夫没奖牌没有张保仔的宝藏，而张保仔，也没有吃过那个包子。原来愚蠢，并不那么好笑。愚蠢会失败，会失望。失望，并不那么好笑。胖，也不一定好笑。胖，不一定有力气。有力气，也不一定行。拿着包子，我忽然想到，长大了，到我要面对这个硬绷绷，未必可以做梦未必那么好笑的世界的时候，我会怎么样呢?

那不是缺陷，是你不在梦中……

妈妈悄悄地把剩下的火鸡扔了，那已经是火鸡解冻后差不多半年的事了，我的美梦和恶梦也同时结束了。我还发现，火鸡的味道，在将要吃和吃第一口之间，已经是最高峰了，后来，只是开始吃了也就吃下去了。我没有哲学家的头脑，不知道这两件事，应该悟出什么道理。可是这些想法，在我长大以后，在一些跟圣诞节无关的日子里，无缘无故地在我脑子里出现过两次。一次，是在我的婚宴上，一次，是在我妈妈火化的那天，那天，我看着天空几缕灰色的烟，忽然闻到火鸡又浓又淡的气味儿，我很后悔，要妈妈扔了那几块火鸡。

延展阅读

《这是爱》

这是作者的另一部精品。

本书延续了麦兜系列一贯的童趣温情风格，图文形式更加生动多元。无论是小小说、诗、四格漫画，还是看图记单词，麦兜带来的全是关于爱的故事，包括母子之间的爱、朋友之间的爱、男女之间的爱……《这是爱》比麦兜系列以往的作品更现实，也更明亮、更幸福。一些看似平凡的故事，都围绕麦兜展开。麦兜和他的单亲妈妈麦太，还有他的老师、同学及邻居朋友们，其实都是生活在当下社会中的人。

中国古典文学

GUDIAN WENXUE

《李煜词集》

〔南唐〕李煜　著

词至李后主而眼界始大，感慨遂深。

推荐版本：上海古籍出版社（2009 年）　王兆鹏导读

关于作者

李煜（937—978），五代十国时南唐国君，于 961 年至 975 年在位，字重光，初名从嘉，号钟隐、莲峰居士。彭城（今江苏徐州）人。南唐元宗李璟第六子，于宋建隆二年（961）继位，史称李后主。开宝八年（975），国破降宋，俘至汴京，被封为右千牛卫上将军、违命侯，后为宋太宗毒死。李煜虽不通政治，但其艺术才华却非凡，他工书善画，能诗擅词，通音晓律，诗和文都有一定造诣，尤以词的成就最高。著有千古杰作《虞美人》《浪淘沙》《乌夜啼》等诗，被称为“千古词帝”。

李煜“生于深宫之中，长于妇人之手”，“性宽恕，威令不素著”，好生戒杀，死后江南人听说，“皆巷哭为斋”。李煜本无心争权夺利，一心向往归隐生活，他痛恨自己生在帝王家，登上王位完全是个意外。他继位之时，南唐已臣服于宋，多次入宋朝进贡，苟安于江南一隅。宋开宝七年（974），宋太祖屡次派人诏李煜北上，他都推辞不去。同年十月，宋兵南下攻打金陵，次年十一月城破，李煜被囚于开封。太平兴国三年（978）七夕是他的生日，宋太宗赐他毒药，遂服药自尽，追封吴王，葬洛阳邙山。

李煜是婉约派四大旗帜之一，诗和文均有一定造诣，尤以词的成就最高。内容主要可分作两类：第一类为降宋之前所写，主要反映宫廷生活和男女情爱，题材较窄；第二类为降宋后，李煜以亡国的悲痛，赋以自身感情而作，此时期的作品成就远远超过前期，可谓“神品”。千古杰作《虞美人》《浪淘沙》《乌夜啼》《相见欢》等，皆成于此时。此时期的词作大多哀婉凄绝，主要抒写了自己凭栏远望、梦里重归的情景，表达了对往事的无限留恋。李煜在中国词史上占有重要的地位，对后世影响甚大。他继承了晚唐以来花间派词人的传统，又将词的创作向前推进了一大步，扩大了词的表现领域。

李煜的词意境深远，感情真挚，语言清新，极富艺术感染力。后人将他与李璟的作品合辑为《南唐二主词》。如王国维《人间词话》所言：“词至李后主而眼界始大，感慨遂深。”他的词作语句清丽，音韵和谐，空前绝后，现存词46首，其中几首前期作品或为他人所作，可以确定者仅38首。

荐读理由

王国维认为：“温飞卿之词，句秀也；韦端己之词，骨秀也；李重光之词，神秀也。”李煜的词摆脱了《花间集》的浮靡，不假雕饰，语言明快，形象生动，性格鲜明，用情真挚。亡国后的作品更是题材广阔，含意深沉，超过晚唐五代的词，成为宋初婉约派词的开山。在李煜之前，词以艳情为主，内容浅薄，即使寄寓一点怀抱，也大都用比兴手法，隐而不露。而李煜词中多数作品则直抒胸臆，倾吐身世家国之感，情真语挚。比如那首著名的《虞美人》：“春花秋月何时了，往事知多少。小楼昨夜又东风，故国不堪回首月明中。雕栏玉砌应犹在，只是朱颜改。问君能有几多愁，恰似一江春水向东流。”这是李煜最后的一首感怀故国的名作，作者以形象的比喻、诘问的口吻、悲愤的情怀、激宕的格调，放笔悲号，写尽亡国君主的哀愁。上阕曲调高亢悲慨，唯有作家经历过大灾难，炼就大手笔，才能究诘人生，写出如此具有深度和力度的词作，大有负荷全人类之悲哀的气概。下阕则用了曲笔，“朱颜”暗描江山易改，“改”字点出全词题旨，是悲恨的根源。最后，词人把难以说明的去国之思、失国之悲、亡国之恨全部纳入一个“愁”字中了。“问君能有几多愁，恰似一江春水向东流。”真乃千古绝唱。王国维说：“尼采谓一切文学余爱以血书者。后主之词，真可谓以血书者也。”

李煜的词往往通过具体可感的个性形象来反映现实生活中具有一般意义的某种境界。比如《浪淘沙》中的“流水落花春去也，天上人间”、《相见欢》中的“自是人生长恨水长东”、《清平乐》中的“离恨恰如春草，更行更远还生”等名句，深刻而生动地写出了人生悲欢离合之情，引起后世许多读者的共鸣。他的词不镂金错彩，而文采动人；不隐约其词，却又情味隽永；语言自然、精炼而又富有表现力，形成既清新流丽又婉曲深致的艺术特色，比如《渔父》一词：“一棹春风一叶舟，一纶茧缕一轻钩。花满渚，酒满瓯，万顷波中得自由。”

李煜的词在风格上也很有独创性。《花间集》和南唐词，一般以委婉密丽见长，而李煜则出之以疏朗。如谭献《复堂词话》中所评价《玉楼春》的“豪宕”，《乌夜啼》的“濡染大笔”，《浪淘沙》的“雄奇幽怨，乃兼二雄”，以及周济《介存斋论词杂著》评价《虞美人》的“自然奔放、如生马驹不受控捉”，纳兰性德也曾说道：“花间之词，如古玉器，贵重而不适用，宋词适用而少质重，李后主兼有其美，饶烟水迷离之致。”李煜之作兼有刚柔之美，大大不同于一般的婉约词赋，在晚唐五代词中别树一帜。

先睹为快

清平乐

别来春半，触目柔肠断。砌下落梅如雪乱，拂了一身还满。

雁来音信无凭，路遥归梦难成。离恨恰如春草，更行更远还生。

相见欢

无言独上西楼，月如钩。寂寞梧桐深院锁清秋。　　剪不断，理还乱，是离愁。别是一般滋味在心头。

望江南二首

多少恨，昨夜梦魂中。还似旧时游上苑，车如流水马如龙，花月正春风。

多少泪，断脸复横颐。心事莫将和泪说，凤笙休向泪时吹，肠断更无疑。

浪淘沙

帘外雨潺潺，春意阑珊。罗衾不耐五更寒。梦里不知身是客，一晌贪欢。　　独自莫凭栏，无限江山，别时容易见时难。流水落花春去也，天上人间。

浪淘沙

往事只堪哀，对景难排。秋风庭院藓侵阶。一桁珠帘闲不卷，终日谁来！　　金锁已沉埋，壮气蒿莱。晚凉天静月华开。想得玉楼瑶殿影，空照秦淮。

延展阅读

《南唐后主李煜传》

“南唐李后主虽多才多艺，但不抓政治，终于亡国。李后主是能诗能赋的人。知识分子型的皇帝没有出息——南朝陈后主、南唐李后主。”这是毛泽东对南唐后主李煜的评说。读者要想更全面、更深入地了解李煜，从政治、文学才华等多方面地走进南唐后主，本书是不错的选择。

《苏轼诗选》

〔北宋〕苏轼　著

推荐版本：人民文学出版社（1998 年）　陈迩冬选注

关于作者

苏轼（1037—1101），字子瞻，一字和仲，号东坡居士，眉州眉山（今属四川）人。宋仁宗嘉祐二年（1057）进士，嘉祐六年（1061），应中制科入第三等，除授大理评事签书凤翔判官。神宗熙宁初回朝，因接连上疏反对王安石变法无效，自请外任，先通判杭州，转而知密州（今山东诸城县）、徐州（今江苏徐州市）、湖州（今浙江湖州市）。元丰二年（1079），御史李定、何正臣等以作诗讥刺新法、讪谤朝廷的罪名弹劾苏轼，苏轼被捕下狱，史称“乌台诗案”。出狱后，他被谪降为黄州团练副使。哲宗即位，高太后临朝，重用旧党，苏轼于元祐元年（1086）被召还朝，授以翰林学士、知制诰等职。因不满司马光全盘废除新法，遭旧党排挤，再次自请外任。自元祐四年（1089）起，以龙图阁学士的身份，先后出知杭州、颍州（今安徽阜阳）、扬州、定州（今河北定县）。高太后逝，哲宗当政，新党得势，苏轼以“讥刺先朝”的罪名被贬至惠州、儋州。徽宗即位，奉召内迁，于次年（1101）卒于常州，谥文忠。

苏轼是中国文学史上罕见的天才，他在诗、词、文里所表现出来的豪迈气象、丰富的思想内容、超逸的艺术风格是欧阳修、梅尧臣倡导的诗文革新运动进一步发展的成果，表现了宋代文学的最高成就。

苏文今存四千余篇，体裁多样，呈现出多姿多彩的艺术风貌，最突出的是具有孟子和战国纵横家的雄放驰骋的气势及庄子的丰富联想和自然恣肆的行文风格。他在《自评文》中说："吾文如万斛泉涌，不择地皆可出，在平地滔滔汩汩，虽一日千里无难。及其山石曲折，随物赋形，而不可知也。所可知者，常行于所当行，常止于不可不止。"可谓对其文颇为中肯的评价。南宋朗晔曾拣选苏文四百余篇，编成《经进东坡文集事略》，是今存最早的苏文注本。苏词今存360余首，具有更大的艺术创造力，它突破了晚唐五代以来词拘泥于男女恋情、离愁别绪的旧框框，以诗为词，把举凡诗所采用的题材都写入词中，极大地拓宽了词的表现范围，丰富了词的意境，带来了语言、音律的解放。此外，苏轼还在婉约词派之外，树立了豪放风格，成为豪放词派的开创者。

苏诗今存2700余首，内容广博，各体均备，尤以七言为佳。苏轼转益多师，早年学习李白、杜甫、韩愈，晚年学陶渊明、柳宗元等等。他从前代诗人中汲取了丰富的艺术营养，在此基础上，形成了自己富有创造性的、独特的艺术风格。沈德潜《说诗晬语》卷下云："苏子瞻胸有洪炉，金、银、铅、锡，皆归熔铸。其笔之超旷，等于天马脱羁，飞仙游戏，穷极变幻，而适如意中所欲出。韩文公后，又开辟一境界也。"赵翼《瓯北诗话》卷五云："以文为诗，始自昌黎，至东坡亦大放厥词，别开生面，成一代之大观。今试平心读之，大概才思横溢，触处生春，胸中书卷繁富，又足以供其左旋右抽，无不如志；其尤不可及者，天生健笔一枝，爽如哀梨，快如并剪，有必达之隐，无难显之情。此所以继李、杜后为一大家也。"此两段话，大体能说明苏诗的艺术特色。历代苏诗注本颇多，较为著名的有南宋王十朋的《集注分类东坡先生诗》，施元之、顾禧的《施顾注苏诗》，清冯应榴的《苏文忠公诗合注》，王文诰的《苏文忠公诗编注集成》。

荐读理由

苏轼的作品具有多姿多彩的艺术面貌，其中很大部分的作品以怀旧为主。以《辛丑十一月十九日既与子由别于郑州西门之外马上赋诗一篇寄之》为例。

苏辙原诗的基调是怀旧，因为他19岁时曾被任命为渑池县的主簿（由于考中进士，未到任），嘉祐元年和兄轼随父同往京城应试，又经过这里，有访僧留题之事。所以在诗里写道："曾为县吏民知否？旧宿僧房壁共题。"他觉得，这些经历真是充满了偶然。如果说与渑池没有缘分，为何总是与它发生关联？如果说与渑池有缘分，为何又无法驻足时间稍长些？这就是苏辙诗中的感慨。而由这些感慨，苏轼更进一步对人生发表了一段议论。这就是诗的前四句。在苏轼看来，不仅具体的生活行无定踪，整个人生也充满了不可知，就像鸿雁在飞行过程中，偶一驻足雪上，留下印迹，而鸿飞雪化，一切又都不复存在。那么，在冥冥中到底有没有一种力量在支配着这种行为呢？如果说，人生是由无数个坐标点所组成的，那么，这些坐标点有没有规律可循？青年苏轼对人生发出了这样的疑问和感喟。但是，人生有着不可知性，并不意味着人生是盲目的；过去的东西虽已消逝，但并不意味着它不曾存在。就拿崤山道上，骑着蹇驴，在艰难崎岖的山路上颠簸的经历来说，岂不就是一种历练，一种经验，一种人生的财富？所以，人生虽然无常，但不应该放弃努力；事物虽多具有偶然性，但不应该放弃对必然性的寻求。事实上，若不经过一番艰难困苦，又怎能考取进士、实现抱负呢？这就是苏轼：既深究人生底蕴，又充满乐观向上的精神，他的整个人生观在此得到了缩微的展示。

这首诗的理趣主要体现在前四句上，"雪泥鸿爪"也作为一个成语被后世广泛传诵。但从写作手法上来看，也颇有特色。纪昀曾评道："前四句单行入律，唐人旧格；而意境恣逸，则东坡之本色。"所谓

“唐人旧格”，大致上指崔颢《黄鹤楼》：“昔人已乘黄鹤去，此地空余黄鹤楼。黄鹤一去不复返，白云千载空悠悠。……”作为七律，三、四两句本该对仗，此却一意直下，不作讲求。苏轼的“泥上”二句，也可算是对仗，但其文意承上直说，本身也带有承接关系，所以是“单行入律”。“意境恣逸”的意思，就是不仅字面上飘逸，行文中有气势，而且内涵丰富，耐人寻味，不求工而自工。这正是苏轼的“本色”。

总之，这首诗表达对人生来去无定的怅惘和往事旧迹的深情眷念。前四句单行入律，用唐人旧格，散中有整，行文自然。“雪泥鸿爪”的比喻，老僧新塔、坏壁旧题的惊叹，含意丰富，意味隽永。全诗动荡明快，意境恣逸，是苏轼七律中的名篇。

苏轼的词相比他的诗有更大的艺术创造性。他突破了以前离愁别绪、男女恋情的老套，将悼古、怀旧、记游、说理等诗材皆纳入词的表达范围，给词以更深广的意境，一改晚唐五代词家的婉约之风，开创了词的豪放一派。《水调歌头》（明月几时有）、《念奴娇》（赤壁怀古）一向被认为是最能代表苏词风格的作品。前一首词从幻想天堂的不胜寂寞凄冷，转向寄情于人间的天长地久。后一首借赤壁旧址的壮观景象、古人的英雄气概抒发诗人的豪情壮志。这两首词皆写于作者失意之时，“人生如梦”的低沉之调不免时而可闻，但它毕竟难掩苏词激情奔放、达观洒脱、恢宏阔大的主旋律的高亢之音。此外，苏轼还选取典型的生活情景和人物的行动，通过叙事抒情，间用议论的方式，形象地反映社会现实生活，读来真实动人，充满了诗人对劳动人民苦难遭遇的深切同情。

先睹为快

出颍口，初见淮山，是日至寿州

我行日夜向江海，枫叶芦花秋兴长。

长淮忽迷天远近，青山久与船低昂。

寿州已见白石塔，短棹未转黄茅冈。
波平风软望不到，故人久立烟苍茫。

六月二十七日望湖楼醉书

黑云翻墨未遮山，白雨跳珠乱入船。
卷地风来忽吹散，望湖楼下水如天。
放生鱼鳖逐人来，无主荷花到处开。
水枕能令山俯仰，风船解与月徘徊。

新城道中

东风知我欲山行，吹断檐间积雨声。
岭上晴云披絮帽，树头初日挂铜钲。
野桃含笑竹篱短，溪柳自摇沙水清。
西崦人家应最乐，煮葵烧笋饷春耕。

延展阅读

《三苏》

周裕锴、宁智锋等编著。“三苏”是指北宋著名文学家苏洵、苏轼和苏辙父子三人，苏洵为老苏，苏轼为大苏，苏辙为小苏。他们都是欧阳修领导的新古文运动的主将，被后世文人归入唐宋八大家之列。三苏也兼擅作诗，尤其是苏轼，在文、诗、词各方面都有突出的开创性的贡献。本书精选苏洵父子三人的经典文学佳作，供广大诗词文赋爱好者阅读欣赏。

《李清照集校注》

〔南宋〕李清照　著

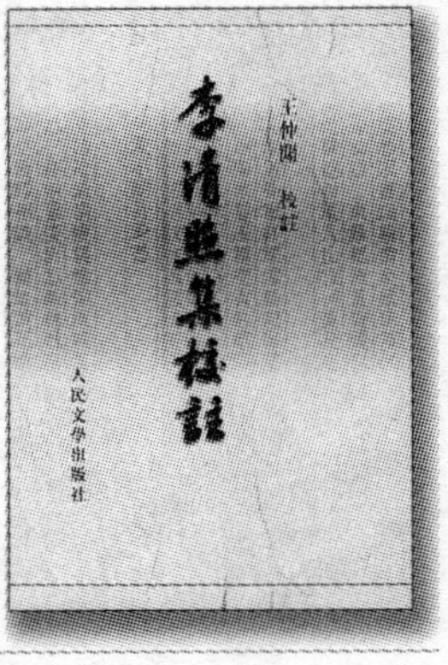

语尽而意不尽，意尽而情不尽。

推荐版本：人民文学出版社（1999年）　王仲闻校注

关于作者

李清照（1084—约1151），济南章丘人，号易安居士。宋代著名女词人，婉约派代表。

李清照生于书香门第。父亲李格非济南历下人，进士出身，苏轼的学生，官至提点刑狱礼部员外郎，藏书甚富，善属文，工于词章。现存于曲阜孔林思堂之东斋的北墙南起第一方石碣刻，上面写有："提点刑狱、历下李格非，崇宁元年正月二十八日率褐、过、迥、逅、远、迈，恭拜林冢下。"母亲是状元王拱宸的孙女，很有文学修养。在家庭的熏陶下，李清照从小便文采出众。

李清照的童年在风景如画的家乡历城度过。后来，父亲李格非作了京官，她便随父母迁居东京汴梁（今河南省开封市）。作为东京的大家闺秀，李清照能够上街观赏繁华的街景，接触到繁荣的城市生活。在她的写作中，既可以见到清新脱俗的景物描写，受惠于自幼在乡下陶冶的性情；同时，她对爱情描写的坦诚无顾忌，也能够看到都市社会风气对其写作的影响。

李清照是精通琴棋书画的才女，远近闻名。她不仅有卓越的才华、渊博的学识，而且有高远的理想、豪迈的抱负。李清照尤其擅长诗词散文。李清照的词清新委婉，感情真挚，在女词人中成就堪称最高。其代表作有《声声慢》《一剪梅》《如梦令》《夏日绝句》《醉花阴》等。李清照的创作的风格，被后世称为“易安体”。她的词作独步一时，流传千古，被誉为“词家一大宗”。

18 岁时，李清照与赵明诚结婚。婚后，李清照与丈夫情投意合一同研究金石书画，过着幸福美好的生活。赵父是当时有名的政治家，官右丞相。婚后，她把整个身心都放在文学艺术的深造和金石文字的收集研究上。她同赵明诚互相砥砺，进行词的创作，技法日臻成熟。一年重阳节，李清照作了那首著名的《醉花阴》，寄给在外做官的丈夫：

“薄雾浓云愁永昼，瑞脑消金兽。佳节又重阳，玉枕纱厨，半夜凉初透。东篱把酒黄昏后，有暗香盈袖。莫道不销魂，帘卷西风，人比黄花瘦。”

秋闺的寂寞与闺人的惆怅跃然纸上。据《瑯嬛记》载，赵明诚接到后，叹赏不已，又不甘下风，就闭门谢客，废寝忘食，三日三夜，写出五十阙词。他把李清照的这首词也杂入其间，请友人陆德夫品评。陆德夫把玩再三，说：“只三句绝佳。”赵问是哪三句，陆答：“莫道不销魂，帘卷西风，人比黄花瘦。”

然而，美好的婚姻与爱情并没有在李清照身边停留太久。1127 年，北方女真族攻破了汴京，徽宗、钦宗父子被俘，高宗南逃。李清照夫妇也随难民流落江南。飘流异地，多年搜集来的金石字画丧失殆尽，给李清照带来沉痛的打击。没过多久，胸怀救国之志却报国无门的赵明诚也病死于建康，更是给李清照带来了致命的一击。

赵明诚过世后，李清照孤苦一人。张汝州为骗取李清照钱财，乘虚而入，对李清照百般示好。李清照当时无依无靠，便顶世俗之风嫁给张汝州。婚后，二人发现自己都受到了欺骗，张汝州发现李清照并没有自己预想中的家财万贯，而李清照也发现了张汝州的无赖本质。张汝州发现自己并不能从李清照处获得财产，便对李清照拳脚相加。之后，李清照发现张汝州的官职来源于行贿，便状告张汝州，在当时的社会环境下，妻子告发丈夫，即使印证丈夫有罪，妻子也要同受牢狱之苦。李清照入狱后，由于家人收买了狱卒，入狱九天便被释放。这段不到百天的婚姻就此结束，遍体鳞伤的李清照也因改嫁为人诟病。

晚年的李清照背井离乡，凄惨无所依。卧在病榻之时，她还在用尽最后的气力，替丈夫编纂未尽的《金石录》。不久后，李清照在江南病逝。

荐读理由

《李清照集校注》是现存的收录李词较为全面的作品集，也是研究李清照的一部资料性质的著作。

李清照的创作是她一生经历的写照。她的词可以以南渡为界，分为前期与后期。

李清照前期的作品以描写闲适、无忧无虑的闺阁生活、爱情和自然景物为主，轻松活泼，韵律优美，体现了心思细腻的女词人的内心世界。这一时期的代表作品有《一剪梅》《点绛唇》等。以《点绛唇》为例：

"蹴罢秋千，起来慵整纤纤手。露浓花瘦，薄汗轻衣透。　见客入来，袜刬金钗溜。和羞走。倚门回首，却把青梅嗅。"

这首词通过人物行动的描写，刻画了一位轻灵姿秀、活泼洒脱的少女形象，又揭示了她内心热爱生活的情愫和精神韵致。李清照是一个性格活泼开朗、无比热爱生活的女子。她不像一般的大家闺秀，把自己的生活圈子局限于闺房绣楼之内，而是常常走出重门深院，投入大自然的怀抱之中，寄情于山水，表现出她朝气蓬勃的春春气息。

再如《减字木兰花》中写道：

“卖花担上，买得一枝春欲放。泪染轻匀，犹带彤霞晓露痕。怕郎猜道，奴面不如花面好。云鬓斜簪，徒要教郎比并看。”

这首词将一个沉醉在爱情的幸福和欢乐之中女性的娇憨妩媚表现得淋漓尽致。但是，生活在封建时代的女性，几乎与社会隔绝，爱情是她们生活的全部，除此之外，她们的生活没有更多的内容。只要旧的封建体制存在，“凭栏远眺”“怕见落花”“望穿秋水”的女子形象在词中就永远不会消失。丈夫的远离，使多少女子苦涩地留守在寂寞的深闺之中。李清照在婚后不久就面临了夫妻分离，作为一个有着丰富情感的女性，她也有无法排遣的寂寞之情、刻骨的相思之苦。

南渡之后，李清照的生活发生了天翻地覆的变化。国家颠覆，丈夫去世，婚姻被骗……背井离乡的李清照彻底告别了此前的生活。这一时期的作品多慨叹身世，怀乡忆旧，表达了对故国和故人的眷恋与追思，流露出难以抑制的悲伤。这一时期的代表作品，如《武陵春》《声声慢》《永遇乐》等，字字血泪，声声呜咽，一派凄楚，动魄惊心。

《武陵春》中这样写道：

“风住尘香花已尽，日晚倦梳头。物是人非事事休，欲语泪先流。

闻说双溪春尚好，也拟泛轻舟。只恐双溪舴艋舟，载不动许多愁。”

这首词是宋高宗绍兴五年（1135）春天在金华写的。时值金兵进犯，李清照避难到金华，她那时已是51岁。起句“风住尘香花已尽”仅仅七个字就为我们描绘出一个落红满地的凄凉环境。生活在这个环境的词人是“日晚倦梳头”。这说明，在这样一个凄凉的环境中，词人内心是充满愁苦的，而不只是空虚无聊了。再加上国破家亡，强敌当前，丈夫逝世，自己孤身飘零。这“载不动”的“许多愁”，抒写了女词人对国破家亡的生命体验，倾吐了历史受难者的内心痛苦，使其作品内蕴更为深广。

而最为经典的《声声慢》，则用反复的叠字加深了女词人愁苦的心境：

“寻寻觅觅，冷冷清清，凄凄惨惨戚戚。乍暖还寒时候，最难将息。三杯两盏淡酒，怎敌他晚来风急？雁过也，正伤心，却是旧时相识。　　满地黄花堆积，憔悴损，如今有谁堪摘？守着窗儿，独自怎生得黑！梧桐更兼细雨，到黄昏、点点滴滴。这次第，怎一个愁字了得！”

《声声慢》十分精美细致地表现了一个妇女在秋日从清晨到黄昏一整天孤独寂寞、凄楚悲哀的心绪，典型地概括了作者南渡之后飘零的生活、凄凉的处境和充满着哀愁的内心世界。

李清照的作品不追求华丽辞藻的堆砌，而是注重平凡生活、点滴思绪的真实描写，以白描的手法体现了作为一名女性对内心世界、外在世界的灵敏体察。她将“语尽而意不尽，意尽而情不尽”的婉约风格发展到了顶峰，无愧于“词宗”的称号。

先睹为快

浣溪沙

淡荡春光寒食天，玉炉沉水袅残烟，梦回山枕隐花钿。

海燕未来人斗草，江梅已过柳生绵。黄昏疏雨湿秋千。

浣溪沙

髻子伤春懒更梳，晚风庭院落梅初。淡云来往月疏疏。

玉鸭薰炉闲瑞脑，朱樱斗帐掩流苏。通犀还解辟寒无？

浣溪沙

绣面芙蓉一笑开，斜飞宝鸭亲香腮，眼波才动被人猜。

一面风情深有韵，半笺娇恨寄幽怀，月移花影约重来。

诉衷情

夜来沈醉卸妆迟，梅萼插残枝。酒醒熏破春睡，梦远不成归。

人悄悄，月依依，翠帘垂。更挪残蕊，更捻馀香，更得些时。

菩萨蛮

归鸿声断残云碧，背窗雪落炉烟直。烛底凤钗明，钗头人胜轻。

角声催晓漏，曙色回牛斗。春意看花难，西风留旧寒。

菩萨蛮

风柔日薄春犹早，夹衫乍著心情好。睡起觉微寒，梅花鬓上残。

故乡何处是？忘了除非醉。沉水卧时烧，香消酒未消。

清平乐

年年雪里，常插梅花醉。挼尽梅花无好意，赢得满衣清泪。

今年海角天涯，萧萧两鬓生华。看取晚来风势，故应难看梅花。

忆秦娥

临高阁，乱山平野烟光薄。烟光薄，栖鸦归后，暮天闻角。

断香残酒情怀恶，西风催衬梧桐落。梧桐落，又还秋色，又还寂寞。

延展阅读

《词论》

这是作者的另一部精品。

《词论》是中国古典文论史上的经典之作，李清照继承了苏门论词的精华，并提出了自己新的词学观点。书中，李清照提出了词“别是一家”的理论，对南宋中后期江湖词派的词学理论具有深刻的影响。直至明清之间，李渔诸人论词，有“上不似诗，下不似曲”的要求，就是沿循此说而来的。

据夏承焘先生的考证，《词论》是李清照于战乱前所作，至于其后因时局变化而带来的词风的转变，是李清照所不能料及的。李清照的论文虽然只表示她个人的主张，但是她的主张基本上代表了当时多数人认为词应该以婉约为正宗的看法。实际上，从宋至清的整个词坛的情况来看，词的内容是以婉约风格为主的。李清照提出词“别是一家”，必须有别于诗，较正统地反映了历代人们对于词的看法，从整个词史上看，是符合词的发展实际的。

《词论》不但是宋代词坛上有独特见解、有组织条理的第一篇词论，而且是我国女性作的文学批评第一篇专文。

《闲情偶寄》

〔清〕李渔 著

中国人生活艺术的袖珍指南，列为“中国名士八大奇著”之首。

推荐版本：

- 岳麓书社（2000年）
- 作家出版社（1995年）

关于作者

李渔（1611—1680），原名仙侣，字谪凡，号天徒，中年改名李渔，字笠鸿，号笠翁。生于江苏雉皋（今如皋）。明末清初文学家、戏曲家。

李渔出生时，村中长老便言他是星宿下界，并非凡人。李渔自幼被誉为“神童”。襁褓识字，“四书”“五经”过目不忘；总角之年便能赋诗作文。他每年在自家后院的梧桐树上刻诗一首，以警戒自己不要虚度年华。15岁时在梧桐树上刻的诗是：“小时种梧桐，桐本细如艾。针尖刻小诗，字瘦皮不坏。刹那三五年，桐大字亦大。桐字已如许，人长亦奚怪。好将感叹词，刻向前诗外。新字日相催，旧字不相待。顾此新旧痕，而为悠忽戒。”为了让儿子能静心攻读，李渔母亲学孟母“三迁教子”，将李渔安置到李堡镇上的一座“老鹳楼”里读书。但正当李渔在书山学海中奋读攻研、学有所成的时候，他父亲因病不幸去世，家庭突然失去顶梁柱，全家人顿陷困境。

迫于生计，19岁时李渔不得不回到故乡兰溪夏李村。同年，李渔娶了距夏李村约十华里的生塘徐村徐氏女为妻，并白头偕老。李渔多次出游，都靠她主持家政有方。李渔在其作品中亲切地叫她“山妻”。

父亲的去世更坚定了李渔谋取功名的决心。崇祯八年（1635），李渔去金华参加童子试，一举成为名噪一时的五经童子，使李渔尝到了读书成名的甜头。他信心更足，读书也更加刻苦。崇祯十二年（1639），李渔稳操胜券赴省城杭州参加乡试，他万万没有料到，自己竟名落孙山。面对科场失利的沉重打击，他满腹牢骚，在寄给同试落榜友人的信中写道：“才亦犹人命不遭，词场还我旧时豪。携琴野外投知己，走马街前让俊髦。酒少更宜赊痛饮，愤多姑缓读《离骚》。姓名千古刘蕡在，比拟登科似觉高。”次年元日作《凤凰台上忆吹箫》叹功名不就：“昨夜今朝，只争时刻，便将老幼中分。问年华几许？正满三旬。昨岁未离双十，便余九、还算青春。叹今日虽难称老，少亦难云。闺人，也添一岁，但神前祝我，早上青云。待花封心急，忘却生辰。听我持杯叹息，屈纤指、不觉眉颦。封侯事，且休提起，共醉斜曛。”

不久后，社会局势发生巨大变化，清军入关，明朝统治岌岌可危。国难当头，李渔意识到自己再也无法实现仕途梦，于是心灰意冷，转而从事戏曲创作，过着像王维一样的隐逸生活。

李渔在村口的大道旁倡建了一座凉亭，取名为“且停亭”，并题联曰：“名乎利乎道路奔波休碌碌，来者往者溪山清静且停停。”此亭此联一直为后人传颂，被列为中国十大过路凉亭之一。他还倡修水利，积极为首兴建石坪坝等四处堰坝，挖掘伊坑等沟渠六华里，使易旱的黄土丘陵地带形成“自流灌溉”，改善了农田水利，村民至今受益。据《龙门李氏宗谱》载：“伊山后石坪，顺治年间笠翁重完固。彼时笠翁构居伊山之麓，适有李芝芳任金华府刑订厅之职，与笠翁公交好，求出牌晓谕，从石坪处田疏凿起，将田内开凿堰坑一条，直至且停亭，复欲转湾伊山脚宅前绕过。公意欲令田禾使有荫注，更欲乘兴驾舟为适情计也。”石坪坝后人誉为“李渔坝”。

李渔为其在杭州的寓所题名为“武林小筑”，并在此暂居下来。他以旺盛的创作力，数年间连续写出了《怜香伴》《风筝误》《意中缘》《玉搔头》等六部传奇及《无声戏》《十二楼》两部白话短篇小说集。这些通俗文学作品虽在当时被正统文人所不齿，视为末技，但由于通俗易懂，贴近市民生活，寓教于乐，适合观众、读者的欣赏情趣，所以，作品一问世，便畅销于市场，被争购一空。尤其是他的短篇小说集，更是受到读者的欢迎，成为抢手货。

李渔称自己的作品是“新耳目之书”，一意求新，不依傍他人，也不重复自己。他努力发现“前人未见之事”，“摹写未尽之情，描画不全之态”，故事新鲜，情节奇特，布局巧妙，语言生动。他的小说重在劝善惩恶，以同情贫穷的下层人物，歌颂男女青年恋爱婚姻自主，谴责父母之命、媒妁之言，批判假道学为主题，具有一定反封建的进步意义。后人在评论他的小说成就时，称他的《无声戏》《十二楼》两个短篇小说集是继冯梦龙、凌濛初的“三言”“二拍”之后不可多得的优秀作品，是清代白话短篇小说中的上乘之作。

李渔居南京后，把居所命名为“芥子园”，并开设书铺，编刻图籍，广交达官贵人、文坛名流。后期，李渔著有《凰求凤》《玉搔头》等戏剧，《肉蒲团》《觉世名言十二楼》《无声戏》《连城壁》等小说，与《闲情偶寄》等书。

荐读理由

李渔在60岁前后，开始系统地总结他的经验，使其上升为理论。康熙十年（1671），《笠翁秘书第一种》即《闲情偶寄》（又叫《笠翁偶集》）问世，这是李渔一生艺术、生活经验的结晶。内容包含戏曲理论、饮食、营造、园艺、养生等。《闲情偶寄》在中国传统雅文化中享有很高声誉，被誉为古代生活艺术大全，名列“中国名士八大奇著”之首。

《词曲部》谈论戏剧的结构、词采、音律、宾白、科诨、格局；《演习部》谈论选剧、变调、授曲、教白、脱套；《声容部》中的《习技》详述教女子读书、写诗、学习歌舞和演奏乐器的方法，都和戏剧有关。后人曾把《词曲》《演习》两部抽出来，独立印成一书，名《李笠翁曲话》。其中从创作、导演、表演、教习，直到语言、音乐、服装，都一一作了论述，是李渔在汲取前人的理论成果基础上，结合自己的艺术实践经验，对中国古代戏曲理论进行了全面的总结，从而形成了一个内容丰富、自成体系、具有民族特色的戏剧理论体系，它比法国著名文学家狄德罗的戏剧理论体系早出一百年。可以说，它是中国古典戏剧理论集大成著作，是中国戏剧美学史上的一座里程碑，其中关于导演的论述，更比苏联戏剧家斯坦尼斯拉夫斯基早出两个世纪，是世界上最早的导演学。

《闲情偶寄》的后六部主要谈娱乐养生之道和美化生活，内容丰富，切合实用，同时也为我们全景式地提供了17世纪中国人的日常生活和世俗风情的图像：从亭台楼阁、池沼门窗的布局，界壁的分隔，到花草虫鱼、鼎铛玉石的摆设；从妇女的妆阁、修容、首饰、脂粉点染到穷人与富人的颐养之方等，无不涉猎，表现了作者广泛的艺术领悟力和无限的生活情趣。这六部的写法，和一般生活知识读物不同，往往结合抒情和说理。他希望人们读了他的书后对美化生活有新的认识，能让生活更加丰富多彩。他还希望通过草木虫鱼、摄生养性知识的论述，旁引曲譬，有助于规正风俗、警惕人心。

《闲情偶寄》中的《饮馔部》，是李渔讲求饮食之道的专著。他主张于俭约中求饮食的精美，在平淡处得生活之乐趣。其饮食原则可以概括为24字诀，即：重蔬食，崇俭约，尚真味，主清淡，忌油腻，讲洁美，慎杀生，求食益。这正表现了中国传统文化对饮食的美的追求。《闲情偶寄》文字清新隽永，叙述娓娓动人，读后留香齿颊，余味道无穷。周作人先生对此书推崇备至，认为本书唯一缺憾在于没能涉及老年生活，否则必有奇文妙论。总之，《闲情偶寄》不仅熏陶、影响了周作人、梁实秋、林语堂等一大批现代散文大师，开现代生活美文之先河，而且对我们今天提高生活品位、营造艺术的人生氛围仍有极大的借鉴价值。

林语堂在谈到《闲情偶寄》这本书时说：“李笠翁的著作中，有一个重要部分，是专门研究生活乐趣，是中国人生活艺术的袖珍指南，从住室与庭院、室内装饰、界壁分隔到妇女梳妆、美容、烹调的艺术和美食的系列，富人穷人寻求乐趣的方法，一年四季消愁解闷的途径、性生活的节制、疾病的防治……”

先睹为快

声色者，才人之寄旅；文章者，造物之工师。我思古人，如子胥吹箫，正平挝鼓，叔夜弹琴，季长弄笛，王维为“琵琶弟子”，和凝称“曲子相公”，以至京兆画眉，幼舆折齿，子建傅粉，相如挂冠，子京之半臂忍寒，熙载之衲衣乞食，此皆绝世才人，落魄无聊，有所托而逃焉。犹之行百里者，车殆马烦，寄宿旅舍已尔，其视宜春院里画鼓三千，梓泽园中金钗十二，雅俗之别，奚翅径庭哉！然是物也，虽自然之妙丽，借文章而始传。前人如《琴》、《笛》、《洞箫》诸赋，固已分刌节度，穷极幼眇；乃至《巫山》陈兰若之芳，《洛浦》写瑶碧之饰，东家之子比其赤白，上宫之女状其艳光，数行之内，若拂馨香，尺幅之中，如亲巧笑，岂非笔精墨妙，为选声之金管，练色之宝镜乎？抑有进焉，江淹有云：“蓝朱成彩，错杂之变无穷；宫商为音，靡曼之态不极。”蛾眉岂同貌而俱动于魄？芳草宁共气而皆悦于魂？故相其体裁，既家妍而户媚；考其程式，亦日异而月新。假使飞燕、太真生在今时，则必不奏《归风》之歌，播《羽衣》之舞；文君、孙寿来于此地，则必不扫远山之黛，施堕马之妆。何也？数见不鲜也。客有歌于郢中者，《阳春白雪》，和者不过数人，非曲高而和寡也，和者日多，则歌者日卑。《阳春白雪》何异于《巴人下里》乎？西子捧心而颦，丑妇效之，见者却走。其妇未必丑也，使西子效颦，亦同嫫姆矣。由此观之，声色之道千变万化。造物者有时而穷，物不可以终穷也，故受之以才。天地炉锤，铸之不尽；吾心橐籥，动而愈出。三寸不律，能凿混沌之窍；五色赫蹄，可炼女娲之石。则斯人者，诚宫闺之刀尺而帷簿之班、输。

延展阅读

《十二楼》

该书是我国清初著名作家李渔的白话短篇小说集。书中共收 12 个故事，每个故事中都有一座楼，楼名即篇名，故总称《十二楼》。所叙故事，多取材于社会现实生活，结构新奇，情节曲折，人物刻画不落俗套。尤其是语言清新流畅，轻松幽默，摹写人情世态，细致入微，更是为人称赏。本书曾被译为英、法、德、俄等多种文字，在国外广为流传。

《纳兰性德词选》

〔清〕纳兰性德　著

纳兰性德以自然之眼观物，以自然之舌言情。此由初入中原未染汉人风气，故能真切如此。北宋以来，一人而已。

推荐版本：上海古籍出版社（2002 年）　张草纫注评

关于作者

纳兰性德（1655—1685），原名成德，字容若，号楞伽山人。因为其名犯讳，改名纳兰性德。他是清代最为著名的词人之一。

纳兰性德出生于顺治年间。纳兰家族隶属满族正黄旗，为清初满族最显赫的八大姓之一，即后世所称的“叶赫那拉氏”，家世极为显赫。纳兰性德的曾祖父名金台什，为叶赫部贝勒，其妹孟古，于明万历十六年（1588）嫁努尔哈赤为妃，生皇子皇太极。其父是康熙时期权倾朝野的宰相明珠，母亲觉罗氏为英亲王阿济格第五女，一品诰命夫人。

纳兰性德的一家同皇室关系紧密，家财万贯。然而纳兰性德却没有沾染纨绔子弟的浮夸，反而“虽履盛处丰，抑然不自多。于世无所芬华，若戚戚于富贵而以贫贱为可安者。身在高门广厦，常有山泽鱼鸟之思”。

纳兰性德因生于腊月，小时称冬郎，自幼天资聪颖，读书过目不忘，数岁时即习骑射，17 岁入太学读书，为国子监祭酒徐文元赏识，推荐给其兄内阁学士、礼部侍郎徐乾学。纳兰性德18岁参加顺天府乡试，考中举人，19岁准备参加会试，但因病没能参加殿试。尔后数年中他更发奋研读，并拜徐乾学为师。

在名师的指导下，他在两年中，主持编纂了一部1792卷编的儒学汇编《通志堂经解》，受到皇上的赏识，也为今后的发展打下了基础。他又把搜读经史过程中的见闻和学友传述记录整理成文，用三四年时间，编成四卷集《渌水亭杂识》，其中包含历史、地理、天文、历算、佛学、音乐、文学、考证等方面知识。表现出他相当广博的学识基础和各方面的意趣爱好。

纳兰性德20岁时，娶两广总督卢兴祖之女为妻，赐淑人。成婚后，二人夫妻恩爱，感情笃深，新婚的美满生活激发了他的诗词创作。但是仅三年，卢氏因产后受寒而亡，这给纳兰性德造成极大痛苦，从此“悼亡之吟不少，知己之恨尤深”。纳兰性德后又续娶关氏，并有侧室颜氏。纳兰性德30岁时，在好友顾贞观的帮助下，纳江南才女沈宛。可惜她在与纳兰性德相处一年之后，纳兰性德就去世了，这段短暂的爱情又以悲剧告终。纳兰性德作为一代风流才子，他的爱情生活因而被后人津津乐道。

纳兰性德22岁时，再次参加进士考试，以优异成绩考中二甲第七名。康熙皇帝授他三等侍卫的官职，以后升为二等，再升为一等。纳兰性德多次受到恩赏，是人们羡慕的文武兼备的年少英才，帝王器重的随身近臣，前途无量的达官显贵。

但是，纳兰性德并不倾心于朝野生活，而是对文学创作心向往之。24岁时，他把自己的词作编选成集，名为《侧帽集》，后更名为《饮水词》，再后有人将两部词集增遗补缺，共342首，编辑一处，名为《纳兰词》。传世的《纳兰词》在当时社会上就享有盛誉，为文人、学士等高度评价，成为那个时代词坛的杰出代表。

纳兰终生处于忧郁之中，既为落拓无羁的性格和天生超逸脱俗的禀赋受到豪门生活的限制，也为爱妻卢氏早亡不能与之白头偕老，因比身体羸弱。他于康熙二十四年（1685）暮春，抱病与好友一聚，一醉，一咏三叹，然后便一病不起，七日后于五月三十日溘然而逝。

荐读理由

纳兰性德一生著述颇丰，包括《通志堂集》二十卷、《渌水亭杂识》四卷、《词林正略》；辑《大易集义粹言》八十卷、《陈氏礼记说补正》三十八卷；编选《近词初集》《名家绝句钞》《全唐诗选》等书，笔力惊人。其中尤以词作最为著名，他生前刻本出版后产生过“家家争唱”的轰动效应。王国维曾评价：“纳兰性德以自然之眼观物，以自然之舌言情。此由初入中原未染汉人风气，故能真切如此。北宋以来，一人而已。”况周颐也在《蕙风词话》中誉其为“国初第一词手”。

纳兰性德词作现存342首，内容涉及爱情、友谊、边塞江南、咏物咏史及杂感等方面。纵观纳兰性德词风，清新隽秀，颇近南唐后主，而他本人也十分欣赏李煜。尽管以作者的身份经历，他的词作数量不多，眼界也并不算开阔，但是由于诗缘情而旖旎，而且纳兰性德是极为性真的人，因而他的词作尽出佳品，备受当时及后世好评。

纳兰性德的诗词中，有不少是因护驾游历北京西山一带风景名胜时写作的。如《望海潮·宝珠洞》：

“漠陵风雨、寒烟衰草，江山满目兴亡。白日空山，夜深清呗，算来别是凄凉。往事最堪伤，想铜驼巷陌，金谷风光。几处离宫，至今童子牧牛羊。荒沙一片茫茫，有桑乾一线，雪冷雕翔。一道炊烟，三分梦雨，忍看林表斜阳。归雁两三行，见乱云低水，铁骑荒冈。僧饭黄昏，松门凉月拂衣裳。”

又如纳兰性德从驾到西山黑龙潭，写下《忆秦娥·龙潭口》：

“山重叠，悬崖一线天疑裂。天疑裂、断碑题字，古苔横啮。风声雷动鸣金铁，阴森潭底蛟龙窟。蛟龙窟，兴亡满眼，旧时明月。”

纳兰性德的诗词中，还常见对荷花的吟咏。以荷花来比兴纳兰公子的高洁品格，是再恰当不过的。出淤泥而不染是文人雅士们崇尚的境界。它起始于佛教的有关教义，把荷花作为超凡脱俗的象征。而在中国传统文化中，把梅、竹、兰、菊“四君子”和松柏、荷花等人格化，赋予人的性格、情感、志趣，使其具有特定的文化内涵和哲学意蕴。郑板桥的竹、金农的梅、曹雪芹的石，都成了寄托文人心态、情感的文化图腾，而纳兰性德却认定了荷花。他的号为楞伽山人，有禅缘者，看重荷花，更在情理之中。纳兰性德所居、所乐之处均有水存在，水中的荷花更陶冶诗人的性情。瓮山泊畔有芙蓉十里，玉泉山下有芙蓉殿，渌水亭边碧水菱荷，皂甲屯明珠花园西花园遗址仍残留水沼，出土莲花纹汉白玉栏板……这无不说明它与纳兰性德的生活、创作有着密切的关联，它与词人的精神始终同在。

纳兰性德的词以一个“真”字取胜，写情真挚浓烈，写景逼真传神。纳兰性德的作品传至国外，朝鲜人谓“谁料晓风残月后，而今重见柳屯田”。

先睹为快

金缕曲

赠梁汾

德也狂生耳。偶然间、淄尘京国，乌衣门第。有酒惟浇赵州土，谁会成生此意。不信道、竟逢知己。青眼高歌俱未老，向尊前、拭尽英雄泪。君不见，月如水。　　共君此夜须沉醉。且由他、蛾眉谣诼，古今同忌。身世悠悠何足问，冷笑置之而已。寻思起、从头翻悔。一日心期千劫在，后身缘、恐结他生里。然诺重，君须记。

采桑子

拨灯书尽红笺也，依旧无聊。玉漏迢迢，梦里寒花隔玉箫。几竿修竹三更雨，叶叶萧萧。分付秋潮，莫误双鱼到谢桥。

延展阅读

《通志堂集》

该书系纳兰性德代表作品之一，其序言介绍了本书的由来：

“往者容若病且殆，邀余诀别，泣而言曰：‘性德承先生之教，思钻研古人文字，以有成就，今已矣。生平诗文本不多，随手挥写，辄复散佚，不甚存录。辱先生不鄙弃，执经左右十有四年。先生语以读书之要及经史诸子百家源流，如行者之得路。然性喜作诗余，禁之难止。今方欲从事古文，不幸遘疾短命，长负明诲，殁有余恨。’余闻其言而痛之，自始卒以及殡阼，临其丧，哭之必恸。其葬也，余既为之志，又铭其隧道之石。余甚悲容若以豪迈挺特之才，勤勤学问，生长华阀，澹于荣利。自癸丑五月始，逢三六九日，黎明骑马过余邸舍，讲论书史，日暮乃去，至入为侍卫而止。其识见高卓，思致英敏，天假之年，所建树必远且大。而甫及三十，奄忽辞世，使千古而下与颜子渊、贾太傅并称，岂惟忝长一日者有祝予之悲，海内士大夫无不闻而流涕，何其酷也。余里居杜门，检其诗词古文遗稿太傅公所手授者，及友人秦对严、顾梁汾所藏，并经解小序，合而梓之，以存梗概，为通志堂集，碑志哀挽之作附于卷后。呜呼，容若之遗文止此，其必传于后无疑矣。记其撤瑟之言，宛如昨日，为和泪书而序之。重光协洽之岁，昆山友人健庵徐乾学书。”

本书包括赋一卷，诗四卷，词四卷，经解序跋三卷，序、记、书一卷，杂文一卷，《渌水亭杂识》四卷。